于雪棠 著

20 世纪《庄子》
在英语世界的传播

The Dissemination of *Zhuangzi* in the
English-speaking World in the
20th Century

中华书局

图书在版编目(CIP)数据

20 世纪《庄子》在英语世界的传播/于雪棠著. —北京:中华书局,2025. 6. —ISBN 978-7-101-17194-5

Ⅰ. H315.9;B223.55

中国国家版本馆 CIP 数据核字第 2025MG7225 号

书　　名	20 世纪《庄子》在英语世界的传播
著　　者	于雪棠
责任编辑	余　瑾
装帧设计	毛　淳
责任印制	韩馨雨
出版发行	中华书局
	(北京市丰台区太平桥西里 38 号　100073)
	http://www.zhbc.com.cn
	E-mail:zhbc@zhbc.com.cn
印　　刷	三河市中晟雅豪印务有限公司
版　　次	2025 年 6 月第 1 版
	2025 年 6 月第 1 次印刷
规　　格	开本/920×1250 毫米　1/32
	印张 13　插页 2　字数 320 千字
国际书号	ISBN 978-7-101-17194-5
定　　价	96.00 元

目　录

绪　论

　　《庄子》是中国古代哲学史和文学史上的经典,英语世界对《庄子》的译介与研究在 20 世纪西方汉学史上也占据重要地位,学者们取得了累累硕果,在学术与文化全球化的时代,《庄子》在英语世界的传播值得我们关注。

　　本书所谓的"英语世界",指以英文发表的论著,作者以英美学者为主。所谓"传播",是在广义上使用的,包括英译、研究及各种媒介,尤其是图像传播方式。英语世界的译介和研究可以扩大我们本土中国古典文学研究的治学视野和研究思路,有助于本土学者借由他人之眼反观自身的传统,加深对传统文化的理解,在旧典中发现新义。图像能对传播起到很好的辅助作用,提升普通读者的阅读兴趣,扩大读者群。希望通过这个课题的研究,能够促进对中国文化如何走出去、如何在更大的世界范围内产生积极的影响、如何推动中西文明互鉴等问题的思考。

一、20 世纪《庄子》英文全译本概述

　　19 世纪开始,英语世界已经出现了《庄子》全译本,共有三种,译者均为英国汉学家。1881 年巴尔福（Frederic Henry Balfour,

1846—1909）首次将《庄子》全译为英文出版 ①，书名《南华真经：道家哲学家庄子的著作》。其后有翟理斯（Herbert Allen Giles，1845—1935）的译本《庄子：神秘主义者、伦理学家和社会改革家》和理雅各（James Legge，1815—1897）的译本《道家文本：庄子著作》相继出版 ②。20 世纪出版了多种《庄子》全译本，缕述如下。

（一）魏鲁男的《庄周语录》

魏鲁男（James R. Ware，1901—1977）的《庄周语录》收在"大师经典"（Mentor Classic）丛书 ③。此书封底有译者介绍。魏鲁男，时任哈佛大学中文副教授，从事中国及中国文化研究超过二十五年。先后就读于宾夕法尼亚大学和哈佛大学，获得学士学位、硕士学位和博士学位。1929 年获得哈佛燕京学社的奖学金，在

---

① Frederic Henry Balfour, *The Divine Classic of Nan-Hua: Being the Works of Chuang Tsze, Taoist Philosopher*, Shanghai & Hongkong: Kelly & Walsh; Yokohama: Kelly & Co; London: Trübner & Co., 1881. 书名以下简称 "*The Divine Classic of Nan-Hua*"。这位汉学家大多译为 "巴尔福"，孟庆波、高旭《西方汉学中的〈淮南子〉翻译与研究》（《国际汉学》2018 年第 3 期）一文考证当是 "福斐礼"，本书沿用 "巴尔福"。巴尔福曾任职于北京同文馆和京师大学堂。

② Herbert Allen Giles, *Chuang Tzu: Mystic, Moralist, and Social Reformer*, London: Bernard Quaritch, 1889. 此书于 1926 年修订再版，更名为《庄子：道家哲学家和中国的神秘主义者》（*Chuang Tzu: Taoist Philosopher and Chinese Mystic*, Shanghai: Kelley&Walsh, 1926）。本书引用均出自 1889 年版，以下书名简称为 "*Chuang Tzu*"。James Legge, *The Texts of Taoism: The Writings of Chuang Tzu*, Oxford: Oxford University Press, 1891; New York: Dover Publications, Inc., 1962. 以下书名简称为 "*The Writings of Chuang Tzu*"。

③ James R. Ware, *The Sayings of Chuang Chou*, New York: The New American Library of World Literature, 1963. 魏鲁男的生卒年，据顾钧《费正清早年的求学之路》，《中华读书报》2017 年 3 月 1 日。

哈佛和巴黎学习中文。1930年至1931年在北京学习中文。1932年任教于哈佛。1935年在中国生活,其他时间一直在哈佛。其《孔子语录》和《孟子语录》都收于"大师经典"丛书。

《庄周语录》封面有一句说明:"一位孔子继承者的智慧,他引领了古代中国走向进取且充满活力的儒学复兴。"由这句提纲挈领的宣言,可知魏鲁男对庄子思想的基本把握是有问题的。扉页印着标题和两段文字,标题是"全能和永恒"(Almighty and Everlasting)。第一段文字译自《齐物论》,原文是:"孰知不言之辩,不道之道? 若有能知,此之谓天府。注焉而不满,酌焉而不竭。"[1] 第二段介绍庄子生平,曰:"庄子生活在公元前300年左右,在孔子的故乡——鲁国。他是一位儒生,敢于与陈腐的孔子学说做斗争,因为它已经退化为一种礼仪、教条和迷信准则。庄子提倡回归儒家的原初活力,并在此过程中阐述了'道',或者说是'上帝'的概念,它立于最伟大的宗教文学之列。"这些介绍明显是对庄子的误读。书的封底也有对庄子的介绍,与扉页不尽相同,标题是"中国古代的上帝",文曰:"庄周是进步儒家思想的领袖,他是中国古代的一位哲学家,他反对当时把孔子伟大的伦理体系变成政治和社会生活中的毫无意义的、教条的、盲目的正统观念。"魏鲁男的译本充满了曲解。比如,《前言》中说:"庄子常用的一个术语是'道',他用了大概二十个词语来表达它。我将它们都译为'God',我对它的唯一定义就是,上帝＝生命。"[2] 魏鲁男还自述,他把庄周的一些消极的思想译为大致积极的,因为他希望使这种思想在其基本的积极性上是可以理解的。比

---

[1] [清]郭庆藩撰,王孝鱼点校《庄子集释》上册,中华书局,2012年第3版,第90页。本书凡由英文回译或直接引用《庄子》原文,均出自此书。

[2] James R. Ware, *The Sayings of Chuang Chou*, p. 8.

如,虚——不受约束(Uncommittedness),无——完美的自由(Perfect Freedom),无为——完美的自由行动(Perfect-freedom-action);"真人"和"大人"被译为"上帝的人"(God's Man)①。《前言》还谈到对"德""阴""阳"等关键词的理解和翻译问题。魏鲁男全译本的参考文献只有五种,其中包括冯友兰(1895—1990)的《中国哲学史》英文版②。他对《庄子》的理解受到我国本土学者的影响。

(二)华兹生的《庄子全集》

华兹生(Burton Watson, 1925—2017)的全译本《庄子全集》③,是迄今为止英语世界最受称道、接受度最高的《庄子》译本。华兹生 1956 年毕业于哥伦比亚大学,曾在京都大学学习。先后在京都大学、哥伦比亚大学、斯坦福大学讲授中文和日语。此书由狄百瑞(William Theodore de Bary, 1919—2017)作序,版权页有作者介绍④。在全译《庄子》之前,华兹生已经在中国古代文学翻译和研究方面做出了很多成绩。狄百瑞在《序》中说:"《庄子全集》是

---

① James R. Ware, *The Sayings of Chuang Chou*, pp.8-9.
② James R. Ware, *The Sayings of Chuang Chou*, p.234. 魏鲁男原文:"Y-L Fung: *A History of Chinese Philosophy*(Translated by D. Bodde), 2Vols., (1937-53)。"笔者按:冯友兰的《中国哲学史》出版于 1937 年和 1953 年,英译者是卜德(Derk Bodde, 1909—2003)。
③ Burton Watson, *The Complete Works of Chuang Tzu*, New York: Columbia University Press, 1968.
④ 华兹生,哥伦比亚大学中文副教授,出版了《司马迁:中国伟大的历史学家》(*Ssu-ma Ch'ien: Grand Historian of China*, 1958)、《早期中国文学》(*Early Chinese Literature*, 1962),翻译了《史记》(*Shih Chi*, 1961)、《苏东坡:一位宋代诗人作品选》(*Su Tung-p'o: Selections form a Sung Dynasty Poet*, 1965)、《墨子精华》(*Basic Writings of Mo Tzu*)、《荀子》(*Hsün Tzu*)和《韩非子》(*Han Fei Tzu*, 1967)。

东方研究委员会（Committee on Oriental Studies）试图向西方读者介绍亚洲思想和文学传统代表性作品的东方经典译本之一……我们这里提供基于学术研究的整部作品的翻译,面向普通读者而非专家。"①

华兹生在长达二十八页的《前言》中介绍了庄子其人其书方方面面的问题。他从庄子生活的文化背景角度考察其思想来源,认为如果庄子是宋人的说法成立,那么,"所有关于宋国生活的事实——商人传说和宗教信仰的保存、政治和社会的压迫、因软弱和纷争而产生的绝望——可能可以阐明庄子思想产生的背景,解释庄子的怀疑主义和神秘超脱,为什么它与儒家哲学的差异如此巨大。儒家哲学基本上是乐观的,具有强烈的政治意识,是在周人建立的鲁国和齐国发展起来的。但由于我们对庄周的生平、身份以及他与《庄子》的关系所知甚少,也许最好不要过于努力地在背景和哲学之间建立直接的因果关系"②。华兹生对庄子的这一认识比较辩证,没有将庄子生长之地的文化与其思想特征简单地建立关联。他意识到:"无论庄周是谁,他的作品都具有鲜明的独创性。我们不去推测这种思想产生的可能的来源,而是去考察这些思想本身。"③ 笔者认为,华兹生此说有一定道理,但是如果在研究中完全抛弃思想产生的文化土壤,不免失之绝对和片面。

对于《庄子》一书的作者,华兹生明确指出:"当我谈到庄子时,我指的不是历史上我们所知道的一个特定的个体,而是指在《庄子》文本中揭示的心灵或心灵群体,特别是前七章。"④ 他将《庄

① Burton Watson, *The Complete Works of Chuang Tzu*, p.vii.
② Burton Watson, *The Complete Works of Chuang Tzu*, pp.2-3.
③ Burton Watson, *The Complete Works of Chuang Tzu*, p.3.
④ Burton Watson, *The Complete Works of Chuang Tzu*, p.3.

子》的中心主题概括为"自由"①。华兹生认为,从本质上说,中国古代所有的哲学家都在思考同一个问题:人类如何生活在一个由混乱、痛苦和荒谬主宰的世界里? 庄子的回答是:把你自己从这个世界中解放出来②。华兹生还论析了庄子运用的修辞手段,如奇闻逸事、不合逻辑的言论、以理性开始而以空洞无物告终的辩论,以及幽默的方法。庄子运用这些手段,试图唤醒读者意识到传统价值观的根本意义,并摆脱其束缚。庄子经常将道家圣人或开悟者描述为拥有神奇的力量,不受任何伤害,甚至可能是不朽的。在这些描述中,庄子很可能借鉴了中国古代宗教和巫术的语言③。华兹生还介绍了庄子哲学在汉代、三国两晋时期接受的情况,以及郭象(约 252—312)的《庄子》注本。对《庄子》内篇、外篇和杂篇的思想和文章风格都做了一些论述。

最后,华兹生谈到了他的翻译工作,认为翻译是一种诠释,表达了尊重文本原貌、不轻易加以修正的基本态度和立场,简述了他对"道""天""德""无为"等重要术语的理解和翻译。关于参考文献,华兹生说,他所用的中文底本是刘文典(1889—1958)的《庄子补正》(上海,1947),还参考了郎擎霄的《庄子学案》(上海,1934;再版,香港,1963)、《庄子哲学讨论集》(北京,1962)和《庄子引得》("哈佛燕京汉学索引丛书",补编第 20 号,1947)。关锋(1919—2005)《庄子内篇译解和批判》的现代汉语翻译和福永光司(Fakunaga Mitsuji,1918—2001)的日译《庄子》(东京,1964)对他帮助很大。他查阅的英文译本有:翟理斯的《庄子:神秘主义者、伦理学家和社会改革家》(伦敦,1889)、理雅各的《东方圣

---

① Burton Watson, *The Complete Works of Chuang Tzu*, p.3.
② Burton Watson, *The Complete Works of Chuang Tzu*, p.3.
③ Burton Watson, *The Complete Works of Chuang Tzu*, pp.5-7.

书》所收的《庄子》全译本、魏鲁男的《庄周语录》（纽约，1963）、冯友兰的《庄子》（上海，1933）、阿瑟·韦利（Arthur Waley，1889—1966）的《中国古代三种思想方法》（伦敦，1939）、林语堂（1895—1976）节译的《老子的智慧》（现代图书馆，1948）。华兹生认为最有可读性、最可靠的是阿瑟·韦利的译本，不过，遗憾的是它只是个节译本。华兹生感谢了刘殿爵（D. C. Lau，1921—2010）对其选译本《庄子：基本作品》的认真阅读和批评，并说，在修订较早的译文时，采纳了很多刘氏的建议①。华兹生的全译本兼顾学术性与普及性，《前言》内容丰富，论述问题深入，其观点颇有影响。

（三）梅维恒的《游于道：庄子的早期道家故事及寓言》

　　美国汉学家梅维恒（Victor H. Mair，1943— ）的《庄子》全译本名为《游于道：庄子的早期道家故事及寓言》②，初版于1994年，1998年再版。梅维恒在哈佛大学获得博士学位，是宾夕法尼亚大学东方研究系中国语言与文学教授。他在1998年版的《前言》中说明，他想做的改动很少，除了改正了两处印刷错误外，主要是直接把"Hu Tzu"（壶子）翻译成"Master Pot"（壶先生），就是把音译改成了照字面意思的意译。他还特别说明《参考文献》中克里斯托弗·兰德（Christopher C. Rand）的论文《〈庄子〉：文本与本质》是最好的研究③。此书依据的中文文本是陈鼓应（1935— ）的《庄

---

① Burton Watson, *The Complete Works of Chuang Tzu*, pp.27-28.
② Victor H. Mair, *Wandering on the Way: Early Taoist Tales and Parables of Chuang Tzu*, New York: Bantam, 1994; Honolulu: University of Hawai'i Press, 1998. 本书引文均出自1998年版，以下书名简称为"*Wandering on the Way*"。
③ Christopher C. Rand, "*Chuang Tzu*: Text and Substance", *Journal of Chinese Religion*, Vol.11, No.1(1983): 5-58.

子今注今译》。每篇正文前有简要的解题,将一篇分成若干小节,标以阿拉伯数字。对《庄子》文本有改动,删除了十六处文段和十几个句子,以"删去的段落"为题将它们置于全书附录之末。正文后有《术语表》,对一些人名、地名和术语做了解释。《参考文献》罗列了中、日、英三种语言的文献。

梅维恒特别注重《庄子》的文学性,将《庄子》视为文学作品而非哲学作品。1994年版《前言》中论述了三方面的问题:《庄子》一书的历史思想语境、《庄子》与《道德经》的关系、《庄子》的重要性。在翻译的过程中,他尝试用新的表达方式来模仿《庄子》奇特的写作方式。这个译本的主要目的是语言学上的准确性。他希望把庄子塑造成一位杰出的文学家,改变之前将其塑造为夸夸其谈的哲学家或怀有道家信仰的伤感布道者形象。梅维恒认为庄子语言的特别之处在于故意歪曲和戏谑地篡改了文言文本身的传统,《庄子》的诗歌部分更接近于对口述传统的反映。他将《庄子》中的韵语用诗行的形式加以呈现。

在梅维恒看来,《庄子》书中的人名通常构成双关语,与故事的展开有关。大多数情况下,他将人名的字面意思或寓意翻译出来①。这里仅举一例,以见一斑。《天地》写了黄帝遗失玄珠、派人寻找的故事②,其中有四个虚构的人名,梅维恒译为:"Knowledge"(知),知识;"Spider-sight"(离朱),蜘蛛般的视力;"Trenchancy"(喫诟),

---

① 可参刘妍《梅维恒及其英译〈庄子〉研究》,《当代外语研究》2011年第9期。
②《天地》:"黄帝游乎赤水之北,登乎昆仑之丘而南望。还归,遗其玄珠。使知索之而不得,使离朱索之而不得,使喫诟索之而不得也。乃使象罔,象罔得之。黄帝曰:'异哉!象罔乃可以得之乎?'"([清]郭庆藩《庄子集释》中册,第419页)

锐利;"Amorphous"(象罔),没有固定的形态①。梅维恒的这种译法还是很有必要的,能较好地传达《庄子》为人物命名的意图:有知识、视力好、口才好的人并不能得道。其中,"知""离朱"和"象罔"三个词的翻译,准确地传达出了庄子给人物命名的寓意。梅维恒有时也会根据术语的特殊意蕴翻译,比如"玄珠",他译为"pearl of mystery"②,神秘之珠,没有译为黑珍珠,体现出灵活性。梅维恒对《庄子》中韵文部分和人名含义的认识得益于日本学者。他在《前言》中自述主要参考了赤塚忠(Akatsuka Kiyoshi,1913—1983)的著作③,赤塚忠指明《庄子》哪些部分属于诗,并对《庄子》中虚构的人名的语义做了阐释。

(四)其他

英国汉学家彭马田(Martin Palmer,1953—　)主译的《庄子》以普及为主④。此书初版于1996年,在伦敦、纽约和阿卡纳同时发行。再版于2006年,在英国、美国、加拿大、爱尔兰、澳大利亚、印度、新西兰、南非,共计八个国家发行,2007年重印。从发行的空间范围和再版的次数上,都能看出其广泛的影响。此书配有大量插图,是一

---

① Victor H. Mair, *Wandering on the Way*, p.105.

② Victor H. Mair, *Wandering on the Way*, p.105.

③ 参考文献中列出了赤塚忠的著作:"Akatsuka Kiyoshi, tr. and annot. *Sōshi* [*Chuang Tzu*]. Zenshaku Kanbun taikei [Fully Interpreted Chinese Literature Series], vols.16-17, Tokyo: Shūeisha, 1974-77。" (Victor H. Mair, *Wandering on the Way*, p.387)

④ Martin Palmer with Elizabeth Breuilly, Chang Wai Ming and Jay Ramsay, *The Book of Chuang Tzu*, London, New York, Arkana: Penguin Books, 1996; London, New York, Toronto, Ontarion, Ireland, New Delhi, New Zealand, Rosebank, Johannesburg: Penguin Group, 2006. 以下引文均出自1996年版。

大特色。本书第十三章第四节对其封面及插图有详细分析,兹略。

法国汉学家戴遂良(Léon Wiege,1856—1933)在 1913 年将《庄子》译成法语,后由英国学者德里克·布赖斯(Derek Bryce)转译为英文,收录了《庄子》三十三篇的译文 ①。可能因为是从法语转译而来,与中文原文隔了一层,这个英译本的影响比较有限。

还有一个旧译重编本《庄子 : 荒诞的天才》②,整理者是克力·沃尔瑟姆(Clae Waltham) ③。《目录》前有《出版说明》,交代此书是根据理雅各 1891 年的《庄子》全译本整理而成,将原拼音更换为威妥玛拼音。重编本由六部分组成 :《发音指南》《庄子 : 荒诞的天才——中国战国时期与我们自己时代的比较》《庄子全集纲要》《理雅各译三十三篇》《推荐书目》《字词选释表》。理雅各的《庄子》全译本除正文及单独的《三十三篇题解》外,还有三种附录 :《林西仲对〈庄子〉一些篇章的分析》④《〈庄子〉中的叙事、解说和故事一览表》⑤、苏轼(1037—1101)《庄子祠堂记》⑥。《庄子 : 荒诞的天才》中《庄子全集纲要》部分,就是理雅各译本的

① Léon Wiege, Derek Bryce (trans.), *Wisdom of the Daoist Master: The Works of Laozi (LaoTzu), Liezi (Lieh Tzu), Zhuangzi (Chuang Tzu)*, Felinfach: Llanerch Enterprises, 1984, pp.117-291.
② Clae Waltham, *Chuang Tzu: Genius of the Absurd*, New York: Ace Books, 1971.
③ 编者原名为多卡斯·卡里瑟斯(Dorcas Carrithers),生于 1913 年。见 https://www.librarything.com/author/walthamclae。
④ "Analyses by Lin Hsî-kung of several of the Books of Kwang-dze", in James Legge, *The Writings of Chuang Tzu (Part II)*, pp.273-297. 林云铭(1628—1697),字西仲,著有《庄子因》。
⑤ "List of Narratives, Apologues, and Stories in the Writings of Kwang-dze", in James Legge, *The Writings of Chuang Tzu (Part II)*, pp.298-310.
⑥ "Sû Shih: Record for the Sacrificial Hall of Kwang-dze", in James Legge, *The Writings of Chuang Tzu (Part II)*, pp.320-323.

《〈庄子〉中的叙事、解说和故事一览表》。此表将三十三篇每篇
分为若干小节，并简要说明大意。《字词选释表》颇为用心，解释
了一些专有名词，如人名、地名、书名等，对英语世界的读者了解
我国古代文化很有裨益。出版此书的 Ace Books 出版社成立于
1953 年，是美国历史最悠久的科幻小说出版商，或许《庄子》恣纵
的想象吸引了他们。

　　笔者注意到一个现象，多位英译者对《庄子》文本的理解和翻
译，受到中国古代注疏和现当代学者的影响，中国学者的《庄子》
注解和阐发成为一种潜隐的声音，发挥着不可忽视的作用。它们
是一种潜文本，提醒我们在研究中不能将中西学术交流的情形简
单化。比如阿瑟·韦利在《中国古代三种思想方法·附录一》中
评价高亨（1900—1986）《庄子今笺》和朱桂曜（1898—1929）《庄
子内篇证补》很出色，马叙伦（1885—1970）《庄子义证》在骈文方
面价值很高，校订却太随意①。英美汉学家对中国古今学者的注疏
有接受，也有批评，这是一个很有意义的话题。整体而言，各有侧
重的英译，能帮助我们发现一些习焉未察的思想观念。

　　在以英语为母语的译者之外，我国本土学者也出版了一部《庄
子》全译本，大连外国语学院汪榕培（1942—2017）的英译本于
1999 年出版②。这是 20 世纪最后一部《庄子》英译本，其影响正在
逐渐扩大。

　　进入 21 世纪之后，又出版了几种《庄子》译本。美国学者尼
娜·科雷亚（Nina Correa）于 2006 年在网上发表了全译本《庄

①　Arthur Waley, *Three Ways of Thought in Ancient China*, Stanford: Stanford University Press, 1982, p.199. 此书初版于 1939 年（London: George Allen & Unwin Ltd., 1939)，本书引文均出自 1982 年版。
②　汪榕培英译，秦旭卿、孙雍长今译《庄子》，湖南人民出版社，1999 年。

子——"无穷"》①,文后有《术语表》。2008 年,美国密歇根大学生物化学学者吴忠(Chung Wu, 1919—2020)出版了《庄子的道家智慧》②,此书有注释。美国新泽西州立大学教授贤·霍希曼(Hyun Höchsmann)与我国华东师范大学哲学系教授杨国荣(1957—)合作翻译了《庄子》全译本 ③。美国芝加哥大学神学院教授任博克(Brook A. Ziporyn, 1964—)翻译出版了《庄子精华》④,全译了内七篇,外、杂篇中自苏轼开始疑为伪作的《让王》《盗跖》《说剑》《渔父》四篇被完全摒弃,其他各篇均有所摘译,还选译了古代及现当代学者对内七篇的注疏。美国大峡谷州立大学(Grand Valley State University)助理教授商戈令出版了《庄子 : 与世界共舞》一书,有论有译,翻译了《庄子》内七篇及外、杂篇中的寓言⑤。上海大学教授赵彦春(1962—)出版了全译本《〈庄子〉英译》⑥。最新的一个译本是多伦多大学东亚系荣休教授林理彰(Richard John Lynn, 1940—)的《庄子 : 郭象注〈庄子语录〉新译》⑦。此书全译了《庄

---

① http: //www.daoisopen.com/ZhuangziTranslation.html。

② Chung Wu, *The Wisdom of Zhuang Zi on Daoism*, New York: Peter Lang Inc., 2007. 说明 : 此书网上有 PDF 版,见 https://terebess.hu/english/wisd.pdf。"吴忠"只是音译,笔者未查到中文姓名,其生平见 https://record.umich.edu/articles/obituary-chung-wu/。

③ Hyun Höchsmann and Yang Guorong, *Zhuangzi*, New York: Pearson Education, Inc., 2007.

④ Brook A. Ziporyn, *Zhuangzi: The Essential Writings with Selections from Traditional Commentaries*, Indianapolis: Hackett Publishing Company, Inc., 2009. 以下引文书名简称为 "Zhuangzi"。

⑤ Geling Shang, *Zhuangzi: Dancing with the World*, 上海译文出版社,2010 年 ; New York: Columbia University Press, 2022。

⑥ 赵彦春《〈庄子〉英译》,高等教育出版社,2019 年。

⑦ Richard John Lynn, *Zhuangzi: A New Translation of the Sayings of Master Zhuang as Interpreted by Guo Xiang*, New York: Columbia University Press, 2022.

子》及郭象注,正文前撰有《译者说明》《前言》,正文后附有《序与跋》《失传的郭象文本》《向秀与郭象注比较》《司马迁〈庄子列传〉》《术语表》《专有名词词汇表》《参考文献》《索引》,这是英语世界首部连同郭象注全部译出的《庄子》译本,获得学术界的赞誉。林理彰重视翻译经典文本及其经典注疏,此前有代表性的译著是《易经：王弼注〈易经〉新译》①《道德经：王弼注老子〈道德经〉新译》②,都是研究者的必读书。

二、20 世纪英语世界《庄子》研究概述

20 世纪英语世界的《庄子》研究,就研究成果的形式而言,分布在各种形态的著述中,包括译著的《前言》及评注、目录学著作、哲学类资料长编、中国文学史、中国文学概论、中国文学作品选、单篇论文、专题论文集以及硕士学位论文和博士学位论文。就研究的视角而言,也十分多样,学术界分别从哲学、宗教、神话学、语言学、心理学、文学、思想史、中西比较等多个方面对《庄子》展开了深入的探讨。对《庄子》文本,《庄子》一书中的思想派别,《庄子》的神秘主义、怀疑主义、相对主义、语言观、认识论,《庄子》与儒家的关系,《庄子》对其他各学派的回应与驳斥等诸多问题的研究,都取得了丰硕的成果,每个专题都值得深入探讨,这里仅选取几个方面加以介绍。

---

① Richard John Lynn, *The Classic of Changes: A New Translation of the* I Ching *as Interpreted by Wang Bi*, New York: Columbia University Press, 1994.
② Richard John Lynn, *The Classic of the Way and Virtue: A New Translation of the* Tao-te Ching *of Laozi as Interpreted by Wang Bi*, New York: Columbia University Press, 1999.

（一）《庄子》的神秘主义

19 世纪后期及 20 世纪早期的汉学家大多在论及中国宗教的著作中谈及《庄子》。如庄延龄（Edward Harper Parker, 1849—1926）《中国宗教研究》①，将《庄子》作为道教经典加以介绍。庄延龄的书第二部分论道教，旨在梳理道教是如何从旧的精神生活中逐步发展起来的，全译了《老子》，对《庄子》涉及很少。

20 世纪前期，对《庄子》的神秘主义问题研究得比较多。19 世纪翟理斯的《庄子》全译本名为《庄子：神秘主义者、伦理学家和社会改革家》，已经将庄子与神秘主义联系起来。后来，山东齐鲁神学院教授夔德义（Lyman V. Cady）的《中国哲学家导论》、玛丽·怀曼（Mary Wyman）的《中国的神秘主义与华兹华斯》、库珀（J. C. Cooper, 1905—1999）的《道家：神秘之道》和美国波士顿大学孔丽维（Livia Kohn, 1956— ）的《早期中国的神秘主义：道家传统中的哲学和救赎论》等论著，都对《庄子》的神秘主义做过深入的探讨②。顾立雅（H. G. Creel, 1905—1994）也论及这个问题，但他反对庄子是神秘主义的说法。他说："许多学者认为《庄子》中存在

---

① Edward Harper Parker, *Studies in Chinese Religions*, London: Chapman and Hall, Ltd., 1910.

② Lyman V. Cady, "An Introduction to Chinese Philosophy", *The Annals of the American Academy of Political and Social Science*, Vol. 152, China (1930): 30-38. 他以"道家的修正"为题论述《庄子》。

Mary Wyman, "Chinese Mysticism and Wordsworth", *Journal of the History of Ideas*, Vol. 10, No. 4 (1949): 517-538.

J. C. Cooper, *Taoism: The Way of the Mystic*, Wellingborough: The Aquarian Press, 1972; revised edition, 1990.

Livia Kohn, *Early Chinese Mysticism: Philosophy and Soteriology in the Taoist Tradition*, Princeton: Princeton University Press, 1992.

神秘主义,他们过分强调孤立的段落和术语,对《庄子》的整体关注不足。道家关于人与宇宙的关系的观念与西方大不相同,这深刻地改变了道家的神秘主义。"《庄子》中有一段话,而且只有一段,是关于仙的,仙是不朽的","然而,这个段落不仅与整部作品不协调,而且还与这一章的其他部分相矛盾"①。"理雅各、翟理斯、郭沫若等学者指出了其可疑的性质。它不仅与庄子的哲学相冲突,而且在许多细节上与后来的仙道家教义完全一致。毫无疑问,这段话是插补的。"②顾立雅立足于哲学的道家与宗教的道教之区别,从文本思想的一致性上考察庄子是神秘主义的观点,否定了此说。

（二）中西比较视野中的《庄子》

从中西比较角度谈论《庄子》的特点,是很常见的思路。比如,苏慧廉(William Edward Soothill,1861—1935)的《中国的三教：牛津讲稿》③,在早期《庄子》研究中很有代表性。他将庄子与古希腊哲学家做比较,认为庄子的相对论和怀疑主义与古希腊的诡辩家赫拉克利特(Heraclitus,约前544—前483)的学说近似④,《齐物论》提出的"万物与我为一"的主张与赫拉克利特相同。他还引用大量翟理斯和理雅各翻译的《庄子》文本,并做了一些解读,以让读者认识这位伟大的中国神秘主义者。

英国汉学家葛瑞汉(A. C. Graham,1919—1991)在《庄子：内

① H. G. Creel, "What Is Taoism?", *Journal of the American Oriental Society*, Vol. 76, No. 3 (1956): 147.
② H. G. Creel, "What Is Taoism?", p.148.
③ William Edward Soothill, *The Three Religions of China: Lectures Delivered at Oxford*, London, New York, Toronto: Hodder and Stoughton, 1913.
④ William Edward Soothill, *The Three Religions of China*, p.52.

七篇及〈庄子〉中的其他作品》中说,西方哲学所追求的目标一直是表象之外的"真实"(Reality),其前提是一旦我们知道了宇宙的真相,就会知道如何在宇宙中生活。但中国哲学的目标是"道"(Way),依赖它生存和死亡。对道家而言,重要的是退回到"门"的人①,他所有的行为变成了"无为"——一种与道相合的自发运动②。这是比较中西哲学的根本目标,与将庄子和西方某位哲学家单独对比不同。

葛瑞汉不仅进行中西比较,还申明了西方人的阅读感受。他说,庄子认为"天"是一种非个人的力量,他的态度有一种强烈的麻木的敬畏感,一种人在无法理解的力量面前的渺小感,他喜欢把"天"拟人化为"造物者"。这个概念及与之相关的"大冶铸金"的比喻③,很难引起西方人的注意④。在笔者看来,这个叙述弥足珍贵,因为它是学者个体真实的接受态度,超越了文本层面的分析,能够真切地反映中西学术、思想的差异。

---

① 《庄子·在宥》写黄帝向广成子问长生之道,广成子回答中有"为女入于窈冥之门矣"及"入无穷之门"句,见[清]郭庆藩《庄子集释》中册,第390页、第393页。

② A. C. Graham, *Chuang-tzǔ: The Seven Inner Chapters and Other Writings: from the Book Chuang-tzǔ*, London, Boston, Sydney, New Zealand: Unwin Paperbacks, 1989, p.21. 本书引文均出自1989年版,以下书名简称为"*Chuang-tzǔ*"。此书初版于1981年(London, Boston: George Allen & Unwin),后于1986、1989和2001年多次再版,2001年版题名更改为《庄子:内篇》(*Chuang-Tzǔ: The Inner Chapters*, Indianapolis/Cambridge: Hackett Publishing Company, Inc., 2001)。

③ 大冶铸金出自《大宗师》,原文是:"今大冶铸金,金踊跃曰'我且必为镆铘',大冶必以为不祥之金。今一犯人之形,而曰'人耳人耳',夫造化者必以为不祥之人。今一以天地为大炉,以造化为大冶,恶乎往而不可哉!"([清]郭庆藩《庄子集释》上册,第267页)

④ A. C. Graham, *Chuang-tzǔ*, p.18.

　　从中西比较角度发表的单篇论文数量很多。傅伟勋(Charles Wei-Hsun Fu, 1933—1996)的论文《创造性阐释学:道家的形而上学和海德格尔》①,从海德格尔对老子之"道"的论述切入,运用创造性阐释学的方法揭示老子之"道"的奥秘,并与海德格尔的"存在"或"本体"相比较,以重新发现道家形而上学的跨本体论的自然主义的意义。其中,论述了《庄子》的"天钧""天倪"等概念,认为庄子并没有把道视为宇宙的本原。傅伟勋的另一篇论文《海德格尔与道家语言的跨神学逻辑基础》②,探讨了海德格尔将语言作为原初话语的跨神学逻辑基础,与道家以"无名"(道)为基础的语言观念的相似性。其中论及《庄子》"无心""无思""无虑""无待"等提法,以及"言无言""言隐于荣华"等观点。指出《庄子》的"寓言""卮言""重言"将我们人类从与思想和现实固定相关的任何语言成规中解放出来。认为当海德格尔说"取之不尽的泉源"(the inexhaustible Wellspring)或"语言的无穷财富"(the inexhaustible wealth of language)时③,非常接近道家的表达方式。这篇论文论析精深,从哲学、语言学切入的中西比较阐释能给予读者多方面的启发。

　　(三)文学与哲学关系角度的研究

　　从现代学科的角度看,《庄子》在哲学和文学方面都取得了杰出的成就,这是学界的共识。葛瑞汉更进一步,论及《庄子》特殊

① Charles Wei-Hsun Fu, "Creative Hermeneutics Taoist Metaphysics and Heidegger", *Journal of Chinese Philosophy*, Vol.3, No.2(1976): 115-143.
② Charles Wei-Hsun Fu, "The Trans-onto-theo-logical Foundations of Language in Heidegger and Taoism", *Journal of Chinese Philosophy*, Vol.5, No.3(1978): 301-333.
③ Charles Wei-Hsun Fu, "The Trans-onto-theo-logical Foundations of Language in Heidegger and Taoism", p.324.

的文学风格与其思想观点之间的关联。他说,道家声称"道"无法言说,但他们并非不需要文字,只是指出语言的局限性,他们使用故事、诗句、格言,以及任何可用的语言手段以引导人们自行领悟。这就是为什么道家哲学经典《老子》《庄子》《列子》在中国文学史上占有重要地位的原因 ①。葛瑞汉还探讨了庄子的三种言说方式"寓言""重言""卮言",指出它们是庄子在批判论辩时发展而来的特殊词汇,但很快就被人误解 ②。葛瑞汉从文学表达的角度探讨了庄子的死亡观,在他看来,在中国文学,同样也是在世界文学中,没有哪位思想家比庄子更深刻地体验过它,更雄辩地表达过它。庄子在描写死亡时,那种欣喜若狂、狂想曲般的语调,是他独特的情感中最引人注目的 ③。

美国汉学家爱莲心(Robert E. Allinson,1942—)《向往心灵转化的庄子:内篇分析》一书 ④,集中研究《庄子内篇》,思路独特,剖析精微。此书有南乐山(Robert Cummings Neville,1939—)作的《序》、作者《自序》及《前言》。正文分为十二章,讨论了神话和怪物、变形、悖论、蝴蝶梦、相对主义和自我转化等专题。爱莲心从文学结构的角度分析《庄子》,以"怪物"为例讨论《庄子》中的文学手法与其哲学思想之间的关系。爱莲心在《自序》中表明了研究目标,他说:"首先,我尽力陈述《庄子》全书关注的一个主要哲学任务:心灵转化。其次,我还尽力表明,《庄子》文本中的不连贯和十分难解

---

① A. C. Graham, *Chuang-tzǔ*, p.25.

② A. C. Graham, *Chuang-tzǔ*, p.25.

③ A. C. Graham, *Chuang-tzǔ*, p.23.

④ Robert E. Allinson, *Chuang-Tzu for Spiritual Transformation: An Analysis of the Inner Chapters*, Albany: State University of New York Press, 1989. 此书有中译本。(美)爱莲心著,周炽成译《向往心灵转化的庄子:内篇分析》,江苏人民出版社,2004 年。爱莲心为中译本撰写了《中译本序》。

的文学方式跟达到自我转化的目的技术手段有一种系统的关联。"①
这本书很好地完成了其目标。

　　(四)《庄子》版本及研究综述

　　鲁惟一(Michael Loewe,1922—)主编的目录学著作《中国古代典籍导读》一书②,收录了先秦两汉时期共六十四种典籍,具有很高的学术价值。《庄子》一书的解题由罗浩(H. D. Roth)撰写③。罗浩从十个方面介绍了《庄子》其书及研究论著,具体如下:一、内容、时代及真伪;二、文本的流传;三、注释;四、版本;五、主要佚文;六、清代的研究;七、近期研究;八、翻译(仅选目);九、日文版本;十、索引。其解题可视为中、日、英三语的简要庄学史,著录清晰,评述扼要。

　　"内容、时代及真伪"部分,介绍了关锋和葛瑞汉对外篇、杂篇的思想学派及作者的考辨,也表明了罗浩本人对《庄子》编纂情况的见解。他认为《庄子》一书最初是由刘安幕下的门客大约在公元前130年编成的。"文本的流传"部分,介绍了《史记》提及的篇名、《汉书·艺文志》著录的情况、晋代的诸种版本,说明现存所有版本均出于郭象删减的修订本。"注释"部分,除重要注疏外,还介绍了四种在中国和日本都有影响的宋代《庄子》学著作:王雱(1044—1076)《南华真经新传》、林希逸(1193—1271)《庄子口义》、罗勉道《南华真经循本》、褚伯秀《南华真经义海纂疏》。明

①(美)爱莲心著,周炽成译《向往心灵转化的庄子:内篇分析》,第1页。
② Michael Loewe, *Early Chinese Texts: A Bibliographical Guide*, Berkeley: Society for the Study of Early China, Institute of East Asian Studies, University of California, 1993. 此书有中译本。(英)鲁惟一主编,李学勤等译《中国古代典籍导读》,辽宁教育出版社,1997年。
③ 罗浩现为美国布朗大学(Brown University)宗教学及东亚研究专业教授。

代最重要的庄学著述是焦竑（1540—1620）的《庄子翼》。"版本"部分,将《庄子》版本分为四类加以介绍:仅有经文类、仅有郭象注类、郭象注与陆德明（约550—630）注合刊类、郭象注与成玄英疏合刊类。"主要佚文"部分,罗浩介绍了四种佚文的来源:敦煌文书、日本京都高山寺文书、《经典释文》和陈景元（1035—1094）《南华真经章句音义》。"清代的研究"部分,提及王夫之（1619—1692）《庄子解》,林云铭《庄子因》,陆树芝《庄子雪》,郭庆藩（1844—1896）《庄子集释》,王先谦（1842—1918）《庄子集解》以及王念孙（1744—1832）、俞樾（1821—1907）和孙诒让（1848—1908）的文献考据。"近期研究"部分,列有中文著述马叙伦《庄子义正》、王叔岷（1914—2008）《庄子校释》、刘文典《庄子补正》、钱穆（1895—1990）《庄子纂笺》、严灵峰（1904—1999）的《老列庄三子知见书目》《周秦汉魏诸子知见书目》《无求备斋庄子集成》、关锋《庄子〈外杂篇〉初探》;英文论文两篇:葛瑞汉《〈庄子〉有多少为庄子所作?》、罗浩《谁编了〈庄子〉?》;日文论著有武内义雄（1886—1966）《庄子考》和《老子与庄子》、福永光司《关于庄子的游》《庄子》《郭象〈庄子〉注与向秀〈庄子〉注》。"翻译"部分,介绍了六位学者的七种《庄子》译本及一种注释:理雅各《东方圣书》第三十九、四十卷,翟理斯《庄子:神秘主义者、伦理学家和社会改革家》,冯友兰《庄子:新选译本附对郭象哲学的述评》,魏鲁男《庄周语录》,华兹生的《庄子:基本作品》和《庄子全集》,葛瑞汉的《〈庄子〉:内七篇及〈庄子〉中的其他作品》和《〈庄子〉:部分译文的文本注释》。罗浩还介绍了服部宇之吉（1867—1939）编《汉文大系》、仓石武四郎（1897—1975）和关正郎编《中国古典文学大系》、阿部吉雄（1905—1978）编《中国古典新书》等十种日文《庄子》版本。最后介绍了两种索引:哈佛燕京学社汉籍引得丛书《庄子引得》,刘殿爵、陈方正(1939—)合编《庄子逐字索引》。

（五）《庄子》文本研究

英美学者非常关注《庄子》文本的初始形态,并对此做了大量研究。本书第一章和第二章详细述介了关于《庄子》文本的研究,这里仅简单举几例。华兹生的《庄子:基本作品》一书 ①,选译了内七篇及外篇中的《秋水》《达生》《至乐》、杂篇中的《外物》。除了文章质量之外,文本因受到损毁而导致的不确定也是译者甄选的原因。华兹生说:"即使在我已经翻译的篇章中,文本的不确定也带来很大的问题。" ②

葛瑞汉的《〈庄子〉有多少为庄子所作?》十分重要 ③,文中详细探讨了《庄子》的文本问题,重构了《养生主》前半部分文本 ④。他认为,内篇中最明显的支离破碎是最短的那篇《养生主》。它以一个像是《大宗师》引言的文段开篇,却在第二行突然结束。其余部分由三个故事组成,把一个关于泽雉的小片段放在中间。我们必须假设有相当多的亡佚,尤其包括大部分引言 ⑤。葛瑞汉将《则

① Burton Watson, *Chuang Tzu: Basic Writings*, New York: Columbia University Press, 1964.

② Burton Watson, *Chuang Tzu: Basic Writings*, p.15.

③ A. C. Graham, "How Much of *Chuang Tzu* did Chuang Tzu Write?", *Journal of the American Academy of Religion Thematic Studies*, Vol.47, No.3, Suppl. (1980): 459-501; in *Studies in Chinese Philosophy and Philosophical Literature*, edited by A. C. Graham, Albany: State University of New York Press, 1990, pp.283-321.

④ A. C. Graham, *Studies in Chinese Philosophy and Philosophical Literature*, pp.296-301.

⑤ A. C. Graham, *Studies in Chinese Philosophy and Philosophical Literature*, pp.296-297. 葛瑞汉说的"引言"(introductory essay)指在"公文轩见右师""泽雉十步一啄""老聃死,秦失吊之"三个故事前的论述。

阳》《徐无鬼》《列御寇》的文字移入《养生主》，重构了《养生主》全文①，并逐段译出，文后加了评注。

梅维恒关注《庄子》文章一篇之内文本的结构特色。其全译本1994年版《前言》中指出，《庄子》最初的核心可能是由相对简

---

① 葛瑞汉的论文先列一段中文，标明出自哪篇，再列英译。他重编的《养生主》前半部分，回译为中文后如下：

出自《养生主》："吾生也有涯，而知也无涯，以有涯随无涯，殆已；已而为知者，殆而已矣。为善无近名，为恶无近刑。缘督以为经，可以保身，可以全生，可以养亲，可以尽年。"（［清］郭庆藩《庄子集释》上册，第121页）

出自《则阳》："蘧伯玉行年六十而六十化，未尝不始于是之而卒诎之以非也，未知今之所谓是之非五十九非也。万物有乎生而莫见其根，有乎出而莫见其门。人皆尊其知之所知而莫知恃其知之所不知而后知，可不谓大疑乎！已乎已乎！且无所逃。此所谓然与，然乎？"（［清］郭庆藩《庄子集释》下册，第897页）

出自《徐无鬼》："故足之于地也践，虽践，恃其所不蹍而后善博也；人之于知也少，虽少，恃其所不知而后知天之所谓也。知大一，知大阴，知大目，知大均，知大方，知大信，知大定，至矣。大一通之，大阴解之，大目视之，大均缘之，大方体之，大信稽之，大定持之。尽有天，循有照，冥有枢，始有彼。则其解之也似不解之者，其知之也似不知之也，不知而后知之。其问之也，不可以有崖，而不可以无崖。颉滑有实，古今不代，而不可以亏，则可谓有大扬攉乎！阖不亦问是已，奚惑然为！以不惑解惑，复于不惑，是尚大不惑。"（［清］郭庆藩《庄子集释》下册，第865—867页）

出自《列御寇》："以不平平，其平也不平，以不征征，其征也不征。明者唯为之使，神者征之，夫明之不胜神也久矣，而愚者恃其所见入于人，其功外也，不亦悲乎！"（［清］郭庆藩《庄子集释》下册，第1058页）

出自《徐无鬼》："故目之于明也殆，耳之于聪也殆，心之于殉也殆。凡能其于府也殆，殆之成也不给改。祸之长也兹萃，其反也缘功，其果也待久。而人以为己宝，不亦悲乎！故有亡国戮民无已，不知问是也。"（［清］郭庆藩《庄子集释》下册，第863页）

出自《养生主》："庖丁为文惠君解牛……得养生焉。"笔者按：此段为人熟知，葛瑞汉依从郭象注本《庄子》原文全录，兹略。［清］郭庆藩《庄子集释》上册，第123—130页。

短、生动的寓言组成，比如书的开头几段。另一个很好的例子是
《德充符》第五部分的第一段①，后面以"此"和"故"开头的各段可
能是后来的解释性补充。这种模式在书中其他地方经常重复。一
个简短、生动的故事或寓言，后面则是对它所表达的观点更抽象的
阐述，例如《徐无鬼》的第十部分②。这两种文本在情调和风格上经
常发生冲突。当然，具体的叙述比抽象的论述更令人难忘③。梅维
恒的这个分析道出了《庄子》的文本特征，符合实际。葛瑞汉过于
注重《庄子》各篇之间的重言重意，过于强调篇章内在逻辑的连贯
性，其重组文本的做法并不可取。

（六）论文集

　　20世纪出版了四部专题论文集，都在学术界产生了广泛的
影响。第一部是梅维恒编辑的《实验性〈庄子〉论文集》④，华兹
生作《序》，收了十三篇论文，还附录了赫尔穆特·威廉（Hellmut

---

① 指"闉跂支离无脤说卫灵公，灵公说之；而视全人，其脰肩肩。瓮㼜大瘿说
齐桓公，桓公说之；而视全人，其脰肩肩。故德有所长而形有所忘，人不忘其
所忘而忘其所不忘，此谓诚忘"（[清]郭庆藩《庄子集释》上册，第222页）。
② 指"仲尼之楚，楚王觞之，孙叔敖执爵而立，市南宜僚受酒而祭曰：'古之人
乎！于此言已。'曰：'丘也闻不言之言矣，未之尝言，于此乎言之。市南宜
僚弄丸而两家之难解，孙叔敖甘寝秉羽而郢人投兵。丘愿有喙三尺。'彼之
谓不道之道，此之谓不言之辩，故德总乎道之所一。而言休乎知之所不知，
至矣。道之所一者，德不能同也；知之所不能知者，辩不能举也；名若儒墨
而凶矣。故海不辞东流，大之至也；圣人并包天地，泽及天下，而不知其谁
氏。是故生无爵，死无谥，实不聚，名不立，此之谓大人"（[清]郭庆藩《庄
子集释》下册，第844页、第846页）。
③ Victor H. Mair, *Wandering on the Way*, p.xxxvii.
④ Victor H. Mair, *Experimental Essays on "Zhuangzi"*, Honolulu: University
of Hawai'i Press, 1983; Dunedin: Three Pines Press, 2010. 本书所有引文均
出自2010年版。

Wilhelm）整理的《庄子翻译：参考书目》，收英文、德文和法文《庄子》全译本和某些篇章的翻译，最后是论文作者简介。梅维恒在《前言》中说，《庄子》文章的实验性需要加以强调。这本论文集就是试图用汉学家不习惯的方式来研究《庄子》。他邀请了几位非汉学家参与撰写，希望借此证明《庄子》并非专家的专利。哲学家、心理学家、游戏理论家，以及那些对人文学科有广泛兴趣的人，都应当受到欢迎，去《庄子》中探险。对于《庄子》的意义，并没有一个权威和最终的解释，我们也并不追求达成共识。只有用不同方法、从不同角度的解释，如本书所尝试的，才是公正地对待他的方法。这也可以证明，在我们这个时代《庄子》所具有的激发思想的力量①。

　　根据书后的作者介绍，从职业看，这本论文集确实有非汉学家参与。比如，迈克尔·克兰德尔（Michael M. Crandell）是正义天平（RightScale）的创始人兼首席执行官，开创了传播云计算的新途径。他在斯坦福大学获得宗教研究学士学位，在哈佛大学完成了研究生学业，收入论文集的是《论不触地而行：〈庄子〉内篇中的"游"》②。汤川秀树（Hideki Yukawa, 1907—1981）是日本物理学家，1949年获得诺贝尔物理学奖，他的论文《庄子：快乐的鱼》③严格地说，并不能称为一篇论文，但是它能让我们真切地了解《庄子》

---

① Victor H. Mair, *Experimental Essays on "Zhuangzi"*, pp.x-xi.

② Michael M. Crandell, "On Walking without Touching the Ground: 'Play' in the Inner Chapters of the *Zhuangzi*", pp.99-121. 详见本书第五章第三节。"Walking without Touching the Ground" 出自梅维恒的《庄子》英译本，见 Victor H. Mair, *Wandering on the Way*, p.33. 对应的中文原文是《人间世》"绝迹易，无行地难" 中的 "无行地" 三个字。

③ Hideki Yukawa, "Zhuangzi: The Happy Fish", pp.56-61.

的寓言及其思维方式对一位当代科学家的启示。汤川秀树叙述
他有一天在思考基本粒子时,突然想起《庄子》中浑沌开七窍的寓
言,认为他所研究的基本粒子,很可能就是一种"浑沌"。之后,他
把这个寓言中的南方之帝"儵"和北方之帝"忽"看作类似粒子的
东西,他们自由奔跑,在浑沌的领土上聚集在一起时,就发生了类
似基本粒子碰撞的事件。其中隐含着一种二元论,浑沌可以被看
作是基本粒子所包围的时间和空间。汤川秀树认为,庄子和惠子
的濠梁之辩可以视为对科学中的理性主义和经验主义问题的间接
评论。惠子更接近传统的科学态度,但他作为一个科学家,更赞同
庄子暗示的东西。当前最令物理学家困惑的是所谓基本粒子的真
实性质。在实践中,用实验手段直接分辨出一些细节几乎是不可
能的,但是,这并不意味着推测其结构毫无意义。哈罗德·欧西玛
(Harold H. Oshima)毕业于哈佛神学院,是大岛联合公司(Oshima
and Associates)总裁。这是一家投资管理公司,位于马萨诸塞州
波士顿。他的论文《〈庄子〉"心"概念的隐喻分析》①,力求重构
《庄子》中"心"概念的隐喻意象,展示日常经验世界中具体可见的
物体是如何作为决定性的模型来使人类的"心"可视化及其与世
界上更大力量的关系。镜子的比喻完善了这种理解,融入了关于
道和圣人的新思想。

　　作者中以哲学和宗教学专业居多。柯爱莲(Erin M. Cline)
是乔治城大学(Georgetown University)神学系的助理教授,其论
文《镜子、心灵和比喻》②,通过比较庄子、荀子、克尔凯郭尔(Søren

---

① Harold H. Oshima, "A Metaphorical Analysis of the Concept of Mind in the
　　Zhuangzi", pp.62-82.
② Erin M. Cline, "Mirrors, Minds, and Metaphors", pp.154-176.

Kierkegaard,1813—1855)和罗 蒂(Richard Rorty,1931—2007)作品中的镜像隐喻,揭示了他们使用镜像隐喻的不同方式,及其在每位哲学家作品中的意义。罗浩的论文《〈庄子·齐物论〉的神秘双峰体验》[1] 讨论了庄子的神秘主义。苏海涵(Michael Saso,1930—1991)是夏威夷大学宗教学荣誉教授,其论文《〈庄子〉内篇:道家的沉思》[2] 有很多独到的见解。德博拉·萨默(Deborah Sommer)是葛底斯堡学院(Gettysburg College)宗教系副教授,论文《〈庄子〉的"身体"概念》[3] 探讨了庄子使用不同的术语如"躬""身""形""体"来描述身体,并将其与《论语》等其他文献做了比较。李耶理(Lee Yearley,1940—)是斯坦福大学宗教研究系教授,其论文《激进的〈庄子〉中的"至人"》[4] 认为,提出问题而不解决问题的态度正是庄子怀疑主义的核心,《庄子》中既有传统的观点也有激进的观点,激进的观点产生于其怀疑主义,它是一种独特的神秘主义形式,是内在世界的神秘主义 [5]。庄子创造了"道枢"和镜子两个意象来象征完美的心灵。葛瑞汉在其论文《道家的自发性与"是"和"应该"的二分法》[6] 中声称,他坚持用西方分析的方法和理性主义来面对庄子。他认为,庄子充分利用了辩论

---

[1] Harold D. Roth, "Bimodal Mystical Experience in the *Qiwulun* Chapter of *Zhuangzi*", pp.195-211. 详见本书第七章第四节。

[2] Michael Saso, "The *Zhuangzi* neipian: A Daoist Meditation", pp.137-153. 详见本书第三章第三节。

[3] Deborah Sommer, "Concepts of the Body in the *Zhuangzi*", pp.212-227.

[4] Lee Yearley, "The Perfected Person in the Radical *Zhuangzi*", pp.122-136.

[5] 详见本书第七章第二节。

[6] A. C. Graham, "Daoist Spontaneity and the Dichotomy of 'Is' and 'Ought'", pp.3-22.

中关键词的论证性,表明论证总是取决于最初选择的立场,词语的意思是辩者赋予的,即名与实并没有必然的、固定的关联。人们找不到共同承认的、判断是非的标准。葛瑞汉分析了《庄子》中工匠掌握技艺这类故事中的"自发性",对庄子而言,达到这种自发就是唯一的目的。庄子反对有意识的回应。道家潜在的逻辑是逃避事实和价值的二分法。简言之,笔者理解,葛瑞汉所说的"是"就是自发行为,"应当"是经过思考后有意识、自觉的回应。陈汉生(Chand Hansen, 1942—)任香港大学中国哲学讲座教授,其《〈庄子〉的"道"之道》①,探讨了庄子的相对主义、怀疑主义等问题。罗尼·利特尔约翰(Ronnie Littlejohn)是贝尔蒙特大学(Belmont University)哲学教授和亚洲研究主任,在论文《〈庄子〉中的孔子》②中,他首先给出了自己对《庄子》文本结构的看法,把《庄子》按内容分成五类:内七篇、道德篇、黄老篇、庄子后学篇、世界篇(《天下》)。然后考察了孔子的四类形象:思想正确的教师、思想错误的教师、思想正确的学生、思想错误的学生。结论是,孔子并没有扮演任何单一的角色,他被置于各种教学场景中。无论是老师还是学生,孔子都被要求以道家的方式说话,否则就会放弃其主张。似乎有一组文本,见证了儒家思想在《庄子》形成过程中日益重要的地位。文后附有详细表格,梳理了《庄子》全书述及孔子的三十五处文本。

中国语言和文学专业的学者只有作《序》的华兹生和主编梅维恒。整体看,这些不同专业方向的学者关注的问题及研究思路

① Chand Hansen, "A Dao of 'Dao' in *Zhuangzi*", pp.23-55. 详见本书第七章第一节和第二节。
② Ronnie Littlejohn, "Kongzi in the *Zhuangzi*", pp.177-194.

确实多种多样。梅维恒的论文《庄子和伊拉斯谟：亲缘性相似的机智》①，比较了《庄子》和伊拉斯谟《愚人颂》相似的"游戏精神"、反讽幽默的行文风格和言说方式，目的并不是为了找到二者之间某种直接或间接的影响，而是想说明"这两部分属于不同时空的作品之间惊人的相似之处和明显的相似精神是可以解释的，它们代表一种人类存在模式，超越由地域和时间所造成的文化差异。它们代表人类对日常生活、永恒的死亡考验、烦恼及磨难的一种反应。这里所说的模式就是游戏模式"②。笔者非常赞同这个研究思路，发现中西思想观念、言说方式的相似之处，其意义不在于确证究竟是谁影响了谁，而是在于从我们人类共同面对的问题出发，了解我们共同的处境、观念、存在模式和表达方式，发现我们相似的解决方法，从而彼此惺惺相惜。

　　第二部是《庄子·理性·阐释》③，这是 1991 年新英格兰中国思想研讨会论文集。主编美国鲍登学院（Bowdoin College）苏德恺（Kidder Smith Jr.,1944— ）写了《导论》，共收三篇论文。美国印第安纳大学（Indiana University）伊若泊（Robert Eno,1949— ）

---

① Victor H. Mair, "Zhuangzi and Erasmus: Kindred Wits", pp.83-98. 伊拉斯谟（Erasmus,1466—1536），荷兰文学家、哲学家、语言学家。新译拉丁文本《圣经》，著有《愚人颂》《格言集》等。详参（奥）斯·茨威格著，姜瑞璋、廖采胜译《一个古老的梦：伊拉斯谟传》，辽宁教育出版社,1998 年；沈大力《欧洲一代文宗伊拉斯谟》，《光明日报》2020 年 5 月 14 日。

② Victor H. Mair, *Experimental Essays on "Zhuangzi"*, p.96.

③ Kidder Smith Jr., *Chuang Tzu Rationality Interpretation, Essays from the 1991 New England Symposium on Chinese Thought*, Brunswick: Breckinridge Public Affairs Center, Asian Studies Program, Bowdoin College, 1991.

的《创造自然：儒家和道家的方法》①，阐发了《齐物论》对儒、墨两家"言""行"二分法的批评，认为早期儒家和道家都试图将修行确立为一种习惯，它构建我们的认知和行为深度习得的技能，我们创造的习惯决定了什么是我们的自然，什么是自然。美国巴德学院（Bard College）瑞丽（Lisa Raphals）的《〈庄子〉和〈泰阿泰德篇〉中的怀疑主义》②，通过梳理《齐物论》与柏拉图（Plato，前427—前347）《对话录·泰阿泰德篇》关于感官知觉相对性的评论，展示了他们如何使古希腊理性主义和中国非理性主义哲学的刻板印象复杂化。美国佛蒙特大学（University of Vermont）和香港大学陈汉生的《中国哲学翻译与解释中的理性》③关注方法论，反思翻译范式与解释方法的合理性，认为翻译的重点不是为某个中文术语找到正确的英语单词，而是提供正确的理论。翻译以解释为前提，英语并不能塑造意义的领域。

　　第三部是洛杉矶惠提尔学院（Wittier College）助理教授乔柏客（Paul Kjellberg）和斯坦福大学哲学与宗教研究助理教授艾文贺（Philip J. Ivanhoe，1954—）编辑的《〈庄子〉中的怀疑主义、相

---

① Robert Eno, "Creating Nature: Juist and Taoist Approaches", pp.3-28. 论文标题中的"Juist"一词是德国的一座岛屿，尤伊斯特，又译"儒伊斯特"，据论文内容，此指儒家。作者用它，大概因为发音近似"儒"。伊若泊2010年发布了《庄子内篇》（*Zhuangzi: The Inner Chapter*s）新译，供学生学习使用，可在网站上免费获取PDF版（https://scholarworks.iu.edu/dspace/items/ae51ec08-c7a7-4421-a35e-c044d51e7c4f）。

② Lisa Raphals, "Skepticism in the *Zhuangzi* and *Theaetetus*", pp.26-49. 此文后来发表于 *Philosophy East and West*, Vol. 44, No. 3 (1994): 501-526. 瑞丽现任教于美国加利福尼亚大学河滨分校比较文学与语言系。

③ Chad Hansen, "Reason in the Translation and Interpretation of Chinese Philosophy", pp.53-70.

对主义和伦理论文集》①，收了九篇论文。这本论文集研究对象正如书名所示，论题集中，多涉中西哲学比较。九位作者中，有五位曾经就读于或正在就读于斯坦福大学，或任教于此。乔柏客 1993 年在斯坦福大学获得博士学位，收于集中的论文比较了塞克斯都·恩披里科（Sextus Empiricus）、庄子和荀子对"为何怀疑"的论述②。艾文贺的《庄子是不是相对论者？》③探讨了庄子的终极理想是非道德还是相对主义的问题。斯坦福大学宗教研究系博士候选人马克·伯格森（Mark Berkson）的论文《言：实之宾——庄子和德里达论语言、真实及技巧》④，论述了庄子和德里达（Jacques Derrida，1930—2004）关于语言的本质和功能及其与真理的关系等观点的相似性。在斯坦福大学获得学士学位，当时在加州大学伯克利分校攻读哲学博士学位的埃里克·施威茨格贝尔（Eric Schwitzgebel），其《庄子的语言观及其怀疑论》⑤探讨了由庄子的语言观而产生的特殊形式的怀疑主义。斯坦福大学宗教研究系主任李耶理的《庄子对技能和最高精神境界的理解》⑥，将庄子的自我概念分为三种类型，认为庄子陈述了一种精神训练的过程，旨在

① Paul Kjellberg and Philip J. Ivanhoe, *Essays on Skepticism, Relativism, and Ethics in the Zhuangzi*, Albany: State University of New York Press, 1996.
② Paul Kjellberg, "Sexutus Empiricus, Zhuangzi, and Xunzi on 'Why Be Skeptical?'", pp.1-25.
③ Philip J. Ivanhoe, "Was Zhuangzi a Relativist?", pp.196-214.
④ Mark Berkson, "Language: The Guest of Reality—Zhuangzi and Derrida on Language, Reality, and Skillfulness", pp.97-126.
⑤ Eric Schwitzgebel, "Zhuangzi's Attitude Toward Language and His Skepticism", pp.68-96.
⑥ Lee H. Yearley, "Zhuangzi's Understanding of Skillfulness and the Ultimate Spiritual State", pp.152-182.

将人们带到最高的精神境界。

其他四篇论文是，日本文教大学（Bunkyo University）国际研究学院教授戴维·洛伊（David Loy）的《庄子和龙树论没有真理之真理》[1]，分析了庄子和龙树的反理性主义；伊若泊撰写了《庖丁之道和哲学的局限》[2]，认为庄子将"知"分为"技能之知"（skill knowing）和"事实之知"（fact knowing），庄子的怀疑主义通过否定"事实之知"起到了恢复"技能之知"应有地位的作用；美国康涅狄格大学哲学教授乔尔·库珀曼（Joel Kupperman）的《〈庄子〉中情感的自发与教育》[3]，描述了一种理想的受教育的情感，将庄子的潜在规划理解为自我转化；还有瑞丽的《〈庄子〉和〈泰阿泰德篇〉中的怀疑主义》一文。

第四部论文集是美国夏威夷大学哲学教授、中国研究中心主任安乐哲（Roger T. Ames，1947—　）选编的《逍遥游于〈庄子〉》[4]，收录了十一篇论文。十一位作者中，除主编安乐哲外，还有六位都在夏威夷大学获得了学位或正就读于此。任教于台湾大学的克里尔·汤普森（Krill O. Thompson），1985 年在夏威夷大学获博士学位；美国关岛大学哲学系副教授詹姆斯·塞尔曼（James D. Sellmann，1956—　），1990 年在夏威夷大学获中国哲学博士学位；檀香山查米纳德大学（Chaminade University of Honolulu）哲学讲

① David Loy, "Zhuangzi and Nāgārjuna on the Truth of No Truth", pp.50-67.
② Robert Eno, "Cook Ding's Dao and the Limits of Philosophy", pp.127-151.
③ Joel Kupperman, "Spontaneity and Education of the Emotions in the *Zhuangzi*", pp.183-195.
④ Roger T. Ames, *Wandering at Ease in the Zhuangzi*, Albany: State University of New York Press, 1998.

师亨利・斯卡加（Henry G. Skaja）在夏威夷大学获得哲学博士学位；美国杜伦大学（University of Durham）政治系讲师威廉・卡拉汉（William A. Callahan），在夏威夷大学获得中国研究硕士学位；丹尼尔・科伊尔（Daniel Coyle）获得夏威夷大学比较哲学硕士学位，论文集出版时在夏威夷大学撰写学位论文；布莱恩・伦德伯格（Brian Lundberg）是夏威夷大学哲学系博士候选人。

　　主编安乐哲的论文《〈庄子〉中的"知"："知之濠上"》①，认为惠子代表一种古典传统中隐性的分析立场，知依赖于知的主体。庄子认为知从属于环境，只是衍生性地属于抽象主体。汤普森的《因何成败？渔歌入浦深：〈庄子〉中的渔父》②，探讨《庄子》中的渔父形象及其在后代绘画和诗歌中的呈现。塞尔曼《〈庄子〉中变形的幽默》③，认为幽默是一种解放和变革的比喻，探讨了它在《庄子》中发挥作用的方式。指出它唤醒了我们，让我们赋予自己的经历以意义。斯卡加《如何解释〈庄子〉第 16 章〈缮性〉》④，关注《缮性》中看似属于儒家的一些段落，认为道家的"无为"的社会应用与儒家通过顺从和合作实现社会和谐的世界观并不矛盾，此章作者与《孟子》对"命"的观念有共同之处。卡拉汉《庖丁的磨刀

---

① Roger T. Ames, "Knowing in the *Zhuangzi*: From Here, on the Bridge, over the River Hao", pp.219-230.

② Kirill Ole Thompson, "What Is the Reason of Failure or Success? The Fisherman's Song Goes Deep into the Reiver: Fishermen in the *Zhuangzi*", pp.15-34.

③ James D. Sellmann, "Transformational Humor in the *Zhuangzi*", pp.163-174.

④ Henry G. Skaja, "How to Interpret Chapter 16 of the *Zhuangzi*: 'Repairers of Nature (Shan Xing)'", pp.101-124.

石生活：〈庄子〉中的偶然性、行为与惯性》①，探讨的问题是：当传统的方法不再有效时，在庄子的世界里，决策及随后的行动和惯性是如何展开的。他从分析庖丁的故事开始，进而考察了《齐物论》对"语言与行为"的论述，并分析"明""天倪""天钧""道枢""至人"等概念。科伊尔《论"真人"》②，首先研究"真"这个词，认为《老子》中的"真"是与短暂、肤浅的"人为"礼仪相对称的术语；在《庄子》中"真"与变化和修炼有关，是永远存在的事物，但没有任何可以感知的固定身份。从词源角度看，《说文解字》曰"真，仙人变形而登天也"，这肯定受到道家思想的影响，"真"被定义为一个人向更高层次的性格转变，是一个持续变化的过程。《老子》和《庄子》的作者想用"真"这个新形象以区别于他人的教义。科伊尔结合《大宗师》第一部分、《渔父》及其他篇章中的相关论述，认为"真"表示在一个不断变化的世界中的真实性，"真人"是这样的人：能够以一种肯定的方式整合构成个人和世界的、内在和外在的各种驱动力。到汉魏六朝，"真人"有了更多的宗教意义。伦德伯格《关于友谊的沉思》③认为，庄子没有直接谈到友谊，但是他的许多哲学思想，如自我实现、道的实现，甚至接受死亡，都是在朋友交往的背景下呈现的。庄子在《大宗师》中描绘了友谊的三个条件：相与（being-with）、相为（being-for）、相忘（mutually-forgetting）④。在

---

① William A. Callahan, "Cook Ding's Life on the Whetstone: Contingency, Action, and Inertia in the *Zhuangzi*", pp.175-196.

② Daniel Coyle, "On the *Zhenren*", pp.197-210.

③ Brian Lundberg, "A Meditation on Friendship", pp.211-218.

④《大宗师》："子桑户、孟子反、子琴张三人相与友，曰：'孰能相与于无相与，相为于无相为？孰能登天游雾，挠挑无极，相忘以生，无所终穷？'"（[清]郭庆藩《庄子集释》上册，第269页）

《庄子》中,与宇宙合一的体验不仅常常与一群同心同德的朋友的体验联系在一起,而且还是它的延伸。

其他五篇论文关注的问题各不相同。圣荷塞州立大学比较宗教系教授周克勤（Chris Jochim,1948— ）的《对〈庄子〉中的"无我"说不》①,反对将现代文化特定的"自我"概念强加于《庄子》,或者将特定的佛教"无我"概念强加于《庄子》。他主张使用"身"这个概念,它包含"人"的整体,抵制了自我／身体、精神／身体、内／外、精神／世俗,以及更重要的单／复数二分法的交叉。澳大利亚阿德莱德大学哲学系教授梅约翰（John Makeham）的《陈蔡之间:〈庄子〉与〈论语〉》②,通过分析《论语·卫灵公》所述孔子困于陈蔡之间事,展示了这个故事的不同版本是如何在早期的语料库中被使用的,仅在《庄子》中就被引述了七次。由此探讨经典文本是如何被编纂的,以及如何保持连续性和新颖性。《庄子·让王》对孔子故事的阐述,比《孟子》和《荀子》的版本在哲学意义上更接近《论语》。加州大学洛杉矶分校法学院教授裴文睿（Randall Peerenboom）《生活于方外:亨利·米勒与对道家觉悟的追求》③,主要论述了美国作家亨利·米勒（Henry Miller,1891—1980）将生活与艺术相融合的行事风格,简单地与庄子追求自我觉悟的主题相比附。瑞丽的《论惠施》④考察了《庄子》及其他一些早期典籍,得出了四种惠子形象:富有同情心的诡辩家（《庄子》）、笨拙的

① Chris Jochim, "Just Say No to 'No Self' in *Zhuangzi*", pp.35-74.
② John Makeham, "Between Chen and Cai: *Zhuangzi* and the *Analects*", pp.75-100.
③ Randall P. Peerenboom, "Living Beyond the Bounds: Henry Miller and the Quest for Daoist Realization", pp.125-142.
④ Lisa Raphals, "On Hui Shi", pp.143-162.

诡辩家(《吕氏春秋》)、危险的异端哲学家(《荀子》)和技艺娴熟的
类比推理家(《韩非子》)。进而指出,《韩诗外传》《淮南子》《说
苑》《战国策》等文献对惠施的欣赏,可能与这些文本不同的幽默
程度有关。

（七）学位论文

　　20世纪以《庄子》为题的硕士和博士学位论文越来越多。美
籍华人学者陈荣捷(Wing Tsit Chan,1901—1994),1929年在
哈佛大学获得博士学位,学位论文题目是《庄子哲学概要》(An
Abstract of the Philosophy of Chuang Tzu)[1]。此后,在国外获得学
位,以《庄子》为研究对象,用英文撰写的硕士学位论文和博士学
位论文,在ProQuest上检索到二十二篇,其中硕士论文九篇、博士
论文十三篇。从题目上看,研究的问题与早期相比明显更加具体。
70年代的几篇论文,题目有老子和庄子“道”之概念、《庄子》中的
天人合一、庄子的死亡哲学等[2]。80年代的论文出现了对庄子的精

---

[1] 笔者尚未查阅到这篇论文。华霭仁整理的《陈荣捷(1901—1994):一份口
　　述自传的选录》(《中国文化》第十五、十六期合刊,1997年),有陈荣捷讲述
　　其博士论文写作及答辩之事,但没有提及论文内容。
[2] Lawrence P. C. Lau, *The Concept of Tao in Lao Tzu and Chuang Tzu,
　　ca200-600B.C.*, University of Alberta (Canada), M.A., 1972.
　　Su-Choan Sieh, *The Unity of Heaven and Man in the "Chuang Tzu"*,
　　Temple University, Ph.D., 1975.
　　Robert George Santee, *Chuang Tzu: A Philosophy of Death*, University of
　　Hawai'i at Manoa, Ph.D., 1977.
　　Ping Wong Chin, *A Study of the Chuang-Tzu: Text, Authorship and
　　Philosophy*, The University of Wisconsin- Madison, Ph.D., 1978.

神转化及个体身份问题的研究 ①。90 年代《庄子》很热门，研究的问题和角度多样，有中西哲学对比，庄子与禅宗语言的比较 ②，《庄子》中的自由、伦理、情感等 ③。还有《庄子》接受史的研究，何乐罕（Jonathan Roy Herman）的《〈庄子〉文本与阐释问题：马丁·布伯的翻译与评论的批判性研究》④、余石屹的《唐代〈庄子〉解读：成

---

① R. F. Hood, *The Relationship between Man and Nature in the Taoist Philosophy of Chuang Tzu*, University of Wales, Lampeter (United Kingdom), M.A., 1981.

Nan-yu Peng, *Nature, Man and How Man Should Relate to Nature: A Comparative Study of Herman Melville's, Lao-tzu's, and Chuang-tzu's Views*, University of Montana, M.A., 1984.

Raj kumar Deosaransingh, *Spiritual Transformation in the "Chuang Tzu"* (Taoism, Psychology, China), California Institute of Integral Studies, M.A., 1986.

Jesse Charles Fleming, *Chuang Tsu and the Problem of Personal Identity: A Study of Identity and Interrelatedness*, University of Hawai'i at Manoa, Ph.D., 1988.

② Youru Wang, *Deconstruction, Limnology and Pragmatics of Language in the Zhuangzi and in Chan Buddhism*, Temple University, Ph.D., 1999.

③ Louis Philippe Gross, *Fight from the Shadow: On Liberation in the Chuang-Tzu*, University of Hawai'i at Manoa, M.A., 1992.

Paul Benjamin Michael Crowe, *The Role of Health in the Ethics of Chuang-tzu*, University of Calgary (Canada), M.A., 1992.

Louis Philippe Gross, *The Tao of Photography: The "Chuang-tzu", Conscious Camerawork, and Unconstructed Awareness*, University of Hawai'i at Manoa, Ph.D., 1996.

Martha Dawn McGrath, *Emotions in the "Zhuangzi"*, Memorial University of Newfoundland (Canada), M.A., 1996.

Michael James Millner, *Roaming Freely inside the Cage: Social Concern in Zhuangzi and Early Chinese Thought*, University of California, Berkeley, Ph.D., 2000.

④ Jonathan Roy Herman, *The Text of "Chuang Tzu" and the Problem of Interpretation: A Critical Study of Martin Buber's Translation and Commentary*, Harvard University, Ph.D., 1992.

玄英的注疏》① 都颇有见地。在斯坦福大学取得学位的乔柏客,其博士论文《庄子与怀疑主义》② 梳理了英语世界对庄子怀疑主义的研究史,详见本书第七章第二节的论述。

　　学位论文中也颇有以中西比较为题者。如萩原高雄(Takao Hagiwara)的硕士学位论文比较庄子与美国哲学家、诗人、散文家爱默生(Ralph Waldo Emerson, 1803—1882)的“秩序”观念③,认为爱默生的秩序观基本上是以理性为中心的(即二元主义),庄子的秩序观则是以混沌为导向的(即非二元主义)。周炽成的硕士学位论文比较庄子与塞克斯都·恩披里科的怀疑主义④,拉吉·库马尔·德奥萨兰辛格(Raj Kumar Deosaransingh)的博士学位论文《海德格尔、庄子和真正的向死而生》⑤,探讨了海德格尔《存在与时间》和《庄子》中的“向死而生”及其心理治疗意义,认为二者具有显著的相似之处。《存在与时间》的一个主题是,日常的自我理解由于沉浸在日常世界的琐事中而遭受“自我的丧失”,这一主题与庄子人丧失自我的观念相对应。马蒂·亨利·海茨(Marty Henry Heitz)的博士学位论文《源远流长:早期海德格尔和〈庄子〉

① Shiyi Yu, *Reading the "Chuang-tzu" in the T'ang Dynasty: The Commentary of Ch'eng Hsuan-ying* (fl. 631-652), University of Colorado at Boulder, Ph.D., 1998.

② Paul Kjellberg, *Zhuangzi and Skepticism*, Stanford University, Ph.D., 1993.

③ Takao Hagiwara, *The Notion of Order in R. W. Emerson and Chuang Tzu*, The University of British Columbia (Canada), M.A., 1979.

④ Chicheng Zhou, *A Comparative Study of Skepticism: Chuang Tzu and Sextus Empiricus*, University of Alberta (Canada), M.A., 1997.

⑤ Raj Kumar Deosaransingh, *Heidegger, Chuang Tzu, and Authentic Being-toward-death*, Pacifica Graduate Institute, Ph.D., 1996.

的生命铭文》①,将海德格尔(Martin Heidegger,1889—1976)于1919至1923年在弗莱堡的早期讲座课程与《庄子》进行比较,认为尽管《庄子》哲学和海德格尔早期的生活哲学之间存在着令人惊讶的相似之处,但当海德格尔开始发展他的存在哲学时,它们之间的区别越来越大。实际上,海德格尔早期的存在哲学在道家中找不到真正的对应。商戈令的博士学位论文《庄子与尼采的宗教性:作为生命确认的人类解放》②,系统比较庄子与尼采(Friedrich Wilhelm Nietzsche,1844—1900)对形而上学、道德、语言、知识和人性的批判,认为他们的哲学观点是互补的。尼采富有创造力和活力的精神和庄子宁静而内向的精神,存在着一种惊人的相似性,即对人类解放和自由的渴望——在这种愿景和渴望中,通过宗教性地肯定世界上的生命是神圣的,从而使精神上的转变成为可能。

(八)中文论著译为英文出版

20世纪还有中国本土学者的著作先是以中文出版,后又被译成英文的。刘笑敢(1946—)的《庄子哲学及其演变》初版于1988年,是中国社会科学出版社推出的"中国社会科学博士论文文库"的第一册,在国内影响很大。1994年,美国密歇根大学出版社出版了此书前三章的英文版,书名为《庄子篇章分类》③,译者威廉姆·萨维奇(William E. Savage)博士是国际大学缩微胶卷公司

---

① Marty Henry Heitz, *Distant Origins: Inscriptions of Life in Early Heidegger and the "Zhuangzi"*, University of Hawai'i at Manoa, Ph.D., 1999.

② Geling Shang, *The Religiosity of Zhuangzi and Nietzsche*: *Human Liberation as Affirmation of Life*, Temple University, Ph.D., 1999.

③ Liu Xiaogan, William E. Savage (trans.), *Classifying the Zhuangzi Chapters*, Ann Arbor: University of Michigan Press, 1994.

（University Microfilms International）的部门主管。此书前三章是文献疏证，通过考察《庄子》中的一些关键概念，发现内篇中只有"道""德""命""精""神"等单音节的概念，没有"道德""性命""精神"等复合词，但外篇和杂篇中复合词很常见。作者又参照了先秦时期其他典籍，如《左传》《论语》《老子》《孟子》《荀子》《韩非子》《吕氏春秋》等书中的用词情况，从而证明《庄子》书中内篇、外篇和杂篇的时间先后。中文版后几章论述的是《庄子》哲学的基本范畴及庄学的演变，英文版没有译出，可见英语世界对基本文献考证的重视。

　　通过检索 JSTOR、Wiley Online Library、ProQuest 等大型收录学术论文的数据库以及 sino-platonic 和 East Asian History 等学术刊物网站，可以看到，20 世纪公开发表的研究《庄子》的论文有几百篇。《庄子》研究可以说已经成为西方汉学中的显学。

　　20 世纪英语世界的《庄子》研究蔚为大观，西方学者有意识地对庄学进行总结和反思。爱莲心在《向往心灵转化的庄子》一书中梳理、反思了西方的《庄子》解释模式，提出很多新观点。比如西方学者大多认为庄子持相对主义和怀疑主义，爱莲心从《秋水》文本的可信性及《齐物论》篇题对读者产生的误导，辨析《庄子》文本不是相对主义。他认为，《庄子》多样的文本中，存在一个核心意义结构，内篇具有统一性和一贯性，这和通常的看法截然相反。瑞士日内瓦大学教授毕来德（Jean François Billeter, 1939—）也曾撰文梳理西方庄学的得失 ①。孔丽维撰写专著《庄子：文本与互文》②，

<hr/>

① 毕来德《关于西方庄学的几点反思》，方勇主编《诸子学刊》第三辑，上海古籍出版社，2010 年。
② Livia Kohn, *Zhuangzi: Text and Context*, St. Petersburg: Three Pines Press, 2014.

设了二十四个专题,包括：文本、至乐、轴心时代的哲学、身心（形神）、宇宙、郭象、个人因素、宗教的道家、冥想与修身、完美、诗歌与艺术、语言与隐喻、神秘主义、自我、熟练的自发性等,梳理了诸多《庄子》研究的问题,涉及的文献非常丰富,条分缕析,论说简明扼要,是一本非常好的西方庄学史。

　　一个世纪中,英语世界的《庄子》研究领域,涌现出一大批成绩卓著的学者,他们来自不同国家,有英国、美国、法国、德国、瑞士,当然也不乏华人学者。论著大多最初就是用英文写成,也有从德文、法文、中文转译为英文者。一方面,很多学者的研究是以中国本土学者的研究为基石,有些学者运用的研究方法也颇见本土传统小学的功夫。另一方面,西方学者关注的问题也促进了本土学者的《庄子》研究,呈现出双向互动的良好态势。

三、国内"英语世界《庄子》研究"现状

　　20世纪90年代,国内学术界开始梳理、介绍《庄子》英译的情况,世纪之交及进入21世纪以来,随着海外汉学的蓬勃发展,越来越多的学人步入英语世界《庄子》研究这一领域,出版专著、撰写硕士学位论文或博士学位论文、发表系列专题论文。

（一）论著

　　专著有四种,都是在作者的博士学位论文基础上修改而成。徐来的《英译〈庄子〉研究》①,《绪论》外共四章,介绍了作为哲学著作的《庄子》译介、《庄子》基本哲学术语"道""天""气"的英

———————

① 徐来《英译〈庄子〉研究》,复旦大学出版社,2008年。

译、《庄子》作为文学著作的译介,并探讨了理雅各、冯友兰和葛瑞汉三位学者的译本。安蕴贞的《西方庄学研究》①,《绪论》外共三章,梳理了西方对道家思想的翻译和接受,包括对"道"的翻译及阐释,对庄子得道之游的阐释,西方哲学语境下的庄学研究,包括怀疑论、相对主义、反理性主义的研究,庄子与德里达和海德格尔的比较。每章的最后一节都探讨中西文化或思维方面的差异。姜莉的《〈庄子〉英译:审美意象的译者接受研究》②,《绪论》外共四章,介绍了庄子英译的历史,美学视角下《庄子》意象思维及英译,英译《庄子》审美意象举例,包括《庄子》审美人生境界、审美层次、动植物和人物的意象英译,最后探讨了英译者对《庄子》文本整体审美意象的接受,分析了葛瑞汉、冯友兰和托马斯·莫顿(Thomas Merton,1915—1968)的三个译本。王泉的《英语世界的庄子主体形象构建研究》③,《导论》之外共五章,包括从认知主体角度看哲学家庄子,从神秘主体角度看宗教家庄子,从美学主体角度看美学家庄子,从伦理主体角度看道德家庄子,从后人类主体角度看庄子。这四本专著的作者,专业方向要么是西方文论,要么是比较文学或英语,没有中国古代文学专业方向,虽然各有创获,但对中国古代文学专业研究者所感兴趣的庄学问题涉及较少。

　　还有几种相关论著涉及英语世界的《庄子》研究。戴俊霞《诸子散文在英语世界的译介与传播》④的第六章,介绍了《庄子》英译的情况、《庄子》在英语世界的文本形态、几个核心概念的阐释及文

---

① 安蕴贞《西方庄学研究》,中国社会科学出版社,2012年。
② 姜莉《〈庄子〉英译:审美意象的译者接受研究》,北京师范大学出版社,2014年。
③ 王泉《英语世界的庄子主体形象构建研究》,中国社会科学出版社,2017年。
④ 戴俊霞《诸子散文在英语世界的译介与传播》,安徽大学出版社,2013年。

学风格,但比较简略。美籍华人学者姜新艳主编的《英语世界中的中国哲学》^①,收入三篇译为中文的《庄子》研究论文:葛瑞汉《庄子的〈齐物论〉》、瑞丽《〈庄子〉和〈泰阿泰德篇〉中的怀疑主义策略》、黄百锐(David B. Wong)《庄子与迷恋正确》,在研究思路、研究方法上均颇有特色。丁四新(1969—)等著《英语世界的早期中国哲学研究》^②的第二章第二节,专门介绍英语世界的《庄子》文本及其思想研究,梳理了《庄子》的翻译、文本研究与庄子学派,庄子与相对主义、怀疑主义、视角主义、神秘主义、伦理学,《庄子》中的自我及身心关系,《庄子》的语言等问题。第三节从比较哲学角度梳理了有关庄子与克尔凯郭尔、康德(Immanuel Kant,1724—1804)及希腊怀疑论者塞克斯都·恩披里科的研究。第四节从解构主义、现象学、语言学、西方宗教学、混沌物理学等现代哲学观念的角度,概述了有代表性的《庄子》研究。刘杰的《葛瑞汉对道家典籍的英译与研究》^③,梳理了葛瑞汉对《庄子》"道""性""气"的英译及相关论述,以及他对《庄子》的政治思想及"自发性"等问题的阐发,颇有深度。

(二)单篇论文

单篇论文中,综述类的以汪榕培《〈庄子〉十译本选评》(《外语教学与研究》1995 年第 4 期)、包兆会(1972—)《英语世界庄学研究回顾与反思》(《文艺理论研究》2004 年第 1 期)、彭姗姗《瞻之在前,忽焉在后:英语世界中作为哲学家的庄子》(《中国哲学史》2005 年第 3 期)、方克涛(Chris Fraser)《英美学界对于中国经典

---

① (美)姜新艳主编《英语世界中的中国哲学》,中国人民大学出版社,2009 年。
② 丁四新等《英语世界的早期中国哲学研究》,浙江大学出版社,2017 年。
③ 刘杰《葛瑞汉对道家典籍的英译与研究》,学苑出版社,2022 年。

诠释传统之研究：回顾与展望》① 几篇最有代表性，它们覆盖的时间段不尽相同，侧重点也不一样，尤其后三篇理论性较强，能给读者很多启发。此外，姜莉和徐强均刊发了系列论文，梳理和探讨英美学者对一些具体问题的研究，多有所得 ②。

　　最近有专门从传播角度切入研究的论文。朱舒然以《庄子》英译本的科普翻译、文学翻译和哲学翻译为研究对象，利用 Python 编程工具与 NLTK 自然语言处理技术，广泛搜集对译介的评价，介绍了三类译本在海外读者中的接受图景 ③。胡安江也有类似的研究，不过研究对象不是《庄子》英译 ④，考察的是图书馆馆藏、亚马

① 见黄俊杰《中国经典诠释传统（一）：通论篇》，华东师范大学出版社，2008 年。
② 姜莉有六篇：（1）《〈齐物论〉英译之"名"与"实"——兼谈典籍英译中译者的任务》，《南昌大学学报》（人文社会科学版）2009 年第 3 期；（2）《冯友兰英译〈庄子〉之义理源流——以〈逍遥游〉为例》，《内蒙古民族大学学报》（社会科学版）2010 年第 1 期；（3）《经典诠释：重构还是解构？——评葛瑞汉的〈庄子〉英译本》，《比较文学与世界文学》2012 年第 2 期；（4）《对西方庄学"怀疑论"的反思与辩释》，《国际汉学》2016 年第 3 期；（5）《近年来〈庄子〉研究英文期刊成果述评》，《国际汉学》2018 年第 4 期；（6）《孔丽维的〈庄子〉译释思考：语境重构与宗教之维》，《上海翻译》2018 年第 6 期。徐强有四篇：（1）《汉学界在中国经典解读中的"见"与"未见"——以爱莲心的〈庄子〉研究为例》，《大连理工大学学报》，2012 年第 3 期；（2）《〈庄子〉解读的另一种可能——史华慈对〈庄子〉思想的阐释》，《长沙理工大学学报》（社会科学版）2013 年第 4 期；（3）《西方汉学界对〈庄子〉"自我"观念的研究管窥》，《文化月刊》2014 年第 5 期；（4）《西方汉学界关于庄子哲学之神秘主义性质的论辩》，《商丘师范学院学报》2019 年第 1 期。另有邓联合、徐强《英美汉学界中〈庄子〉之"浑沌"涵义四解》，《福建论坛》（人文社会科学版）2014 年第 8 期。
③ 朱舒然《声声何以入耳：基于自然语言处理的〈庄子〉英译海外接受研究》，《中国翻译》2023 年第 5 期。
④ 胡安江《中国文学海外传播效果评估研究——以美国汉学家华兹生的中国文学英译为例》，《上海翻译》2023 年第 2 期。

逊图书销量及读者评价情况。这类研究也很有意义。

（三）学位论文

近年来有十几篇硕士学位论文和博士学位论文以英语世界的《庄子》研究为题，大多是英文专业或比较文学专业，尚未出版的有：四川大学何颖 2010 年的博士论文《英语世界的〈庄子〉研究》、上海交通大学刘妍 2012 年的博士论文《文化与语言的跨界之旅：〈庄子〉英译研究》、北京外国语大学郭晨 2015 年的博士论文《〈庄子〉内篇寓言故事在英语世界的翻译与阐释——以"庄周梦蝶"、"庖丁解牛"为中心》。何颖论文的第二章很有特点，以比较文学变异学为理论依据，从《庄子》的篇章题目、主要术语、具体句式等的英译入手，探析《庄子》英译过程中所产生的语言的迁移与变异现象。刘妍的论文以萨义德（Edward Said，1935—2003）的旅行理论（Travelling Theory）为框架，选择了《庄子》中的一些关键词、人名、地名、修辞手法等，考察其在英译过程中发生了何种变化。郭晨的论文专门研究两个寓言的多种英译与阐释，论题集中，论述也比较深入。

还有一些硕士学位论文从某一翻译或阐释理论入手，梳理《庄子》内七篇或某一篇或某个寓言的英译，虽然也有可取之处，但大多存在理论先行的问题，就是以《庄子》为样本验证某一理论，对《庄子》本身的理解及对英文研究文献的分析都还有提升的空间。

四、本书的研究思路及主要内容

在英语世界里的《庄子》研究这个大题目上，尽管已经有珠玉在前，但是很多已经被讨论的问题，还有重新加以审视的必要。相关文献非常丰富,还有很多问题有待发掘、梳理和研究。笔者查阅了大量第一手资料①,探讨的问题和现象大多为已有的研究成果未曾涉及。对学界已经探讨的一些话题,在所选取的材料和关注的具体问题上尽力避免重复,不人云亦云,力争有新发现。另外,笔者的专业是中国古代文学,与哲学、比较文学和英文专业的研究者关注的问题不尽相同,希望本书的研究能够展现不同的学科视角。具体的研究思路是:

1. 从基本的英文文献搜集和整理入手,不以某个理论为切入点考察问题。努力呈现 20 世纪英语世界《庄子》研究的重要成果、研究思路与方法,注重发掘对《庄子》的多样化解读及其价值和意义,广泛联系并深入考察与之相关的各种因素,不做简单的结论。

2. 在考辨英美学者《庄子》解读的得失之外,还注重学术交流与文明互鉴,关注中西文化的碰撞、交流及双向互动所产生的积极作用,揭示中国经典为世界文化建构做出的贡献。

3. 介绍多元化的《庄子》传播形式,以期为中国经典怎样能为更多的人接受、喜爱,中华优秀传统文化怎样能更好地在世界上发出自己的声音提供一些有益的思路。

总体而言,本书从以下几个方面入手,尽可能进行比较深入的探讨。

第一,文本研究。第一章从《庄子》的作者及编者,单篇写作时间及成书年代,内、外、杂篇的划分,文本分层研究,互文语境中的文本分析等问题述介了英语世界的观点。第二章梳理了葛瑞汉

① 笔者于 2011 年 10 月至 2014 年 7 月,先后公派到美国的两所孔子学院工作,在此期间搜集了大量英文资料。

的全书重编及几位学者对《逍遥游》和《齐物论》文本的删改。

第二，关键词研究。第三章和第四章从篇题英译及阐释入手，选择了若干有代表性的篇题做了梳理。第五章和第六章侧重关键词个案的研究，分别梳理了英语世界对"游"和"卮言"的研究。这些研究旨在发现《庄子》关键词在西方学术传统审视下得出的胜义。

第三，哲学角度的研究。英语世界特别重视《齐物论》，对《庄子》神秘主义、相对主义、怀疑主义、认知论、语言观的研究也都离不开这篇。因此，第七章梳理英语世界的《齐物论》研究，将各种细密的分析呈现给学界。第八章专门讨论对"庄周梦蝶"的研究。

第四，文学角度的研究。英语世界的中国文学史和中国文学概论类著述是如何评价《庄子》的，《庄子》哪些篇章段落入编中国文学作品选，学者关注《庄子》的哪些主题，一个世纪之中有何变化，文学研究与哲学研究的分立，第九章和第十章对这些问题做了梳理和探讨。这个研究会为本土中国古代文学专业的学者提供有价值的参照。

第五，传播角度的研究。很多《庄子》的英文节译本和选译本介于专业与非专业之间，拥有广大的读者群，深受欢迎。英语世界关心《庄子》中的哪些话题、选译了哪些文段，第十一章和第十二章对此做了详细的介绍和说明。这种选译本的形式，或者可为中国经典走向世界提供一点思路。文字之外，图像是传播的一个有效方式，是重要的副文本。有将《庄子》寓言改编为绘本者，有配以大量摄影或绘画作品者，封面和插图组成了丰富多彩的影像世界，诉说着对《庄子》的另类诠释，图像传达的东方情调颇能吸引读者的兴趣，极大地促进了《庄子》在英语世界的传播。第十三章以书为例，分析了哲学思考与视觉艺术的结合。

　　这些专题研究为了论述的方便，各自成章，但难免有交叉。写作时，每章切入点尽可能各有侧重，以示区别。

　　还有几个问题需要说明。

　　1. 书名将时间限定在 20 世纪，具体研究时，为了说清楚来龙去脉，很多地方都谈及 19 世纪的《庄子》英译和研究，个别论题也涉及 21 世纪的研究。书末附录了一篇笔者的论文，以期能为读者提供更多相关信息。

　　2. 书中将大量英文论述译为中文后加以引用，如果没有特别说明取自哪个中译本，均为笔者自译。

　　3. 人名翻译，依照《北美汉学家辞典》[①]《英语姓名译名手册（第 5 版）》[②] 和《近代来华外国人名辞典》[③]。汉学家有中文名或约定俗成的中译名者，则沿用。人物的生卒年，大多依据已有的出版物，如论著版权页的作者介绍、图书馆馆藏信息的作者介绍、相关论文中的人物介绍等。取自网络资源的 [④]，易于查到者略去不注，不太为人注意者会特别注明出处，未注明出生年则是没有查到相关信息。

---

① 安平秋、（美）安乐哲主编《北美汉学家辞典》，人民文学出版社，2015 年。
② 李学军《英语姓名译名手册（第 5 版）》，商务印书馆，2018 年。
③ 中国社会科学院近代史研究所翻译室《近代来华外国人名辞典》，中国社会科学出版社，1981 年。
④ 如《中国大百科全书》第三版网络版，https://www.zgbk.com。

第一章　文本研究概述

英语世界对《庄子》文本的研究始于 19 世纪。翟理斯在其全译本的《前言》中说,《汉书·艺文志》记载《庄子》原有五十三篇 ①。《庄子》可能经历了类似秦火的劫难,有几章明显是伪造的,许多片段是对《庄子》难以效仿风格的拙劣模仿及窜改 ②。对《庄子》文本讨论比较详细的是理雅各。他在其全译本《前言》中梳理了《庄子》文本的相关问题,包括《庄子》的成书时间、篇目、佚文、各篇真伪、内外杂篇的划分、作者、编者等。他提到《汉书·艺文志》记载有五十二篇,晋代由向秀和郭象注过之后,传下来三十三篇。理雅各说,他曾努力查考其余的十九篇是在何时亡佚、如何亡佚的,然而徒劳无功。苏轼认为《让王》《盗跖》《说剑》《渔父》的真实性是有问题的,《刻意》《缮性》以及分散在书中各个地方的一些文段,也被怀疑不是庄子的手笔 ③。理雅各还提到了三十三篇的分类,并说明人们认为内篇是庄子本人所作,外篇是对内篇的补

---

① 翟理斯此误可能源于清代林云铭。翟理斯在其《庄子》全译本的《前言》中特别提及所用的六种中文注疏(Herbert Allen Giles, *Chuang Tzu*, pp.xiii),林西仲的《庄子因》是其一。林西仲即林云铭,其《庄子因·庄子杂说》二十六则,有 "《庄子》五十三篇,载在《汉书·艺文志》" 的说法。[清]林云铭撰,张京华点校《庄子因》,华东师范大学出版社,2011 年,第 8 页。

② Herber Allen Giles, *Chuang Tzu*, p.11.

③ James Legge, *The Writings of Chuang Tzu (Part I)*, p.10.

充,而且是郭象整理编定的。杂篇也是对内篇的补充,可是很难看出它们与外篇有何差异[1]。他在《天下》的题解中说:"它是出自庄子之手还是某位早期的编者之手,是个棘手的问题。"[2] 理雅各对《庄子》文本的研究,采取了非常谨慎的态度。而且,理雅各已经清晰地区分了《庄子》各篇的作者与《庄子》一书的编者,这是研究《庄子》文本一个重要的方面。

　　进入20世纪,英语学界对《庄子》文本的研究成果日益丰富[3]。下面仅撮要述之,并与中国古今学者的观点做简单对照,以期揭示英语世界的他山之石,有的乃采自我国本土。

第一节　作者和编者

　　先秦至西汉初期的典籍,最初的篇章写作大多并非出自一人之手,其最终结集,也经过多人之手编辑,其成书过程具有不同于后世著作的特殊性。关于这一点,中国古代及近现代学者论述颇多,英美学者对此也有充分的认识。比如,葛瑞汉说:"直到汉代刘向奉命领校秘书,大多数的文本并没有标准的形态。"[4] "中国古代

---

[1] James Legge, *The Writings of Chuang Tzu (Part I)*, p.11.

[2] James Legge, *The Writings of Chuang Tzu (Part I)*, p.163.

[3] 孔丽维《庄子:文本与互文》(Livia Kohn, *Zhuangzi: Text and Context*)一书,第一部分概述《庄子》文本诸问题及相关研究,可以参看。本章所述与之多有不同。丁四新等《英语世界的早期中国哲学研究》第二章"英语世界的先秦道家研究"第二节"《庄子》文本及其思想研究",仅简要概述葛瑞汉《〈庄子〉有多少为庄子所作?》一文的研究,本章所述材料远远多于该书。笔者有单篇论文《英美学者〈庄子〉文本研究简述》发表于《中国社会科学报》2016年7月20日。

[4] A. C. Graham, *Chuang-Tzǔ*, p.29.

思想家并不写书,他们把言论、韵文、故事和思想草草记下。因此,结构完整的散文直到公元前 3 世纪,而且,只有在文本逐渐被搜集为一个更加完整的作品之后才出现。"①20 世纪的英美学者对《庄子》文本特点的认识大体与此一致。

英美学者大多认为《庄子》一书只是以庄子之名而行世,是否庄子本人所写,无从查考,也没有必要去考证作者究竟是谁②。阿瑟·韦利在《中国古代三种思想方法》中指出:"那些关于哪篇是真实的理论没有任何实际的意义。《庄子》并没有声称是庄子的著作,它只是包含一些关于他的奇闻逸事。"③ 魏鲁男在《庄周语录·前言》中说:"这本书很早就以庄周的名义通行。将编辑而成的著述归于某位当时著名的人物名下,这又是一例。时间久远,要确切地指出哪些部分是庄子所作是不可能的事。"④ 美国马萨诸塞大学阿默斯特分校(University of Massachusetts Amherst)白牧之(E. Bruce Brooks, 1936—)《西汉文本研究的现状与未来展望》一文认为,研究《庄子》的作者没有意义,注定徒劳无功,应当研究《庄子》文本本身的构成。他指出:第一,还在世的人物并不被指名道姓,有些作品以搞不清时代的早期杰出人物署名,这个通例在《庄子》一书中表现得尤其突出。这种情况使得对作者的研究没有什么结果。第二,当一个文本有几种不同的系列时,去求证一位假想的作者是没有意义的。如此,则会排除同样有趣也可能更容易被发现的其他作者,而且,对于那些可能没有作者的作品也没有什

① A. C. Graham, *Chuang-Tzǔ*, p.30.
② 通常认为内篇为庄子所写,外、杂篇为庄子后学所作,英美学界对此亦有所述,兹不赘。
③ Arthur Waley, *Three Ways of Thought in Ancient China*, p.199.
④ James R. Ware, *The Sayings of Chuang Chou*, p.12.

么推动意义。让我们忘了庄周,去寻找《庄子》文本存在的证据以及所有它的构成因素①。梅维恒也持同样的观点。他说:"现存的《庄子》肯定地说不是由庄周,那位人们推定的作者写的。"②"还没有人发现值得信任的方法,可以有力地,哪怕是仅将内七篇的作者确定为庄周。"③"确切的《庄子》创制者还是被遮蔽的谜。至于谁最先收集了这些材料把它们编成一个单册,我们也仍然没有坚实的依据。"④

　　《庄子》书中包含多个思想学派的声音⑤,对此,英美学界由最初的笼统认识逐渐走向细致辨析各个思想学派。这一研究展开的同时,也就是在辨析、查考某些篇章的作者或编者。在这方面成绩最卓著的非葛瑞汉莫属。他通过对《庄子》书中语词、语法、哲学术语、人物与主题等方面的详细考辨,得出如下结论:

---

① E. Bruce Brooks, "The Present State and Future Prospects of Pre-Han Text Studies", *Sino-Platonic Papers*, No. 46(1994): 58.

② Victor H. Mair, *Wandering on the Way*, p.xxxi.

③ Victor H. Mair, *Wandering on the Way*, p.xxxvii.

④ Victor H. Mair, *Wandering on the Way*, p.xxxvii.

⑤ 如克里斯托弗·兰德说:《庄子》绝对不能被视为同一位思想家的表述,像《荀子》或《孟子》,因为它是一个从战国晚期到汉初道家观点的联合体。我们也必须意识到各种各样混杂的基质因素。"(Christopher C. Rand, "Chuang Tzu: Text and Substance", p.47)梅维恒说:"各章内容之间巨大的差异是由几个因素造成的。首先,庄子身后被确认与他有关系的道家各派别之间的学说主张不同。其中一些无疑被其他学派所影响,并因此从其他学派带来一些材料。其次,非道家学派的一些思想家认识到庄子的巨大吸引力,想借用庄子的名气去促进他们自己的学说。《庄子》中由这些思想家造成的章节间的抵牾使文本变得更加复杂。《庄子》是这样一部多声部的著述,并非单一声音在说话。看《庄子》的方法,数量之多恰如其包含多种不同质素的文本本身一样丰富。"(Victor H. Mair, *Wandering on the Way*, p.36)

（1）内篇为庄子所作，时间约在公元前3世纪①；

（2）《骈拇》《马蹄》《胠箧》《在宥》，作者是原始主义者或无政府主义者；

（3）《天地》《天道》《天运》《刻意》《缮性》《天下》，为杂家学者所作；

（4）《秋水》《至乐》《达生》《山木》《田子方》《知北游》，是庄子后学所作；

（5）《庚桑楚》《徐无鬼》《则阳》《外物》《寓言》《列御寇》，这几篇是杂俎，其中有些部分看起来像庄子本人的手笔；

（6）《让王》《盗跖》《说剑》《渔父》，为杨朱学派所编辑②。

关于全书的编辑者，《庄子》曾有一个五十二篇的版本，目前通行的《庄子》文本是晋代郭象编辑的，且与郭象注同时流传，这在英美学界已是通识③。通识之外，不同的观点主要有二。关锋、张恒寿等认为《庄子》是淮南王刘安组织编辑的观点④，得到一些英美

---

① 葛瑞汉说："只有内七篇能有把握地归于庄子本人名下。"（A. C. Graham, "How Much of *Chuang Tzu* did Chuang Tzu Write?", p.283）他后来对这种说法又有所修正。他说，内七篇思想多元，风格多样，它们"通常被认为实质上是庄子本人的作品"（A.C. Graham, *Chuang-Tzǔ*, p.27）。

② 这些结论是综合葛瑞汉的两种论著而得出的。

③ 如华兹生说："我们目前的《庄子》版本是由郭象编辑的，他是新道家运动的领袖。郭象在文本上附加了评注，这是现存最早的评注。评注也可能部分属于先于郭象的向秀，向秀生活在公元3世纪前期。无论如何，郭象编辑的有评注的版本，是我们当前关于此书所有版本的基础。"（Burton Watson, *The Complete Works of Chuang Tzu*, p.13）

④ 见关锋《庄子〈外杂篇〉初探》，原载《哲学研究》1961年第2期，收于哲学研究编辑部编《庄子哲学讨论集》，中华书局，1962年，第61—98页。关锋此文在英美学界影响很大。张恒寿1963年发表在《中国哲学史研究辑刊》第一辑的论文《论庄子内篇的真伪和时代》，发表在《文史》（转下页）

学者的认同。例如,罗浩在《谁编辑了〈庄子〉?》一文中说:"《庄
子》文本应当是在刘安的宫廷中编辑的,然而,要辨别出实际的编
者是不可能的。"① 何溪悟(Brian Howard Hoffert)在罗浩研究的
基础上,提出另一个观点:淮南王门客修订过一个《庄子》版本,
刘向编辑了五十二篇版本的《庄子》,但是无法确知二者有哪些重
合②。他还认为存在一个早期《庄子》著作集,这个著作集又经杂家
重新编辑,这就是流传至今的内七篇。他认为杂家在规范《庄子》
文本的整体结构方面起到了重要的作用③。在笔者看来,这些说法
均难以证实。

第二节　单篇写作时间及成书年代

对《庄子》一书单篇写作时间及成书年代,英语世界主要有以
下几种观点。

关于《让王》《盗跖》《说剑》《渔父》四篇的写作时间,华兹生
说:"我猜测可能是汉代早期,因为它们的形式和风格与《史记·日
者列传》是如此接近。"④ 在《〈庄子〉有多少为庄子所作?》一文中,

（接上页）第七辑的论文《论庄子非汉代作品但题目为汉人所加》以及后来
的系列论文,后均收于《庄子新探》,湖北人民出版社,1983 年。张恒寿的研
究思路与关锋类似,只是结论不同。

① Harold D. Roth, "Who Compiled the *Chuang Tzu*?", in Henrry Rosemont, *Chinese Texts and Philosophical Context: Festschrift for A. C. Graham*, La Salle: Open Court Press, 1991, p.120.

② Brian Howard Hoffert, *Chuang Tzu: The Evolution of a Taoist Classic*, pp.40-42.

③ Brian Howard Hoffert, *Chuang Tzu: The Evolution of a Taoist Classic*, p.32.

④ Burton Watson, *The Complete Works of Chuang Tzu*, p.15.

葛瑞汉提出内篇写作的时间是在公元前 320 年 [1]。在《庄子：内七篇》一书中，葛瑞汉认为《骈拇》《马蹄》《胠箧》及《在宥》的第一部分，写作的时间大约在公元前 205 年左右。《天地》《天道》《天运》写作及编辑的时间，可能在公元前 2 世纪。《让王》《盗跖》《说剑》《渔父》写作的时间可能是在公元前 200 年左右 [2]。阿瑟·韦利认为，《说剑》"很可能是在公元 4 世纪到 7 世纪之间被人加入的，此人误将这个故事中的庄子认作哲学家庄子" [3]。意即《说剑》被编入该书的时间是在公元 4 世纪到 7 世纪之间。白牧之《西汉文本研究的现状与前景》认为，到公元前 265 年，《论语》第十八篇完成之时，《庄子》第四篇(《人间世》)和第十二篇(《天地》)已经在写作：攻击儒家，也受到猛烈的回击。而且，这很可能来自同一《庄子》文本开始累积之时 [4]。

　　关于成书年代，葛瑞汉在《〈庄子〉有多少为庄子所作？》一文中提出："人们已经广泛认识到《庄子》是一部在公元前 4 世纪到公元前 2 世纪产生的作品集。" [5] 克里斯托弗·兰德认为："几乎没有内部文本的证据可以证明，《庄子》的任何一部分是超出公元前 300 年至公元前 150 年之间的。只有《说剑》是来自于明显不同的哲学传统，即便如此，它包含的武力思想在整个《庄子》其余部分

---

① A. C. Graham, *Studies in Chinese Philosophy and Philosophical Literature*, pp.283-321.

② A. C. Graham, *Chuang-Tzǔ*, pp.27-28.

③ Arthur Waley, *Three Ways of Thought in Ancient China*, p.200.

④ E. Bruce Brooks, "The Present State and Future Prospects of Pre-Han Text Studies", p.58.

⑤ A. C. Graham, *Studies in Chinese Philosophy and Philosophical Literature*, p.283. 笔者按：葛瑞汉这篇论文的许多观点和论证方法，甚至论据都源于关锋《庄子〈外杂篇〉初探》一文，不过，其具体结论多与关锋不同。

的篇章可能产生的时代,也是非常常见的。"①罗浩进一步论证,认为《庄子》编定的时间大约是在公元前130年左右②。白牧之提出"早期《庄子》在公元前284至公元前249年间被编辑"③。何溪悟认为,《庄子》文本编辑成书的时间是在西汉初年④。

第三节　内、外、杂篇的划分

对内、外、杂篇的形成及划分依据,英美学者大多沿用了中国学者通行的说法。至于内、外、杂篇产生时间的先后,英美学者的观点有一定的参考价值。与中国学者通常认为的内篇产生在先、外篇和杂篇在后不同,他们大多认为外篇和杂篇作品并不都晚于内篇。阿瑟·韦利说:"某些部分是出自一位极其优秀的诗人之手,而另一些则是拙劣的涂鸦。然而,也没有证据说那些好的部分要早于那些差的。"⑤他虽然没有明确论述内、外、杂篇的问题,但其思路对后来的学者产生了很大的影响。他们都不把在《庄子》中排在前面的篇章视为最早产生的文本,也不把《庄子》中优秀的篇章视为早期的作品。华兹生说,内七篇"在时间上可能是最早的,尽管目前为止无法证明这个假设","《庄子》的其他部分是混杂的,它们可能与内篇同样古老"⑥。华兹生也指出:"外篇和杂篇的一部

① Christopher C. Rand, "*Chuang Tzu*: Text and Substance", p.47.

② Harold D. Roth, "Who Compiled the *Chuang Tzu*?", p.122.

③ E. Bruce Brooks, "The Present State and Future Prospects of Pre-Han Text Studies", p.67.

④ Brian Howard Hoffert, *Chuang Tzu: The Evolution of a Taoist Classic*, p.33.

⑤ Arthur Waley, *Three Ways of Thought in Ancient China*, pp.199-200.

⑥ Burton Watson, *Chuang Tzu: Basic Writings*, p.15.

分,从其风格和哲学价值来看,无疑晚于内篇。"①即外、杂篇中有些文字晚于内篇,有些文字可能与内篇创制的时间相同。在克里斯托弗·兰德看来,关于《庄子》结构的流行理论和内、外、杂篇的划分是知识体系化的产物。按照当前的编辑,这些篇章经常显现为具有某种解释功能,然而编者对文本的划分是否以此为基础却很成问题。内、外、杂篇的划分几乎无法反映出创制时期或整个文本的完整性②。

进入 21 世纪,伊利诺伊大学芝加哥分校朴仙镜(Esther Klein)沿着这个思路走得更远,提出的论题是:战国时期是否有内篇? 她认为,司马迁《史记》中没有提及《庄子》内篇的篇目,这让人怀疑西汉时《庄子》内篇的重要性,甚至怀疑《庄子》内篇的存在。由此得出结论:在司马迁之前的时代,"核心《庄子》"(core Zhuangzi)并不包括内七篇。它们不是明显区别于其他典型的《庄子》材料的、有重要意义的整体,也不是以长久以来被接受的形式而存在的③。朴仙镜说:"我不认为'篇'是最有意义的基本单位,更大的内篇、外篇和杂篇划分更加缺乏意义。这并非否认《庄子》中的某些部分从很早起就以篇的形式存在,但我们有很好的理由相信,对早期《庄子》文本'篇'的划分,并不像普遍被假设的那样有清晰的区别。"④朴仙镜将《庄子》文本与《史记》《吕氏春秋》对比,认为后两者有清晰的结构,《庄子》是另一类型,没有清楚的、一以贯之的内部划分,形态很松散。《史记》在提到老子、孟子、申不害和韩非

---

① Burton Watson, *The Complete Works of Chuang Tzu*, p.14.
② Christopher C. Rand, "*Chuang Tzu*: Text and Substance", p.15.
③ Esther Klein, "Were there Inner Chapters in the Warring States? —A New Examination of Evidence about the *Zhuangzi*", *T'oung Pao*, Vol.96, No.4/5(2010): 315.
④ Esther Klein, "Were there Inner Chapters in the Warring States", p.315.

等人的著述时，有两种类型，一种明确说有几篇，另一种只提及篇名，然后说有多少字，没有给出具体的篇章数目。《史记》对《庄子》的描述属于后者。这意味着对司马迁而言，他接触到的《庄子》只有他提及的几篇，很可能他所拥有的材料，有些没有被清晰地分成篇。朴仙镜认为，分析《庄子》时，合适的文本单位不是"内 / 外"，甚至不是完整的篇，而是比"篇"还小一层级的"节"。她以陈鼓应的《庄子今注今译》为范本，认为陈书的框架足以支持其观点。我们认为，朴仙镜的说法过于极端，证据单薄，难以成立。历史上曾经存在的文献数量巨大，存世的只是一小部分，不能以偏概全。

第四节　文本分层研究

将《庄子》视为一部多种声音和文字片断的集合体，是英美学界的通识。基于这种认识，辨析《庄子》文本中不同思想学派的声音、不同篇章文本之间的关联性，追寻《庄子》一书文本的原初形态，就成为英美学者研究《庄子》文本的总体思路。葛瑞汉的一段话很有代表性。他说："这本书充满意义重大的章节，也混杂着模糊不清或莫名其妙的片断，而那些莫名其妙的片断，评注者们除了猜测，什么也没提供给我们。要推进研究，就需要具备现代学术素养的中国、日本及西方的专家们在近期开始部署，去辨析、区分作品中不同的层级，修复那些有所损毁的或彼此孤立的文本，增强对我们知之甚少的古汉语语法的了解，弄清楚哲学术语的意义。我们还需要把《庄子》与同时代其他哲学性文学作品联系起来。"① 葛瑞汉自己及后来一些学者的研究，都是沿着这一思路展开的。

---

① A. C. Graham, *Chuang-Tzǔ*, p.30.

　　葛瑞汉先将《庄子》文本内部不同的思想学派进行分层。在《〈庄子〉有多少为庄子所作？》一文中,他认为《骈拇》《马蹄》《胠箧》和《在宥》的1—28行①,都属于原始主义者的文献。《天地》第83—95行和第95—102行两段,也与原始主义者的哲学相近。葛瑞汉赞成关锋的看法,认为《让王》《盗跖》《渔父》三篇乃杨朱学派晚期代表人物所作。这三篇之外,葛瑞汉认为,可以把《让王》《盗跖》《说剑》《渔父》视为一组,它们是杨朱学派的文库,集结在一起以备辩论之用②。葛瑞汉不赞成关锋将《天地》《天道》《天运》三篇看作一组的做法,他认为只有《刻意》全篇都属于杂家,而上述三篇均掺杂其他学派的文段。他还通过日本高山寺发现的《庄子》抄本中"虽未至于极"这句对庄子的评价,判断《天下》非庄子学派所作。

　　从概念、语词的运用和思想渊源等各个方面,对《庄子》内部各学派的文本详加辨析、考证,葛瑞汉是这方面的开创者,也是成绩最卓著者。他在《〈庄子〉有多少为庄子所作？》一文中③,分别从习惯用语、语法、哲学术语、人物与主题四个方面列表分析。表格竖列是这四个方面的词语,横列分为三类:内篇(1—7)、可确定的杂篇(23—27、32)、书中其他部分(8—22、28—31、33),均标明词语的出处。习惯用语部分,考察了"生死""至""恶乎知"三类常用同义、近义词语,以及其他十八组(个)习惯用语,如"古之真人","不亦悲乎""悲夫","形骸""形体","为人使""为天使""为

---

① 葛瑞汉说的第几行,所用版本是哈佛燕京学社引得处所编《庄子引得》,1947年。

② A. C. Graham, *Studies in Chinese Philosophy and Philosophical Literature*, p.311.

③ A. C. Graham, *Studies in Chinese Philosophy and Philosophical Literature*, pp.283-321.

之使""所为使","有德者"等。语法部分,统计了"未始""乃今""是之谓×""其""庸讵""况……乎"等共十组,计二十六个词或句式。哲学术语部分,统计了"造物者""大块""受""因是""天倪""静""道德""性""累"等计九组,共二十一个词。人物与主题部分,统计了"孔子""形体支离之人""悬解""无用""不用""不材""关于死亡与丧葬的非礼行为""清醒的感受并不比梦更真实"等共计八类。

　　列表梳理之后,葛瑞汉分析了一些词语与《庄子》文本分层的关系。比如,他详细辨析了"因是"一词的用法,并进一步指出,这个术语出现在《齐物论》和杂篇的一些篇章中。这个术语一定来自庄子反击诡辩者的时候。那时,庄子不得不建立起他自己的概念以澄清他对辩者的驳斥。杂篇的某些篇章看起来更像是关于《齐物论》的评论,而不是庄子自己的手笔,比如《寓言》第1—9行。他推测说:"可能是庄子向其后学解释他晦涩的思想,而其后学则将这些解释简略记录下来,这些章节便是庄子后学的摘要笔记。"①葛瑞汉通过分析"因是"这个术语出现的篇章得出以上结论,推论过程未免有些单薄。

　　葛瑞汉以《在宥》为例做了分层考辨。他认为,《在宥》很可能经历了三个阶段而最终形成:(1)原始主义者的文章(1—18行);(2)附加了广成子和云将故事(28—57行);(3)对余下的插曲(57—74行),陆德明《经典释文》没有记录比郭象更早的评注,这表明当郭象删减《庄子》时,他将这些文字和被舍弃的材料合并了。这段辨析里,葛瑞汉努力还原《在宥》成文的过程。基础及主

① A. C. Graham, *Studies in Chinese Philosophy and Philosophical Literature*, pp.293-294.

体是原始主义者的文章,后来又附加了一些文字,郭象编辑时又删减、合并了一些文字。在对杂家学派文献的辨析中,葛瑞汉也提及《在宥》,认为此文第 66—74 行属于杂家文献 ①。

第五节 互文语境中的文本分析

把《庄子》置于战国至汉初整体的文本语境之中,侧重考察《庄子》与其他文本的关联,包括《管子》《列子》《韩非子》《荀子》《吕氏春秋》等,以及汉代文献《史记》《淮南子》和贾谊赋,还有出土文献,梳理与《庄子》文本相同或相近的语句,统计其他文献对《庄子》的引述情况,从这个视角出发进行研究,英美学者也做了大量的工作。

罗浩《谁编辑了〈庄子〉?》一文,在考证《庄子》的编辑者时,采用的思路及方法就是把《庄子》中的杂家与《管子》中具有道家属性的《内业》《心术》(上下)及《淮南子·精神训》联系起来加以考察,尤其是对《庄子》与《淮南子》的关联,考察尤详。他认为《内业》与《心术》(上、下)的写作、传播及编辑范围大体上与《庄子》同时。葛瑞汉定义为杂家的《庄子》篇章(《在宥》66—74 行、《天地》1—18 行、《天道》1—45 行、《刻意》和《天下》),在罗浩看来,其术语及总体思想都与《管子》三篇及《淮南子》有显著的呼应。罗浩首先详细考察了宇宙论、哲学、政治及其他共四个方面十九个杂家学派的术语,包括"天之道""天地之道""静""去欲""心术""精""精神""性""育万物""因""虚"等。其次,考

---

① A. C. Graham, *Studies in Chinese Philosophy and Philosophical Literature*, pp.313-321.

察了《庄子》《管子》和《淮南子》中的"天道""天地之道""内圣外王""静""静与动""杂家的政治哲学"。结论是《庄子》中的杂家与《管子》三篇及《淮南子·精神训》不是孤立的文本,它们来自同一思想的传承。《庄子》某些篇章内部存在混编情况,尤其是第十二篇《天地》,有杂家、乌托邦、孔子与老子和原始主义者的思想。

罗浩认为,包含现存《庄子》的一个版本,曾保存在淮南王刘安那里,而且影响了《淮南子》的写作。罗浩还以中国学者王叔岷的研究为证,王氏查找出十一段《庄子》佚文,它们现存于《淮南子》中,而且王氏怀疑还有更多的类似情况。罗浩指出,《淮南子》中的《齐俗训》和《人间训》两篇,从题目和话题上也都能看出《庄子》的影响①。

白牧之《西汉文本研究的现状与前景》一文在谈论《韩诗外传》中的道家时提及《庄子》。他认为,《韩诗外传》中有七段源于《庄子》文本,或与《庄子》文本相似。《让王》的第11—12节、《寓言》第3节、《达生》第14节和《庚桑楚》第1节,这四部分文本在《韩诗外传》中都用以表达儒家观点②。

朴仙镜的《战国时期是否有内篇?——关于〈庄子〉证据的新考察》一文,全面讨论了对于汉代之前《庄子》文本的推论③。她回顾了目前已知的《庄子》文本的历史,重新分析了一些证据,考察学者的论断,以及其中可能存在的方法论上的问题。她运用了各种不同的资料,通过广泛考察《庄子》与先秦至汉初其他文献的关联

① Harold D. Roth, "Who Compiled the *Chuang Tzu*?", p.118.
② E. Bruce Brooks, "The Present State and Future Prospects of Pre-Han Text Studies", p.9.
③ Esther Klein, "Were there Inner Chapters in the Warring States", pp.299-369.

性,对战国时期是否有内篇提出质疑。在论文附表中 [1],把《庄子》每篇都分成更小的节,以节为单位进行研究。附表详细列出了《庄子》篇章每节与《吕氏春秋》《韩非子》、阜阳出土的汉代《庄子》文献、张家山汉简、贾谊作品和《史记》中的相似文本,以及某些不能确定、但有可能有关联的文本。从其列表中可以看出,与《庄子》内七篇有文本关联的,《吕氏春秋》有两节,《韩非子》有一节,贾谊的作品有两节。其他相似文本都在外、杂篇,共计三十九处。结论是,内篇的编者是以质量或哲学内容为基础而加以选择的。

此外,从文献学角度进行研究,也是方法之一。本书《绪论》中已经详细介绍了鲁惟一主编的目录学著作《中国古代典籍导读》一书,《庄子》解题由罗浩撰写 [2],偏重于介绍《庄子》基本成书情况及研究论著。罗浩还发表了一篇论文《早期中国哲理文学的文本与版本》,从文本与版本的区别角度研究《庄子》[3]。他以《淮南子》《庄子》《老子》的文本史研究为基础,并结合相关的西方文本批评模式,通过给"文本"和"版本"以及其他一些相关术语,包括"范本""校订本""修订本""祖本""定本"等下定义,进而探讨如何去辨别并研究文本在其传播过程中所形成的多样化的版本层级,以及它们与"定本"的思想有何关联等问题。

[1] Esther Klein, "Were there Inner Chapters in the Warring States", pp.362-369.

[2] Michael Loewe, *Early Chinese Texts*, pp.56-66.

[3] Harold D. Roth, "Text and Edition in Early Chinese Philosophical Literature", *The Journal of the American Oriental Society*, Vol.113, No.2(1993): 214.

孔丽维的论文《〈庄子〉佚文》[①],将王应麟(1223—1296)《困学纪闻》所收《庄子》佚文与传世郭象本进行对比,并以《列子》作为参照。得出的结论是,郭象重新编排部分材料并删削文本,这一编辑工作使得《庄子》更加哲学化。她从《庄子》佚文角度研究《庄子》的成书过程,具有较高的学术价值。

小　结

对任何经典文本的研究,非母语世界的研究者都必须了解其母语世界已有的研究成果,不能自说自话。从19世纪巴尔福的第一个《庄子》英文全译本开始,就可以清晰地看出西方学者对中国本土研究传统的重视。随着中西学术交流的扩展,越来越多的中国学者的研究成果走进英语世界的视野,出现在西方学者的论著当中。英美学者对《庄子》文本的研究,是在对中国传统学术的认知及近现代以来众多相关研究的基础之上而展开的,并非独立于中国学者研究之外而别立新说。这点,仅从英美学者论著正文及注释述及的中国学者论著数量便可见一斑[②]。英美学者对《庄子》文本相关问题的研究,也由草创阶段逐渐走向深入。

----

① Livia Knaul, "Lost *Chuang-Tzu* Passages", *Journal of Chinese Religions*, Vol.10, No.1(1982): 53-79. 说明:"Livia Knaul" 即 "Livia Kohn", 她早期发表的论文还有一篇也署名 "Livia Knaul" : "The Winged Life: Kuo Hsiang's Mystical Philosophy", *Journal of Chinese Studies*, Vol. 2, No.1 (1985): 17-41。
② 仅举克里斯托弗·兰德《〈庄子〉:文本与本质》一文为例,此文长达五十四页,注释中提及六十余种中国古今学者的研究论著。其他近几十年来发表的《庄子》论文,大量中国学者的研究成果都赫然在目。

第二章　文本重组及删移

上一章讨论的是英美学者在《庄子》文本研究方面关注的基本问题，提出了哪些观点，总体研究思路是什么。英美学者已经形成共识：《庄子》一书成于不同时期、不同作者、不同编者之手。《庄子》文本的初始形态多种多样：有完整的篇章，有片断的奇闻逸事，还有对片断文字的集锦。基于这样的认识，打破内、外、杂篇之间的界限，打破不同篇章之间的界限，根据不同的研究需要、从不同的研究角度出发重新编译《庄子》就成为可能。本章述介英美学者对《庄子》文本所做的具体改动，包括全书重编、单篇删移等。

第一节　葛瑞汉的全书重编和梅维恒的删文附录

英译重编中包含学者对《庄子》文本问题的思考，最突出的是葛瑞汉的《庄子：内七篇及〈庄子〉中的其他作品》。他没有按照《庄子》原来的三十三篇之序依次翻译，而是重新按专题组合，选择性地翻译，对《庄子》文本进行了全面重组①。

---

① 姜莉的论文《经典诠释：重构还是解构？——评葛瑞汉的〈庄子〉英译本》（《比较文学与世界文学》2012 年第 2 期）对葛瑞汉的译文重构做了细致的分析，可看。本节所论与其多有不同。

　　葛瑞汉在《绪论》中讨论了八个问题：庄子和道家的起源、自发性、拒绝逻辑、天与人、统一的视域、死亡与残缺、语言、《庄子》其书及翻译问题。在《绪论》最后一部分，葛瑞汉分析了《庄子》的文本结构和内七篇的标题，认为《庄子》文本本身充满问题。他评论了理雅各、翟理斯和华兹生的译本，认为它们都有局限性，一是在很大程度上遵循传统的评注，没有抓住突出的虚拟、语言和哲学问题；二是将《庄子》篇章都视为具有内在连贯性的散文。他盛赞韦利精选原文加以分类译介的做法，而且比韦利走得更远，把《庄子》一书变成了类编。葛瑞汉自云，其翻译的目的并非要呈现给读者一部完整的《庄子》，因为他认为"理想的完整译文毫无意义"①。他逐一说明了将材料进行分类的具体思路，特别提出将散文译成散文，将韵文译成韵文的原则，还谈到了其术语翻译的独创性②。葛瑞汉主要从哲学思想的角度，把《庄子》内七篇之外的篇章划分成以节为单位的文本，按照不同的思想学派重新加以分类编译。

　　这本书将《庄子》文本分成五类："庄子的作品：《庄子》内篇及相关文段""庄子学派选集""原始主义者的文章及相关文段""杨朱学派的杂录""杂家作品"。其中，"庄子的作品：《庄子》内篇及相关文段"部分，葛瑞汉选择了《庚桑楚》《徐无鬼》《则阳》《外物》《寓言》《列御寇》六篇中的部分文段译出，绝大多数文段后加了注释。"庄子学派选集"又分为十类：庄子的故事、孔子与老聃的对话、自发性的好处、使"道"理性化："大人"、使"道"非理性化："知北游"、乌托邦及政治的衰退③、对长生的崇拜、我们天性及命运

---

① A. C. Graham, *Chuang-Tzǔ*, p.31.

② A. C. Graham, *Chuang-Tzǔ*, pp.27-33.

③ 即"缮性"。

的本质 ①、漫想、杂编。"漫想"部分再分为四个小标题：进化；自我
疏离；打倒技术；这不是他的错，是社会。

　　此书相对完整翻译的篇章有十九篇：内七篇及《骈拇》《马蹄》
《胠箧》《在宥》《天道》《刻意》《缮性》《让王》《盗跖》《说剑》
《渔父》《天下》，其他篇章被拆散分编在各个专题下。比如"庄子
的作品：《庄子》内篇及相关文段"专题下，集聚了出自《外物》《徐
无鬼》《寓言》《则阳》《庚桑楚》《徐无鬼》《列御寇》七篇的多个
文段。即使是出自同一篇的文段，也并不按其在原篇中的顺序编
排。译者在每个文段后面加了评注。可以说，葛瑞汉的这个译本
是按照他自己对文本思想流派的理解重新组装的一部《庄子》②。

　　葛瑞汉重编《庄子》的做法明显存在问题，过多主观臆断，但
是也应当看到其价值和意义。它重在揭示文本之间的关联性，打
破固有的一些思维模式，对我们深入了解《庄子》文本的形成及多
种思想的声音也颇有助益。

---

① 即"达生"。

② 葛瑞汉在出版译本《庄子：内七篇》的同一年，还出版了专著《庄子：部分
　译稿的文本注释》（ A. C. Graham, *Chuang-tzǔ: Textual Notes to a Partial
　Translation*, London: School of Oriental and African Studies University of
　London, 1981 ），共六十五页，与译本相辅相成。该书引述了三十一种中国
　古代、现当代学者有关《庄子》的论著以及若干日本学者的相关研究，还有
　几种诸子典籍，讨论了大量词语、句子、文段的意义，它们出自十七篇：内七
　篇、《骈拇》《马蹄》《胠箧》《刻意》《缮性》《让王》《盗跖》《说剑》《渔父》
　《天下》。在广泛而深入地考察已有的研究成果后，葛瑞汉颇有心得。比如
　对"重言"的解释，就不同于中国学者。通常学界认为"重言"指引述、借重
　他人的言论。葛瑞汉认为，《天下》所说的"重言""寓言""卮言"三种言说
　类型中，"重言"（ weighted saying ）是最"真"（ genuine ）的，意味着演说者
　并没有引用他人的言论，而是言说他自己的想法（ A. C. Graham, *Chuang-
　Tzǔ*, p.30 ）。此说难以成立，需要论证。

　　葛瑞汉是 20 世纪英国杰出的汉学家,任教于伦敦大学亚非学院,1981 年当选为英国学术院院士。他著述丰富,研究范围很广,主要著作有《两位中国哲学家:程明道和程伊川》①《列子译注》②《晚唐诗》③《后期墨家的逻辑、伦理与科学》④《理性与自发性》⑤《中国哲学与哲学文献研究》⑥《论道者:中国古代哲学论辩》⑦《理性中的非理性》⑧ 等。葛瑞汉的译本是在哲学视域下对《庄子》进行解构和重组,在学术界产生了广泛而深刻的影响。

　　梅维恒的《庄子》全译本也对文本做了较多改动,正文中直接删除了十六处文段和十几个句子,以"删去的段落"为题将其置于全书附录之末。作者说明:它们被从正文中移除,是因为"它们是伪造的,或者是后来的评注以及另外类型的解释,这些解释被错误地吸纳到文本之中"⑨。《在宥》和《达生》两篇被删除得最多。《在

① A. C. Graham, *Two Chinese Philosophers: Ch'êng Ming-tao and Ch'êng Yi-ch'uan*, London: Lund Humphries, 1958; *Two Chinese Philosophers: The Metaphysics of the Brothers Ch'eng*, La Salle: Open Court Press, 2nd edition, 1992.

② A. C. Graham, *The Book of Lieh-tzǔ*, London: John Murray, 1960.

③ A. C. Graham, *Poems of the Late T'ang*, Harmondsworth, Middlesex Baltimore: Penguin Books, 1965.

④ A. C. Graham, *Later Mohist Logic, Ethics, and Science*, Hong Kong: Chinese University Press, 1978.

⑤ A. C. Graham, *Reason and Spontaneity*, London, Totowa: Curzon Press, Barnes & Noble Books, 1985.

⑥ A. C. Graham, *Studies in Chinese Philosophy and Philosophical Literature*, 1990.

⑦ A. C. Graham, *Disputers of the Tao*, La Salle: Open Court Press, 1989.

⑧ A. C. Graham, *Unreason within Reason*, La Salle: Open Court Press, 1992.

⑨ Victor H. Mair, *Wandering on the Way*, p.393.

宥》中自"贱而不可不任者"至篇末①，《达生》自"有孙休者"至篇末②全被删去。内篇中有些段落也在文本有问题之列而被删除。依次是《逍遥游》中"且夫水之积也不厚"至"而后乃今将图南"③、《齐物论》中"庸也者，用也；用也者，通也；通也者，得也"④、《德充符》中两句"中央者，中地也；然而不中者，命也"⑤、《大宗师》中两段"故圣人之用兵也"至"而不自适其适者也"⑥及"以刑为体"至"而人真以为勤行者也"⑦一段。译者没有注明每个文段被删去的具体原因。

　　我们认为，所谓《庄子》文本的"真""伪"，其实无可索解，梅维恒以此为据删除文段缺乏说服力。至于后人的评注在流传过程中逐渐掺入到正文中，理论上确实有这种可能性，但是难以证实，梅维恒删除文本正文，改变了文本长期以来的面貌，这种做法并不可取。

第二节　《逍遥游》文本的删移

　　有的译者认为《逍遥游》文本存在重出或错置等问题，因而，在译文中做了改动。葛瑞汉《庄子：内七篇及〈庄子〉中的其他作

①《在宥》自"贱而不可不任者"至篇末，有两段文字，见［清］郭庆藩《庄子集释》中册，第405—408页。
②《达生》自"有孙休者"至篇末，是孙休与扁子的对话以及扁子与其弟子的对话，见［清］郭庆藩《庄子集释》中册，第661—664页。
③［清］郭庆藩《庄子集释》上册，第8页。
④［清］郭庆藩《庄子集释》上册，第75页。
⑤［清］郭庆藩《庄子集释》上册，第204页。
⑥［清］郭庆藩《庄子集释》上册，第237页。
⑦［清］郭庆藩《庄子集释》上册，第239页。

品》一书从"北冥有鱼"到"圣人无名"一大段①,中间有部分文句加了圆括号。在"圣人无名"后,他加了注释,说:"加了圆括号的文字看似庄子后来添加的,或者是后来的注释,有三处在中文文本中似乎位置错乱,译文把它们挪后了一点儿。"②全篇加圆括号的共有六处,其中,三处被更改了文本位置,具体如下。

　　葛译:"是鸟也,海运则将徙于南冥。(南冥者,天池也。)《谐》之言曰:……(《齐谐》者,志怪者也。)"③
　　郭象本原文:"是鸟也,海运则将徙于南冥。南冥者,天池也。齐谐者,志怪者也。《谐》之言曰:……"④

　　葛译:"天之苍苍,其正色邪? 其远而无所至极邪? 其视下也,亦若是则已矣。(野马也,尘埃也,生物之以息相吹也。)"⑤
　　郭象本原文:"野马也,尘埃也,生物之以息相吹也。天之苍苍,其正色邪? 其远而无所至极邪? 其视下也,亦若是则已矣。"⑥

　　葛译:"辩乎荣辱之境,斯已矣。(彼其于世,未数数然也。)夫列子御风而行,泠然善也,旬有五日而后反。(虽然,犹

① A. C. Graham, *Chuang-Tzǔ*, pp.43-44.
② A. C. Graham, *Chuang-Tzǔ*, p.45.
③ A. C. Graham, *Chuang-Tzǔ*, p.43.
④[清]郭庆藩《庄子集释》上册,第2—5页。
⑤ A. C. Graham, *Chuang-Tzǔ*, p.43.
⑥[清]郭庆藩《庄子集释》上册,第5页。

有未树也。)"①

　　郭象本原文:"辩乎荣辱之境,斯已矣。彼其于世未数数
然也。虽然,犹有未树也。夫列子御风而行,泠然善也,旬有
五日而后反。"②

　　上举五处加了圆括号的文句之外,"汤之问棘也是已"至"此
小大之辩也"一段,也加了圆括号。葛瑞汉对《逍遥游》文本的这
种处理,建立在两个认识的基础之上,一个是其《逍遥游》题解首
句清晰表明的:"《逍遥游》本来就是一些文字片断,它们被编辑者
集结在飞翔于世界的有限视角之上这一主题之下。"③ 他在译本的
《前言》中也提出:中国古代的思想家不写书,直到公元前3世纪,
他们在绑在一起的竹简卷成的卷轴上写文章。《庄子》的一个章节
可能是作为组成一个卷轴的条目或条目的集合而产生的④。二是译
者有权对文本进行重新组合。《前言》指出,《庄子》经过了郭象的
编辑,文本中混杂了魏晋新道家及佛教的注释,应当区分文字的不
同层次,恢复损坏或错位的文本⑤。葛瑞汉的译本是其理论的实践,
力求标示出《庄子》文本中不同的思想,调整错位的文本,意图恢
复一个更符合行文逻辑、更原始、更真实的《庄子》。

　　然而,这可行吗? 其文本处理有没有合理性? 这样的做法会
导向什么样的研究思路,引出哪些问题? 美国密歇根大学东亚系
教授林顺夫(Lin Shuen-Fu,1943—)《道之转化:对葛瑞汉译〈庄

① A. C. Graham, *Chuang-Tzǔ*, p.44.
②[清]郭庆藩《庄子集释》上册,第19页。
③ A. C. Graham, *Chuang-Tzǔ*, p.43.
④ A. C. Graham, *Chuang-Tzǔ*, p.27.
⑤ A. C. Graham, *Chuang-Tzǔ*, p.30.

子〉内篇的批评》一文详细分析并批评了葛瑞汉的这种做法①。林顺夫认为,"南冥者,天池也"的确看起来像是在完成鹏的故事之后加的文字,用以解释鸟所游之地。葛瑞汉的重新安排确实让整个段落看起来更有逻辑。但是,庄子会在意句子的逻辑顺序吗? 更有可能的是,当作者的思想浮现在其脑海时,便将当前文本的开篇段落作为其思想的一种表达。"齐谐者,志怪者也"属于这个语境,因为它与前一行在句法结构上是对称的。将"野马也,尘埃也,生物之以息相吹也"移至段尾,破坏了作者思想进程的呈现②。文段中的中断与转换可以被解释为是对庄子抒情性想象的精确描述,葛瑞汉的重新编排彻底破坏了这一抒情特质③。

林顺夫认为,"汤之问棘也"一段在几个重要的细节上与之前对鹏的叙述不同④。这两个关于鹏的文段建构了一个精确的例子,即在内篇中可以被称为"音乐结构"的组织机制,它可以被称为"音乐的",因为它依靠"主题变奏"(variation on themes)来保持一篇散文的连贯性。"汤之问棘也"一段毫无疑问可以被视为篇首鹏之徙的变奏⑤。简言之,林顺夫认为,《逍遥游》文句的先后顺序自有其道理。

针对葛瑞汉对"宋荣子"一段文本顺序的调换,林顺夫评曰:"虽然,犹有未树也"一句,葛瑞汉调整插入的位置完全不合适。

---

① Lin Shuen-Fu, "Transforming the Dao: A Critique of A. C. Graham's Translation of the Inner Chapters of the *Zhuangzi*", in *Hiding the World in the World: Uneven Discourses on the Zhuangzi*, Edited by Scott Cook, Albany: State University of New York Press, 2003, pp.279-285.

② Scott Cook, *Hiding the World in the World*, p.280.

③ Scott Cook, *Hiding the World in the World*, pp.280-281.

④ Scott Cook, *Hiding the World in the World*, p.281.

⑤ Scott Cook, *Hiding the World in the World*, p.282.

"彼其于世,未数数然也"一句的翻译也与原文意思恰恰相反①。葛瑞汉对文本处理的结果成了聚焦于宋荣子和列子的比较,而原文是对在精神境界上升顺序中不同人物的列举,从自在的官员到游于无穷者。尽管这篇没有遵循驳论文思想的逻辑结构,但是它的确有其自身揭示思想的内在逻辑②。林顺夫还以钱穆《庄子纂笺》对《逍遥游》节段的划分为据,详细分析了六部分的意脉,认为这篇文章首尾呼应。直到最后,我们终于意识到对社会而言无用,正是庄子向往享有的绝对自由的基础,大而无用与逍遥游于此联结在一起③。大树意象、小动物和大牦牛也使人想起篇首的大鱼和大鹏。庄子甚至运用了"其大若垂天之云"形容斄牛以便让篇章首尾紧密联结。更重要的是,这篇的中心思想逍遥是在文本的最后几行植入的。这篇散文看起来随意的六个片断,内在是统一的,篇章结构确实清楚地存在一个"内在的逻辑"(inner logic)④。林顺夫通过强调《逍遥游》文本自有的逻辑、作者特有的思考与论述方式,指出葛瑞汉改动文本所存在的问题,言之成理,令人信服。

　　华盛顿大学东亚语言和文学教授鲍则岳(William G. Boltz)的论文《〈庄子〉的结构与解说:〈逍遥游〉的两个注释》⑤,第一大

---

① 葛瑞汉的译文是"He was too concerned about the world to break clean away"(A. C. Graham, *Chuang-Tzǔ*, p.44),意思是:他太在意这个世界了,未能超脱。《庄子》这句话陈鼓应译为:"他对于求得幸福,也并未显得很急迫。"〔陈鼓应《庄子今注今译》(最新修订版)上册,商务印书馆,2016年,第24页〕林顺夫的说法是正确的,葛瑞汉确实把这句话的意思译反了。

② Scott Cook, *Hiding the World in the World*, p.283.

③ Scott Cook, *Hiding the World in the World*, pp.284-285.

④ Scott Cook, *Hiding the World in the World*, p.285.

⑤ William G. Boltz, "The Structure and Interpretation of *Chuang tzǔ*: Two Notes on *Hsiao yao yu*", *Bulletin of the School of Oriental and African Studies*, Vol. 43, No. 3 (1980): 532-543.

部分首先从连贯性与一致性角度,详细分析了鲲鹏故事两段文本的结构问题,并将通行版本的下列中文文字,重新删改排列。他引用了《逍遥游》开篇"北冥有鱼"至"而后乃今图南"一段中文原文,然后,不是在英译中做修改,而是更改中文原文。对照如下:

　　郭象本原文:"是鸟也,海运则将徙于南冥。南冥者,天池也。《齐谐》者,志怪者也。《谐》之言曰:'鹏之徙于南冥也,水击三千里,搏扶摇而上者九万里,去以六月息者也。'"①
　　鲍则岳改后:"海运则将徙于南冥。水击三千里,搏扶摇而上九万里。去以六月息。"②

原文中加粗的文字,是被鲍则岳删改的。还有一段文本,也被做了改动。

　　郭象本原文:"穷发之北有冥海者,天池也。有鱼焉……有鸟焉,其名为鹏。其背若泰山,翼若垂天之云。"③
　　鲍则岳改后:"穷发之北有冥海,有鱼焉……有鸟焉,其名为鹏。背若泰山,翼若垂天之云。"④

---

① William G. Boltz, "The Structure and Interpretation of *Chuang tzǔ*: Two Notes on *Hsiao yao yu*", p.537.
② William G. Boltz, "The Structure and Interpretation of *Chuang tzǔ*: Two Notes on *Hsiao yao yu*", p.536.
③ William G. Boltz, "The Structure and Interpretation of *Chuang tzǔ*: Two Notes on *Hsiao yao yu*", p.534.
④ William G. Boltz, "The Structure and Interpretation of *Chuang tzǔ*: Two Notes on *Hsiao yao yu*", p.536.

对于删改的原因,鲍则岳的分析有些明显是属于语言上对古汉语的隔膜而产生的误解。他认为,"者"和"者也"删去并不影响意义的表达,因而便删去了"穷发之北有冥海者,天池也"句尾的"者"和"也",以及"去以六月息者也"句尾的"者也"①。这种删改让人啼笑皆非。他从逻辑连贯性角度考虑,将原文中本属于两次不同的叙述合并为一段。可问题是,原文未必是无意的重复,也未必只是未经加工的材料的纂辑。这种对文本重新编辑的研究方法,态度专断,过于自以为是,不足为训。

还有另一种对文本的改动。吴光明(Kuang-Ming Wu,1933—)的《逍遥游》译文分为七小节,前三个小节加了小标题,依次是:"The Big"(大者)、"The Small"(小者)、"The Big and the Small"(大与小)②。这种处理是对主题的提炼,也是对文本的一种改造。

笔者认为,翻译当忠实于原文文本结构,如果认为有问题,可以用注释的方式加以说明,不宜直接改动译本。无论是直接删去某段文字或加圆括号,或加小标题,都是不合适的。《庄子》全书不属于主题单一类型的文本,具体到每个篇章内部情形也是多种多样,无论是解读还是翻译,都应当充分尊重文本原貌,可以撰文讨论文本可能存在的问题,但不能以某种尺度去衡量文本从而随意改变其结构。

19世纪的三个《庄子》英文全译本,都采用了中国古籍传统的正文夹注释的形式,对文本不做任何改动,有关探讨在注解中说明,这是译本应有的态度。后来的译者也不乏这样的处理。同样

---

① William G. Boltz, "The Structure and Interpretation of *Chuang tzǔ*: Two Notes on *Hsiao yao yu*", p.533.

② Kuang-Ming Wu, *The Butterfly as Companion*, Albany: State university of New York, 1990, p.47, p.48, p.49.

是面对出现两次而文字有异的鲲鹏故事,华兹生的处理异于葛瑞汉。他在"汤之问棘也是已"句后加了脚注,提出疑问说:"文本可能有错误。在僧人神清大约写于公元800年的《北山录》中,包含下列片段。一位唐代的评论者说,《庄子》中有语云:'汤问棘:上下四方有极乎?棘答曰:无极之外复无极也。'但是这个语段是否在原始的《庄子》中,如果是,它当属于文本中所表达的这一观点。可是这个问题尚无法解答。"①此注并不起眼,但足以看出译者对国内研究成果的采用以及对文本问题的审慎态度,值得效法。

第三节　《齐物论》文本的重组

《齐物论》多有支离之言,我国古代学者即质疑文本的编次。英译者受到我国古代学者的启发,对文本亦有所质疑,有所调整。

华兹生《庄子》全译本在"化声之相待,若不相待"一句下自注云,据宋代吕惠卿(1032—1111)重新安排的文本翻译②。依华兹生所译《齐物论》文本,回译为中文,如下:

> 化生之相待,若其不相待。和之以天倪,因之以曼衍,所以穷年也。何谓和之以天倪?曰:是不是,然不然。是若果是也,则是之异乎不是也亦无辩。然若果然也,则然之异乎不然也亦无辩。忘年忘义,振于无竟,故寓诸无竟。

郭象注本原文:

---

① Burton Watson, *The Complete Works of Chuang Tzu*, p.31.
② Burton Watson, *The Complete Works of Chuang Tzu*, p.48.

> 何谓和之以天倪？曰：是不是，然不然。是若果是也，则
> 是之异乎不是也亦无辩；然若果然也，则然之异乎不然也亦无
> 辩。化生之相待，若其不相待。和之以天倪，因之以曼衍，所
> 以穷年也。忘年忘义，振于无竟，故寓诸无竟。①

华兹生认为，这个段落存留很多疑问有待解决，这一译法也是试验
性的。吕惠卿认为从"化声之相待"至"所以穷年也"一段文字，应
当在"何谓和之以天倪"之上，简编差互，误次于此②。

华兹生对这段文字的编排在英译本中并非首例。冯友兰于
1931 年在上海由商务印书馆出版了《庄子》内篇英译本，含郭象注
及译者注，1964 年在纽约再版，此书在英语世界影响颇大。华兹生
的翻译回译为中文，同冯译《庄子》的《齐物论》完全一样③，冯友
兰自注依据的是王先谦《庄子》文本④。王先谦《庄子集解》云是从
宣颖本⑤。总之，对这段文本次序的重新编排，古今学者比较认同吕
惠卿说。

华兹生对《齐物论》文本的调整，只有这一处，且遵从中国学者
比较认同的说法，没有自作主张的改动。葛瑞汉对文本做了更多

---

① [清]郭庆藩《庄子集释》上册，第 114 页。

② [宋]吕惠卿撰，汤君集校《庄子义集校》，中华书局，2009 年，第 51 页。

③ Yu-Lan Fung, *Chuang-tzǔ: A New Selected Translation with an Exposition of the Philosophy of Kuo Hsiang*, New York: Paragon Books, 2nd edition, 1964, p.63. 本书如无特别注明，引用均出自这一版本，书名简称为 "*Chuang-Tzǔ*"。1964 年的英文版标明此书首版于 1933 年，出版者为上海商务印书馆；1989 年北京外文出版社版谓此书首版于 1931 年，出版者为上海商务印书馆。

④ Yu-Lan Fung, *Chuang-tzǔ*, p.63.

⑤ [清]王先谦《庄子集解》，中华书局，1987 年，第 25—26 页。

调整。他在《庄子的〈齐物论〉》一文中调整后的次序不同于冯友
兰和华兹生。而且,葛瑞汉还把这段文字在整篇文本中的位置做
了重新安排。郭象注本的《齐物论》中,这段文字的位置接近篇末,
在"罔两问景"一段之前。郭象注本中"何谓和之以天倪"句前,有
"既使我与若辩矣"至"然则我与若与人俱不能相知也,而待彼邪"
一段文字。葛瑞汉把从"既使我与若辩矣"至"亦无辩"这一大段
文字都调整到了篇章中间部分。其译本相关部分回译为中文如下:

　　第13节:夫道未始有封,言未始有常,为是而有畛也,请
言其畛:有左,有右,有伦,有义,有分,有辩,有竞,有争,此之
谓八德。六合之外,圣人存而不论;六合之内,圣人论而不议。
春秋经世先王之志,圣人议而不辩。

　　既使我与若辩矣,若胜我,我不若胜,若果是也,我果非也
邪? 我胜若,若不吾胜,我果是也,而果非也邪? 其或是也,其
或非也邪? 其俱是也,其俱非也邪? 我与若不能相知也,则人
固受其黮闇,吾谁使正之? 使同乎若者正之? 既与若同矣,恶
能正之! 使同乎我者正之? 既同乎我矣,恶能正之! 使异乎
我与若者正之? 既异乎我与若矣,恶能正之! 使同乎我与若
者正之? 既同乎我与若矣,恶能正之! 然则我与若与人俱不
能相知也,而待彼也邪?

　　化生之相待,若其不相待。和之以天倪,因之以曼衍,所
以穷年也。忘年忘义,振于无竟,故寓诸无竟。①

<hr>

① A. C. Graham, "Chuang-tzu's Essay on Seeing Things as Equal", *History of Religions*, Vol. 9, No. 2/3 (1969-1970): 155-156. [清]郭庆藩《庄子集释》上册,第89页、第112—113页、第114页。

第 14 节：何谓和之以天倪？曰：是不是，然不然。是若果是也，则是之异乎不是也亦无辩；然若果然也，则然之异乎不然也亦无辩。故分也者，有不分也；辩也者，有不辩也。曰：何也？圣人怀之，众人辩之以相示也。故曰辩也者有不见也。①

第 18 节：瞿鹊子问乎长梧子曰："吾闻诸夫子，圣人不从事于务，不就利，不违害，不喜求，不缘道；无谓有谓，有谓无谓，而游乎尘垢之外。夫子以为孟浪之言，而我以为妙道之行也。吾子以为奚若？"长梧子曰："是黄帝之所听荧也，而丘也以知之！且女亦大早计，见卵而求时夜，见弹而求鸮炙。予尝为女妄言之，女以妄听之。奚旁日月，挟宇宙，为其脗合，置其滑湣，以隶相尊。众人役役，圣人愚芚，参万岁而一成纯。万物尽然，而以是相蕴。予恶乎知说生之非惑邪！予恶乎知恶死之非弱丧而不知归者邪！

"丽之姬，艾封人之子也。晋国之始得之也，涕泣沾襟；及其至于王所，与王同筐床，食刍豢，而后悔其泣也。予恶乎知夫死者不悔其始之蕲生乎！

"梦饮酒者，旦而哭泣；梦哭泣者，旦而田猎。方其梦也，不知其梦也。梦之中又占其梦焉，觉而后知其梦也。且有大觉而后知此其大梦也，而愚者自以为觉，窃窃然知之。君乎，牧乎，固哉！丘也与女，皆梦也；予谓女梦，亦梦也。是其言也，其名为吊诡。万世之后而一遇大圣，知其解者，是旦暮遇之也。"②

① A. C. Graham, "Chuang-tzu's Essay on Seeing Things as Equal", p.156. ［清］郭庆藩《庄子集释》上册，第 114 页、第 89 页。

② A. C. Graham, "Chuang-tzu's Essay on Seeing Things as Equal", p.158. ［清］郭庆藩《庄子集释》上册，第 103 页、第 105 页、第 106 页、第 109 页、第 110—111 页。

　　第 19 节 : 罔两问景曰 :"曩子行, 今子止 ; 曩子坐, 今子起 ;
何其无特操与?"景曰 :"吾有待而然者邪? 吾所待又有待而
然者邪? 吾待蛇蚹蜩翼邪? 恶识所以然! 恶识所以不然!"①

　　葛瑞汉在文中脚注说明了对文本做调整的理由。他把调整
后的这段文字分成三个部分 :A. 从"既使我与若辩矣"至"而待
彼邪", 有一百六十七个字 ;B. 从"化声之相待"至"故寓诸无竟",
三十八个字 ;C. 从"何谓和之以天倪"至"亦无辩", 四十六个字。
他认为这一整节都涉及"辩", 这个主题在第 17 节结束, 它恰好填
充了第 13 和 14 节之间难以发现的思路空隙。A 的长度几乎是 B
和 C 加起来的两倍, 这表明可能有错简的情况发生②。
　　葛瑞汉在其《庄子 : 内七篇及〈庄子〉中的其他作品》一书中
对《齐物论》文本还有一处另外的重要改动, 不是在《齐物论》原
有文字内做次序的调整, 而是将外篇《天运》篇首一大段文字移至
《齐物论》, 将其置于"咸其自取, 怒者其谁邪"一句之后, 即紧承南
郭子綦与颜成子游的大段对话。所移《天运》文字如下 :

　　天其运乎? 地其处乎? 日月其争于所乎? 孰主张是? 孰
维纲是? 孰居无事推而行是? 意者其有机缄而不得已邪? 意
者其运转而不能自止邪? 云者为雨乎? 雨者为云乎? 孰隆施
是? 孰居无事淫乐而劝是? 风起北方, 一西一东, 有上彷徨。
孰嘘吸是? 孰居无事而披拂是? ③

───────────

① A. C. Graham, "Chuang-tzu's Essay on Seeing Things as Equal", p.159.
　　[清]郭庆藩《庄子集释》上册, 第 116—117 页。
② A. C. Graham, "Chuang-tzu's Essay on Seeing Things as Equal", p.156.
③ A. C. Graham, *Chuang-Tzǔ*, p.49.[清]郭庆藩《庄子集释》中册, 第 496 页。

　　葛瑞汉把这段文字分行排列,译成了诗歌形式。在注释中对文本做如此改动的原因做了解释:"这首诗是二人对话的结论,存留在外篇《天运》中。佛教典籍《止观辅行传弘决》一书的《前言》从内篇中引用了它,《前言》作于公元 766 年。从这个引用中可以推知当《庄子》一书被整理时,为了避免重复,它被从内篇中删去了。它与对话内容如此相称,所以我们有信心将它置于此。"① 我们认为,仅凭唐代湛然(711—782)佛教著作的引述,就将一段文字裁割重置,证据单薄,缺乏说服力。

　　毕来德沿用葛瑞汉对《天运》篇首一段的处理,也将其移至《齐物论》中。其论文《止、观及语言:〈庄子·齐物论〉阐释》自注如此处理乃依据葛瑞汉的译本 ②。但毕来德这么处理的原因与葛瑞汉不同,他认为这段文本有缺失。分析曰:《天运》篇首的这部分文字描述了天籁,是《齐物论》从开头到"怒者其谁邪"这段文字的自然延续。原来的"怒者其谁邪"句之后,承接的是"大知闲闲,小知间间",这样,文本出现了中断,使得开头描述风吹众窍的景象与文本其余部分之间的联系变得难以理解,至少形式上前后不连贯。子綦本来说要谈谈地籁与天籁,但他只谈了地籁,天籁是什么并不清楚。将《天运》篇首文字补入后,意思既清楚,又完整 ③。毕来德从文本意思的完整性角度对《齐物论》做了补充处理。

---

① A. C. Graham, *Chuang-Tzǔ*, pp.49-50.

② Jean François Billeter, Mark Elvin (trans.), "Stopping, Seeing and Language: An Interpretation of *Zhuangzi*'s *Qi wulun*", *East Asian History*, No.15/16(1998): 3. 英译者伊懋可,剑桥大学博士,澳大利亚国立大学(The Australian National University)文化历史语言学院教授。

③ Jean François Billeter, Mark Elvin (trans.), "Stopping, Seeing and Language", pp.7-8.

毕来德对《齐物论》的文本结构做了细致的分析。其论文翻译了《齐物论》从开头至"莫若以明"部分，探讨的中心问题就是《齐物论》章节的统一性及其结构。他从幻象和语言两个方面加以分析，提出一连串的疑问，曰："我们不知道庄子是怎样写作《齐物论》的。他是否从一开始就将其视为一个整体来构思？他是否将原本独立写作的文本按照一定的顺序组合在一起？还是像葛瑞汉所想的那样，我们处理的是缺乏连贯性的一些注释？没有哪位中国评论者认同后一种观点。另一方面，他们都不关心从中寻绎意图，更不用说逻辑演示的元素了。另一个困难是，我们所知道的《庄子》是经郭象之手整理的结果。在对文本进行删减和重组的过程中，他可能把这篇的某些部分删去了。既然如此，你会在《庄子》的其他地方发现一些碎片，这些碎片显然应该被重新连接到《齐物论》中。遵从葛瑞汉的推测，郭象本《天运》开头的一段文字，被我置于《齐物论》接近开篇的部分，就是一个例子。"① 毕来德同意葛瑞汉的观点，认为葛瑞汉观察到《齐物论》产生于天才的即兴创作，但他不同意葛瑞汉将其视为没有任何顺序的笔记之聚合。毕来德从《齐物论》文本本身、作者的写作意图、编者对文本的改动等几个方面做了深入的探讨，对中国学者的相关论断也很熟悉，相对葛瑞汉而言，其观点比较客观、平实。

爱莲心对"庄周梦蝶"一段文本进行了重组，并解释了重组的文本及通行的文本，详见第八章第三节，兹略。

---

① Jean François Billeter, Mark Elvin (trans.), "Stopping, Seeing and Language", p.6.

第四节　文本删改思路溯源

　　葛瑞汉的译本重组了一个《庄子》，颇为惊世骇俗，不过，其思路并非首创。一方面他受到阿瑟·韦利的启发，另一方面，他将《庄子》思想分门别类的做法乃源出中国学者关锋。葛瑞汉的论文《〈庄子〉有多少为庄子所作？》反复提到关锋的观点[①]，或赞成或部分地赞成。关锋的观点如下：

　　1. 内七篇为庄子所作。

　　2.《骈拇》《马蹄》《胠箧》《在宥》，很有可能是杨朱后学的左派所作，暂称为老子后学的左派所作[②]。

　　3.《在宥》末段当是与《天地》末段互相错移[③]。

　　4.《天地》《天道》《天运》，前两篇除去其后小半，后一篇除去其中的几段，是宋钘尹文学派的后学所作。此三篇是汉初的作品，最早也在秦建立统一的帝国之后[④]。

　　5.《刻意》《缮性》，这两篇最早也在秦建立统一帝国之后[⑤]，很可能也是宋尹学派的后学所作。似作于汉刘邦命叔孙通制礼作乐之时或者以后[⑥]。

　　6.《秋水》至《庚桑楚》等七篇，庄子后学，其中五篇都是推衍内篇的某一篇。

[①] 哲学研究编辑部编《庄子哲学讨论集》，中华书局，1962 年，第 61—98 页。

[②] 哲学研究编辑部编《庄子哲学讨论集》，第 61 页。

[③] 哲学研究编辑部编《庄子哲学讨论集》，第 70 页。

[④] 哲学研究编辑部编《庄子哲学讨论集》，第 77 页。

[⑤] 哲学研究编辑部编《庄子哲学讨论集》，第 79 页。

[⑥] 哲学研究编辑部编《庄子哲学讨论集》，第 80 页。

7.《盗跖》《让王》《渔父》,战国末杨朱后学所作 [①]。

8.《说剑》,很大可能是庄辛所作。

9.《徐无鬼》《则阳》《外物》《寓言》《列御寇》,战国末以来庄子后学的佚文,由汉人采集组合起来的 [②]。

总之,《庄子》的外篇和杂篇是由战国末到《淮南子》以前这个时期、汉人称为"道家"的一部总集 [③]。

很明显,葛瑞汉的译本分类重编实是沿袭关锋的思路。关锋的研究思路也非首创,来源于罗根泽(1900—1960),只是观点有异。罗根泽《〈庄子〉外杂篇探源》[④],就将《庄子》文本细分为多个学派。具体如下:

1.《骈拇》《马蹄》《胠箧》《在宥》为战国末年左派道家所作;

2.《天地》《天道》《天运》为汉初右派道家所作;

3.《刻意》《缮性》疑为秦汉神仙家所作;

4.《秋水》《达生》《山木》《田子方》《寓言》为庄子派所作;

5.《至乐》《知北游》《庚桑楚》为老子派所作;

6.《徐无鬼》《列御寇》疑为道家杂俎(汇合道家言与道家故事而成);

7.《外物》为西汉道家所作;

8.《则阳》为老庄混合派所作;

9.《让王》《渔父》为汉初道家隐逸派所作;

10.《盗跖》为战国末道家所作;

---

① 哲学研究编辑部编《庄子哲学讨论集》,第 90 页。

② 哲学研究编辑部编《庄子哲学讨论集》,第 97 页。

③ 哲学研究编辑部编《庄子哲学讨论集》,第 97 页。

④ 见罗根泽《罗根泽说诸子》,上海古籍出版社,2001 年,第 230—263 页。原载于 1936 年《燕京学报》第三十九期。

11.《说剑》为战国末纵横家所作；

12.《天下》疑为庄子所作。

再往前追溯,《庄子》文本内部不同篇章之间存在关联,对此,我国古代学者早就注意到了。成玄英的疏就注重阐释内篇的逻辑结构,宋代王雱也做了类似的工作。而且,王雱还注意到外篇中某些篇目之间的逻辑关系。比如,他把《至乐》《达生》《山木》《田子方》四篇看成是一个意义独立的单元,对人们随意怀疑某些篇章结构的完整性的做法提出了质疑①。再往后发展,也有学者改动《庄子》文本。比如南宋罗勉道的《南华真经循本》,由内篇、外篇、杂篇和黜伪四大部分组成,黜伪包括六篇:《刻意》《缮性》,加上苏轼所说的四篇。罗勉道在《逍遥游》解题下说:"东坡苏氏又黜《让王》《盗跖》《说剑》《渔父》,而以《列御寇》接《寓言》之末,合为一篇,其说精矣……宜定为二十六篇。"②宋末元初吴澄(1249—1333)在《庄子叙录》中自述其校定的《庄子》仅有二十三篇,他把《骈拇》《胠箧》《马蹄》《缮性》《刻意》五篇别而异之,把苏说四篇移至卷末作附录,把《寓言》《列御寇》合为一篇③,只是此本已不存。在了解我国本土的《庄子》研究史后,对英语世界的一些思路、论断就不会感到那么新奇了。可见,知彼,还需要先知己。

小　结

国内学者对《庄子》文本问题的研究,在 20 世纪 30 年代、60

①详参方勇《庄子学史》第二册,第三章"王雱的《南华真经新传》"第三节"对各篇作意与逻辑结构的用心探究",人民出版社,2008 年,第 73—78 页。
②[南宋]罗勉道撰,李波点校《南华真经循本》,中华书局,2016 年,第 1 页。
③详参方勇《庄子学史》第二册,第 218—219 页。

年代和 80 年代,曾出现过高峰。代表学者有罗根泽、关锋、冯友兰、任继愈(1916—2009)、张恒寿和刘笑敢①。20 世纪 90 年代,崔大华(1938—2013)对此有详尽的概述②,其后逐渐式微,关注者日稀。总体而言,国内现当代学者对《庄子》文本研究的趋势是超越真伪之辨、作者之疑、优劣之分,走向对书中多种声音的辨析、对各家思想流派之间互动的关注、对《庄子》成书过程的探讨③。综观英美学者的研究,也具有同样的特点,而且,他们对中国现当代学者研究成果的借鉴也是显而易见的④。对《庄子》内部不同思想

---

① 罗根泽、关锋、冯友兰、任继愈等人的论文都收入哲学研究编辑部编《庄子哲学讨论集》。张恒寿的论文收入《庄子新探》。

② 崔大华《庄学研究》,人民出版社,1992 年。

③ 对《庄子》作者的辨析,至宋代由于辨伪学的兴起才开始流行。自苏轼《庄子祠堂记》起,对《庄子》各篇作者才不断有论说。比如林云铭《庄子总论》:"内七篇是有题目之文,为庄子所手定者。《外篇》、《杂篇》各取篇首两字名篇,是无题目之文,乃后人取庄子杂著而编次之者。"(林云铭《庄子因》,第 5 页)宋以前学者没有辨析《庄子》的作者,并不意味着人们就认为庄子是《庄子》的作者,而是潜意识中人们不认为有必要辨明各篇的作者究竟是谁。诚如傅斯年所说:"(1)战国时'著作者'之观念不明了。(2)战国时记言书多不是说者自写,所托只是有远有近切有不相干罢了。(3)战国书除《吕览》外,都只是些篇,没有成部的书。战国书之成部,是汉朝人集合的。"(傅斯年《战国文籍中之篇式书体》,见傅斯年著,雷颐点校《史学方法导论》,中国人民大学出版社,2004 年,第 183 页)

④ 葛瑞汉《〈庄子〉有多少为庄子所作?》注释提到的论著有《庄子哲学讨论集》、马叙伦《庄子义证》(商务印书馆,1930 年)、钱穆《庄子纂笺》(香港,1951 年)、郭沫若《宋钘尹文遗著考》(《青铜时代》,1945 年)、明陈景元《庄子阙误》。罗浩《谁编辑了〈庄子〉?》提到中国古今学者的相关论述,苏轼外,还有罗勉道《南华真经循本》的二十六篇本,陆德明《庄子释文》,王叔岷《庄子校释》,黄公伟《道家哲学系统探微》,郭沫若《十批判书》,何启民《魏晋思想与谈风》,郭沫若《宋钘尹文遗著考》,陈新雄、于大成主编《淮南子论集》,吴则虞《〈淮南子〉书录》等。

学派文献的辨析，成绩最著、影响最大的学者是葛瑞汉。从罗根泽到关锋再到葛瑞汉，前后相继的脉络非常清晰，他们在论文中都明确提及前人的研究，有赞同有否定。其他英美学者对中国学者研究成果的借鉴也很多。比如，罗浩主张《庄子》是淮南王门客编辑的，这个观点，关锋在 20 世纪 60 年代就提出来了。朴仙镜将《庄子》与战国至汉初的其他文献详加考论，这也是刘笑敢所用的方法。他山之石，固可以攻玉，但也应当看到，他山之石，有时也可能取自本土之玉。在研究海外汉学时，不应片面地强调英美学者的观点、方法的创新性，而不知其与中国学术之关联。

第三章 篇题及关键词译解之一

　　《庄子》三十三篇的篇题有些取自首句,并无深意,有些则否。这里不是要全面梳理所有篇题的英译,只是选择一些有代表性的篇题英译及关键词译解加以探讨,希望能提炼出某些具有共性的问题。本章主要讨论《逍遥游》和《齐物论》的篇题英译、阐释及文中一些关键词的译解。

第一节 "逍遥游"英译

　　《逍遥游》是《庄子》首篇,重要性不言自明。中国学者对"逍遥游"的意旨多有探讨,英语世界对"逍遥游"的理解也多种多样,仅从篇名的英译就可看出端倪。19世纪有三种译法。巴尔福译为"Wandering At Ease"[1],自由自在地漫游,这个译法还是颇能表达出"逍遥"之意的。翟理斯译为"Transcendental Bliss"[2],超越性的极乐。Transcendental,超验的,尤其指宗教或精神方面超验的,玄奥的;Bliss,极乐、天赐之福。这种译法具有鲜明的宗教色彩,将"逍遥游"理解为一种宗教性的精神体验。理雅各译为"Hsiao-yao

---

① Frederic Henry Balfour, *The Divine Classic of Nan-Hua*, p.1.
② Herbert Allen Giles, *Chuang Tzu*, p.1.

Yu, or Enjoyment in Untroubled Ease" ①, 他采取了两种方法翻译,
一是用威妥玛音译, 另一种是意译, 其意译强调不受打扰的安闲。
理雅各自注他是根据郭象注翻译的, 郭象解释为适性之逍遥 ②。这
三种英译, 都不包含流行的将"逍遥游"理解为自由或精神绝对自
由的意思。

　　20 世纪《庄子》的全译本和节译本比较多,"逍遥游"的译法
也更加多样。第一类是将"逍遥"译出"自由"义。修中诚(Ernest
Richard Hughes, 1883—1956)《古典时代的中国哲学》译为
"Excursions into Freedom" ③, 远游至自由之境。华兹生将"逍遥游"
译为 "Free and Easy Wandering" ④, 自由安闲地漫游。山姆·哈米
尔(Sam Hamill)和西顿(J. P. Seaton)的译本也采用了这一译法 ⑤。
托马斯·克利里(Thomas Cleary, 1949—2021)的译本《要道:〈道
德经〉及〈庄子〉内篇学说的道家核心思想启蒙》流传颇广, 他直接
将逍遥游译为 "Freedom" ⑥, 自由。诗人戴维·欣顿(David Hinton,
1954—)《庄子内篇》译为 "Wandering Boundless and Free" ⑦, 自由

---

① James Legge, *The Writings of Chuang Tzu (Part I)*, p.164.
② James Legge, *The Writings of Chuang Tzu (Part I)*, pp.127-128.
③ E. R. Hughes, *Chinese Philosophy in Classical Times*, London: Everyman's Library, 1966, p.165. 此书初版于 1942 年, 本书用的是 1966 年重印本, 正文前有 1954 年和 1942 年写的两篇《序》。著者又译为"休斯""休士"。
④ Burton Watson, *The Complete Works of Chuang Tzu*, p.29.
⑤ Sam Hamill and J. P. Seaton, *The Essential Chuang Tzu*, Boston & London: Shambhala, 1998, p.1.
⑥ Thomas Cleary, *The Essential Tao: An Initiation into the Heart of Taoism Through the Authentic Tao Te Ching and the Inner Teachings of Chuang-Tzu*, New York: Harper San Francisco, 1993, p.63. 著者又译为"柯立瑞"。
⑦ David Hinton, *Chuang Tzu: The Inner Chapters*, New York: Counterpoint, 1997, p.140.

漫游于无限。Boundless,无边无际,无限的。这一译法在自由之外,多了一层意思,突出了逍遥之境的空间特征:广大无边。彭马田的翻译与此类似,只是没有明确用"free"表达。他译为"Wandering Where You Will"[1],漫游至你想去之所,或者说想去哪儿漫游就去哪儿,这实际上表达的是一种选择的自由。罗伯特·万·德·韦耶(Robert Van de Weyer)也采用了这一译法[2]。汪榕培译为"Wandering in Absolute Freedom"[3],绝对自由地漫游,译者采用的是近代以来最广泛流行的"逍遥游"义。

　　第二类强调主体心灵或曰精神的状态。如梅维恒译为"Carefree Wandering"[4],心无挂虑地漫游。这个译法强调逍遥游的心灵状态,没有任何牵挂,无思无虑。还有强调主观感受的译法,如冯友兰译为"The Happy Excursion"[5],快乐的远行,林语堂也采用了这一译法,只是稍有变动,译为"A Happy Excursion"[6],将定冠词"the"改为不定冠词"a",前者专指,后者泛指。冯家福(Gia-Fu Feng,1919—1985)译为"Happy Wandering"[7],快乐的漫游,既不加定冠词,也不加不定冠词。这三位华人学者都用happy来表达逍遥的意思,happy是一种主观的感受,是感到快乐

① Martin Palmer et al., *The Book of Chuang Tzu*, p.1.

② Robert Van de Weyer, *Chuang Tzu: In a Nutshell*, London, Sydney, Auckland: Hodder & Stoughton, 1998, p.17.

③ 汪榕培英译《庄子》(Ⅰ),第3页。

④ Victor H. Mair, *Wandering on the Way*, p.3.

⑤ Yu-Lan Fung, *Chuang-Tzǔ*, p.27.

⑥ Lin Yutang, *The Wisdom of China and India*, New York: The Modern Library, 1942, p.625.

⑦ Gia-Fu Feng and Jane English, Jane English (photo.), Gia-fu Feng (Calligraphy), *Chuang Tsu: Inner Chapters*, New York: Vintage Books, 1st edition, 1974, p.3.

或幸福。冯友兰首用 excursion（远行），突出"逍遥游"在空间上的特点，是远行之游，与《逍遥游》所写鲲鹏将从北冥徙于南冥的寓言暗合。

第三类是突出精神之游，突出"逍遥游"的幻想特性。魏鲁男译为"Let Fancy Roam"①，让幻想漫游，"逍遥游"的主体是形神兼具，还是仅仅是精神或曰心灵？这个译法标示的是，只是幻想中发生的，不是形神兼具之游。这与其他译法明显有区别，表明译者关注的问题是逍遥游的空幻性质以及游的主体问题。

第四类是强调动词。"逍遥游"也写作"逍遥遊"，《经典释文》卷二十六《庄子音义上》："遊，如字，亦作游。"②三个字的形旁相同，是行走义。现在理解的"逍遥"已经失去了最初类似徘徊、彷徨、徜徉义，而指向了心灵的自在、自得的感受或状态。在原初意义上，"逍遥"与"游"类似联合结构，而非偏正结构，"逍遥"并非"游"的状语。有译法突出了这三个字的动词行走义。葛瑞汉译为"Going rambling without a destination"③，漫无目的地闲逛，going 和 rambling 两个动词正在进行时的形式，突出了行走的不间断性。葛瑞汉的这一翻译思路并非首创。阿瑟·韦利在其《中国古代三种思想方法》一书中，将"彷徨乎无为其侧，逍遥乎寝卧其下"译为"aimlessly tread the path of Inaction by its side, or vacantly lie dreaming beneath it"④，在其侧漫无目的地行走于无为之路，或者在其下神情茫然地躺着做梦。需要注意的是，葛瑞汉的翻译还有

---

① James R. Ware, *The Sayings of Chuang Chou*, p.15.
②［唐］陆德明撰，黄焯汇校，黄延祖重辑《经典释文汇校》，中华书局，2006年，第 733 页。
③ A. C. Graham, *Chuang-Tzǔ*, p.43.
④ Arthur Waley, *Three Ways of Thought in Ancient China*, p.4.

一个特点，就是强调逍遥游的无目的性。这是哲学家之眼观照下的逍遥游，十分准确、深刻。一旦有目的性，便有束缚，则不可能逍遥。与葛瑞汉的翻译路径刚好相反的是将"逍遥游"译成有明确的目的。法国汉学家戴遂良全译了《庄子》，本是法语，英文版译为"Towards the Idea" ①，朝向理想，这个翻译已经偏离"逍遥游"了，尽管"逍遥游"确实是一种理想境界，然而直接译成朝向理想，目的性太强，逍遥的意思完全没有表达出来，这是所有翻译中离原义最远的一个。这是由法语转译，法语原文如何笔者不知，也可能是英文翻译的问题。

吴光明译为"Hsiao Yao Yu, Soaring-And Roaming" ②，翱翔且漫游，从词性形态上与葛瑞汉的英译类似，翱翔且漫游也用了两个动词的正在进行时形态。其特别处在于用了 soar，这意味着"游"的空间发生在空中，远离地面。这在某种程度上契合《逍遥游》描述的无待之人和藐姑射山神人，前者"乘天地之正，而御六气之辩，以游无穷者"，后者"乘云气，御飞龙，而游乎四海之外" ③，都给人以游于空中的感觉。

第五类，强调逍遥游的超越性。翟理斯译为"Transcendental Bliss"，超越性的极乐。加拿大萨斯喀彻温大学宗教学教授包如廉（Julian F. Pas, 1929—2000）译为"Free Flight into Transcendence" ④，自由地飞向超越。美国学者苏海涵《〈庄子〉内篇：道家的沉思》

① Léon Wieger, Derek Bryce (trans.), *Wisdom of the Daoist Masters*, p.117.

② Kuang-Ming Wu, *The Butterfly as Companion*, p.32.

③［清］郭庆藩《庄子集释》上册，第 19—20 页、第 31 页。

④ Julian F. Pas, "Chuang Tzu's Essays on 'Free Flight into Transcendence' and 'Responsive Rulership'", *Journal of Chinese Philosophy*, Vol.8, No. 4(1981): 482.

译为 "Journey to the Realm of Transcendence" ①,前往超越境域之旅。不仅在篇题的翻译上明确"逍遥游"的超越性,正文中还指出:沉思的目的是要理解一个人是如何超越变化的世界,进入四海之外永恒世界的 ②。爱莲心也有类似的思路。他说,如果不只是考虑语言上的对应,而力求译出其哲学意蕴,"逍遥游"可以译为"The Transcendental Happiness Walk" ③,超验的幸福漫步。

尽管庄子所云"逍遥游"并非极乐、狂喜,更没有宗教意蕴,但文中所描述的实现逍遥游的境域乃无何有之乡,确实具有超现实的因子。翟理斯的译法在哲学层面而非宗教层面揭示了"逍遥游"的这一特质。包如廉和苏海涵继承了这种思考的方向,三位学者都有宗教学的背景,他们在庄子的"逍遥游"中发现了与宗教超越性相契合的因子,并将之提炼出来,启发了众多读者对"逍遥游"的理解。

21 世纪以来对《逍遥游》篇题的英译没有新的思路。贤·霍希曼和杨国荣的合译本译为 "Wandering Freely" ④,自由地漫游;任博克译为 "Wandering Far and Unfettered" ⑤,无拘无束地漫游至远方;索拉拉·陶勒(Solala Towler)译为 "The Way of Free and Easy Wandering" ⑥,自由自在地漫游之道。

梳理几种主要的译法之后,我们发现,其中蕴含着中国和西方

① Michael Saso, "The *Zhuangzi* neipian: A Daoist Meditation", in Victor H. Mair, *Experimental Essays on "Zhuangzi"*, p.138.
② Victor H. Mair, *Experimental Essays on "Zhuangzi"*, p.129.
③ Robert E. Allinson, *Chuang-Tzu for Spiritual Transformation*, p.7.
④ Hyun Höchsmann et al., *Zhuangzi*, p.83.
⑤ Brook Ziporyn, *Zhuangzi*, p.3.
⑥ Solala Towler, *The Inner Chapter: The Classic Taoist Text*, London: Watkins Publishing, 2010, p.1.

两类不同学术传统因子。首先看"逍遥"。采用了大量中国古代注疏的理雅各译为"enjoyment"，这与中国古代对"逍遥"的儒家化阐释一脉相承。理雅各的译法接近古人所云的"自得"。"逍遥"一词，成玄英《庄子序》引魏晋穆夜之说，云："逍遥者，盖是放狂自得之名也。"① 陆德明《经典释文》云："《逍遥游》者，篇名义取闲放不拘，怡适自得。"② 这是以"自得"释"逍遥"，后代遵循此说者甚众，不复一一。理雅各译为 enjoyment 即源于这类解说。冯友兰以 happy 释"逍遥"，以乐作解，在我国古代的释读中也不乏其人。宋代理学家林希逸的《庄子》阐释在庄学史上占有不容忽视的地位，影响颇大。他解释曰："逍遥，言优游自在也。《论语》之门人形容夫子只一'乐'字，《三百篇》之形容人物，如《南有樛木》，如《南山有台》曰'乐只君子。'亦止一'乐'字。此之所谓'逍遥游'，即《诗》与《论语》所谓'乐'也。"③ 林氏以儒释庄，用《论语》和《诗经》中形容孔子与君子的"乐"，来解释"逍遥"的含义。二者实大相径庭，其间的偏失不必多辨。从冯友兰的翻译中，不难看到我国传统学术的影子。有趣的是，林语堂和冯家福两位华人学者，对"逍遥"一词也都采用了冯氏的译法，而英美学者则无人采取同样译法，可见确实存在中西学术传统的差异。

其次，对"游"的翻译也蕴含着中西文化差异。冯友兰译为 excursion，远足。在中国文化的语境中，在"外出"这个意义上，"游"意味着去远方。比如《论语·里仁》："子曰：'父母在，不远游，游必有方。'"④《楚辞·远游》开首即云"悲时俗之迫阨兮，愿轻

---

① ［清］郭庆藩《庄子集释》上册，第 8 页。
② ［唐］陆德明撰，黄焯汇校，黄延祖重辑《经典释文汇校》，第 733 页。
③ ［宋］林希逸著，周启成校注《庄子鬳斋口义》，中华书局，1997 年，第 1 页。
④ ［清］刘宝楠撰，高流水点校《论语正义》，中华书局，1990 年，第 157 页。

举而远游"①，继而铺陈游于方外，与真人、仙人为伴。结尾云："经营四方兮，周流八漠。上至列缺兮，降望大壑。下峥嵘而无地兮，上寥廓而无天。"② 所游之境超出人间，不可谓不远。从中国文化的传统语境看，应当说冯友兰的翻译揭示了"游"的一个重要意蕴，强调的是空间距离的遥远。对照一下，从最早的《庄子》英译本开始，英美学者通常都用表达漫游、闲逛意思的词来翻译"游"，主要有 wander、roam 和 ramble。这个译法揭示了"游"的另一层意蕴，即没有明确的目的地，这三个词的英文释义都包含这个意思。在西方学者的眼中，相比空间上的远，游的无目的性更重要。

第二节　对"逍遥游"涵义的阐释

最早解释"逍遥游"词义的是 19 世纪的理雅各。他说："篇题的三个字都有'辵'这个意符，按《说文解字》的解释，其义为'乍行乍止也'③，篇题可以译为'Sauntering or Rambling at Ease'④，这是作者幻想中心灵不受干扰的自得其乐。"⑤ 华兹生解读曰："庄子使用了完全自由及无目的之旅的比喻，使用'游'这个词命名，指开悟之人游于所有创造之中，自得其乐且无所依附。"⑥

吴光明认为，"逍遥"与"游"具有一个核心意义"嬉戏地翱翔

---

① [宋]朱熹《楚辞集注》，上海古籍出版社，2001 年，第 103 页。

② [宋]朱熹《楚辞集注》，第 110 页。

③ [汉]许慎撰，[清]段玉裁注《说文解字注》，上海古籍出版社，1981 年，第 70 页。

④ 自在地闲逛、漫步。

⑤ James Legge, *The Writings of Chuang Tzu (Part I)*, p.127.

⑥ Burton Watson, *The Complete Works of Chuang Tzu*, p.6.

与漫游"（playful soaring and roaming）。"逍遥游"是三重动词。它们说的是运动，是在两极之间，如大与小、远与近、平凡与不凡、有用与无用、北冥与南冥之间的运动。据王夫之《庄子解》，是在原始混沌与事物的"离明"之间①。同时，读这三个字本身就散发着平静与轻松自在的漫游之感②。"游"最初指的是一面旗帜在风中自由飘扬，也指鱼在水中嬉戏。它是一种自我变化的运动，就像在休闲玩乐或游戏中一样，最适合想象，因为自我发生变化是想象的本质，在想象中，一个变化会激发更多新变化。因此，想象力的自由通常被认为是有趣的创造力的同义词。它是一个自我实现、自我满足的运动③。

美国特拉华大学（University of Delaware）哲学系教授狐安南（Alan Fox）《下意识反应与映现：〈庄子〉中的无为》一文④分析说，游意味着心无挂虑地漫步于自然之中。"逍遥"（carefree meandering）让人联想到一条河流，蜿蜒而行，沿着阻力最小的路径迂回向前，最终达至目的地大海。"逍遥游"的句法很直接，表达的是无为的结果，或者成效是逍遥。不一定无目的，但其目的可能是间接实现的。这意味着一定程度的灵活性。无为不仅是一种行为方式，也是一种接近世界的方式，一种将态度与环境相匹配的方式。

包如廉在《庄子的〈逍遥游〉和〈应帝王〉》一文中提出，"遥"

---

① 王夫之原文是："鸟自北而南，寓繇混沌向离明之意。"王夫之著，王孝鱼点校《老子衍　庄子通　庄子解》，中华书局，2009年，第75页。

② Kuang-Ming Wu, *The Butterfly as Companion*, p.84.

③ Kuang-Ming Wu, *The Butterfly as Companion*, p.85.

④ Alan Fox, "Reflex and Reflectivity: Wuwei in the *Zhuangzi*", *Asian Philosophy*, Vol. 6, No.1(1996): 59-72.

有遥远之义,与它联系起来看,"游"并不只是意味着安闲与放松地漫游,而是一种远游,更准确地说,指向超越或超出人类有限世界的远游。游,不只是就其身体意义而言,也是心灵意义上的甚至是神秘维度上的。庄子想讨论精神、心智的提升运动,它高扬于人类有限和片面的观点之上,然后在狂喜中看到道之真[1]。

葛瑞汉认为,"逍遥游"的状态是随着固定目标的放弃,僵化类别的消失,注意力在无休止变化的全景中自由漫游,对外界的反应则直接来自我们内在的能量。对庄子而言,这是一种彻底的解放,一种从自我束缚中挣脱出来,进入一个没有限制的领域。"游"的用法很像 20 世纪 60 年代迷幻俚语(psychedelic slang)"trip"[2]。葛瑞汉所谓的迷幻俚语 trip,本来指的是由吸食毒品引起的迷幻的漫游体验。

爱莲心的解读颇有影响,他将"逍遥游"解读为心灵的自我转化(spiritual self-transformation),认为心灵转化是《庄子》一书的主题[3]。他着重分析了鲲鹏故事,做了如下论断:鱼内在地拥有将自我转化为另一种生物的能力,鸟象征着让我们联想到自由和超越的生物。这个故事的意旨是吸引粗心而无知的读者,教导他们,自我转化的能力就存在于自身内部,其结果是获得自由与幸福[4]。"逍遥游"指心灵可以在任何想象的方向上移动的绝对自由,一种

[1] Julian F. Pas, "Chuang Tzu's Essays on 'Free Flight into Transcendence' and 'Responsive Rulership'", p.482.

[2] A. C. Graham, *Chuang-Tzǔ*, p.8.

[3] Robert E. Allinson, "Early Literary Forms of Self-Transformation in the *Chuang-Tzu*", *Tamkang Review*, Vol.17, No.2(1986): 97.

[4] Robert E. Allinson, "Early Literary Forms of Self-Transformation in the *Chuang-Tzu*", pp.98-99.

只有在达到超越的状态或超验的幸福之后才有可能达到的自由的水平。心灵能够不受约束地活动，是因为它不受任何特定立场的限制①。

　　与我们习见的理解相比，上述诸说有以下几点特别之处。第一，提出"逍遥游"的心理及精神体验具有神秘及迷狂特征。第二，"逍遥游"是否有目的？华兹生和葛瑞汉认为无目的，狐安南认为逍遥是无为的结果，但未必没有目的。第三，进入"逍遥游"的状态，人的思维摆脱了一切区分，不持有任何观点和立场，超越了人类认知的有限性。第四，所游之境超越有限及经验的世界，其作用是提升心灵。第五，"逍遥游"是自我变化的运动，是心灵的自我变化，变化的能力存在于自身内部。

　　概言之，神秘、迷狂、目的、自由、超越、提升、自我转化、创造力，是英语世界对"逍遥游"进行阐释的关键词，从中不难看出西方哲学高扬主体意志的特点。这些解释让我们再次认识到"逍遥游"所具有的双重意蕴。游，尽管是一种运动，然而其本质特性却是无为。一方面，它具有无为、避世的特点，似乎生命呈现为闭合状态，内在的能量隐而不显；另一方面，在这种无为之游中，自我得到极大的解放和实现，生命得到充分的舒展。个体究竟应当以何种方式自我实现？心灵在何种状态下才最具创造力？《逍遥游》给出了一个特殊的思考路径。英语世界的阐释虽然有些与文本扞格不入，但也抓住了"逍遥游"某些核心的特质，自有其价值。

　　这里简单回顾一下本土学者对"逍遥游"的阐释。郭象的"逍遥"义乃适性即逍遥。郭象注："夫小大虽殊，而放于自得之场，则物

---

① Robert E. Allinson, *Chuang-Tzu for Spiritual Transformation*, p.7.

任其性,事称其能,各当其分,逍遥一也,岂容胜负于其间哉!"①《世说新语·文学》刘孝标注引向秀、郭象《逍遥义》曰:"夫大鹏之上九万,尺鴳之起榆枋,小大虽差,各任其性,苟当其分,逍遥一也。然物之芸芸,同资有待,得其所待,然后逍遥耳。"② 他认为只要顺应自然本性,行为在其能力范围之内,便是逍遥。支遁(约314—366)另有一说,其《逍遥论》曰:"夫逍遥者,明至人之心也。庄生建言大道,而寄指鹏、鴳,鹏以营生之路旷,故失适于体外;鴳以在近而笑远,有矜伐于心内。至人乘天正而高兴,游无穷于放浪,物物而不物于物,则遥然不我得,玄感不为,不疾而速,则道然靡不适。此所以为逍遥也。"③ 支遁首先说逍遥揭示的是至人的一种心理状态、精神状态。其次说鹏失适于体外,即从形的角度看,鹏因行路之远而没有达到逍遥;鴳因有矜夸之心也没有达到逍遥。鹏是形未逍遥,鴳是精神未达逍遥之境。只有至人顺乘天道之正,高扬其兴,游于无穷,形体亦不受外物的拘牵,如此,则无论身在何处,心理都没有不适之感,无往而不逍遥。据《世说新语·文学》,支遁之说一出,遂取代郭象之解,得到知识界的广泛认可④。这种认可有其必然性,因为支遁的逍遥义明显要比郭象之说更近庄生之旨。

支遁之后,从心理状态、精神状态角度解释"逍遥"者日渐增多。至宋元明清,"逍遥游"为心之游这一解说思路得到强调。林

---

① [清]郭庆藩《庄子集释》上册,第1页。

② [南朝宋]刘义庆著,[南朝梁]刘孝标注,余嘉锡笺疏《世说新语笺疏》(修订本),上海古籍出版社,1993年,第220页。

③ 余嘉锡笺疏《世说新语笺疏》(修订本),第220页。

④《世说新语·文学》:"《庄子·逍遥篇》,旧是难处,诸名贤所可钻味,而不能拔理于郭、向之外。支道林在白马寺中,将冯太常共语,因及《逍遥》。支卓然标新理于二家之表,立异义于众贤之外,皆是诸名贤寻味之所不得。后遂用支理。"见余嘉锡笺疏《世说新语笺疏》(修订本),第220页。

希逸曰："游者，心有天游也；逍遥，言优游自在也。"[1] 罗勉道曰："神游寥廓，无所拘碍，是谓逍遥游。"[2] 陆西星曰："游，谓心与天游也。逍遥者，汗漫自适之义。"[3] 王夫之曰："道者，响于消也，过而忘也。遥者，引而远也，不局于心知之灵也。"[4] "自在""自适"，乃承魏晋以来"自得"之解，突出的是主体精神圆满自足的状态。"心游""神游""不局于心知之灵"等说法，强调了主体精神的能动性及超越性。这样的阐释思路，实为近现代学者以精神的绝对自由解说"逍遥游"之先声。

自严复始，经梁启超、章太炎、冯友兰诸学者的阐释，受西方哲学的影响，"逍遥游"的意旨，逐渐与"自由""绝对自由""精神自由""精神绝对自由"等词联结在一起[5]，取代了古代学者的"自得""自在""自适""心游""神游"之解，并广为学界所接受。

从支遁的"至人之心"，到宋元明清学者的"心游""心知之灵"，再到近现代以来的"精神自由"说，无论这些对"逍遥游"意蕴的解说是受到了佛教、理学、心学还是西方哲学的影响，所用概念虽然有别，但细察则有一个相通之处，即"逍遥游"并非身之游，也非形神兼具之游，而是心智之游、精神之游。

---

① ［宋］林希逸《庄子鬳斋口义》，第 1 页。
② ［南宋］罗勉道撰，李波点校《南华真经循本》，第 1 页。
③ ［明］陆西星撰，蒋门马点校《南华真经副墨》，中华书局，2010 年，第 1 页。
④ ［清］王夫之著，王孝鱼点校《老子衍　庄子通　庄子解》，第 75 页。
⑤ 详参邓联合《"逍遥游"与自由》，《中国哲学史》2009 年第 2 期。此外，明代释性通《南华发覆》已经用"自由"一词解说逍遥，意思是全由自己做主。其文曰："逍遥游者，游于道也……惟至人乘天地之正，游于无何有之地，是以好恶不惊，死生不变，解脱无碍，入出自由，此其所以为逍遥游也。"转引自方勇《庄子纂要》第一册，学苑出版社，2012 年，第 3 页。性通所云与由西方译介而来的"自由"，含义不同。

第三节　《逍遥游》中几个关键词的英译

《逍遥游》中还有几个关键词,其英译有的能体现对《庄子》哲学思想和文字表达之妙的认识,有的包含不同学术和文化语境因素,值得述介。

一、北冥

开篇所云"北冥""南冥"之"冥",幽暗,又通"溟",海也。在"北冥有鱼"的语境中,将"冥"译为海并无问题,英译多为"Ocean",19 世纪的三个全译本及 20 世纪的有些译本均如此。如冯友兰译为"Northern Ocean"[1],葛瑞汉译为"North Ocean"[2]。然而只译为海,失去了"冥"本字所具有的幽暗广远色调,以及道家特有的玄冥幽深之哲学意味。中文亦如此。如果我们看到的是"北海有鱼",脑海中不会有幽暗广远深玄之联想。而《庄子》中言及海,并非均用"冥",名篇《秋水》即言"北海",因而不能简单地把"北冥"等同于"北海"。有译者注意到"冥"本字之义,将其译为黑暗。如华兹生译为"NOTHERN DARKNESS"[3],所有字母均大写,表示专有名词;吴光明译为"Northern Darkness"[4],这种翻译自然会引起读者更多的联想和思考。然而,将"冥"仅译为黑暗,又失去了"海"的鲜明意象。有译者力图在翻译中传达"冥"的两

[1] Yu-Lan Fung, *Chuang Tzǔ*, p.27.
[2] A. C. Graham, *Chuang-Tzǔ*, p.43.
[3] Burton Watson, *The Complete Works of Chuang Tzu*, p.29.
[4] Kuang-Ming Wu, *The Butterfly as Companion*, p.47.

重意蕴。如魏鲁南译为 "dark waters to the north" [1]，梅维恒译为 "darkness of the Northern Ocean" [2]。这种译法兼顾了 "北冥" 所具有的海及幽暗双重意蕴，颇为传神。这也提示我们，当今出版的诸多古代文学作品选中，不应当只将 "北冥" 注释为 "北海"，而应当将其特有的道家玄冥之意揭示出来，以帮助读者深入体会《庄子》文字之妙。

二、鲲

《庄子》之文奇幻多姿，多有特殊的名物词，《逍遥游》也不例外。篇中有些特殊的名词，很难找到完全对应的英文。有的译者采取了音译然后加注释的方法，也有学者用接近的名词来翻译，这种译法有比较成功的例子。比如魏鲁南把 "鹏" 译为 "Rukh" [3]，这个词是阿拉伯语和波斯语传说中的大鸟，此译甚恰。

"鲲"，19 世纪的翟里斯译为 "Leviathan" [4]，利维坦，它在《圣经》中有时被描述为象征邪恶的蛇，有时被描述为一个巨大的海怪。翟里斯有着深厚的宗教修养，他从自身的知识结构及西方文化传统语境出发进行翻译。这个译法的好处是能直接引起读者的想象，然而，其弊亦显而易见。在《圣经》中利维坦是邪恶的海怪，是人们要想方设法铲除的对象。在《逍遥游》中，鲲化而为鹏，飞往南冥，是作者肯定的对象。然而，翟里斯用这样一个海中怪兽翻译 "鲲"，很容易传递给读者它是邪恶之物的印象，这与原作之意大相径庭。后来的译者应当都看到了这点，因而这一译法并没有为

---

① James R. Ware, *The Sayings of Chuang Chou*, p.15.
② Victor H. Mair, *Wandering on the Way*, p.3
③ James R. Ware, *The Sayings of Chuang Chou*, p.1.
④ Herbert Allen Giles, *Chuang Tzu*, p.1.

其他译者所接受。

理雅各在其译本《逍遥游》注释中,将"鲲鹏"解释为西方所说的"kraken"和"roc"[1],前者是出没于挪威附近的北海巨妖,后者是神话中的巨鸟,鹏的英译合适,鲲的英译不合适。《庄子》之鲲虽形体甚巨,但并不是妖,因而才能在古代诗文中逐渐成为有志者的象征。

三、同源词角度的"鲲""鹏"含义考辨

对"鲲""鹏"的含义及鲲化为鹏的故事有诸多解说,鲍则岳运用中国传统小学训诂方法,从同源词角度加以分析,颇有特色。其论文《〈庄子〉的结构与解说:〈逍遥游〉的两个注释》[2],认为鲲化为鹏的故事表现的是以一年为周期,阴阳转化的过程。这个周期不是将一年分为四季,而是一分为二,六个月是出生、生长、繁盛,接下来的六个月是衰退、休眠,最终是死亡。在汉代,这个循环被清晰地用"阴"和"阳"来表述。

鲍则岳从分析"鲲"和"鹏"的同源字入手。他指出,"鹏"的同源字有:弸、痭、棚、膨、脝等,字根含有扩张、隆起和膨胀(expand\swell\inflate)的意思。鹏是膨胀的具体表现,即宇宙循环的生长阶段,膨胀期,即由阳主导的周期。鲲则代表了周期的另外半个部分,是一年中衰退、休眠的部分。暗色调暗示着一种未分化的混沌状态,一种原始的浑沌。"鲲"的同源字有"鯤"和"坤"。"坤"古文的形旁是"巛",它是川,川又与"穿"同音,意义是贯穿流

[1] James Legge, *The Writings of Chuang Tzu (Part I)*, p.164.

[2] William G. Boltz, "The Structure and Interpretation of *Chuang tzǔ*: Two Notes on *Hsiao yao yu*", *Bulletin of the School of Oriental and African Studies*, Vol. 43, No. 3(1980): 532-543.

水,"鲲"与"坤"有语义联系。鲲所行路线似乎被认为是在水下或地下,在长达六个月的旅程中,鲲必须从南冥回到北部。正是在这里,这个过程最终结束,并只有通过从鲲到鹏的蜕变才得以重生。鲍则岳还分析了"昆"与"混""浑"的音义关联,认为其义是黑暗、浑沌、漩涡。他说,鲲鹏故事是把一个抽象的、连续的、不可理解的现象还原为一个具体的、准时的、特殊的、可理解的事件序列,也就是神秘的鱼主导半年,再由鸟主导半年,鱼又蜕变为鸟。

　　鲍则岳的解说在运用中国传统训诂学方法及阴阳学说的同时,添加了很多想象的成分。他对"鲲""鹏"字义的分析,不无道理,可以丰富对"游"的理解,但随之生发的分析则缺乏说服力。

四、化

　　"化"是《庄子》中一个重要动词,首次出现在《逍遥游》开篇。鲲"化而为鸟"的"化"有多种译法。巴尔福译为"transformed into" [1],翟理斯、理雅各均译为"changes into" [2],魏鲁南译为"evolves into" [3],华兹生译为"changes and becomes" [4],冯友兰和梅维恒译为"metamorphoses into" [5]。这些译词揭示了"化"的多重含义:进化、变化、变化而成、变形、转化等。metamorphose 指内在的性质、结构与外表发生彻底转变,重在强调生物学角度的变态,意

---

[1] Frederic Henry Balfour, *The Divine Classic of Nan-Hua*, p.1.

[2] Herbert Allen Giles, *Chuang Tzu*, p.1. James Legge, *The Writings of Chuang Tzu (Part I)*, p.164.

[3] James R. Ware, *The Sayings of Chuang Chou*, p.15.

[4] Burton Watson, *The Complete Works of Chuang Tzu*, p.29.

[5] Yu-Lan Fung, *Chuang-Tzŭ*, p.27. Victor H. Mair, *Wandering on the Way*, p.5.

义单一。诸种译法中,笔者认为《庄子》全书英文首译者巴尔福的 transform into 最好。化是一个过程,change 表达的变化意义比较宽泛,且侧重表明变化的结果,而 transform 除表明外形的转变外,还可以表达更多精神层面的转化。

巴尔福对"化"的英译,在后来的研究者中得到了响应。爱莲心认为《逍遥游》运用了一些文学手法,它们说明《庄子》作为一个整体其主题是自我转化(self-transformation)。《逍遥游》以一个神话形式的转化故事开篇。鱼,就像我们,生活在黑暗之中,或从认识论的角度讲,生活在无知之中。然而,鱼内在地拥有将自我转化为另一种生物的能力。鸟象征着让我们联想到自由和超越的生物。其中蕴含的主题就是:我们每个人都具有一种内在转化的可能性,转化的结果是获得自由[1]。任博克也提出,鲲化为鹏的故事引出了《庄子》的三个主题:"化(transformation)、有待(dependence)及视角性知识的局限(the limitations of perspectival knowledge)。"[2]transform 被更多地运用于解说"化",这一现象说明研究者对"化"有了更多深入的认识。

五、齐谐

"齐谐"的英译也寓含译者对《庄子》整体哲学思想的把握。齐谐,古注或云人名,或云书名,并无更多解读。诸多译本除译为书名,并意译为戏言集外,还有特别译出"齐"与"谐"之义者。如华兹生译为"The Universal Harmony"[3],宇宙的和谐;吴光明译

① Robert E. Allinson, "Early Literary Forms of Self-Transformation in the *Chuang-Tzu*", *Tamkang Review*, Vol. 17, No.2(1986): 97-99.
② 任博克《作为哲学家的庄子》,《商丘师范学院学报》2015 年第 4 期。
③ Burton Watson, *The Complete Works of Chuang Tzu*, p.29.

为"Tall-Tales of Universal-Harmony"①,有关宇宙和谐的荒诞故事集。

　　庄子倡导与道为一,消融自我于宇宙运化之中,《齐物论》"天地与我并生,而万物与我为一"②"圣人和之以是非而休乎天钧"③,《寓言》"万物皆种也,以不同形相禅,始卒若环,莫得其伦,是谓天均"云云④,皆是此意。《逍遥游》所说"《齐谐》者,志怪者也"之"齐谐",并无宇宙和谐之义,译者如此翻译,实为过度阐释。这个过度阐释虽然以《庄子》思想为背景,可见译者的精心覃思,但是,也提醒译者,不宜将所有语词都看作与全书主要思想有关,有些词语并无深意,要与其用作特定概念时的意义相剖离,要在特定的语境中做具体分析,避免赋予普通词语以特殊意义。

六、至人

　　"至人"一词为《庄子》所特有,《逍遥游》中首次出现,书中反复述及。巴尔福、华兹生译为"Perfect Man"⑤,完美的人,这也是大多数译者的选择。葛瑞汉将其译为"utmost man"⑥,极高远之人。梅维恒译为"ultimate man"⑦,终极之人。后两种译法更有哲学意蕴,更贴近原义,也更能表现出庄子"至人"一词的独创性。

　　对"至人""圣人""神人"的"人",苏海涵的解读异于众人,

① Kuang-Ming Wu, *The Butterfly as Companion*, p.47.
②[清]郭庆藩《庄子集释》上册,第85页。
③[清]郭庆藩《庄子集释》上册,第76页。
④[清]郭庆藩《庄子集释》下册,第942页。
⑤ Frederic Henry Balfour, *The Divine Classic of Nan-Hua*, p.5. Burton Watson, *The Complete Works of Chuang Tzu*, p.32.
⑥ A. C. Graham, *Chuang-tzǔ*, p.45.
⑦ Victor H. Mair, *Wandering on the Way*, p.5.

且颇有启示意义。他说,三种类型的人被定义为倾向于对不朽的沉思 ①。在其英文表述中,"人"被译成"man or woman",男人或女人。从现代学术角度看,这种解读似乎包含着女性主义的影子,其实不然。这是对道家学说深有体会的一种翻译。《老子》以谦退为上,多以女性为喻,如"谷神""玄牝"之说,而《逍遥游》所描述的藐姑射山神人"肌肤若冰雪,淖约若处子" ②也隐约有女性的特征,因此,看上去不起眼的一句"男人或女人",却是深得道家真谛之解。

七、"无己""无功""无名"之"无"

"至人无己,神人无功,圣人无名" ③,是《逍遥游》很重要的思想。无己,大多译为"selfless"或"has no self"。有的译者用动词来翻译。比如,翟理斯将"无"译为"ignore",忽视、忽略,这三句他译为:"The perfect man ignores self; the divine man ignores action; the true Sage ignores reputation。" ④完美之人忽略自己,神圣之人忽略有为,真正的圣人忽略名声。苏海涵译为"the *zhiren* 至人(man who seeks perfection)who transcends self (*wuji* 无己)", "the *shenren* 神人(spiritual man)who transcends meritorious acts (*wude* 无德)", "the *shengren* 圣人(holy sage)who transcends good name and fame (*wuming* 无名)" ⑤。将"无"译为"transcend"(超越),

---

① Michael Saso, "The *Zhuangzi* neipian", in Victor H. Mair, *Experimental Essays on "Zhuangzi"*, p.139.

② [清]郭庆藩《庄子集释》上册,第 31 页。

③ [清]郭庆藩《庄子集释》上册,第 20 页。

④ Herbert Allen Giles, *Chuang Tzu*, p.5.

⑤ Victor H. Mair, *Experimental Essays on "Zhuangzi"*, p.139.

虽然在字面上并不相符,然而,在笔者看来,超越却最能揭示"无己""无功""无名"的深层意旨。苏海涵对这三个命题还有论说,认为这段文字的目的是将在人世间为自我完善而追求有为、功绩、好名声的外在努力,与个体寻找内在超越的统一性做出区分。因此,"无"这个词被译为相当于《老子》的无为之道。这种状态可以被描述为"专注于无名之道"(与道为一),修道者通过沉浸于对微观世界中心的超验存在的冥想,以寻求消除"己"(自私),消除"得"(占有欲),消除追求名誉的行为①。

　　笔者由此得到的启示是,《庄子》中其他的多个"无",都可译为超越,如"无乐""无情"等。"至乐无乐,至誉无誉"②,就是最高层级的乐超越乐,最高的誉超越名誉、称誉。庄子与惠子辩论人有情无情,所云"吾所谓无情者,言人之不以好恶内伤其身,常因自然而不益生也"③,无情,超越各种情感。

第四节　从"齐物论"英译看其多重意蕴

　　《齐物论》是《庄子》中特别重要的一篇,篇题颇多歧义。主要有两种:一是将其理解为偏正结构,意为"齐物之论";二是将其理解为动宾结构,将"物论"视为"齐"的宾语。对"齐物论",有多种译法。除了本土学者常见的两种理解之外,还有从不同角度对《齐物论》主旨的揭示。《齐物论》篇题英译揭示了此文包含的多重意蕴。

①　Victor H. Mair, *Experimental Essays on "Zhuangzi"*, p.139.
②　[清]郭庆藩《庄子集释》中册,第610页。
③　[清]郭庆藩《庄子集释》上册,第227页。

　　19 世纪的译者给出三种翻译。巴尔福译为 "Essay on the
Uniformity of All Things" ①,论万物的统一性,这是将"齐物论"理
解为齐物之论。翟理斯译为 "The Identity of Contraries" ②,对立
的统一性,《齐物论》篇名下有解题,曰"相反的观点来自我们的主
观个性——主观与客观的同一性" ③,从解题可知其译文之意。理
雅各译为 "The Adjustment of Controversies" ④,相互辩驳之争论
的调节,他译的是"齐论",强调的是物论之间的对立统一。理雅各
引用明代《张学士补注》一书所论,认为庄子所谓"物论",指众多
学派的各个分支,每个分支都有自己的观点,互相对立。如果他们
能够接受庄子的方法,对立就会协调,即"物论齐" ⑤。理雅各还解
说了"齐"的理论基础是齐于道。他说:"道是解决争议的万灵药,
通过运用道,人们的分歧可能会消失。" ⑥

　　20 世纪有类似思路的英译,如汪榕培译为 "On the Uniformity
of All Things" ⑦,与巴尔福所用的关键词 "uniformity" 相同。修
中诚译为 "The (Inner) Harmony of (Opposing) Things" ⑧,对立
事物的内在和谐。法国汉学家戴遂良用法语翻译了《庄子》,英国
学者德里克·布赖斯转译为英文,将"齐物论"译为 "Universal
Harmony" ⑨,宇宙的和谐。《齐物论》中有"和以天倪"之句,这一

① Frederic Henry Balfour, *The Divine Classic of Nan-Hua*, p.10.

② Herbert Allen Giles, *Chuang Tzu*, p.12.

③ Herbert Allen Giles, *Chuang Tzu*, p.12.

④ James Legge, *The Writings of Chuang Tzu (Part I)* , p.176.

⑤ James Legge, *The Writings of Chuang Tzu (Part I)* , pp.128-129.

⑥ James Legge, *The Writings of Chuang Tzu (Part I)* , p.129.

⑦ 汪榕培英译《庄子》(I),第 15 页。

⑧ E. R. Hughes, *Chinese Philosophy in Classical Times*, p.171.

⑨ Léon Wieger, Derek Bryce (trans.), *Wisdom of the Taoist Masters*, p.121.

翻译或出于此。这一译法含义笼统，未能揭示"齐物论"三字的含义。除了偏重译出"齐物"或"齐论"，20世纪还出现其他一些译法，表现出不同的思考路向，也体现了更多的哲学解释意味。综合而言，有如下五种思考路向。

一、万物之齐同

冯友兰的《庄子：新选译本附对郭象哲学的述评》1964年的重印本译为"The Equality of Things and Opinions"[1]。equality，平等、均等、无差别，尤其指地位、权利、机会等的平等。译文表达的只是万物和观点之齐同，似乎这种齐同是客观存在的。1989年北京外文出版社第三版则译作"On the Equality of Things"[2]。修改后的篇题加了"on"，揭示出"论"的意思，但删去了"opinions"，只保留了"齐物"一层意思。陈荣捷译为"The Equality of Things"[3]，万物之齐同，同样没有将"齐论"这层意思译出。类似的还有冯家福译为"The Equality of All Things"[4]，梅维恒译为"On the Equality of Things"[5]，托马斯·克利里译为"On Equalizing Things"[6]。托马斯·克利里的翻译虽然主干词也是equal，但用的是equalize这个动词的现在分词形式，这种形式表达了一种动作趋向，论的是使

---

[1] Yu-Lan Fung, *Chuang Tzǔ*, p.45.

[2] Yu-Lan Fung, *Chuang-Tzu*, Beijing: Foreign Language Press, 1989, p.37.

[3] Wing-Tsit Chan, *A Source Book in Chinese Philosophy*, New Jersey: Princeton University Press, 1969, p.179. 此书有中译本。陈荣捷编著，杨儒宾、吴有能、朱荣贵、万先法译，黄俊杰校阅《中国哲学文献选编》，北京联合出版公司，2018年。

[4] Gia-Fu Feng et al., *Chuang Tsu: Inner Chapters*, p.18.

[5] Victor H. Mair, *Wandering on the Way*, p.10.

[6] Thomas Cleary, *The Essential Tao*, p.57.

万物齐同,意味着万物本身可能并不齐同。"equality of all things"表达的是万物之齐同是万物固有的特征。"on the equality of things"论的是万物本来齐同这一特点。诸种译法均有所偏失。

对于"齐"的含义,吴光明从文字学角度做了解释,并从政治哲学角度做了阐发。他论道:世界始终是这样的"人间世",这种动态的"相互"是以事物的民主安排为特征的,即"齐物"。庄子巧妙地运用了"齐"的概念来暗示这种自发的本体论相互性。最初的意思是田里的稻穗在阳光下摇曳。它们在形状和颜色上看起来是一样的——因此通常的翻译是"arrangement in order",按顺序排列,或"equalization",均等。但是每一穗都不同且独一无二,它们对彼此和周围的环境做出反应。世界是这样一种充满生机、回应及民主的自我安排的领域和格局①。

二、各种论述之齐同

陈汉生译为"On Harmonizing Discussions of Things"②,论齐同各种物论。这个翻译的精彩之处在于译出了齐同物论这层意思,还译出了《齐物论》是关于齐同物论的论述,将"齐物论"析解得很清晰、全面。

任博克译为"Equalizing Assessments of Things"③,并加脚注,曰:"'Assessment'这里翻译的是'论',指的是对某件事口头表达的观点或讨论,一种用或多或少的争论和解释衡量相关因素

① Kuang-Ming Wu, "Non-world-making in Chuang Tzu", *Journal of Chinese Philosophy,* No.18 (1991): 37.
② Chad Hansen, *Language and Logic in Ancient China*, Ann Arbor: The University of Michigan Press, 1983, p.89.
③ Brook Ziporyn, *Zhuangzi*, p.9.

的论述,但通常是为了对什么是'此'及什么是'是'(正确的)做出判断和表达立场。本文试图保留'齐物'这一名称的模糊性,它可以被解析为'齐物 - 论'或'齐 - 物论',这就意味着要么是均齐事物的那些评估(Assessments that Equalize Things),要么是均齐由万物做出的评估(Equalizing the Assessments Made by All Things)。推而广之,一切事物都是这样被评估的。'物'这里译为'things',在其他语境中被译为'beings',不仅指无生命的物体,也指有生命的生物,甚至有时指抽象实体。"[1] 任博克对"物"的解说包含这样的意思:"论"也属于"物"。其解说很深入,道出了以"things"译"物"的根由。

三、"齐物"是一种观物方式、思考方式或认知方式

葛瑞汉在其论文《庄子的〈齐物论〉》中将"齐物论"译为"Essay on Seeing Things as Equal"[2],论视万物为均齐,这一译法明显是在原文上增添了词语,表明了作者对《齐物论》哲学意义的思考。"seeing"一词表现出"观"的视角,揭示出"齐物"是对世界的一种认知方式。与冯友兰首创的"On Equality of Things"类译法的区别在于,冯译似乎认为万物的均齐是客观存在的,然而,客观上事物是否齐同是一个命题,视万物为齐同则是另一个命题。就《齐物论》及《庄子》其他相关篇章而言,庄子显然并没有认为万物本来齐同无差别,相反,有时候他还特别地从事物的差异性角度进行论述。比如《齐物论》中他所论的正色、正味之说就是一个典型的例子。庄子强调的是观照万物的视角,如果站在道的视角上

---

[1] Brook Ziporyn, *Zhuangzi*, p.9.
[2] A. C. Graham, "Chuang-tzu's Essay on Seeing Things as Equal", p.137.

看万物,则万物的差别不复存在。对此,葛瑞汉有着非常深刻的认识。在书中他强调,事实上,庄子也只是认为圣人视万物为一,从未论及事物客观上确实为一 [1]。

在论文中,葛瑞汉表达的主要观点是《齐物论》有一个特质,它是一个作者将所想到的东西大声说出来、在鲜活的思想出现的那一刻就匆匆记下的文字,思想虽未形成系统,然而却真实存在。《齐物论》的论述方式是:

1. 庄子阐明一个观点之后随即又对其进行修订或批评。有时他抨击的是他自己一时兴起的论述,大多时候他攻击的是已有的观点。这一模式反复出现。比如"天地与我并生,而万物与我为一"这句表述,人们通常认为是庄子的思想,但是实际上庄子紧接着这句之后就议论,"万物一体"的说法自相矛盾。参看很多其他例子,这更像是庄子在对自己引用的文本进行评论。这里,葛瑞汉自云其思路受到闻一多的启发。

2. 庄子抨击的主要对象是同时代的诡辩家惠施和公孙龙。尽管观点上绝对对立,但正如冯友兰所认识到的,理性的惠施和神秘直觉的庄子之间仍有很多共同点。葛瑞汉还解说了《墨子》对辩、两、取、胜、名实、举、类、坚白、可、是和非、然等的解释,以及惠子的历物十事。葛瑞汉分析称,惠子命题的悖论都起于分割时空,分割导致自相矛盾,所以应当"天地一体"。庄子顺着这一思路,引用了惠施"物方生方死"命题以及《秋水》所写公孙龙"可不可,然不然"命题,宣称:一旦我们区分"是"和"彼"——这样的区别就分析思维而言是基本的,那些让诡辩家们欣喜的矛盾命题就有可能

---

[1] A. C. Graham, *Chuang-Tzǔ*, p.20.

会被证实。因而,我们应当通过不做区分而避免矛盾。《齐物论》对二者的否定是这样表述的:"故曰彼出于是,是亦因彼。彼是方生之说也,虽然,方生方死,方死方生;方可方不可,方不可方可;因是因非,因非因是。是以圣人不由,而照之于天,亦因是也。"[1]葛瑞汉的言外之意是,圣人不区分"彼"与"是",不用这种区分方式,而是"照之于天",以自然为准则加以判断。

3.《齐物论》第 5 节中,庄子提出对辩证法(即命名的任意性)的异议,如,"夫言非吹也,言者有言,其所言者特未定也"[2]。葛瑞汉引用了庄子对公孙龙"白马非马"和"指非指"的驳斥,并特别指出,"是""非"这两个词在语法上的特点对于理解《庄子》以及《墨经》中有关辩论的一整套概念都极为关键。"是"和"非",不译成"对"和"错",事实上,是,是指示词"此",还有另一个关键的判断词"然",也是用于指示。庄子对当时的辩论很熟悉,对他而言,这点极为重要,即判断由指示词构成,因而显然与言说者的立场相关。

葛瑞汉的意思是,因为"是"与"彼",本是指示词,指不同的立场,立场与是非判断是一致的,立场决定了是非。我的"此",恰是你的"彼",我的"是"对你来说就是"非"。后文还举到了《寓言》中有"同于己为是之,异于己为非之"[3]。葛瑞汉还探讨了"因是"与"为是"。"因是"指要适应形势,"为是"指要遵循人为原则。对庄子来说,相互对立的思想家并没有真正不同意对方的意见,他们仅是基于不同立场将世界分为"是"和"彼"而已。"因是"是道家

---

[1][清]郭庆藩《庄子集释》上册,第 71 页。
[2][清]郭庆藩《庄子集释》上册,第 68 页。
[3][清]郭庆藩《庄子集释》下册,第 940 页。

的行为态度,即对不同的意见不做任何区分。

葛瑞汉的这一译法,可能受到华兹生的启发。华兹生在其选译本《庄子:基本作品》中将"齐物论"译为"Discussion on Making All Things Equal"①,论使万物齐同。余宝琳(Pauline Yu,1949—)等主编的《言辞之道:早期中国阅读文本论文集》一书收了葛瑞汉的《齐物论》译文②,可见葛译在学界的影响。类似的思路还有宇文所安(Stephen Owen,1946—)的英译"Discourse on Thinking of Things as Being on the Same Level"③,论将事物视为同一层级,这一翻译突出的是思考方式。

瑞士汉学家毕来德《止、观及语言:〈庄子·齐物论〉阐释》一文④,本是法文写成,英译者将"齐物论"译为"One Discourse Is As Good As Any Other",一种论述与任何另一种一样好,即论与论之间没有差别。这一翻译突出的是"齐论"。篇题英译未能充分体现其思考,毕来德在正文中对"齐物论"篇题的含义做了详细的解说,更多地体现了将"齐物论"视为一种认知方式的取向。他说,因为"齐""物""论"这三个字之间的句法关系可以被译成几种形式,因而对它的理解和翻译也有多种方式。"齐"是一个动词,意为"to be equal",相等、均齐,或者更准确地说是达到相等的高度。改变句法结构,它的意思就是使相等,或使达到相等的高度,

---

① Burton Watson, *Chuang Tzu: Basic Writings*, p.31.

② Pauline Yu, Peter Bol, Stephen Owen, Willard Peterson, *Ways with Words: Writing about Reading Texts from Early China*, Berkeley, Los Angeles, London: University of California Press, 2000, pp.58-71.

③ Stephen Owen, *An Anthology of Chinese Literature: Beginnings to 1911*, New York & London: W.W. Norton & Company, 1996, p.113.

④ Jean François Billeter, Mark Elvin (trans.), "Stopping, Seeing and Language".

或认为相等,在这种情形下,它的意思与我们所说的置于同等地位(to place on the same footing)很接近。"物"的意思是事物,其广义是物体、存在和现象。"论"是一个动词,意思是讨论什么事情,或者更准确的是:通过把事物按照特定的优先次序排列来评判事物。当它被用作名词时,"论"指的是一种话语,这种话语中,项目的排列方式能够清楚地体现出对这些项目所做的不同的价值判断。这三个字有不同的组合方式,有一种组合被提取出来,因为它给标题一种与原文意思相对应的感觉,即"to consider as equal [all] discourses on things",均等地考虑所有物论,或者,更好的是"to recognize the equal validity of[all] discourses on things",认识所有物论的同等有效性。另一种解释是"discourse(lun)on recognizing the basic equivalence of things",论认识万物的基本均齐性,或者更直接地:"on considering things as fundamentally equivalent",论将万物视为本质上均等,这个标题也符合文本的意义,但它可能并不正确,从内七篇一致性的角度考虑,"论"的意思应当是讨论①。毕来德给出了几种"齐物论"的意蕴,相同的是,其解说都运用了"consider"或"recognize"这两个表达思考或认知的词语,这说明他也是将"齐物论"视为一种思考方式或认知方式。林理彰在其《庄子》全译本中,也采用了类似的译法,译为"On Regarding All Things Equal"②,论将万物视为平等。他们都与葛瑞汉的思路相近。

① Jean François Billeter, Mark Elvin (trans.), "Stopping, Seeing and Language", p.6.
② Richard John Lynn, *Zhuangzi*, p.19.

四、"齐物论"是使万物均等的分类方式

葛瑞汉在《庄子内篇》一书中将"齐物论"译为"The sorting which evens things out"①，使万物均等的分类方式。这种译法的关键在于对"论"字字义的理解。葛瑞汉释云："标题'齐物论'的'论'字，有时可理解为论述（discourse），关于使万物均等的论述，有时则使用其更基本的'分类'（sort out）义。"②葛瑞汉倾向于后者，他说："论，区分，是《庄子》中经常提到的一种思想。在道家之外，它提出了等级的高低分类，但庄子把它从评价中分离出来，把它变成了'使万物均等的区分'。"③葛瑞汉对《齐物论》的主题也做了分析。他说："本章的主题是针对儒家学者而为综合视野做辩护。墨家和诡辩家分析、区分可供选择的事物，并辩论孰是孰非。它包含内篇中最具哲学洞察力的段落，晦涩难懂、支离破碎，但却充满一种感觉，在古代文学中十分罕见，那就是一个人在其思想产生之初就匆匆记下了它们。遗憾的是，编辑此章的杂家似乎并不认同这些旨在质疑智识者的精微之见，而把一些相关的段落归入了外篇。"④

换言之，葛瑞汉之所以这么翻译，应是遵循着这样的思路：《齐物论》是针对儒家以及墨家和诡辩家对事物进行分析、区分，并辩论孰是孰非而做出的思考和否定，要提倡的是一种不加区分的综合视野。"论"的本义是区分，"齐物论"是庄子的一种区分方式，即"齐物"之区分，是使万物均齐的区分方式。道家之外的诸家的

---

① A. C. Graham, *Chuang-Tzǔ*, p.48.
② A. C. Graham, *Chuang-Tzǔ*, p.48.
③ A. C. Graham, *Chuang-Tzǔ*, p.48.
④ A. C. Graham, *Chuang-Tzǔ*, p.48.

区分是将万物分成高低贵贱,而庄子之区分则泯灭物之高低区别。

葛瑞汉此解充满悖论。既然使万物均齐,便是从根本上否定区分,这又怎么能说是一种区分方式? 而且,"论"虽然有区分义,但在"齐物论"的语境中,明显并非此义,而是论述之义。

葛译影响颇大,比如美国汉学家狄百瑞和华蔼仁(Irene Bloom,1939—2010)编辑的《中国传统资料:早期至1600(卷一)》一书就节选了葛瑞汉的《齐物论》译文①,用的是1981年的译本。吴光明的译法与葛瑞汉接近,其译为"Things, Theories—Sorting Themselves Out"②,物与理论之分类,这一译法明确了分类的对象是"物"与"论"。彭马田的翻译袭用了葛瑞汉之意,只是变动了词语,译为"Working Everything Out Evenly"③,均等地处理一切事物,相形之下,彭译 working 一词的意义比较宽泛,不如 sorting 明晰。戴维·欣顿译为"A Little Talk About Evening Things Out"④,也明显可见葛译的痕迹。

五、万物生而平等

如前所述,《庄子》的"齐物论"并不含有万物平等的意思,更多地是一种观察、认知世界的方式。但其"齐"有均齐、均等的意义,因而有学者用西方"人人生而平等"理念翻译"齐物论"。魏鲁

---

① W. Theodore de Bary and Irene Bloom, *Source of Chinese Tradition: From Earliest Times to 1600*, New York: Columbia University Press, 1999, pp. 99-103. 华蔼仁,又译"卜爱莲"。

② Kuang-Ming Wu, *The Butterfly as Companion*, p.113.

③ Martin Palmer, et al. *The Book of Chuang-tzu*, p.8.

④ David Hinton, *Chuang Tzu: The Inner Chapters*, p.15.

男译为"All Created Equal"①,一切生而平等。这一译法源自美国1776年发布的《独立宣言》,文中有"all men are created equal"。魏鲁男的译法与《庄子》文本相去甚远,是诸多译法中最主观独断的。类似的还有山姆·哈米尔和西顿翻译的"All Things Being Equal"②,万物平等。

其实,《庄子》的"逍遥"并非现代意义上的自由,不过,现当代学者逐渐以"自由"释"逍遥";其"齐物论",也并非旨在论平等,但现当代学者也不乏以"平等"解之者③。考察此说之兴起与流传,可以看出西方思想对中国本土学术的影响。这不是本节所要解决的问题,不赘。

《齐物论》篇题的英译,不仅体现了译者对《庄子》思想的理解,而且,还会在很大程度上影响读者,引导读者顺着某个思路去阅读和思考。对此,爱莲心有过论述。他分析了葛瑞汉、陈荣捷、冯友兰、陈汉生、华兹生和吴光明诸位学者的英译,认为人们将《齐物论》理解为相对主义,篇题的英译是原因之一。爱莲心指出,中文篇题有两种含义:一是强调"齐"(even),另一种是强调"论"(discourse)。前者倾向于强调齐同事物,后者倾向于强调在一个话题上论说分歧,但并没有表明作者的立场。爱莲心认为,大多数译者选择以"齐"为篇眼,其结果是预先决定了读者理解正文内容的视角。强调"齐",就将相对主义作为一种事实,对读者产生误导,使读者产生这样的期待:《齐物论》要得出的结论是所有的

---

① James R. Ware, *The Sayings of Chuang Chou*, p.20.

② Sam Hamill, et al., *The Essential Chuang Tzu*, p.8.

③ 详参章太炎《齐物论释》,载《章太炎全集》,上海人民出版社,2014年,第5—8页。冯友兰《中国哲学史》上,第十章"庄子及道家中之庄学"之"自由与平等"一节,华东师范大学出版社,2010年,第135—138页。

事物都具有同等的价值。爱莲心认为，哲学上《齐物论》强调的是"论"的概念，而非"齐"。他赞成将"论"作为篇题关键词的译法，认为陈汉生的翻译用了哲学意义上的介词"on"（论），令人耳目一新。华兹生的英译"Discussion on Making All Things Equal"，将"discourse"放在开头，强调了标题的"论"，是正确的选择。但爱莲心认为华兹生的用词不够确切，他在此基础上给出了自己的翻译"Discourse on the Equality of Things"，论事物的齐同，如果更哲学化，则译为"Notes on Relativism"，关于相对主义的注释，或"On the Question of Relativism"，论相对主义问题[1]。笔者认为，篇题的倾向性及其对读者的引导确实如爱莲心所论，但他给出的后两种译法，明显已经完全脱离了"齐物论"三个语词，变成了从哲学角度对文章内容进行的概括，就翻译而言并不合适。

综上所述，《齐物论》篇题的诸多英译中，无论侧重于译为动宾结构的齐同物论，还是偏正结构的齐物之论，都贴合字面的含义。其中，陈汉生译出篇题的双重意蕴，难能可贵。如果不看字面含义的贴合度，从揭示篇章主旨的角度来看，笔者认为第三大类葛瑞汉的译法和毕来德的解说最能揭示《齐物论》的哲学意蕴，无论是齐物，还是齐论，"齐"的意旨都是打破常规，倡导一种观物方式、思考方式或认知方式。

小　结

篇题往往揭示篇章的主旨，《逍遥游》和《齐物论》两篇的篇题均有思想标识性，对篇题的英译，绝不只是词语层面的翻译，还涉

---

① Robert E. Allinson, *Chuang-Tzu for Spiritual Transformation*, pp.133-137.

及更深层次对文本、对《庄子》思想的理解和阐释。多样的英译丰富了我们对《逍遥游》和《齐物论》的理解。此外,还应当看到,在对古代文本进行阐释的时候,当然要力求揭示文本本来的意蕴,不过,不能片面强调以古释古,用古代的学术话语有时无法予人以清晰的认知,在现代学科分类体系下,运用现代学术术语去解析经典文本是必由之路。如何运用新的话语体系去阐发古代经典的精微奥妙,是摆在当代学人面前的一个重要课题。

第四章　篇题及关键词译解之二

本章探讨《养生主》《德充符》《应帝王》《在宥》《天地》《寓言》诸篇篇题的英译及相关问题。有些词的英译蕴含着儒道之别，有的词牵涉翻译中无法找到对等词的恒久难题，有些英译则是两可，只不过侧重点不同，孰是孰非，不能一概而论。

第一节　养：滋养、保存还是修养

《养生主》的篇题，历来有两种解释：一种是将"生主"视为一个词，意为养——生之主；另一种将"养生"视为一个词，意为养生的关键。英译也体现了这两种理解。前者甚少，如理雅各译为"Nourishing of the Lord of Life"①，生命之主的滋养。大多数译者都采取了后一种解释。如巴尔福译为"Rules Respecting the Nourishment of Life"②，这是偏正结构的"注重养生——之道"，非动宾结构的"注重——养生之道"。阿瑟·韦利译为"Principles of Life Nurture"③，养生的原则。修中诚译为"The Master Principles for

---

① James Legge, *The Writings of Chuang Tzu (Part I)*, p.198.
② Frederic Henry Balfour, *The Divine Classic of Nan-Hua*, p.32.
③ Arthur Waley, *Three Ways of Thought in Ancient China*, p.46.

the Nourishment of Life"①, 养生要则。葛瑞汉译为"What Matters in the Nurture of Life"②, 滋养生命的关键。梅维恒译为"Essentials for Nurturing Life"③, 养生要素。托马斯·克利里译为"Mastery of Nurturing Life"④, 精通养生。上述几种译法，"养"的用词有两个：nurture 和 nourish，具体动词或名词形态有所不同，但都是养育、滋养的意思。华兹生译为"The Secret of Caring for Life"⑤, 关爱生命的秘诀，将"养"译为 care for，关爱，没有传达出"养"的本义。

　　冯友兰和林语堂这两位华人学者在英语世界都有比较大的影响，他们对"养"的英译非常有特色，与英美学者不同，体现出儒家和道家两种视角的理解。冯友兰译为"The Fundamentals for the Cultivation of Life"⑥, 生命修养的基础。林语堂译为"The Preservation of Life"⑦, 保存生命。冯友兰将"养"译为 cultivation，是儒家的修养之说，非道家理念。Cultivation 不指向对身体的保养，指的是关系、品质或技巧的培养。儒家重修身，修，英译多为 cultivation 或 cultivate。比如《论语·宪问》："子路问君子，曰：修己以敬。""修己"，理雅各英译为"the cultivation of himself"⑧。《大学》"欲齐其家者，先修其身"，理雅各译作"Wishing to regulate

① E. R. Hughes, *Chinese Philosophy in Classical Times*, p.184.
② A. C. Graham, *Chuang-Tzǔ*, p.62.
③ Victor H. Mair, *Wandering on the Way*, p.25.
④ Thomas Cleary, *The Essential Tao*, p.81.
⑤ Burton Watson, *The Complete Works of Chuang Tzu*, p.50.
⑥ Yu-Lan Fung, *Chuang Tzǔ*, p.67.
⑦ Yutang Lin, *The Wisdom of China and India*, p.643.
⑧ James Legge, *Confucian Analects, The Great Learning & The Doctrine of the Mean*, New York: Dover Publications, Inc., 1971, p.292.

their families, they first cultivate their persons"①。林语堂的英译没有"主",只有"养生",将"养"译为 preservation,保存生命,生理意义上的身体存在。《养生主》首段即云:"为善无近名,为恶无近刑。缘督以为经,可以保身,可以全生,可以养亲,可以尽年。"② 点明了主旨,保存生命。这个英译更接近庄子的思想,可惜 preservation 字面上没有完全对应"养"。与林译相近的还有魏鲁男,译为"Preservation of Life Takes Precedence"③,保存生命优先,即首先要保存生命,生命至上。

此外,翟理斯译为"Nourishment of the Soul"④,灵魂的滋养。这是另外一个有关《养生主》有争议的话题,所谓养生,是养形还是养神? 翟理斯在《养生主》篇题下注曰"灵魂不朽"(The soul immortal)⑤,在文惠君感叹"善哉! 吾闻庖丁之言,得养生焉"后注曰:"意味着赋予生命基本特征的是灵魂。"⑥ 在篇末"指穷于为薪,火传也,不知其尽也"后,注曰:"灵魂,据庄子,如果得到适当的滋养,不让自己和身体一起在对有限生命的追求中消耗殆尽,就可以不朽,并带着荣耀回归到它所来之地——那伟大的未知。"⑦ 结合这些注释,翟理斯应当是将"养生主"理解为养——生之主,保养——生命的关键,生之主就是灵魂。

对于庄子的"养生",阿瑟·韦利也有分析。《中国古代三种思

---

① James Legge, *Confucian Analects*, p.357.
②[清]郭庆藩《庄子集释》上册,第 121 页。
③ James R. Ware, *The Sayings of Chuang Chou*, p.29.
④ Herbert Allen Giles, *Chuang Tzu*, p.33.
⑤ Herbert Allen Giles, *Chuang Tzu*, p.33.
⑥ Herbert Allen Giles, *Chuang Tzu*, p.35.
⑦ Herbert Allen Giles, *Chuang Tzu*, p.37.

想方法》一书中,在"养生"标题下,韦利加按语曰:"养生,也就是保养一个人至关重要的力量,常被后来的道家分为四个分支:(1)身体器官的秘密,它使黄帝的后裔能享有一千二百个嫔妃,而自身不受伤害;(2)呼吸控制;(3)与印度瑜伽一样,与呼吸控制有关的身体锻炼;(4)饮食。在早期道家看来,这些做法是'养形',而不是'养生',对他们而言,养生意味着一种生活态度而不是一种卫生制度。"① 韦利的这个看法很有特色,他既没有主张"养生"是"养神",也没有主张养生是"养形",跳出了养的对象到底是什么这个问题。

　　韦利翻译了庖丁为文惠王解牛的故事,还选录了《让王》中的一段对话,文曰:"中山公子牟谓瞻子曰:'身在江海之上,心居乎魏阙之下,奈何?'瞻子曰:'重生。重生则利轻。'中山公子牟曰:'虽知之,未能自胜也。'瞻子曰:'不能自胜则从,神无恶乎?不能自胜而强不从者,此之谓重伤。重伤之人,无寿类矣。'"② 公子牟和瞻子的对话与养生有关,涉及"神"与生命的关系。公子牟问的是虽然身无官职,但心系朝政,怎么办?瞻子的意思是要以生命为重,如果以生命为重,就会看轻利益。公子牟表示明白这个道理,可是说服不了自己,做不到。瞻子分析,做不到就顺应自己的价值观,如果做不到还勉强自己,那就会损害寿命。这段对话涉及身体与心神的关系,认为心神决定身体的寿夭。韦利选录的这段可以帮助读者更多了解《庄子》一书的养生、重生观念。

① Arthur Waley, *Three Ways of Thought in Ancient China*, p.43.
②[清]郭庆藩《庄子集释》下册,第971—972页。

第二节　"德""应""在宥"英译的 儒道两家视角

《庄子》有些篇名中的关键词具有鲜明的学派特征,比如《德充符》的"德",儒家重视的"德"与道家所谓的"德",字同而意义大不同。《应帝王》的"应"和《在宥》篇名的英译也都蕴含着儒道两种视角。

一、德:美德还是内在潜能

多数译者将篇名中的"德"译为"Virtue",如巴尔福译为"On the Manifestation of Inward Virtue"[1],论内在之德的显现。翟理斯译为"The Evidence of Virtue Complete"[2],完整之德的迹象。理雅各译为"The Seal of Virtue Complete"[3],完整之德的封印。华兹生译为"The Sign of Virtue Complete"[4],完整之德的征兆。Virtue,偏指美德,是正式用语,指表现出高度道德水准的行为或态度。其实,老庄所谓的"德"大异于孔孟之"德"。孔孟之"德",更多指向伦理意义上的美德,就是在与他人产生关联时表现出的道德,译为 virtue 比较合适。老庄所谓的"德"更多指向天然、内在具有的使事物成其为自身的规定性。比如《德充符》这篇所写仲尼与鲁哀公的对话,孔子在这里成为道家思想的代言人,他以小猪食于

---

[1] Frederic Henry Balfour, *The Divine Classic of Nan-Hua*, p.56.

[2] Herbert Allen Giles, *Chuang Tzu*, p.56.

[3] James Legge, *The Writings of Chuang Tzu (Part I)*, p.223.

[4] Burton Watson, *The Complete Works of Chuang Tzu*, p.68.

其死母为例,说"所爱其母者,非爱其形也,爱使其形者也"①,所谓"使其形者",就是"德"。孔子还提出"全德之人"的概念,以哀骀它为例,说他:"未言而信,无功而亲,使人授己国,唯恐其不受也,是必才全而德不形者也。"② 这里所说的"德"就是内在的德,内在的德并没有显露在外,没有什么征象,哀骀它没有言论和作为,仍然能够赢得民众的信任与追随。《庄子》所说的"德"与他人无涉,是外在没有任何表现、完全敛藏于内的天然属性③。儒家之"德"与道家之"德"尽管内涵不同,但所用汉字是同一个,因此英译都用 virtue 也有其道理。

"德"还有另外两种翻译。葛瑞汉译为"The Signs of Fullness of Power"④,能量充满的征兆。Power,指身体、心智的某种能力。在《德充符》题解中葛瑞汉说:"是否对不可挽回的大灾难、死亡和身体残缺漠不关心,这是对一个人是否依靠内在的德而生活,并且完全不依赖于外在一切的检验。"⑤ 葛瑞汉还解释"德",曰:"中国古代思想不在精神和身体之间做出区分,在他们看来,正是'德',这一不需要依据'道',可以不假思索地做出反应的能力,使身体长成合适的形状……塑造了身体的'德'犹如水,不管其来源如何,其形状都由地形强加而形成。"⑥ 葛瑞汉将"德"译为一种塑造身体形状的功能。他将"德"解释为人从道中获得的某些属性,颇近

---

① [清]郭庆藩《庄子集释》上册,第 215 页。
② [清]郭庆藩《庄子集释》上册,第 215 页。
③ 笔者理解,《德充符》篇题与正文的观点相悖,篇题的意思是内在完整之德表现于外的征象,而文章内容是内在有完整之德,在外没有任何征象。
④ A. C. Graham, *Chuang-Tzŭ*, p.76.
⑤ A. C. Graham, *Chuang-Tzŭ*, p.76.
⑥ A. C. Graham, *Chuang-Tzŭ*, p.81.

《庄子》之旨。

葛瑞汉将"德"译为 power，并非首创。阿瑟·韦利的《道德经》译本就将书名中的"德"译为"Power"[①]。而且，阿瑟·韦利对"德"的英译还有详细的阐发。他说："它（德）通常被译为'virtue'，也经常看起来有效，可是当这个词出现在早期、前道德主义的文本中时，这样的翻译其实是相当错误的。"[②] 那么，"德"究竟是什么意思呢？阿瑟·韦利认为："早期中国人也将种植种子视作'德'。古汉语中，'种'（to plant，古音 dhyek）和'德'（古音 tek）字同源，在早期文字中，它们有一个共同的字符。如此一来，德与潜能的观念联系在一起。"[③] "'德'意味着潜在的力量，一种内在的美德。"[④] 韦利明确指出，在孔子的学说成为国家意识形态之后，至少在上层阶级中，"德"才开始意味着我们通常所说的美德，也就是说，不看行为引起的结果，行为本身就是美好和令人钦佩的[⑤]。韦利的这一分析非常精当，将"德"译为 power，比 virtue 更符合老庄的思想语境。可是又出现了另一个问题，就是二者在字面意义上不很相符。表层的字义与深层的哲学意义如何统一，是翻译经典文本时一直难以解决的问题。

梅维恒将"德充符"译为"Symbols of Integrity Fulfilled"[⑥]，诚信实现的象征。他将"德"译为 integrity，这个词的意思是诚实正

---

① Arthur Waley: *The Way and Its Power: Lao Tzu's Tao Tê Ching and Its Place in Chinese Thought*, New York: Grove Press, 1958.

② Arthur Waley: *The Way and Its Power*, p.31.

③ Arthur Waley: *The Way and Its Power*, p.31.

④ Arthur Waley: *The Way and Its Power*, p.32.

⑤ Arthur Waley: *The Way and Its Power*, p.32.

⑥ Victor H. Mair, *Wandering on the Way*, p.42.

直,也有完整的意思,字面意思与"德"不对应,也不是《庄子》所说的"德",相对而言,还不如译为 virtue。梅维恒在《德充符》的题解中说:"一个人可能身体残缺、畸形,然而精神上却是完整而有吸引力的。"① 可见他重视的是《德充符》提出的"全德"概念。戴维·欣顿将"德充符"译为"The Talisman of Integrity Replete"②,诚信充满之护身符,并对"德"有所解释,曰:"《道德经》中,'德'在'守道'或'体道'的意义上意味着道的完整,因此,它是道在万物的显现,尤其是得道的圣人。得道之人可以被描述为具备大德。"③ 欣顿的这一解释强调"德"的完整性,比较切近文义,当是受到梅维恒的影响。不过,他将"符"译为护身符却偏离了庄生之旨。

翟理斯和冯友兰都将"德充符"译为"The Evidence of Virtue Complete"④。魏鲁男译为"Evidence of Complete Excellence"⑤,绝对优秀的证据⑥。华兹生译为"The Sign of Virtue Complete"⑦。evidence 和 sign 两个单词都有迹象的意思,前者指能够验证已发生之事的迹象,后者偏重于事情未发生前的征兆;后者有符号的意

---

① Victor H. Mair, *Wandering on the Way*, p.42.

② David Hinton, *Chuang Tzu*, p.65.

③ David Hinton, *Chuang Tzu*, p.119.

④ Yu-Lan Fung, *Chuang-Tzǔ*, p.79. Herbert Allen Giles, *Chuang Tzu*, p.56.

⑤ James R. Ware, *The Sayings of Chuang Chou*, p.40.

⑥ 魏鲁男在《前言》中,特别论及术语的翻译问题,提到了"德"。他说:"在这个译本中,没有一个字是可以用任何专门的西方哲学或技术意义来理解的……一个特别难的词是'德',如果我们不是在 20 世纪中叶以后的美国工作的话,用拉丁文 *virtus* 来形容这个词可能很合适。必然会考虑它与'道'的联系,我认为它是'神圣的完美和自然的行为'(action that is divinely perfect and natural),尽管实际的翻译会因上下文而异。"(James R. Ware, *The Sayings of Chuang Chou*, p.13)

⑦ Burton Watson, *The Complete Works of Chuang Tzu*, p.64.

思,前者没有。两相比较,用 sign 译"符",比 evidence 更准确。至于"德"具体是什么,理雅各将它与"道"联系起来,他说:"我们必须理解'道'的特性。只要这些特性在任何个体身上完整存在,那么,他在与他人交往时所施加的影响肯定会成为这些特性存在的证据或证明。"[1] 也就是说,"符"是"道"的外在显现,全德之人也就是得道者。再看"充"字,多数译者所用的 complete 与葛瑞汉所用的 fullness 也有差别,前者强调完整性,后者强调充满的状态,结合文中"全德之人"和"才全"的说法,篇题的"充",应当更多偏重于完整义,但从字面义看,fullness 更贴切,也不违背篇章的意思。山姆·哈米尔和西顿的英译"德充符"最复杂,力图将各种译法缀合起来,译为 "The Sign and Seal of the Power of Virtue Standing on Its Own Two Feet" [2],美德之力自立的标志和印记。这个翻译实在烦冗,并不成功。

二、应:应当还是回应

《应帝王》的英译,对"应"也有不同理解。巴尔福"On the Duty of Emperors and Princes" [3],论帝王与皇子的职责。翟理斯更直接,译为 "How to Govern" [4],如何统治。理雅各译为 "The Normal Course for Rulers and Kings" [5],帝王的标准指南。魏鲁男译为 "Fit to Be Emperor or King" [6],做合格的帝王。修中诚译

---

[1] James Legge, *The Writings of Chuang Tzu (Part I)*, p.133.

[2] Sam Hamill et al., *The Essential Chuang Tzu*, p.33.

[3] Frederic Henry Balfour, *The Divine Classic of Nan-Hua*, p.89.

[4] Herbert Allen Giles, *Chuang Tzu*, p.91.

[5] James Legge, *The Writings of Chuang Tzu (Part I)*, p.259.

[6] James R. Ware, *The Sayings of Chuang Chou*, p.55.

为"To Fulfil（the Government）of the（Real）Kings"①,履行（真正的）国王的（政府）职责。华兹生译为"Fit for Emperors and Kings"②,胜任帝王。这些英译的思路相同,都在讲如何做一个合格的帝王,从词语上看,没有哪个词是"应"的直译,他们把"应"理解为应当,认为"应帝王"意思是应当如何做帝王。《应帝王》中确实有讨论如何治理天下的对话。像天根和无名人、阳子居见老聃的两段对话就是如此。提出的问题是如何治天下,答案则是不治而治,而非具体的治理方法。比如"无名人曰:'汝游心于淡,合气于漠,顺物自然而无容私焉,而天下治矣。'"③"老聃曰:'明王之治:功盖天下而似不自己,化贷万物而民弗恃;有莫举名,使物自喜;立乎不测,而游于无有者也。'"④

应,还可以有另一种理解。"应"在《应帝王》正文中出现了一次,在浑沌开七窍故事前,曰:"至人之用心若镜,不将不迎,应而不藏,故能胜物而不伤。"⑤以此句解"应",当是回应之意。英美学者有据此翻译者。葛瑞汉将"应帝王"译为"Responding to the Emperors and Kings"⑥,对帝王的回应。托马斯·克利里和梅维恒也取同一词,但有变化,克利里译为"Responsive Leadership"⑦,回应的领导才能。梅维恒译为"Responses for Emperors and Kings"⑧,为了帝王而做的回应。我们看,应当与回应两种译法都

① E. R. Hughes, *Chinese Philosophy in Classical Times*, p.197.
② Burton Watson, *The Complete Works of Chuang Tzu*, p.92.
③［清］郭庆藩《庄子集释》上册,第300—301页。
④［清］郭庆藩《庄子集释》上册,第303页。
⑤［清］郭庆藩《庄子集释》上册,第313页。
⑥ A. C. Graham, *Chuang-tzǔ*, p.94.
⑦ Thomas Cleary, *The Essential Tao*, p.116.
⑧ Victor H. Mair, *Wandering on the Way*, p.66.

不算错。《应帝王》的主题是"应当"如何做帝王治理天下,给出的答案是另一个"应",回应,像镜子一样被动地反映其面前的影像,不做留藏。治理天下就是不主动有为,当顺应无为。译者各有所取。这也是篇题命名者的诡黠之处。

此外,冯友兰的英译最为特殊,他译为"The Philosopher-King"①,哲学王。这个译法包含着中西哲学比较的学术内涵,让人联想起柏拉图的说法。柏拉图在《理想国》第五卷中提出了"哲学王"概念,格劳孔和苏格拉底讨论理想的国家,提出哲学家统治国家的理念,如此可以实现他所主张的正义②。"应帝王"的诸多英译中,它与庄生之旨相去最远。

三、在宥:容忍、管理还是任其自然

《在宥》篇题的英译,也有儒道之别。将"在"与"宥"的意思合译,如翟理斯作"On Letting Alone"③,论放任。两个字分开译,如华兹生"Let It Be, Leave It Alone"④,任其自然,别干扰它;梅维恒"Preserving and Accepting"⑤,保存并接受。Preserve 指保存原状,隐含主动有为的意思。诸译中,华兹生的最精彩,深得庄生本

---

① Yu-Lan Fung, *Chuang-Tzǔ*, p.131.

② 苏格拉底说:"除非哲学家成为我们这些国家的国王,或者我们目前称之为国王和统治者的那些人物,能严肃认真地追求智慧,使政治权力与聪明才智合而为一;那些得此失彼,不能兼有的庸庸碌碌之徒,必须排除出去。否则的话,我亲爱的格劳孔,对国家甚至我想对全人类都将祸害无穷,永无宁日。"(古希腊)柏拉图著,郭斌和、张竹明译《理想国》,商务印书馆,2018年,第 217 页。

③ Herbert Allen Giles, *Chuang Tzu*, p.119.

④ Burton Watson, *The Complete Works of Chuang Tzu*, p.114.

⑤ Victor H. Mair, *Wandering on the Way*, p.90.

义。不去干扰它,它是什么就让它是什么,让它是其本来的样子。

林语堂和理雅各的翻译多少具有儒家色彩。林译为 "On Tolerance" [1],论容忍。理雅各译为 "Letting Be, and Exercising Forbearance" [2],顺其自然,实行宽容。Tolerance 这个词表达的容忍,隐含着一个前提,就是认为某人或某种行为不好。认为不好而不令其改变,这是容忍。Forbearance,宽容。这是一个正式用语,指一种品质,对他人有耐心和同情心,尤其当他人做了错事之时。庄子讲的是这个意思吗? 庄子主张不辨是非,不做价值判断,因而便谈不上容忍。《在宥》开篇明义,说得很清楚,曰:"闻在宥天下,不闻治天下也。在之也者,恐天下之淫其性也;宥之也者,恐天下之迁其德也。" [3] 这段明确反对治理天下,主张"在""宥",不使天下事物改变其自然本性。林语堂和理雅各的英译均是以儒解道。

此外,葛瑞汉将"在宥"译为 "Keep it in place and within bounds" [4],将其固定在某地并在一定范围之内 [5],这实与《在宥》的思想背道而驰。这篇完全没有要将天下之物限制在某一固定空间、地点之内的意思。葛瑞汉这么翻译,很可能是将"宥"理解为"囿",我国古代学者就有这样理解的。吕惠卿曰:"宥之为言也,放之而不纵之谓也。囿之宥物,流之宥刑,皆放之而不纵之者也。" [6] 他把"宥"与"囿"的意思结合起来加以解释,主张给天下民众之德

---

[1] Yutang Lin, *The Wisdom of China and India*, p.675.

[2] James Legge, *The Writings of Chuang Tzu (Part I)*, p.291.

[3] [清]郭庆藩《庄子集释》中册,第 374 页。

[4] A. C. Graham, *Chuang-tzǔ*, p.211.

[5] 正文首段将"在"译为 "keep it in place",将"宥"译为 "keep it within bounds"。A. C. Graham, *Chuang-tzǔ*, p.211.

[6] [宋]吕惠卿撰,汤君集校《庄子义集校》,中华书局,2009 年,第 198 页。

性圈定一个范围,如同在苑囿中放养飞鸟走兽一样①。对民众加以某种规范和限定,这也是儒家思想,非道家所有。

我国古代注家多有以儒解《庄》者,英文翻译也包含着同样的理解和解释,《养生主》《德充符》《应帝王》和《在宥》几篇的篇题英译,都体现出儒道两种不同的视角。

第三节　天:天国还是自然

《天地》《天道》《天运》篇题中的"天",是《庄子》中重要的关键词②,主要有 Heaven 和 Nature 两种英译。巴尔福分别译为 "Heaven and Earth" "The Way of Heaven" "The Revolutions of Heaven"③。理雅各、华兹生、梅维恒的译本,"天地""天道"与巴尔福完全相同④。"天运"的英译变化多一些,理雅各译为"The Revolution of Heaven"⑤,华兹生译为"The Turning of Heaven"⑥,

---

① 详参于雪棠《儒道两种视角的"在宥"阐释——兼及文本问题》,《社会科学辑刊》2018 年第 5 期。

② 对"天"的英译,徐来《英译〈庄子〉研究》一书设专节讨论这个问题,详细讨论了理雅各对"天"这个概念的阐发,批评了翟理斯将"天"译为 God 的做法,分析了葛瑞汉和安乐哲的观点。这里仅就篇题的"天"略做解说,没有对《庄子》"天"的英译做全面梳理和研究,所举诸证与徐来书不同。

③ Frederic Henry Balfour, *The Divine Classic of Nan-Hua*, p.134, p.155, p.170.

④ James Legge, *The Writings of Chuang Tzu (Part I)*, p.307, p.330. Burton Watson, *The Complete Works of Chuang Tzu*, p.126, p.142. Victor H. Mair, *Wandering on the Way*, p.102, p.119.

⑤ James Legge, *The Writings of Chuang Tzu (Part I)*, p.345.

⑥ Burton Watson, *The Complete Works of Chuang Tzu*, p.154.

梅维恒译为"Heavenly Revolutions"①,整体而言也是将"天"译为
Heaven。

　　Heaven 不仅指自然存在的天空,还包含观念性存在的天堂、天
国等意思。指自然存在的天空时,它比 sky 富于文学色彩,而且也
可以用于指称外在于人的某种力量。大多数英美学者将"天"译为
Heaven,并非将其理解为天国或天堂,没有想赋予庄子的"天"以宗
教色彩。比如,理雅各在《天地》的解题中说:"'天地'这两个字,不
是指宇宙中最伟大的物质形式,而是指伟力(Great Power),其影响
延伸到上下所有事物。它们的影响悄无声息而有效地、完全自发地
向前推进,将责任移交给那些负责政府事务的人,为他们提供一种
规则和模式。'天'这个词贯穿全书,作为这种无目的且又如此强有
力的自发性(spontaneity)的名称。"② 理雅各将"天"解说为一种力
量,它具有自发性,无声无息,自在自为,对人间事务产生强大影响,
为人间树立规则。这与我们中国人理解的"天"大体相符。

　　将"天"译为 Nature 的学者较少。陈荣捷的《中国哲学文献选
编》,选入《秋水》"梁丽可以冲城"至"是谓反其真"一大段北海若
和河伯的对话,最后一部分论天人之别,有"天在内,人在外,德在乎
天""牛马四足,是谓天;落马首,穿牛鼻,是谓人"③ 等语句,其中的
"天",均译为"Nature"④。编者给这段文字加的小标题是"Nature vs.
Man"⑤,天与人。这里的 Nature,指的是人生来就具有的天性、本
性,不是客观存在的自然界。陈荣捷还选录了《天地》中从"泰初有

---

① Victor H. Mair, *Wandering on the Way*, p.130.

② James Legge, *The Writings of Chuang Tzu (Part I)*, p.143.

③[清]郭庆藩《庄子集释》中册,第 587 页、第 589 页。

④ Wing-Tsit Chan, *A Source Book in Chinese Philosophy*, p.207.

⑤ Wing-Tsit Chan, *A Source Book in Chinese Philosophy*, p.205.

无"至"同乎大顺"一段文字,小标题曰:"The Nature and the Reality of Tao"①,性与道之实,这个小标题中的"Nature"不是天的意思,也非自然界。因为,文中将《天地》"形体保神,各有仪则,谓之性"译为"When the physical form embodies and preserves the spirit so that all activities follow their own specific principles, that is nature"②。意思是,当形体体现和保存精神,使所有的活动都遵循特定的原则,这就是"性"。陈荣捷拟的小标题中的 Nature 指"性",是人与生俱来的特征。同样,《秋水》中选择"天人之分"那段文字的"天",也是指与后天、人为的"人"相对称、先天具有的特征。

魏鲁男将"天道"译为"Nature's Processes"③,大自然的进程;将"天运"译为"Nature's Cycles"④,大自然的周期。这两处的 Nature,指的是自然界、大自然。陈荣捷和魏鲁男选用的英文词虽是一个,但取义有差别。汪榕培将"天道"译为"The Natural Course of Events"⑤,事件的自然进程,指事件本身不受人控制的发展进程,取义接近陈荣捷。

将"天"译为 Nature,而 Nature 通常译为"自然",巧的是,《天运》中既有"天",又有"自然"⑥。那么,怎么翻译"自然"呢?

① Wing-Tsit Chan, *A Source Book in Chinese Philosophy*, p.202.
② Wing-Tsit Chan, *A Source Book in Chinese Philosophy*, p.202.
③ James R. Ware, *The Sayings of Chuang Chou*, p.87.
④ James R. Ware, *The Sayings of Chuang Chou*, p.95.
⑤ 汪榕培英译《庄子》(Ⅰ),第 201 页。
⑥《庄子》中共有七处"自然",其他五处是:(1)"常因自然而不益生也"(《德充符》);(2)"顺物自然而无容私焉"(《应帝王》);(3)"莫之为而常自然"(《缮性》);(4)"无为而才自然矣"(《田子方》);(5)"真者,所以受于天也,自然不可易也"(《渔父》)([清]郭庆藩《庄子集释》,上册第 227 页,上册第 300—301 页,中册第 551 页,中册第 712 页,下册第 1027 页)。

　　《天运》原文"吾奏之以人,征之以天……夫至乐者,先应之以人事,顺之以天理,行之以五德,应之以自然"①,魏鲁男译作:"I play it(first movement)with men in mind, attune it to Sky, Music in its highest form is first fitted to humanity, harmonized to the natural order, operated through the five excellences, and fitted to spontaneity。"② 意思是,我用心灵中人的一面来演奏它(第一乐章),使它与天空协调。音乐的最高形式首先适合人性,与自然的秩序相协调,通过五种美德来运作,并与自发性相适应。这段中与"人"相对称的"天",魏鲁男译为"Sky","天理"译为"natural order",自然的秩序。

　　《天运》原文"吾又奏之以无怠之声,调之以自然之命"③,魏鲁男译作:"I also play it(third movement)on a note of nonrelaxation, attuned to the command of spontaneity。"④ 意思是,我也用一种不放松的音符来演奏它(第三乐章),与自发性的指挥相协调。

　　这两处的"天",魏鲁男译为"Sky","天理"译为"natural order",自然的秩序。魏鲁男将这两处"自然"都译为"spontaneity",自发性。即《庄子》的"自然"并非自然界、大自然。这个英译十分恰当。我们认为,《庄子》的"天"本身含义丰富,当与"人"相对而言时,有两个意思,一是大自然;二是事物,包括人本来的性质、特点,不受人控制的事件发展进程⑤。这两方面的意

---

① [清]郭庆藩《庄子集释》中册,第 505 页。

② James R. Ware, *The Sayings of Chuang Chou*, p.96.

③ [清]郭庆藩《庄子集释》中册,第 509 页。

④ James R. Ware, *The Sayings of Chuang Chou*, p.97.

⑤ 详参刘笑敢《庄子哲学及其演变》(修订版),第四章"范畴篇"第二节"天与命",中国人民大学出版社,2010 年,第 125—130 页。

思 nature 都合适①。

　　其他译法还有,魏鲁男将"天地"译为"Sky and Earth"②;翟理斯将"天道"译为"The Tao of God"③,将"天运"译为"The Circling Sky"④。Sky,指客观存在的天空,God 是上帝,前者将哲学意蕴丰富的"天"完全物理化了,但也还可以;后者将"天"宗教化了,完全不足取。这涉及翻译中的难题,经常出现这样的情况,某种语言中某个词所包蕴的文化含义,在另一种语言中无法找到恰当的对等词。无论将"天"译为 God、Heaven 还是 Nature,都存在这样或那样的问题,它们在西方人脑海中出现的联想义都与我们理解的"天"有很大差别。好在随着中西交流日益广泛和深入,学界对此越来越有自觉的认识,那么,在笔者看来,选择通用的Heaven 即可,不必过于纠结它与"天"的意义是否重合。

第四节　寓言:修辞手法、寄住还是文类

　　"寓言"是《庄子》一书特有的概念,本指《庄子》特殊的言说方式,近现代学界将"寓言"用为文体之名,指用故事讲说道理。《寓言》是《庄子》中的第二十七篇,考察篇名英译有助于我们对"寓言"含义的理解。

　　将"寓言"理解为比喻,如巴尔福"On Metaphors"⑤,论隐

① 将"天"理解为自然,在西方学术史上也有一个过程。详参刘笑敢《析论〈庄子〉书中的两种自然》,《哲学动态》2019 年第 12 期。
② James R. Ware, *The Sayings of Chuang Chou*, p.77.
③ Herbert Allen Giles, *Chuang Tzu*, p.157.
④ Herbert Allen Giles, *Chuang Tzu*, p.173.
⑤ Frederic Henry Balfour, *The Divine Classic of Nan-Hua*, p.339.

喻。梅维恒译为"Metaphors"[1],隐喻,并解释说:"寓言探索语言自身如何。问题是如何通过一个不够胜任的媒介有效地传达思想、情绪和意义。"[2] 所谓"一个不够胜任的媒介"指的是语言。metaphor,暗喻、隐喻,指一个词或词组,被以一种不同于其正常用法的方式来描述其他的人或事,以表明这两个事物具有相同的性质,并使描述更有力。隐喻是指一种修辞手法。寓言可以被理解为一种广义的修辞,是一种借由相似之物来言说的方法。理雅各译为"Metaphorical Language"[3],隐喻的语言,比上述几种周全些,被后来的译者沿用,如新泽西州立大学贤·霍希曼和华东师大哲学系教授杨国荣合译的《庄子》就用了它[4]。

  然而,将"寓言"直接译成隐喻,还是没有传达出它更丰富的意思。寓言确实是一种隐喻修辞,不过其义不只此一项,还包含借由他人之口言说的意思。葛瑞汉就力求译出"寓"这个单字的寄住之义,他将"寓言"译为"saying from a lodging-place"[5],从寄居之处发出的言论。葛瑞汉译出了"寓"的字面意义寄居,可是,他翻译的"从寄居之处发出的言论"令人费解,算是一种硬译。葛瑞汉解释说:"寓言似乎是通过人身攻击的论证方式来说服,这是辩论中唯一一种对庄子而言有意义的胜利。你暂时'寄住'于他人的立场上,因为他赋予词语的意义对他来说是唯一的意义,他不会

---

[1] Victor H. Mair, *Wandering on the Way*, p.278.

[2] Victor H. Mair, *Wandering on the Way*, p.278.

[3] James Legge, *The Texts of Taoism: The Writings of Chuang Tzu (Part II)*, 1962, p.142.

[4] Hyun Höchsmann and Yang Guorong: *Zhuangzi*, p.265.

[5] A. C. Graham, *Chuang-tzŭ*, p.25.

在任何其他基础上进行辩论。"① 葛瑞汉的意思是,辩论时,一方通过暂时借用他人赋予词语的意义来展开论证,这就是"寓言"。笔者认为,这种对"寓言"的解释过于迂曲。任博克应当是受到葛译的启发,译为"Words Lodged Elsewhere"②,寄居于别处的言辞,相对而言,表达的意思比葛译清晰一些。

华兹生也想译出"寓"的意思,译为"imputed words"③,被输入的言辞,"寓"的意思表达得也比较曲折。华兹生解释说:"'寓言'或'被输入的言辞',借由历史人物或虚构人物之口的言说,以使它有说服力。"④ 这一解释与《寓言》所谓"重言"区别不大,"重言"尤其指借重他人之言以增强说服力的言说。这就模糊了"寓言"与"重言"的差异,不是理想的英译。其他像翟理斯译为"language"⑤,语言,太宽泛,完全没有译出"寓言"一词的特殊含义。彭马田译为"supposed words"⑥,假设之言;魏鲁男译为"Symbols"⑦,象征,都偏离了"寓言"的意思。

与上述都不同的是汪榕培的英译,他译为"Fables"⑧,寓言故事,指传统的道德训导小故事,尤其是以动物为主角的。Fable 其实是一种文学类型。《庄子》的"寓言"本非指文类,现当代学者撰著的中国古代文学史,常将战国诸子散文中包含某种观念的故事

---

① A. C. Graham, *Chuang-tzǔ*, pp.25-26.

② Brook Ziporyn, *Zhuangzi*, p.114.

③ Burton Watson, *The Complete Works of Chuang Tzu*, p.303.

④ Burton Watson, *The Complete Works of Chuang Tzu*; p.303.

⑤ Herbert Allen Giles, *Chuang Tzu*, p.363.

⑥ Martin Palmer, et al., *The Book of Chuang-tzu*, p.244.

⑦ James R. Ware, *The Sayings of Chuang Chou*, p.186.

⑧ 汪榕培英译《庄子》(Ⅱ),第 475 页。

统称为寓言,这是将《庄子》首创的"寓言"一词泛化了。"Fables"这一翻译并非"寓言"原初之义。以现当代的"寓言"观念翻译《庄子》的寓言还有一例,马丁·布伯(Martin Buber,1878—1965)的《中国故事:庄子语录和寓言及中国的鬼和爱情故事》一书①,选编了大量《庄子》中的虚构故事,统称为"parables"。它与 fables 意思相近,区别在于 parable 尤其指《圣经》中的寓言故事。这类翻译受到西方文类观念的影响,没能揭示《庄子》"寓言"的独特性。

小　结

　　《庄子》内七篇和外、杂篇的某些篇题具有特殊性,一是句法结构特殊,如"齐物论""养生主",可理解为偏正结构,也可以理解为动宾结构;二是篇题包含表达思想观念的关键词,如《德充符》中的"德",《应帝王》中的"应",《天地》《天道》《天运》中的"天",《在宥》和《寓言》等。翻译首先是理解,其次才是选择恰当的词语。译者大多深入到《庄子》的思想语境中,力求找到字面意义与深层的哲学意义均恰当的词语,但因为文化的异质性,这几乎是不可能完成的任务。在笔者看来,翻译文本时,给篇名加注释是非常必要的,需要对篇名及关键词加以解说,这样才能让读者对词语蕴含的思想观念有更清晰和深入的了解。译者是沟通两种思想文化的中介,所做的探索值得敬重。

---

① Martin Buber, Alex Page (trans.), *Chinese Tales: Zhuangzi: Sayings and Parables and Chinese Ghost and Love Stories*, New Jersey and London: Humanities Press International, Inc., 1991.

第五章　关键词研究之一
——多学科视角中的"游"

"游"是《庄子》的一个核心词,英美学界对它也多有解说。有些论述突出了"游"对当代心理学、伦理学等学科的积极意义。从现代学术角度看,这些跨文化、跨学科的阐释,有助于打破学科壁垒,拓展《庄子》研究的视野。

第一节　宗教学视域中的"游"

《庄子》的"心斋""坐忘"等与道冥合之说,在很多西方学者看来,具有宗教体验的特征,是神秘主义的一种表现形式。具体涉及"游",主要有从神秘体验和宗教伦理两个角度进行的阐释。

阿瑟·韦利《中国古代三种思想方法》一书论及"游"。韦利比较了《庄子》中对老子形如槁木与南郭子綦形如槁木的描述①,

---

①《田子方》:"孔子见老聃,老聃新沐,方将被发而干,慹然似非人。孔子便而待之,少焉见,曰:'丘也眩与,其信然与? 向者先生形体掘若槁木,似遗物离人而立于独也。'老聃曰:'吾游心于物之初。'"(〔清〕郭庆藩《庄子集释》中册,第708—709页)《齐物论》:"南郭子綦隐机而坐,仰天而嘘,苔焉似丧其耦。颜成子游立侍乎前,曰:'何居乎? 形固可使如槁木,而心固可使如死灰乎?'"(〔清〕郭庆藩《庄子集释》上册,第48页)

认为"在这两个文段中,很明显,某种恍惚出神状态被描述出来……很可能许多普通的词语与神秘的修行有关……一个普通的词'游',流浪、旅行,在儒家具有技术上的意思,作为一个巡回顾问,从一个朝廷走到另一个朝廷,在道家那里具有不同的意义"①。接下来韦利选录、翻译了《列子》中"列子好游"的一个文段②,评论曰:"游,在道家的接受中,是一个精神的而非身体的旅程。这个词的两种意义之间自然地存在着一种不断的博弈。"③韦利最后选录了《山木》中"市南宜僚见鲁侯"一段,文末有"吾愿去君之累,除君之忧,而独与道游于大莫之国"④之语。韦利的选文和解说突出了庄子之"游"与儒家的区别,它可能指神秘修行时的恍惚状态,与"道"有关联,见解颇为独到。

　　法国汉学家康德谟(Max Kaltenmark,1910—2002)在《老子和道家》一书中,有专题论述"庄子的神秘主义"⑤。他引述《知北游》啮缺问道于被衣一段文字,论曰:啮缺看起来是拜伏且茫然

---

① Arthur Waley, *Three Ways of Thought in Ancient China*, p.37.

②《列子·仲尼》:"初,子列子好游。壶丘子曰:'御寇好游,游何所好?'列子曰:'游之乐所玩无故。人之游也,观其所见;我之游也,观其所变。游乎游乎! 未有能辨其游者。'壶丘子曰:'御寇之游固与人同欤,而曰固与人异欤? 凡所见,亦恒见其变。玩彼物之无故,不知我亦无故。务外游,不知务内观。外游者,求备于物;内观者,取足于身。取足于身,游之至也;求备于物,游之不至也。'于是列子终身不出,自以为不知游。壶丘子曰:'游其至乎! 至游者,不知所适;至观者,不知所眠。物物皆游矣,物物皆观矣,是我之所谓游,是我之所谓观也。故曰:游其至矣乎! 游其至矣乎! '"(杨伯峻《列子集释》,中华书局,1979 年,第 127—129 页)

③ Arthur Waley, *Three Ways of Thought in Ancient China*, p.38.

④ 韦利原引文略去"故尧非有人也,非见有于人也"一句。

⑤ Max Kattenmark, Roger Greaves (trans.), *Lao Tzu and Taoism*, Stanford: Stanford University Press, 1969, pp.85-94.

之状,而此时他所感觉到的迷狂犹如从地心引力中解脱出来,并漂浮于空气之中一样,这就是庄子所说的"精神漫游"(Spiritual Wandering),第一章的标题①。他把"逍遥游"与迷狂体验联系起来,从几个方面论说了"游"所具有的神秘主义特征。

第一,游是心灵之旅。康德谟以列子御风为例,认为神奇的空中之旅是一种广泛传播的道家信仰。列子乘风在庄子看来是独立于所有偶然性之外的灵魂之游。至于"乘天地之正,而御六气之辩,以游无穷者,彼且恶乎待哉"②的描述,则意味着圣人与宇宙完美共生,他的生活节奏与区别于自身的、大自然的伟大力量的节奏完全一致,从而参与到自然的无限与不朽之中。在自然的无限与不朽中,存在着真正意义上的生命③。康德谟还引述了《齐物论》中的这段文字:"至人神矣!大泽焚而不能热,河汉冱而不能寒,疾雷破山、飘风振海而不能惊。若然者,乘云气,骑日月,而游乎四海之外,死生无变于己,而况利害之端乎!"④他认为,这些漫游实际上是我们内心的旅程⑤。

第二,游需要凝聚精神的技巧。康德谟认为,描述藐姑射山神人"其神凝"一句很重要,因为它指的是道教精神技巧的基本特征:包括凝结灵魂的官能,将其集中于一点⑥。

第三,康德谟描述了游的迷狂体验。迷狂使谙于此道者摆脱了一切身体上的束缚,感到自己仿佛在上升,漫游在时间和空间之

---

① Max Kattenmark, *Lao Tzu and Taoism*, p.94.
②[清]郭庆藩《庄子集释》上册,第19—20页。
③ Max Kattenmark, *Lao Tzu and Taoism*, p.94.
④[清]郭庆藩《庄子集释》上册,第102页。
⑤ Max Kattenmark, *Lao Tzu and Taoism*, p.95.
⑥ Max Kattenmark, *Lao Tzu and Taoism*, p.95.

外,就像庄子所谈论的居住在神境中的神人一样,"使物不疵疠而年谷熟"①。道家的神人相信他能为这个世界做出的最大贡献,就是远离这个世界,全身心地投入到对迷狂的追求中去②。

在法国汉学家马伯乐(Henri Maspero, 1883—1945)看来,庄子所描述的遗神弃智、与道冥合的状态,凭直觉获得真知,不是"我"在感知和行动,而是"天"在知和行,这种由"天"或神秘的"一"主宰,即"逍遥游"这一术语所表述的,是瞬间在狂喜中对神性的直接视现(direct and immediate vision of the divine in ecstasy)③。

包如廉的《〈庄子〉的〈逍遥游〉与〈应帝王〉》一文论及《逍遥游》中的大樗,认为这段文字与萨满有关。大樗象征着巫师树,巫师在恍惚中通过它爬上了天堂。"无何有之乡,广莫之野"似乎具有隐秘的意义,"寝卧其下"象征着他在那个闲适而游的超自然领域中的神秘飞升④。

孔丽维在《道教神秘主义中的永生》⑤一文中引述了众多其他学者的论述,指出:与不朽或超越概念最密切相关的思想是长寿和飞翔。永生的狂喜形式的意象具有强烈的萨满色彩:飞向更高的领域,体验意识状态的改变,从这个世界的限制中解脱出来。获得

---

① [清]郭庆藩《庄子集释》上册,第 31 页。

② Max Kattenmark, *Lao Tzu and Taoism*, p.97.

③ Henri Maspero, Frank Kierman (trans.), *Taoism and Chinese Religion*, Amherst: University of Massachusetts Press, 1981, p.459.

④ Julian F. Pas, "Chuang Tzu's Essays on 'Free Flight into Transcendence' and 'Responsive Rulership'", p.486.

⑤ Livia Kohn, "Eternal Life in Taoist Mysticism", *Journal of the American Oriental Society*, Vol.110, No.4 (1990): 622-640.

最终自由的过程被描述成变得越来越轻、越来越亮。一个人提升得越高,精神就变得越纯净,发出的光就越多。《庄子》描述的"逍遥游",指自发性和本能的态度,从环境和冲突中解脱出来。《庄子》中有许多典型的段落描绘了对永生的狂喜的观念(the ecstatic conception of eternal life),"逍遥游"这一核心概念本身就表达了至人的自由飞翔。与"逍遥游"相近且同等重要的概念是"无待"。正如庄子所言,列子应该"乘天地之正,而御六气之辩,以游无穷"。对郭象而言,文本的中心概念是"顺",它是在一种精神完全自由和狂喜的状态中随顺事物之流。孔丽维分析了郭象与成玄英对《庄子》文本所做注疏的区别,认为二人刚好是从两个近乎矛盾的角度解释《庄子》的"游"。第一处是《逍遥游》对"藐姑射山神人"的描述。郭象原注:"夫体神居灵而穷理极妙者,虽静默闲堂之里,而玄同四海之表。"[①]孔丽维英译的意思是:虽然他可能在厅堂中是安静而放松的,但他神秘地与四海之外的一切协同共处。成玄英的解释则侧重于光明。另一个例子是《大宗师》中的"故圣人将游于物之所不得遁而皆存"[②],郭象的解释是圣人漫游在变化的领域,他随着每天新事物的变化而嬉戏。孔丽维认为,郭象把终极状态描述为与变化和谐一致的自由漂浮;成玄英对此的解说指向身心的稳定,指向宇宙或个人所有运动的停止。《庄子》中同一段文字却引导出以上两种不同的解释,很明显,内在无意识的状态是自由飞翔和神秘融合这二者的先决条件。

　　孔丽维在《早期中国的神秘主义:道家传统中的哲学与救赎论》一书中对庄子的神秘主义也有论述。她说,《庄子》描述努力

---

① [清]郭庆藩《庄子集释》上册,第 34 页。
② [清]郭庆藩《庄子集释》上册,第 249 页。

达到彻底遗忘之境:"堕肢体,黜聪明,离形去知,同于大通。"(《大宗师》)[1] 当不再有知觉,当所有的辨别都被放弃,当混沌得以恢复,生与死都不再存在,完全与存在之流动合而为一(fully at one with the flow of existence)时,人便欣然自得。这就是"逍遥游"(free and easy wandering),这就是"至乐"(perfect happiness)。达至此境,真人完全实现了道之自发性。对人的困境的理性思考和对自我身份的批判质疑,是庄子探索的起点,它很快使庄子沉入神秘的混沌之中,并获得逍遥游的狂喜[2]。庄子抽象地把道视为存在之流动。道是宇宙的法则,要回归道,并不意味着要回到过去,而是要达到与世界的节奏完全为一。庄子"逍遥游"的理想是一种随顺生命自由漂浮的状态[3]。简言之,孔丽维把"逍遥游"的体验,理解为一种神秘的宗教体验的狂喜。

神秘体验之外,曾任教于斯坦福大学、现任教于哈佛大学的李耶理教授,撰有《道家的"游"与宗教伦理的冒险》一文[4],从宗教伦理学角度研究"游"。李耶理认为"游"是一个有影响力的概念,"游"是一个理想,它以明确的形式表达了思想,这些思想隐含在当代西方许多人的观点中。他把"游"分成几类。第一类,正如许多中国强有力的宗教思想一样,游的理想形象之一是简单的身体活

---

[1] [清]郭庆藩《庄子集释》上册,第 290 页。"大通",孔丽维译为"Great Thoroughfare"。

[2] Livia Kohn, *Early Chinese Mysticism*, p.56.

[3] Livia Kohn, *Early Chinese Mysticism*, p.57.

[4] Lee H. Yearley, "Taoist Wandering and the Adventure of Religious Ethics", *Harvard Divinity Bulletin*, Vol.24, No.2(1995): 11-15. 笔者按:最初没能检索到原文,给编辑部发送了电子邮件求助,一位编辑将论文 PDF 版发给了我,非常感谢这位不知名的编辑。

动,在这种情况下,一个专心的人漫无目的地移动,吸收所遇之物。然而,这些简单的活动被赋予额外的意义或共鸣。第二类,更复杂的"游"的形象涉及诸如雕刻木头之类的技巧性活动。在这些活动中,怡然自得至少与所追求的目标同等重要。第三类,更复杂的"游"的形象所涉及的活动中,几乎没有物理运动发生,然而心灵则充分参与其中,如同一个人仔细思考文本、绘画或风景时所经历的。最后,还有一个复杂的转义,"游"是一种活动,包括保持虚空、随顺或迎接事物,然而只是回应,而不是储存它们,即用心若镜,不将不迎,应而不藏。

李耶理所说的第一类"游",明显指的是《逍遥游》所云于无何有之乡、大樗之下,逍遥乎无为、彷徨乎寝卧之"游"。第二类指的是《达生》所述梓庆削木为鐻及庖丁解牛之类,是工匠所达到的心手相应的境界。第三类指的是"乘物以游心"(《人间世》)、"游心于德之和"(《德充符》)、"游心于淡"(《应帝王》)、"游心于物之初"(《田子方》))[①]之类的表述,以及包括"堕肢体,黜聪明,离形去知,同于大通"(《大宗师》)的"坐忘"之境。最后一类指的是《应帝王》所说的"至人之用心若镜"[②]状态。李耶理对"游"的剖析,大体符合《庄子》一书所述。不过,第二类梓庆削木为鐻这类技巧性的活动,与"游"的内涵相距较远,李耶理的分析有将"游"泛化的倾向。这类活动被纳入"游"的范畴,是因为文中对"凝神",即专注的强调,而这也是宗教活动中修炼心神的要素。

李耶理还进一步分析了精神漫游的特点。他说,精神漫游是

---

①[清]郭庆藩《庄子集释》上册,第166页、第196页、第300页;中册,第709页。

②[清]郭庆藩《庄子集释》上册,第313页。

一种等待未来之事的无方向运动。它包括漫无目的地移动,但专注地处理一系列不断变化的经验,每一个都被视为光明和圆满。漫游者将生活看作一系列新的开始。也就是说,在路上而不能到达目的地的过程是至关重要的。价值,甚至奇迹,都是由表象而非成就来定义的。"游"是一种美德,是庄子对自我力量的一种定义。游的能力表现出一种特定的平静,转向了世界,而不是向内转向自我;依靠想象力,依靠对几乎所有目标及正常理解形式之重要性的质疑。这种平静使漫游者能够准确地注意到真正发生的事情,而不是他们所希望、所恐惧的事情。

李耶理的这些论述偏离了庄子所述"游"的内涵。庄子之"游"并不指向光明与圆满,其核心意旨是高蹈于世外,超越凡俗的价值观,其表现形象是一个漫游于世外之人。在庄子那里,"游"与美德毫无关涉,不是转向世界,恰恰是向内转向自我。庄子的游,并非专注于外界事物,而是通过一层层的舍弃,弃礼乐、弃仁义、弃功名,将能定义"我"的诸多外在条件全部屏弃,以至于消除自我意识,以"无己"的方式最终实现自我。"游"只是一种表达其超脱于所有拘禁限制之外的方式,其自我力量的体现不是在外在世界中有所成就,而是在内在世界中彻底解放自我。对外界的事情,庄子笔下的"游于无穷者"是忽视的,正如《逍遥游》描述的藐姑射山神人"孰弊弊焉以天下为事"①。李耶理的分析与庄子之思背道而驰。

李耶理借庄子的"游"讨论两个问题:一是如何处理那些非西方的思想,二是如何发展传统思想。他从宗教伦理的角度思考这样几个问题:我们应当如何更好地生活,自我与美德,我们是谁,我

---

① [清]郭庆藩《庄子集释》上册,第 35 页。

们应当做什么,表达宗教思想的最佳方式等。探讨这些问题具有冒险的性质,李耶理认为它们与道家的"游"有密切的关联,应当发展"游"这一理想。它明确表达了一种视角,虽然不成熟,但却影响了当今许多人的想法。对漫游而言,至关重要的是对他者(差异性)最低限度的认同,以及对变化了的环境的接受。庄子"对他者的认同"的构建来自共同的经验,具有宗教意义。

李耶理要探讨的是宗教伦理的一些根本性问题。他的看法体现出这样的思考路径:一是古今中西思想的相通之处,二是从中国古代的思想资源中寻找解决西方宗教伦理学难题的办法,三是传统思想的现代转化问题。李耶理所指出的庄子"对他者的认同"思想,在当今多元化的世界中,具有深刻的现实意义。

第二节　积极心理学观照下的"游"

消极避世、被动顺应、远离人间事务,是《庄子》一书给人的总体印象,当然,这只是其思想的一个方面。另一方面,在开篇大鹏徙于南冥的描述中,读者也不难感受到一种振奋的力量,这种振奋精神在后世对大鹏的接受中表现得十分清晰。在英美学界,也有学者从《庄子》中看到积极力量,最突出的是米哈里·契克森米哈赖(Mihaly Csikszentmihalyi,1934—2021)。他是积极心理学"心流"理论的创始人,曾担任芝加哥大学心理系主任,其著作《心流:最优体验心理学》自 1990 年出版以来[1],被翻译成三十余种文字,

---

[1] Mihaly Csikszentmihalyi, *Flow: The Psychology of Optimal Experience*, New York: Harper & Row, 1990. 此书有中译本。(美)米哈里·契克森米哈赖著,张定绮译《心流:最优体验心理学》,中信出版社,2017 年。

影响甚广。其心流理论是关于幸福的研究,其关键词"flow",在孔丽维看来,是西方思想中与"逍遥游"最接近的概念[1]。心流是一种积极的体验,是一个人完全沉浸于某项活动,其他事都无关紧要的一种状态。这种体验带来深深的愉悦及兴奋感。心流体验的构成要素有八个:1. 一项需要技巧的挑战活动;2. 行动与意识的融合;3. 清晰的目标;4. 及时的反馈;5. 专注于手头的工作;6. 对自己行动的控制感;7. 自我意识的丧失;8. 对时间的感受发生改变[2]。心流理论的核心是要控制意识以改善体验的品质,要培养方向、目标以重获内心的和谐,发挥潜能和创造力。拥有心流体验的人能培养更坚强、更自信的自我,能用更多的精神能量专注于自己选择的目标。在心流中,我们是精神能量的主宰,无论做什么事都能使意识更有秩序。

米哈里·契克森米哈赖在此书第七章《作为心流的工作》中,特别引述并剖析了《庄子·养生主》"庖丁解牛"的故事,认为东方的"游"与西方的"心流"可以融会贯通,两种文化拥有相同的来源。他说,庄子提出的"游",指的是遵循"道"的正确途径,通常有漫游、蹑空而行、游泳、飞翔、流动等翻译。游,是正确的生活方式,不关心外部的酬报,自发地完全投入。简言之,是一种任由其自然发生的体验[3]。庖丁解牛这个故事说明了"游"的含义。其解牛过程,说明"游"的神秘巅峰依赖于逐渐把注意力集中于周遭环境中的行动机会,待到技巧完美之时,一切变得如此彻底自然而然,自发而动,超越凡尘。庖丁的工作辛苦且毫无吸引力,但他专注于手中之事,发

---

[1] Livia Kohn, *Zhuangzi: Text and Context*, p.19.

[2] Mihaly Csikszentmihalyi, *Flow*, pp.49-67.

[3] Mihaly Csikszentmihalyi, *Flow*, p.150.

展技巧,把不得不做的工作转变为复杂的活动,并自得其乐①。

周克勤在《对〈庄子〉的"无我"说不》一文中,讨论了米哈里·契克森米哈赖的心流理论与庄子思想的关联,侧重于分析二者之间的差异。他认为,心流理论过于强调控制。尽管心流是让其自然发生的一种体验,然而,终生体验心流却要求强烈的自我意识、精心的计划及对目标的确定。在周克勤看来,心流理论包含这样的文化内涵:它是一种从混乱中带来秩序的终极构想,用最终的目标来给一个人的生活带来秩序。心流的本质是将人置于一种自觉的目标导向的生活方式之中。心流理论声称强烈的自我意识隐藏在丧失自我意识的周期性喜悦背后,并以某种方式呈现,这一说法存在自相矛盾之处。庄子始终强调让事情自然发生,而不是使它们发生。庄子不强调控制,不强调对成功的追求,也不提倡穿插着心流体验、经过精心规划的生活。他看到宇宙的流动,邀请我们参与其中,就像鱼游于水②。笔者非常认同周克勤的论述,"心流"理论与庄子的"游"有着本质上的区别。前者是一种主动追求的行为,强化自我意识;后者则是被动的顺应,消泯自我意识。

有些学者没有运用心流理论,但所论与之有关。梅维恒在《游于〈庄子〉》一文中说,庄子运用其他一些非常生动的语言意象(verbal images)以传达与"游"意蕴相同的、积极的系列想法(positive set of ideas),包括:怠、泛、浮、挥斥、踌躇、四顾、委蛇、流、泄、逍遥、乘、出入、观、猖狂、彷徨。与"游"一样,要达到这些

① Mihaly Csikszentmihalyi, *Flow*, pp.151-152. 这里参用了张定绮的译文,张定绮将"yu"译成了"遇",是明显的误译,应当译为"游"。张定绮译《心流:最优体验心理学》,第 259 页。

② Chris Jochim, "Just Say No to 'No Self' in *Zhuangzi*", in Roger T. Ames, *Wandering at Ease in the Zhuangzi*, pp.64-65.

状态,人必须变得呆滞、平静、虚空、无欲 ①。值得注意的是,梅维恒列举的这些词并不具有积极的意义,相反,大多数表达的是顺应或被动的意义。其中,他特别提到了"flowing"(流)一词。梅维恒在《〈庄子〉全译本的引言和注释》中还说:"游"包含着一种对生命的悠闲态度,顺应事物并循道而浮游(Flows along with Dao)②。与心流理论相比较,梅维恒的观点大体切近庄子之说。

　　美国汉学家顾史考(Scott Cook,1964—)《〈庄子〉及其对儒家牛的分解》一文对"游"的理解也与心流学说可相印证 ③。他认为"至人之用心若镜"是心灵的虚空状态,是内在之德的和谐统一,心灵得以毫发无伤地自由漫游,即"游心于德之和"。养生在于清空心灵,将自己托付给命运,心灵在生命之河中自由漫游,忘记其他鱼的存在 ④。

　　顾史考在分析庖丁解牛时,论及"吾生也有涯,而知也无涯",并特别指出"涯"的含义。他认为"涯"是个术语,字面意思是指环绕水体的边界,也就是河岸,水沿着河岸构筑的河床流动。从这个角度看,生命的边界就是生命应当遵循的自然过程。顾史考由此又联想到另一个关于水的比喻。战国时期哲学著作中普遍存在"顺"一词,即随波逐流,畅通无阻(with the flow, unimpeded)。生命被认为是一种自然的流动,可以说是漂浮或漫游在水面上,而知识是无限

---

① Victor H. Mair, "Wandering in and through the *Chuang-tzu*", *Journal of Chinese Religions*, Vol.11, No.1(1983): 106-117.

② Victor H. Mair, "Introduction and Notes for a Complete Translation of the *Chuang Tzu*", *Sino-Platonic Papers* (1994): 385.

③ 顾史考发表此文时任教于美国格林内尔学院(Grinnell College),现为耶鲁 – 新加坡国立大学学院(Yale–NUS College)陈振传汉学研究教授。

④ Scott Cook, "Zhuang Zi and His Carving of the Confucian Ox", *Philosophy East & West* Vol.47, No.4(1997): 536-537.

的。正是对河岸之外事物的追求使我们陷入了困境。我们应该跟随中央("缘督"),顺应自然的流动(go along with the natural flow),顺应生命之河而畅游。相应地,他认为庖丁解牛的故事中,生命的河岸变成了牛的自然秩序("天理")和内在如此("固然"),庖丁因顺着牛的天理与固然而游刃其中,其解牛之举,犹如一个人在生命之河中自由自在地遨游,并产生深深的自我满足之感。

顾史考把庄子有关生命有限而知识无限的说法,曲解成了形象的河水之喻。"游心"及庖丁解牛均被他解释成游于生命之河,他所运用的英文词语"flow",均与心流理论有着某种一致性。其实,《庄子》书中多次描述的所游之境,并非水中,而是广大无边的无何有之乡、广莫之野、无穷之域,其"游",与水无关。顾史考的这种解说,可能是受到"游"这个字形符的影响,是对庄子思想的一种发挥。

总体而言,心流理论与庄子"游"的差异是显而易见的。正如米哈里·契克森米哈赖自己在书中指出的:按照庖丁所述,与心流似乎并不同。有人强调二者之间的差异,心流是意识试图掌控挑战而出现的结果,"游"却是一个人放弃意识控制时才出现。心流是西方式的,基于处于变化中的客观条件而寻求最佳体验;"游"则是东方式的,完全无视客观条件,着重的是精神嬉游与超越事实①。

在笔者看来,庖丁解牛与逍遥之游并无关涉。西方学者从中发现了积极的成分,这一阐释方向说明,追求幸福,或者说"乐",或者说"自得",是古今中外共同关注的话题。不论是通过控制意识、专注目标而获得最佳心流体验,还是通过消泯知觉以游于大通,路途虽殊,而其归则一也。

---

① Mihaly Csikszentmihalyi, *Flow*, p.150.

第三节　游戏理论视角下"游"的意蕴

"游",《说文解字》释曰:"旌旗之流也。"段玉裁注云:"旗之游如水之流……又引伸为出游、嬉游。俗作遊。"①也就是说,游,本是名词,后来引申为动词,其核心义素是流动、不定向。在《庄子》中,"游"出现百余次,包含游泳、嬉游、漫游、远游、游学、交游等义,均不涉"游戏"义,与现代常用的"游戏"义区别很大。现代的"游戏"一词,包括这样几个要素:1. 有规则;2. 有互动性,不是个体的活动;3. 能让人获得愉悦。庄子的"游"并不具备前面两个要素。游戏理论在西方源远流长,柏拉图、亚里士多德(Aristotle,前384—前 322)、康德、席勒(Friedrich von Schiller,1759—1805)、维特根斯坦(Ludwig Josef Johann Wittgenstein,1889—1951)、海德格尔、伽达默尔(Hans-Georg Gadamer,1900—2002)、德里达等哲学家均从不同角度对游戏有所论述②。在这样的学术背景下,将《庄子》的"游"置于游戏理论视角下加以阐释,就是非常自然的事了。

迈克尔·克兰德尔的论文《论不触地而行:〈庄子〉内篇中的"游"》③,将伽达默尔提出的游戏理论作为解释框架,从游戏形式、游戏体验与游戏象征三个方面分析了《庄子》的"游"。游戏的形

---

① [汉]许慎撰,[清]段玉裁注《说文解字注》,上海古籍出版社,1981 年,第311 页。

② 详参彭富春《说游戏说》,《哲学研究》2003 年第 2 期。

③ Michael M. Crandell, "On Walking without Touching the Ground: 'Play' in the Inner Chapters of the *Zhuangzi*", in Victor H. Mair, *Experimental Essays on "Zhuangzi"*, pp.99-121.

式具有往复运动、无明确目标、更新与重复等特征。庄子的"化"可与之相对应。"化"象征着现实往复运动的形式，即世界发生、形成、变化的外在表现。"化"关注事物的发展方式，不一定提出意志的问题。庄子建立了一种生活态度，承认并接受不断的变化。由此而来，庄子不试图去改变他人的观念，而是采取了游戏的往复运动形式，其特点是并无坚定立场，无明确目的，可以在不同观点之间转换。

　　游戏体验具有三个要素：严肃、专注和放松。游戏并非与工作相反，也具有严肃性。只有游戏中的严肃，才使游戏完全成为游戏。庄子"无用之用"的理论支持了其对"化"的接受，并强调了他所采取的严肃态度。游戏者完全沉浸于游戏之中，他们如此专注，以至于失去自我意识。这时，主体和客体的二分消解了，游戏也完全实现了其目的。《庄子》的"心斋"和"坐忘"便是如此。游戏者在游戏中因为选取了某种态度，有目的而感到某种程度的紧张，庄子也意欲培育读者一种特殊的人生态度。伽达默尔指出，目标和态度所指向的终点，可能是它们自身的升华，通过缓解、耗散紧张而得以放松。庄子也劝导人们从对观念的价值评判中解脱出来。如果生命对庄子而言是一场游戏，那么我们可以称之为"化的游戏"。《庄子》一书的核心词"游"，指的是运动中的无方向性，同时规定了精神路线的穿越方式，换言之，庄子的人生态度就是以无方向为最佳目标。庄子建议我们应当终生履空而游，这在内篇中有两个含义：一是属于不朽圣人及其他神秘人物，他们能游于无穷，游于四海之外；另一种是更大的群体，去除神话色彩，进一步解释游戏性的态度。他们倡导一种自由的精神，允许一个人在不同的观点之间来回转换而安之若素。"化"是庄子表达"游戏作为客体"的术语，"游"是其表达"游戏作为主体"的术语，"变"帮助我们确认游戏的形式以及游戏态度(lusory attitude)的外在表象。"逍遥游"有助于培育游戏体验及游戏态度。

在游戏的象征部分,克兰德尔主要讨论了庖丁解牛。伽达默尔的理论是:游戏有其自己的本质,独立于游戏者的意识,其存在方式是自我表现。克兰德尔认为在《庄子》中,"养"是表达其游戏态度和人生观最重要的主题。宇宙之化优先于个体,个体与世界对立的哲学必须让位于生命存在于自然之中的哲学。从庖丁解牛的故事中可以看到伽达默尔分析游戏的基本要素:庖丁游戏式的行为具有舞蹈的性质,游戏者没有受到束缚,在解牛过程中占主导地位的是一切自然发生,事件是严肃的,游戏本身成为实际的主题。这个故事强调了主体性的丧失,庖丁允许游戏本身取代其自我意识,由于沉浸于游戏,他体验到了轻松。克兰德尔还探讨了《人间世》和《大宗师》中出现的几次"养"。其结论是:游于世界永不止息之化以养生这一游戏态度,将《庄子》内篇统一起来。

简言之,克兰德尔抓取了"化""养"这两个关键词,并结合"心斋""坐忘"和庖丁解牛的故事分析《庄子》的"游"。伽达默尔游戏理论的特点是从主体、客体的角度分析游戏,并强调游戏本身独立于主体、客体之外。克兰德尔从分析庄子对世界的认识开始,世界处于化中,那么,与之相应的人生观则是随时可以改变观点和立场。无论是强调游戏形式的"化",游戏体验的"心斋""坐忘",还是强调游戏象征的"养",这三者的共性是突出游戏主体及客体的消融,强调游戏主体意识的消隐,游戏行为本身自然而然地发生、进行。化,指的不是生物存在形态的改变,而是主体所持立场和观点的不确定性,是应对世界的一种方式;心斋、坐忘,是通过修炼而达至主体意识丧失的境界;庖丁解牛的过程,是"官知止而神欲行",主体感知仿佛不存在。克兰德尔所谓庄子的游戏态度,归结为一点,是主体意识的消隐或丧失。可以说,克兰德尔的分析深契庄子精神实质的某个方面。他所运用的解释框架与庄子思想相距甚远,但其结论却与我们对庄子的理解类似。

梅维恒在《游于〈庄子〉》一文的脚注中提到大量西方分析游戏的论著,他综合多种游戏理论以讨论《庄子》的"游"①。与克兰德尔的着眼点不同,梅维恒强调自由与"游"、漫游与游戏及"游"之间的关联,从另一个角度走进庄子的思想。他说《庄子》首篇以令人难以置信的大鹏南冥之旅神话开始,已经定下了这部书的基调:自由是宝贵的。接下来的问题是:一个人怎样才能获得自由?他通过使自己从世界及一切压制、习俗、概念和物质构成中解脱出来,从而获得自由。获得自由的唯一途径是接受一种游戏的运动模式。如庄子反复陈述的,他学习"游"。通常将"游"译为漫游(wander),但它还经常可能表达游戏(play)或玩耍(play around)的意思。这就在人类对生命的心理感知非常深刻的层次上,指出了"漫游"与"嬉戏"之间的基本联系。甚至当"游"被简单地译成"旅游"(traveling [around])、"漫无目的地转悠"(milling [about])、"沿途而行"(passing [along])、"漫步"(strolling [through])等时,庄子也总是有自由或者随意移动的暗示。因此,当我们在《庄子》中遇到"游",我们必须意识到它蕴含的嬉戏功能。

在意识到"游"的嬉戏特征的基础上,梅维恒展开了对"游"其他特征的分析。他指出,游的本质是无设计。游几乎总是出现在"无穷"语境之中,真正的游,其范围是宇宙。有时,游代表一种极致的超越状态。游的动机是创造力的巨大源泉。庄子丰富的语言和文学创造力,无论如何,都是其嬉戏之游的结果。实质上,嬉戏

————————————

① Victor Mair, "Wandering in and through the *Chuang-tzu*", pp.106-117.

地游就是去实验,从而在生命中去创造。在中国没有作家或思想家像庄子那样探讨过人类的嬉戏天性和需求。

梅维恒从"游"一词的多义性及人类心理的角度所做的分析,还是颇有启发意义的。不能否认,庄子的"游"主要仍是漫游义,但是从嬉游角度分析,也会带给我们一些发现和领悟。不过,梅维恒从嬉游角度理解"游",所得出的结论却不免武断、偏颇。他所说的嬉戏地游就是去实验,在生命中去创造的观点,明显不符合庄子的思想。庄子的"游"本身并不包含创造力这层含义,创造力是"游"可能带来的客观结果。梅维恒对创造力的强调,抓住了"游"与文学艺术创作及审美心理的相通之处,亦不无可取。梅维恒特别指出"游"与"无穷"的关联以及"游"的超越性,抓住了庄子之"游"的关键,顺此思路,有些问题可以探讨得更加深入。

从游戏理论关注的轻松、自由及创造性这几个方面分析庄子的"游",吴光明也有类似论述。他说,《逍遥游》讲的是自由宇宙论(cosmology of freedom)。宇宙自由脉动,因此,人可以在不安宁的宇宙中休憩,在行动中感到自在。人可以轻松地穿越宇宙,这是其天然的栖居之地。庄子的自由宇宙是一个创造性的宇宙,它的两极是停滞和飞翔,正如鲲和鹏所昭示的那样[1]。"化"联结鱼与鸟,它传达了这样的信息:当我们让乐趣、自由和创造性参与其中时,自我与宇宙就会携手并进[2]。对庄子而言,宇宙的创造与个体的创造力相关。创造力意味着进入一些新事物中,生命进入这种状态就是"游"[3]。吴光明的论述是从宇宙论而至人生论,他的观点可以表述为:"游"是一种创造的状态。

---

[1] Kuang-Ming Wu, *The Butterfly As Companion*, p.89.

[2] Kuang-Ming Wu, *The Butterfly As Companion*, p.90.

[3] Kuang-Ming Wu, *The Butterfly As Companion*, p.98.

小　结

　　庄子的"游",在西方宗教学家、心理学家及哲学、文学批评者眼中,被置于不同理论视角加以审视,呈现出多方面的特征。这些阐释有些比较切近《庄子》文本之义,有些则不免存在理论先行、生搬硬套的问题。一方面,经典解读当然要以尽力求得文本客观之义为目的,即要求真。从这个角度看,这些解读未必都有益于《庄子》文义的昭显。另一方面,经典的意义和功用是多方面的。从古为今用、中为西用的角度看,一种解说如果能对当代学术和人们的心理建设起到一定的积极作用,也同样有价值。

第六章　关键词研究之二
——古今中西交汇中的"卮言"探讨

《庄子》"三言"的含义,历来歧解纷出,本土学者已经有很多
精彩的论断,大多从"卮"到底是什么器物入手,然后再由此器物
的特点考察"卮言"的特点。英语世界也有类似做法,加拿大阿尔
伯塔大学(University of Alberta)傅云博(Daniel Fried,1973—)
的论文《永不稳定的言辞:庄子的"卮言"及用于灌溉的尖底
瓶》[1],认为卮是一种农业灌溉用的尖底瓶,而非玉制礼器。此外,
当重视逻辑的英美学者面对非连续性的《庄子》文本时,会碰撞出
怎样的思想火花?

第一节　遵从中国古注的"卮言"译解

通观19世纪至今英美学者对"卮言"的译解,中国经典注释
的影响一直都没有消歇。巴尔福把"寓言"译为"metaphors"[2],
"重言"译为"quotations"[3],但并没有将"卮言"译为一个对应的语

[1] Daniel Fried, "A Never-stable Word: Zhuagzi's 'Zhiyan' 卮言 and 'Tipping-vessel' Irrigation", *Early China*, Vol.31(2007): 145-170.
[2] Frederic Henry Balfour, *The Divine Classic of Nan-Hua*, p.339.
[3] Frederic Henry Balfour, *The Divine Classic of Nan-Hua*, p.339.

词,而是将其含义译出。《寓言》中"卮言日出,和以天倪"一句^①,
他译为:"Words that take their form from surrounding conditions are
spoken every day, but are in accord with the limitations imposed by
Heaven upon the speaker。"^② 意即根据周围环境而形成的言辞,每天
都被说出,但都与上天对演说者施以的限制一致。巴尔福自己加
注云:"这只是一位评注者对卮言的一种解释,另一种意见是,言辞
无休止地漏泄出来,就像水从一个有孔的容器中流出一样。"^③ 对
"卮言日出,和以天倪,因以曼衍,所以穷年"^④ 几句,巴尔福自注曰:
"一位本土学者如此解释,它之所以值得引用,并不是因为正确,而
是因为其独创性……真正的含义似乎是,尽管言辞可能被不经意
地、自发地说出,它们其实是被预先设定的,演说者远非自由之身,
他们仅仅是命运手中被动的乐器。卮言,是这样一种言辞,顺应其
周围环境而成形,就像液体是被盛纳它们的容器而塑形一样。"^⑤

巴尔福提到的本土学者是哪位? 郭象注"卮言日出,和以天
倪",曰:"夫卮,满则倾,空则仰,非持故也。况之于言,因物随变,
唯彼之从,故曰日出。日出,谓日新也,日新则尽其自然之分,自
然之分尽则和也。"^⑥ 唐陆德明《经典释文》:"《字略》云:卮,圆酒
器也。""王云:'夫卮器,满即倾,空则仰,随物而变,非执一守故
者也;施之于言,而随人从变,己无常主者也。"^⑦ 巴尔福的说法强

---

① [清] 郭庆藩《庄子集释》下册,第 939 页。

② Frederic Henry Balfour, *The Divine Classic of Nan-Hua*, p.339.

③ Frederic Henry Balfour, *The Divine Classic of Nan-Hua*, p.339.

④ [清] 郭庆藩《庄子集释》下册,第 942 页。

⑤ Frederic Henry Balfour, *The Divine Classic of Nan-Hua*, p.340.

⑥ [清] 郭庆藩《庄子集释》下册,第 939 页。

⑦ [清] 郭庆藩《庄子集释》下册,第 940 页。

调卮言"因物随变"的特点,明显源于郭象注及陆德明的《经典释文》,并稍加引申。巴尔福自注说到的另一种对卮言的解释,说其像水从容器中流出,无休止地漏泄而出,这种说法可能源自北宋吕惠卿。南宋褚伯秀《庄子义海纂微》引吕惠卿说云:"卮之为物,酌于樽罍而时出之,中虚而无积也。"①吕氏认为卮是从更大的盛酒器樽或罍中舀出酒,再倒出,卮中不积存酒。

　　翟理斯将"卮言"译作"goblet words"②,高脚杯言辞,明显也是采用了中国古代注疏。理雅各将"卮言"译作"Cup,or Goblet,Words"③,将"卮言日出,和以天倪,因以曼衍,所以穷年"译为"Words like the water that daily issues from the cup, and are harmonized by the Heavenly Element (of our nature), may be carried on into the region of the unlimited, and employed to the end of our years"④,言辞像水一样,每天从杯中流出,被我们本性中的天的元素所调和,而且可能被带入无限的领域,持续被运用,直到我们年寿的尽头。理雅各的译解可能源于陆树芝的《庄子雪》。陆氏注曰:"皆取之心而注之口,如卮之注水,随时而出,似有心而实非有意,未尝争是非而辨以求胜,故曰'和以天倪'。"⑤理雅各强调言辞每天流出,可能至于无限的领域,这一说法当是受到宋代王雱的影响。明焦竑《庄子翼》附录载宋王雱《杂说》:"卮言,不一之言也。

---

① [南宋]褚伯秀撰,张京华点校《庄子义海纂微》,华东师范大学出版社,2014年,第 888 页。
② Herber Allen Giles, *Chuang Tzu*, p.449.
③ James Legge, *The Writings of Chuang Tzu (Part I)*, p.156.
④ James Legge, *The Writings of Chuang Tzu (Part I)*, p.143.
⑤ [清]陆树芝撰,张京华点校《庄子雪》,华东师范大学出版社,2011 年,第 336 页。

言之不一，则动而愈出。故曰'日出'……天倪，自然之妙本也，言有其本则应变而无极。故曰'因以曼衍'。言应变无极，则古今之年有时而穷尽，而吾之所言无时而极也。故曰'所以穷年'。"①理雅各所译"the region of the unlimited"，无限之域，大概就是对应王雱所说的"无极"一词。《庄子》原文只讲"曼衍"，并没有"无极"字样，王雱的注释才讲"无极"。那么，理雅各知晓陆树芝和王雱的说法吗？理雅各在其译本《序言》中，介绍了他在英译《庄子》时所采用的中国古代著述，包括郭象注、陆德明《经典释文》、焦竑《庄子翼》、陆树芝《庄子雪》、林云铭《庄子因》、宣颖《南华经解》及胡文英《庄子独见》②，因而，他很可能参考了陆树芝和王雱的解释。

进入 20 世纪，华兹生和梅维恒对"卮言"的译解也都是在中国古注的基础上加以申说。

华兹生的翻译沿袭了翟理斯的译法，他在《寓言》首段的脚注中解释说："*chih-yen* or 'goblet words', words that are like a goblet that tips when full and rights itself when empty, i.e., that adapt to and follow along with the fluctuating nature of the world and thus achieve a state of harmony。"③卮言，是这样一种言辞，像高脚杯，满则倾，空则直，顺应世界的波动性质，达到和谐状态。很明显，其说来自郭象注。华兹生将《天下》"以卮言为曼衍"译为"So he used 'goblet words' to pour out endless changes"④，同样也强调了卮言无穷变化的特点。

---

① [明]焦竑《庄子翼》，台北广文书局，1970 年，第 293 页。

② James Legge, *The Writings of Chuang Tzu* (*Part I*), pp. xix-xxi.

③ Burton Watson, *The Complete Works of Chuang Tzu*, p.303.

④ Burton Watson, *The Complete Works of Chuang Tzu*, p.373.

梅维恒将"卮言"译为"Impromptu words"[①]，酒席间即兴之言。这一译法也有中国古人注解的影响。其书的参考文献中列有几种中文《庄子》译注及研究类著述，包括郭庆藩《庄子集释》、陈鼓应《庄子今注今译》、钱穆《庄子纂笺》等。梅氏的翻译当是源于《庄子纂笺》所引的诸多古注，钱书引清人王闿运言曰："'卮''觯'同字。觯言，饮宴礼成，举觯后可以语之时之言也。"引马其昶曰："诗云：'献酬交错，礼仪卒度，笑语卒获。'古者旅酬之时，少长交错，皆无算爵。《乡射记》云：'于旅也语。'故曰'卮言'，义主尽欢。"[②] 王闿运与马其昶二人之说都强调了酒席上的言论[③]。梅维恒译本《附录》曰："卮言（goblet words）是无主观预设、无意识地不断倾泻而出的语言。"[④] 这一译解依据的是成玄英疏。成疏云："卮，酒器也……无心之言，即卮言也。"[⑤] 有些学者采用了梅维恒的译法。

第二节　掺入宗教因素的译解

翟理斯具有深厚的宗教修养，其《庄子》译本宗教因素俯拾即

————————

① Victor H. Mair, *Wandering on the Way*, p.278.

② 钱穆《庄子纂笺》，九州出版社，2011年，第227页。

③ 在庄学史上，宋代罗勉道和明代陆西星就将卮言与酒席之言联系起来。罗云："卮言，如卮酒相欢言之。"（［南宋］罗勉道撰，李波点校《南华真经循本》，第305页）笔者按：罗书原文是"言之"，按意当作"之言"。陆云："卮言者，卮酒之言，和理而出，却非世俗卮酒间谑浪笑傲争论是非之言，曼曼衍衍，尽可以消岁月。"（［明］陆西星撰，蒋门马点校《南华真经副墨》，第420页）

④ Victor H. Mair, *Wandering on the Way*, p.376.

⑤ ［清］郭庆藩《庄子集释》下册，第939页。

是。他不仅用 God 译《庄子》中的 "天"，有时还将 "本根""道" 这类词语也译为 God。比如，《寓言》中 "受才于大本" 一句，翟译："Man has received his talents from God。" ①

"卮言日出，和以天倪"，翟译："language which flows constantly over, as from a full goblet, is in accord in God。" ② 语言，就像从一个盛满水的高脚杯中不停地流溢而出，与上帝一致。他直接把 "天倪" 译为 God。"天倪" 绝对不是上帝，翟理斯曲解了文本的意思，赋予 "卮言" 以宗教意味。在《寓言》篇题下，翟理斯撰有解题，曰："辩论——演说，自然的与人为的——与神性和谐一致的自然言说——命——终极原因——灵魂的净化——解说。" ③ 在这个解题中，翟理斯把宗教内容强加给《庄子》。《寓言》一文没有谈论灵魂净化问题。篇中所写颜成子谓东郭子綦一段话，讲的虽是进阶式的修炼过程，但并非灵魂净化，而是超越生死，进入道境。《寓言》中的 "天均"，翟译 "the equilibrium of God"，上帝的平衡。"天均者，天倪也"，翟译 "And he who holds the scales is God" ④，持有天平者是上帝。这句已经偏离了文本的意思。

李耶理《道家的表述与说服：徜徉于庄子的语言类型》一文 ⑤，从宗教伦理学角度阐释 "卮言"，给予 "卮言" 极高的评价。首先，如何用劝说的方式展现一个超越我们通常理解的世界，这是宗教伦理学面临的至关重要的问题。他说："关于宗教伦理如何用劝

① Herber Allen Giles, *Chuang Tzu*, p.365.
② Herber Allen Giles, *Chuang Tzu*, p.363.
③ Herber Allen Giles, *Chuang Tzu*, p.363.
④ Herber Allen Giles, *Chuang Tzu*, p.365.
⑤ Lee Yearley, "Daoist Presentation and Persuasion: Wandering among Zhuangzi's Kinds of Language", *Journal of Religious Ethics*, Vol.33, No.3(2005): 503-535.

说的方式展现世界的问题,《庄子》对语言的三种处理方式包含特殊而深奥的论述。""它之所以至关重要,是因为我们只有通过劝说的方式,才能把宗教愿景中最重要的现实呈现在人们面前。这很困难,因为它要呈现一个不同于甚至挑战人们通常视角的现实。相应地,一定要用不同于逻辑辩论的语言,或并非普通语言运用的方式去劝说人们。"① "考察三言是富于启发的,而且,最重要的,会提供给我们一个解决修辞策略的钥匙,这些策略是基础而且几乎未被论述过,它们不仅构造了《庄子》,而且使其成为宗教伦理文本中最伟大者之一。"② 《庄子》特殊的语言运用方式,使其成为伟大的宗教伦理文本,这一定性对读者而言颇有冲击力。

其次,李耶理在阐释"卮言"时,将其与"天倪"和"天钧"两个概念相联系,提出一个新异的观点③。他说:"'卮言'参与'天倪'(whetstone of Heaven)塑造万物的过程……'天倪'又曰'天钧'(The potter's wheel of Heaven)。二者都归属于天,这意味着它们尤其具有生产性。"④ 李耶理认为磨刀石可以磨砺刀剑及相关用具,由此出发,得出一个结论:"通过对暴力的控制来改变普通形状,凸显了庄子对精神提升的理解,也凸显了庄子用以表达这一思想的语言。事实上,这不是庄子偶然地使用屠夫、庖丁为例去证

① Lee Yearley, "Daoist Presentation and Persuasion: Wandering among Zhuangzi's Kinds of Language", p.503.

② Lee Yearley, "Daoist Presentation and Persuasion: Wandering among Zhuangzi's Kinds of Language", p.508.

③ 古希腊哲学家苏格拉底、柏拉图、亚里士多德等均重视言语的作用,轻视暴力,重视公民自由辩论。李耶理对技艺的强调,或源自柏拉图的《理想国》,亚里士多德也有关于实践和制作的思想。

④ Lee Yearley, "Daoist Presentation and Persuasion: Wandering among Zhuangzi's Kinds of Language", p.525.

明一种精神完善。"①"'天钧'的意象暗示了一种更为克制的制暴形式……磨刀石和陶钧都是通过控制暴力而生产出新的更好的形态。"② 李耶理的这个思路非常特别,《庄子》中虽然有对刑罚的抨击,但并没有要通过控制暴力来改变事物的形状并以此喻指精神提升。以何种态度对待暴力,这是西方宗教的一个重要话题,并非《庄子》讨论的问题,更不是"卮言"的意义。

再次,李耶理还将《庄子》三言与但丁的《神曲》相对照,指出《神曲》之《炼狱篇》和《天堂篇》的表现形式具有"卮言"性质,经常有一些在不同种类现实间的夸张转换。他认为《神曲》贯穿了"卮言",《天堂篇》不依赖普通方式表达主题,甚至排除时间和空间的再现。但丁对这一挑战的回应,正如庄子对类似挑战的回应,就是连续地运用"卮言"。有关心灵完善的话题,超越所有人类实践及理解的普通形式,似乎就要求"卮言"的视野。诗人不再依赖通常产生意义的语法、逻辑形式及叙述关系,相反,他进入一个并列领域,它通过并置意象、视野、客体、人物及事件来传达意义。在这一领域,所有的事情既是此,又是彼。它是这样一个世界,超载的同时又展示多样关系之间暂时的平衡。只有"卮言"才能捕捉到那样一个世界。"卮言"不只是呈现神圣的形式之最准确的方法,它成为唯一的方法③。

李耶理将"卮言"视为一种语言策略,肯定了它在面对宗教根

① Lee Yearley, "Daoist Presentation and Persuasion: Wandering among Zhuangzi's Kinds of Language", p.525.

② Lee Yearley, "Daoist Presentation and Persuasion: Wandering among Zhuangzi's Kinds of Language", p.526.

③ Lee Yearley, "Daoist Presentation and Persuasion: Wandering among Zhuangzi's Kinds of Language", pp.531-532.

本问题时所起到的重要作用,认为只有它才能将超越人类实践及理解范围的宗教愿景令人信服地展现出来。他说:"卮言传达出对不连续的宗教愿景而言至关重要的一些内容,这是其他任何一种语言都无法传达的。"① 在李耶理眼中,"卮言"具有不同寻常的宗教意义和价值。

第三节 论辩视角的阐释

除了沿袭中国学者对"卮言"的阐释,20 世纪以来,英美学者的研究明显表现出与国内传统视角的差异。

西方从古希腊时代开始,就特别注重从论辩角度出发研究语言的有效表达。所谓有效表达,指的是说服听众或读者。公元前 5 世纪到公元前 4 世纪,希腊出现很多演说家,他们研究的对象虽然有诉讼论辩及政治演说的差别,但都注重论辩及演说的实际效果,注重如何说服听众。柏拉图不赞成这种"论辩术"②,但是他也提出演说或写文章要懂得听众或读者的性情和心理,要运用与之相应的言辞去说服他们。换言之,柏拉图一方面认为论辩的目的应当是揭示真理,而不只是争胜,另一方面他也主张要重视说服听众或读者。之后,亚里士多德的《修辞学》最有代表性。此书开篇第一句话就是"修辞术是论辩术的对应物"。何谓"修辞术"? 智者派的定义是"说服的技巧"③。高尔吉亚(Gorgias,约前 483—前 375)

---

① Lee Yearley, "Daoist Presentation and Persuasion: Wandering among Zhuangzi's Kinds of Language", p.528.
②(古希腊)亚里斯多德著,罗念生译《修辞学》,生活·读书·新知三联书店,1991 年,第 5 页。
③(古希腊)亚里斯多德著,罗念生译《修辞学》,第 7 页。

给"修辞"下的定义是"产生说服的能工巧匠";亚里士多德的定义
是"一种能在任何一个问题上找出可能的说服方式的功能"①。尽
管他们的具体主张大有分歧,亚里士多德将修辞术与论辩术加以
区分,但是,无论是修辞术还是论辩术,都是从言语的有效性角度
加以定义,都以说服为中心和目的。亚里士多德的《修辞学》一书
讨论了演说的类型、题材,听众的情感、心理、性格,说服的方法、风
格与安排等内容。这些内容,最终都指向说服他人。尽管亚里士
多德认为演说者应当尊重事实与真理,这与诡辩派(或曰智者派)
不同,但是亚里士多德也同样重视演说的功效——说服听众。亚
里士多德的理论在西方影响极其深远,罗马著名的修辞学家西塞
罗继承了亚里士多德的理论。对论辩术的重视在西方的语言学史
上从未中断,西方修辞传统上一直被等同于"言说的艺术"(the art
of speaking)或者"说服的艺术"(the art of persuasion)②。

　　在这样的学术背景中,现代英美学者在研究"卮言"时,也会
选择从论辩角度进行考察。那么,他们发现了哪些问题呢?

　　第一,从发生学角度考察,强调"卮言"产生于论辩的背景。
本土学者的研究,大多是从静态的"卮言"所呈现的言论形态加以
研究,或者研究它应用于什么样的场合。英美学者的研究是从动
态发生的角度进行的,关注的问题是"卮言"是如何产生的,其适
用范围是什么。比如,葛瑞汉将"卮言"译为"spillover saying"③,
不断流溢的言论。他指出:"这三个术语(寓言、重言和卮言)属于
特殊的词汇,是由庄子自己在批评辩论时发展出来的。它们的存

---

① 刘亚猛《西方修辞学史》,外语教学与研究出版社,2008年,第32页。
② 刘亚猛《西方修辞学史》,第1页。
③ A. C. Graham, *Chuang-Tzŭ*, p.25.

在并没有超出《庄子》的范围,但是很快就被误解了。"① 这句话意味着三言只适用于《庄子》自己的言说方式,但是后来被泛化。有意思的是,尽管"寓言"在现当代被用于泛指先秦诸子散文中有寓意的故事,但是"卮言"的运用却仍然仅限于《庄子》。虽然后世有人将自己的著作命名为"某某卮言",但它并没有成为一种如"寓言"一样相对独立的文体形态。

第二,从论辩的目的角度看,"卮言"意在说服对方。李耶理认为,《寓言》开篇所说的"寓言十九,重言十七,卮言日出,和以天倪"②,探讨的是用不同于其他逻辑性辩论或普通语言生产方式的方法去说服人们的修辞形式。尤其重要的是说服人们,那些他们觉得古怪、令人困惑或完全错误的思想、行为和角度,却是值得思考甚至接受的。"卮言"直接处理这样一个问题:如何通过文学的方式表现一个超越我们普通的范畴及参照物的世界,如何运用一种如此奇特的语言,却仍然能够让它具有说服力③。他把"卮言"视为一种技能,但是这种技能具有重要的意义。在宗教伦理上,要呈现一个超越人们日常经验的世界,并说服人们去相信④。

此外,李耶理论三言均从技巧视角进行观照。他认为语言活动包含技巧,从《庄子》重视技能的那些故事中也可以看出这点。轮扁制轮、庖丁解牛、庄子与惠施的辩论就是很好的例子。作为读者,我们也需要阅读"卮言"的技巧。从宗教伦理角度而言,掌握

① A. C. Graham, *Chuang-Tzŭ*, p.25.
② [清] 郭庆藩《庄子集释》下册,第 939 页。
③ Lee Yearley, "Daoist Presentation and Persuasion: Wandering among Zhuangzi's Kinds of Language", pp.509-510.
④ Lee Yearley, "Daoist Presentation and Persuasion: Wandering among Zhuangzi's Kinds of Language", p.519.

这个技巧,不只是理解文本,对完成生命的圆满也至关重要 ①。

第四节　语言哲学视角的考察

英语世界对"卮言"的研究,还体现出语言哲学的观察视角。从这个角度发现"卮言"具有以下一些特征。

第一,从语词意义的确定性角度看,"卮言"是变化意义和立场的言说。葛瑞汉指出,庄子最常用的语言模式是卮言,它能够自发地自我修正 ②。他说:"卮言,传统上貌似合理地被设想为是以一种容器命名的,它被设计成当水流接近注满时便能自己直立。通常,学界把这种言说的特征归结为得道者行为的自发性,一种流动的语言,它通过变化意义和立场来保持平衡。"③葛瑞汉是从古人对卮的形态特点的描述引申出的解释。

葛瑞汉还认为:"对庄子而言,最重要的观点是除了人为的智辩情境外,语词没有固定的意义,在辩论中,一个人可能接受对手的定义,既然它们与其他词一样具有任意性。'夫言非吹也。言者有言,其所言者特未定也。果有言邪? 其未尝有言邪? 其以为异于鷇音,亦有辩乎? 其无辩乎?'(《齐物论》)然而,在演说中,言说者自行赋予语词以意义,罔顾辩论的规则。"④ 在葛瑞汉看来,语词的意义可以根据辩者的立场而随意改变,具有不确定性。

---

① Lee Yearley, "Daoist Presentation and Persuasion: Wandering among Zhuangzi's Kinds of Language", pp.527-528.
② A. C. Graham, *Chuang-Tzǔ*, p.26.
③ A. C. Graham, *Chuang-Tzǔ*, p.107.
④ A. C. Graham, *Chuang-Tzǔ*, p.107.

第二,语言能否揭示真相或现实?"卮言"意不在此。葛瑞汉说:"道家并不想用词语揭示真相或现实。他们只是提醒我们语言的局限性,并以此来引导我们理解世上变化的角度和生活的真谛。他们非但没有放弃运用语词,相反,他们调动了所有可能的文学资源,从而为道家哲学经典在中国文学史上赢得了重要的地位。"① "它们的意义可以借助《齐物论》中的相对主义得到澄清,根据《齐物论》,圣人不受固定观点的禁锢,相反,他可以自由地在临时性的'寓言'之间转移。"② "道是不可言说的,那为什么老子还要写这本书? 庄子的情形也一样反讽。庄子是一位大师,他长于狂想式的散文、复杂的论辩、格言警句、逸事、格言式的韵文,他声称无限怀疑曾经说过什么的可能性。"③

西方的论辩学术传统对于论辩的目的有两种看法,一是论辩是揭示真相的,二是争胜。葛瑞汉认为,庄子之意不在揭示真理,而要提示我们语言的局限性。这是在真相与争胜二者之外的另一个指向。这一指向与维特根斯坦的语言哲学似有相通之处。

第三,"卮言"是由口头表达向文本书写的转化,是哲学思想的特殊表达方式。林顺夫在《〈庄子〉内篇的语言》中提出,"卮言"是一种口头表达方式,而后转化为书面文字④。林顺夫认为,对道家而言,使心灵保持永恒的原始性质,空无而透明,摆脱价值观、辨识

---

① A. C. Graham, *Chuang-Tzŭ*, p.25.

② A. C. Graham, *Chuang-Tzŭ*, p.26.

③ A. C. Graham, *Chuang-Tzŭ*, p.25.

④ Shuen-Fu Lin, "The Language of the Inner Chapters of the 'Chuang Tzu'", in Willard J. Peterson, Ying-shih Yú, and Andrew H. Plaks, *The Power of Culture: Studies in Chinese Cultural History*, Hong Kong: The Chinese University Press, 1994, pp.47-69.

力、人为的区别和预设至关重要。"卮言"指的是与心灵的作用方式一致的口述行为。"卮言"是道家唯一的理想言说方式①。我们如何将这样一种神秘的理想的口语表达方式转化为内篇的实际书写？林顺夫认为，"卮言"与庄子的语言理论及自我表达的哲学有关联，而"寓言"和"重言"看起来似乎更关注思想表达及在辩论中获胜②。

论文从探讨中国传统对"卮"的解释入手。讨论了许慎、郭象及成玄英的理解，并引述了刘殿爵的论述。刘殿爵认为道家对卮的解释是一种侑卮，助饮之器，儒家则将其释为宥坐之器。道家版本中，此器空则直立，满则倾覆，以此来说明空的价值。吕惠卿、王夫之的解说把人的心灵比喻成卮，心灵容纳思想正如卮盛酒。心灵本空，并没有任何固定的规则或价值，正如卮本来并没有贮藏任何东西。卮言，是自然的，随机的，无预设价值观，总是在言论之流顺应情境的变化，一旦演说行为完成，就让心灵回归到它初始的空无状态③。

林顺夫特别肯定了司马彪（？—306）的注释。他说，在辨识出"卮"与"支"双关时，司马彪将《庄子》散文的形式与"支离"一词所描述的不正常的身体形态做了类比。这是对内篇书写风格的一个重要的洞察，对《庄子》中其他很多部分的风格来说也一样重要。林顺夫由此进一步探讨"卮言"一词所蕴含的结构意义。他认为，内篇中那些处于故事之间的、散漫的语段，代表那个隐身的作者对故事所做的评论，这是"卮言"最清晰的例证。内篇文章的

———————————

① Willard J. Peterson et al., *The Power of Culture*, p.57.

② Willard J. Peterson et al., *The Power of Culture*, p.54.

③ Willard J. Peterson et al., *The Power of Culture*, pp.54-59.

思想和故事确实像卮中流出之酒,像一位饮者用卮,他不遵循任何成规①。

林顺夫进一步指出,文章形式不仅是庄子对人生观及世界观的反映,还是中国古代哲学世界观的反映。庄子是唯一的一位尝试将其观念以相应的散文形式表达出来的思想家。看起来每篇内部互不相干的因素以一种"神秘共鸣"的方式互相联结②。它们与中国思想家具有严整结构的论辩性文章不同,比如,晚于庄子的荀子、韩非子。它们不是以因果关系或机械论来结构的,而是呈现为一种网状结构。每篇的结构都可以被描述为音乐性的,因为它是一种主题变奏曲,主要依赖形象、思想和故事并列机制而联结在一起。

林顺夫的研究敏锐地从古注中提炼出《庄子》一书哲学思想与文章形式的关联,拓展并深化了《庄子》的语言哲学研究。

第五节　从读者反应看"卮言"

从读者反应角度看"卮言",其实质是不看重"卮言"本身的意思,不看重作者的意图,而是要发掘对读者而言,阅读"卮言"所具有的意义。中国古代文论以孟子的"知人论世""以意逆志"说为代表,特别重视推原作者之意,重视对作者的研究,相对忽视从读者角度对文本进行探讨。20 世纪 70 年代,西方兴起接受美学,突出了读者在建构作品意义过程中的作用。在对"卮言"的研究中,也能看到接受美学的影子。

---

① Willard J. Peterson et al., *The Power of Culture*, p.58.
② 林顺夫文中自注云:"神秘共鸣"是李约瑟提出的。它可以很好地用来描述内篇形象、思想及故事的结构。

　　吴光明《卮言、寓言、重言:庄子的哲学方法》一文认为 ①,"卮言"要求我们改变、被评价及变形,以便于我们面对事物时绝对地聪敏与灵活。换言之,我们可以成为任何事物,我们同时又不是任何事物。他指出,庄子运用夸张的言辞以引起注意,并警示他人。我们评判它们,想当然地以为它们是简单的指示事物之词,可实际上它们却是相互矛盾的、不可靠的、非理智的、莫名其妙的。然而,我们又被迷住了。庄子的句子是中国最美的文学。我们感到当我们阅读时,被奇怪地净化了。那些言辞的宣导功能使我们思考。它们的晦涩难懂不能归因于庄子的笨拙,而是因为我们的阅读方式是错误的。我们应当让它们引领我们随着事物而灵活变化。我们必须放弃创设方式,放松我们自身,并且让我们自在自为。然后,我们就能看到并且理解。它们使得读者一遍遍地重读,直到读者停止思考而只用直觉去感受。

　　吴光明的研究突出了作为一个读者,在面对《庄子》特殊的言说方式时的感受。他认为面对"卮言"应当采取的阅读策略是,搁置主观想法,跟随庄子所说,按照庄子的方式去思考。这种解读已经不是在讨论"卮言"是什么,而是关注读者能从中获得什么,发掘"卮言"对读者而言的意义。

　　进入 21 世纪,也有一些学者表达了类似的看法,认为"卮言"的力量在于打破文本阅读的标准交流模式,持续地要求读者的积极参与。美国罗文大学哲学与宗教系教授王又如的《道家庄子和禅宗的语言策略》一书,从语言的交流与分享功能及目的角度进

---

① Kuang-Ming Wu, "Goblet Words, Dwelling Words, Opalescent Words-Philosophical Methodology of Chuang Tzu", *Journal of Chinese Philosophy*, Vol.15, No.1(1998): 1-8.

行探讨。他说,亚里士多德认为语言是可以表现客观真理的,以演说者为最终方向,这是直接交流。现代的西方理论,从海德格尔、维特根斯坦到克尔凯郭尔,以接受者为最终方向,并不认为语言的意义是固定的,语言的意义受语境影响,这称为间接交流 ①。王又如认为"卮言"包含庄子对交流的认识。庄子认为交流是分享及参与,不是传播信息或知识 ②。庄子并没有什么特定的信息要传达,他要与其读者分享的是存在的、精神的唤醒或转化,一种新的生活。其作用就像是卮中之酒,任何人都可以饮用,去发现它的滋味。如林希逸所说:"人皆可饮,饮之而有味。" ③ 庄子只是想让读者质疑他们自身的思考方式 ④。它是如何被交流的比交流的内容更重要。"卮言"的目的是激发对自身的认知。传播的内容依赖于读者的活动和创造。它们的力量在于其倾向断绝"文本—读者"互动的标准模式 ⑤。曾就职于美国深泉学院(Deep Springs College)的学者珍妮·拉普(Jennifer R. Rapp)在《比较诗学:欧里庇德斯、庄子与人类想象建构的平衡》一文中也表达了类似的观点 ⑥。

---

① You-Ru Wang, *Linguistic Strategies in Daoist Zhuangzi and Chan Buddhism*: *The Other Way of Speaking,* London: Routledge, 2003, p.139.

② You-Ru Wang, *Linguistic Strategies*, p.145.

③ [宋] 林希逸著,周启成校注《庄子鬳斋口义校注》,第 431 页。

④ You-Ru Wang, *Linguistic Strategies*, p.146.

⑤ You-Ru Wang, *Linguistic Strategies*, p.151.

⑥ Jennnifer R. Rapp, "A Poetics of Comparison: Euripides, Zhuangzi, and the Human Poise of Imaginative Construction", *Journal of the American Academy of Religion*, Vol.78, No.1(2010): 163-201.

小　结

翻译的本质是理解和阐释,大多数的"卮言"英译并非简单的文字翻译,而是解释性的翻译。像葛瑞汉的"spillover saying",梅维恒的"impromptu words",彭马田的"flowing words"[①],任博克的"spillover-goblet words"[②],无不如此。因而,了解英语世界的"卮言"译解便有其必要性,有助于我们更好地理解其多重涵义。

从对"卮言"的译解及研究中,可以看到西方学者对中国古代重要注疏的尊重和遵从,这也是了解异质文化的必由之路。同时,西方学者有其特定的学术传统和问题意识,其研究视角必然有别于本土学者。了解英语世界多样化的解释,可以给我们一些启发,比如,像葛瑞汉从《庄子》一书产生的论辩思想场域去认识"卮言",这一研究思路就可以举一反三,应用到对其他文本及文学现象的理解和解释中。当然,对于熟悉《庄子》的本土学者而言,哪些英文译述比较贴近《庄子》,哪些明显偏离甚至与庄生之旨大相径庭不难辨识。即使那些明显的主观臆断,有时却也可见中国古代经典对于解决西方学术问题的助益。总之,对英语世界的研究,同于我者,要知其源,本出于我;异于我者,要知其可取之处。既不必为其同而欢欣鼓舞,也不必为其异而金刚怒目。学术,天下之公器,经典的翻译与阐释,是中西古今思想的交流与碰撞,准确当然重要,不过,只要不是恶意歪曲,误读也未必无用,这是新的意义和价值生成的过程。

---

① Martin Parlmer et al., *The Book of Chuang Tzu*, p.244.
② Brook Ziporyn, *Zhuangzi*, p.114.

第七章　哲学视角的单篇研究
——《齐物论》意蕴的发掘

　　《庄子》一书中,《齐物论》在英语世界最受重视,研究者众多。沈清松(1949—2018)曾撰文从其经典解读的根本主张"动态的脉络主义"出发,提出四项一般性诠释原则:文义内在原则、融贯一致原则、最小修改原则、最大阅读原则。根据这些原则,并依据《齐物论》文本语用的动态发展,将文本划分为七大段落,逐段讨论了华兹生和葛瑞汉英译本的优劣①。论文既有理论高度和深度,对文本的剖解也深入细致。有此珠玉在前,这里不专论《齐物论》全文的英译,只梳理一下英语世界对《齐物论》所做的哲学阐释。

第一节　相对主义

　　《庄子》思想一向被视为相对主义,而体现相对主义最集中、最鲜明的篇章莫过于《齐物论》。《齐物论》运用了大量疑问句式,对论辩中"是""非"的确定性提出疑问,提出"彼亦一是非,此亦一

---

① 沈清松《中国哲学文本的诠释与英译》,刘笑敢主编《中国哲学与文化》第2辑,广西师范大学出版社,2007年,第41—74页。

是非"① 命题。对如何解决这一困境,文中提出了 "两行"② 概念,这
便为西方学者用相对主义和怀疑主义进行解读提供了可能。

一、庄子是相对主义者

相对主义和怀疑主义这两个哲学概念源于古希腊。用相对主
义来解说庄子思想,比较早的学者是 20 世纪 30 年代山东齐鲁神
学院教授夔德义(Lyman V. Cady)。他是一位牧师,1935 年出版
了《宗教心理学》一书,收在上海书店 1989 年编印的 "民国丛书"
第一编中。他在 1930 年发表了一篇论文《中国哲学概论》③,文中
以 "道家的修正" 为题论述《庄子》。他认为在庄子那里,相对于道
的超越性和包罗万象的实在,其他一切都是纯粹相对的。世界本
身的现实层面并不真实,只有在道中才真实。而且,我们对时间、
空间、真假、善恶的各种判断标准,都是纯粹相对的。他还进一步
解说这一观点产生的原因是庄子可能厌倦了墨家和儒家关于 "言"
和 "德" 的争论,认为真理总是兼而有之。夔德义概述的庄子的主
要思想皆出自《齐物论》。

在夔德义之后,顾立雅所撰《道家是什么》④ 一文在学界影响
甚广。顾立雅说:"在道德上,道家哲学是完全冷漠的。一切都是
相对的。'是' 和 '非' 只是我们可以用在同一件事情上的词语,

---

① [清]郭庆藩《庄子集释》上册,第 71 页。

② [清]郭庆藩《庄子集释》上册,第 76 页。原文 :"是以圣人和之以是非而休
　乎天钧,是之谓两行。"

③ Lyman V. Cady, "An Introduction to Chinese Philosophy", *The Annals of the
　American Academy of Political and Social Science,* Vol. 152 (1930): 30-38.

④ H. G. Creel, "What Is Taoism?", *Journal of the American Oriental Society*,
　Vol. 76, No. 3 (1956): 139-152.

这取决于我们是从哪个片面的观点来看待。""从道的超越立场来看,所有这些事情都无关紧要。"① 他在这里所说的"道家哲学",内容出自《齐物论》。

弗莱伯格(J. W. Freiberg)《道家心灵：以"意识结构"为例》一文②,总结了之前的一些论述,还指出有些寓言也表达了相对主义的思想。他援引华兹生 1968 年译本第 45 页《齐物论》中的几句话为例③,说明在道家的思想中,除非有例外情形,否则不可能形成绝对意义上的对世界的判断。

萧公权(Kung-chuan Hsiao, 1897—1981)《中国政治思想史》④的第四部分讨论到庄子,题为"物之平等与生命之超越",说道："庄子突破了老子思想中严格坚持以自我为中心的因素,并在此基础上发展了其关于物的相对性(齐物)和超越生命(外生)的理论。"⑤在这里,萧公权直接把"齐物"解释成了物之相对性(relativity of things)。他进一步解析"齐物"思想产生的理论源头,曰："庄子的'物之平等'和'生命之超越'理论源于'道'的概念,即道之自然('天道')。庄子承认万物都是无形之道的产物,'道无所不在'。""由于他们都是从道中产生,所以很难在'物'与'我'之间

① H. G. Creel, "What Is Taoism?", p.140.

② J. W. Freiberg, "The Taoist Mind: A Case Study in a 'Structure of Consciousness'", *Sociological Analysis*, Vol. 36, No. 4 (1975): 304-322.

③ 中文原文是："民湿寝则腰疾偏死,鳅然乎哉? 木处则惴栗恂惧,猨猴然乎哉? 三者孰知正处?"（[清]郭庆藩《庄子集释》上册,第 98 页）

④ Kung-Chuan Hsiao, *History of Chinese Political Thought* (*Vol.1: From the Beginnings to the Sixth Century*), Princeton: Princeton University Press, 1979.

⑤ Kung-Chuan Hsiao, *History of Chinese Political Thought*, p.301.

划清界限。'天地与我并生,而万物与我为一。'然而,就其各自的本性而言,每一事物都有其自己的'德',就事物内在且独有的特性而言,万物彼此不同,每一类事物都有适合其自己的本性。'物固有所然,物固有所可;无物不然,无物不可。'这一原则一旦确立,所有事物与自我,即我与非我、真与假、高贵与卑贱的区别就失去了它们的绝对界限,所有事物的不平等都使它们处于相对平等与统一的地位。"[1] 他结合相关篇章的论述,指出:"齐物的作用是保持事物本来各异的本质。如果固执地坚持用一种标准来齐物,事物的真实本性(天真)就会消亡。"[2] 抛开《齐物论》是否属于相对主义,这些论断都很精当。

　　陈汉生的论文《〈庄子〉的"道"之道》[3] 集中研究了《齐物论》,文中有一小节题为"解释的假设:相对主义",另一小节题为"'是'与语义相对主义",从不同角度探讨庄子相对主义的问题。他认为庄子是一个相对论者,不是一个绝对论者。即,"道"最好被理解为方法,例如规定性的话语。对庄子的解释旨在调和儒道,而没有认识到庄子的相对论怀疑主义本质上是反儒墨的。道家确实是怀疑主义的一种形式,但它是这样一种怀疑主义——基于用语言做出说明性判断的理论,而不是基于现象学,也不是基于现实世界与真实世界的理性区分。它不是对感官的怀疑,而是对规范性话语中所做的评价性区分的怀疑 [4]。

---

[1] Kung-Chuan Hsiao, *History of Chinese Political Thought*, pp.301-302.

[2] Kung-Chuan Hsiao, *History of Chinese Political Thought*, p.304.

[3] Chad Hansen, "A Dao of Dao in *Chuang-tzu*", in Victor H. Mair, *Experimental Essays on "Zhuangzi"*, pp.23-55.

[4] Victor H. Mair, *Experimental Essays on "Zhuangzi"*, pp.31-33.

　　陈汉生要论证的是《齐物论》中提出的理论是相对主义而非绝对主义。他按文中先后顺序,分析了部分关键段落,认为这样的安排显示出《齐物论》是作为一个整体,以连贯的相对主义立场而做的阐述。他特别指出庄子的相对主义是"视角相对主义"(Perspectival Relativism)①,"所有是非判断都与现存的社群实践相关。儒家的'道'与墨家的'道'产生了不同且对立的是非判断的模式"②。

　　陈汉生引用《齐物论》"物无非彼,物无非是。自彼则不见,自知则知之。故曰彼出于是,是亦因彼。彼是方生之说也"③,分析说:"这种关于指示词的争论,接近庄子相对主义的核心。庄子的策略是表明所有的辨别、评价、分类等都是相对于一些易变的判断环境而言的。""庄子将这一关于指示词的观点扩展到所有的语言选择行为。""'是'既是一个指示性的'这',也是一个判断词'对''正确'。庄子的论证从本质上把指示词的反身性转化为更普遍的使用。因此他从参照的视角相对主义跳到传统的判断相对主义。""自然、宇宙,不做任何判断,包括所有的社会之道都是平等的。"④

　　陈汉生予人最深印象的观点,是他概括的"视角相对主义",笔者对此深深赞同。

二、陈汉生对解释方法的回顾

　　陈汉生在其论文《〈庄子〉的"道"之道》中回顾、批评了学界

①　Victor H. Mair, *Experimental Essays on "Zhuangzi"*, p.45.
②　Victor H. Mair, *Experimental Essays on "Zhuangzi"*, pp.46-47.
③　[清]郭庆藩《庄子集释》上册,第71页。
④　Victor H. Mair, *Experimental Essays on "Zhuangzi"*, p.47.

已有研究成果对庄子的解释方法、角度及结论。论文指出,公认的观点是∶道家是一种形而上的关于绝对本体"道"的理论。陈汉生认为它是元道德论(metaethical theory)和相对主义 ①,它需要许多规范的道。道具有形而上的地位类似于规范话语——引导信息结构。在《庄子》内篇中,社会话语的道主导着讨论。庄子的认识论相对主义支持一种怀疑主义,这种怀疑主义掩盖了将道家视为教条主义和宗教神秘主义的传统态度,支持矛盾及不一致。它使庄子重新与当时更广泛的哲学、伦理和语言理论联系起来。

陈汉生回顾传统的解释方法,认为传统的解释集中于"道",而且把所有道家都解释成类似于慎到的观点。他梳理了庄子产生的思想语境和后代对其进行解释的思想背景,说∶道家哲学并不是一个延续的学派。古典道家是由道教徒、佛教徒、宇宙论倾向的儒家以及受佛教影响的新儒家组成的。庄子的哲学是对新墨家和名家的语言理论和洞见的回应。这些提供了语言的背景理论和哲学趣味的学派,在秦汉的正统统治下,几乎被从传统中消灭了。这些学说被中国的传统思想所取代。新墨家、名家对语言哲学的研究,是传统解释所忽视的哲学语境的一个方面。《齐物论》包含了许多分析的技术术语,反映了对那个时期语言分析所涉及的问题和人物的浓厚兴趣。庄子与名家惠施关系密切,他暗指公孙龙的悖论,有效地使用了《墨经》的术语。汉末出现的传统解释既受当时流行的黄老之学的影响,又缺乏对这一重要背景的认识。

传统的解释既然存在问题,那么我们应当如何进行解释呢?陈汉生认为∶"我们必须通过提出和评估假设和理论视角来开始解释。解释在结构方面是实验性的,在更深层的意义上而言,它假设

---

① Victor H. Mair, *Experimental Essays on "Zhuangzi"*, p.23.

庄子是一个持怀疑态度的相对主义者,它对新墨家更为现实的语言哲学做出了谨慎的反应。""传统对《庄子》的解释经常承认怀疑主义和相对主义的主题,尽管它被归为一本广泛的教条主义和绝对主义著作。"①陈汉生提出,其解释路径是拟从庄子的内隐语言理论入手,探讨庄子对知识和心灵局限性的论述。他认为,传统的解释由于受到儒家和佛教思想的主导而扭曲了文本。

三、爱莲心对诸说的分类

爱莲心在其《向往心灵转化的庄子》一书中,有两章专论相对主义,梳理了何以用相对主义来解释《庄子》的种种因素②。爱莲心把用相对主义解释《庄子》的说法划分为四类,指出每一类解释易犯的错误,并提出第五种相对主义的解释。具体而言,前四类是:坚定的相对主义、温和相对主义、既不是相对主义又不是非相对主义、既是相对主义又是非相对主义,爱莲心自己标举的是"不对称相对主义"(Asymmetrical Relativism)③。坚定的相对主义代表学者有顾立雅、陈汉生、孔丽维、拉尔斯·汉森(Lars Hansen),一定程度上也包括陈荣捷。温和相对主义的代表学者有柯雄文(Antonio S. Cua, 1932—2007)、后期的葛瑞汉和黄百锐。既不是相对主义又不是非相对主义,这种主张的代表学者有格雷厄

---

① Victor H. Mair, *Experimental Essays on "Zhuangzi"*, p.27.
② 爱莲心最初发表了论文《论〈庄子〉中的相对主义问题》,后收入其专著《向往心灵转化的庄子》。Robert E. Allinson, "On the Question of Relativism in the *Chuang-tzu*", *Philosophy East and West*, Vol. 39, No. 1 (1989): 13-26. Robert E. Allinson, *Chuang-Tzu for Spiritual Transformation*, Chapter 8: *The Question of Relativism*; Chapter 9: *The Origin of the Relativistic Thesis*.
③ Robert E. Allinson, *Chuang-Tzu for Spiritual Transformation*, p.122.

姆·帕克斯(Graham Parkes)和早期的葛瑞汉。既是相对主义又是非相对主义,这一观点的代表学者是拉塞尔·古德曼(Russell Goodman)①。

　　爱莲心还探讨了用相对主义阐释《庄子》的源起。他指出四个原因:一是《齐物论》相对独立,如果不把《齐物论》看作是《逍遥游》的发展,而单独研究这一篇,就容易将其误解为纯粹相对主义的表达;二是《齐物论》引入的梦喻的认知功能没有足够的解释;三是与《齐物论》标题的影响有关,确切地说与这个标题的英译有很大关系;四是没能把《庄子》的内、外、杂篇做出足够强大的区分,尤其是把外篇的《秋水》与《齐物论》的重要性等同起来,影响了在相对主义方向上的解释路径②。在探讨《齐物论》标题英译所产生的影响时,爱莲心分析了葛瑞汉、陈荣捷、冯友兰、陈汉生和吴光明的英译,认为他们中有人没有强调题目中的"论",陈汉生的翻译用了哲学意义上的介词"on"(论),令人耳目一新。

　　爱莲心分析华兹生的英译 "Discussion on Making All Things Equal" 把 discourse(论)放在开头,强调了标题的"论"。认为由于英译的大多数标题强调的是"齐",而非"论",就将相对主义作为一种事实,具有倾向性,这对读者是一种误导,使读者产生这样的期待——《齐物论》的内容要得出以下结论:所有的事物都具有同等的价值。

　　爱莲心对这一问题的分析非常有意义,他告诉我们一位译者的哲学思考、哲学立场将对文本解读产生怎样广泛而深远的影响。

---

① Russell B. Goodman, "Skepticism and Realism in the Chuang Tzu", *Philosophy East and West*, Vol. 35, No. 3 (1985): 231-237.
② 详见英文本第127—142页,中译本第141—159页。

四、艾文贺和齐尤因的质疑

艾文贺的论文《庄子是不是相对论者》[①],详细梳理了陈汉生和黄百锐对庄子相对主义的阐发[②]。他认为,尽管他们对《庄子》文本的解读非常不同,但他们都声称《庄子》的观点是"相对主义",都将庄子描述为提倡一种道德相对主义。陈汉生认为《庄子》呈现了一种元道德论的观点,这种观点对任何建立伦理主张的尝试都具有决定性的破坏作用。黄百锐认为,它驳斥了理性合理的道德规范,建立了一种价值平等和普遍同情的道德规范。艾文贺的论文试图厘清陈汉生和黄百锐在《庄子》中所看到的相对主义的不同意义,指出了两种解释所存在的问题。艾文贺认为这两种对文本的解释都似是而非,因为它们都没有提供庄子关于人性品格的任何解释,这种疏漏反过来给他们各自的立场带来了哲学上的困难。

艾文贺批评陈汉生的解释建立在对文本错误和片面解读的基础之上。陈汉生认为庄子主张所有的道德观念都是同样可行的,庄子的作品完全是消极的,因为他唯一的主张是没有人可以提出特别的主张,从其独特的角度看,每个观点都是"是"。庄子是一个彻底的非道德思想家。艾文贺说,陈汉生的阅读是错误的,他把庄子偶尔使用上帝的视角作为其决定性的观点。从这个角度看,所有的观点都是平等的,没有哪一个优于另一个。艾文贺认为,庄子

---

① Philip J. Ivanhoe, "Was Zhuangzi a Relativist", in Paul Kjellberg and Philip J. Ivanhoe, *Essays on Skepticism, Relativism, and Ethics in the Zhuangzi*, pp.196-214.

② 艾文贺在尾注中说明,黄百锐对庄子相对主义的论述见于 David B. Wong, *Moral Relativity*, Berkeley: University of California Press, 1984。

只使用这种观点作为一种疗法,将我们从狭隘的视角中解放出来,让我们对自己在世界上的真实位置有更准确的认识。庄子对"天"的视角的运用也是他试图解除我们过度依赖智力的一部分。庄子认为,这将有助于引导我们回到自然的倾向和直觉。这种解读的优势在于,庄子深入参与了他所处时代的一个核心哲学争论——人性的品格,并提出了自己独特的观点。在笔者看来,艾文贺认为庄子想将我们从狭隘的视角中解放出来,这个观点贴近《齐物论》文本的意思。

艾文贺还探讨了黄百锐的主张。黄百锐认为相对主义或者可以帮助我们认识个人价值平等的含义。艾文贺分析,黄百锐对那些试图将道德建立在某种理性诉求基础上的哲学家的攻击,在方法上与庄子自己的反理性方法非常相似。由于缺乏对人性特征的某种阐释,黄百锐的哲学立场也显得有些偏颇。这并不是说黄百锐的立场没有优长,总体而言其解读对当代伦理学是有贡献的。笔者认为,艾文贺的这些批评是中肯的,是基于对《齐物论》及《庄子》整体思想的深入认识而得出的,非常有价值。

20 世纪末,齐尤因(Ewing Y. Chinn)发表了两篇探讨《齐物论》的论文,都涉及相对主义,观点与其他学者不同。第一篇是《庄子和相对主义的怀疑论》①,齐尤因指出:陈汉生认为庄子是一个相对主义的怀疑论者,是视角主义者。齐尤因赞同庄子是一个视角主义者,但不同意陈汉生把庄子描述为一个相对主义的怀疑论者。齐尤因认为,陈汉生对《齐物论》中的重要段落,尤其是庄周梦蝶的解读存在严重的问题。齐尤因认为庄子既

---

① Ewing Y. Chinn, "Zhuangzi and Relativistic Skepticism", *Asian Philosophy*, Vol.7, No.3(1997): 207-220.

不是怀疑论者,也不是视角相对主义者,而是一位视角实在论者（perspectival realist）。齐尤因的另一篇论文《万物之天性均齐》①,针对陈汉生提出的"视角相对主义",总结出了"相对主义的怀疑主义"（relativistic skeptic）、"方法论的相对主义"（methodological relativism）和"视角的实在论"（perspectival realism）等概念②,结论与上一篇论文相同③。

第二节　怀疑主义

梅维恒主编的《实验性〈庄子〉论文集》收录了葛瑞汉、陈汉生、李耶理等人的论文,他们都用相对主义和怀疑主义概括《庄子》④。葛瑞汉的论文《道家的自发性及"是"与"应该"的二分法》⑤,举了大量《齐物论》中关于"辩"的论述,给庄子学说贴上了怀疑主义和相对主义的标签。他说:"像庄子那样极端的怀疑主义和相对主义对现代读者来说并不陌生,但远非如此。"⑥ 不过,葛瑞汉早期撰写的论文《庄子的〈齐物论〉》并没有特别论述相对主义,

---

① Ewing Y. Chinn, "The Natural Equality of All Things", *Journal of Chinese Philosophy*, Vol.25, No. 4(1998): 471-482.

② Ewing Y. Chinn, "The Natural Equality of All Things", p.473, 476, 476.

③ Ewing Y. Chinn, "The Natural Equality of All Things", p.479.

④ 姜莉论文《对西方庄学"怀疑论"的反思与辩释》(《国际汉学》2016 年第 3 期）依据西方学者讨论的主题、范围和程度,将他们所称的庄子怀疑论归纳为四种:独断怀疑论、非独断怀疑论、方法怀疑论、治疗怀疑论。本节所论引用的英文论文与姜文多有不同,具体内容亦大异。

⑤ A. C. Graham, "Daoist Spontaneity and the Dichotomy of 'is' and 'ought'", in Victor H. Mair, *Experimental Essays on "Zhuangzi"*, pp.3-22.

⑥ Victor H. Mair, *Experimental Essays on "Zhuangzi"*, p.7.

只是认为文章结尾部分从"瞿鹊子问乎长梧子"至篇末的庄生梦蝶,是为了说明所有知识的相对性①。

一、陈汉生从语言哲学和解释学角度的分析

陈汉生的论文《〈庄子〉的"道"之道》有一小节题为"怀疑主义",他认为,庄子的怀疑主义虽然不同于由表象、现象或信仰与知识的区别所产生的怀疑主义,但也有其自身的悖论。庄子承认,一个人甚至不能说他什么都不知道,因为这也需要采用某种在知与不知之间进行区分的系统。陈汉生引用了《齐物论》中"啮缺问乎王倪"的几句对话(陈汉生自注采用的是葛瑞汉 1969 年的译文),中文原文是:

> "子知物之所同是乎?"
> 曰:"吾恶乎知之!"
> "子知子之所不知邪?"
> 曰:"吾恶乎知之!"
> "然则物无知邪?"
> 曰:"吾恶乎知之!"
> 虽然,尝试言之。庸讵知吾所谓知之非不知邪? 庸讵知吾所谓不知之非知邪? ②

陈汉生认为庄子自始至终都在发展相对主义的主题。我们所做的所有区分、判断和评价都来自某个角度,来自一些公认的或武断

① A. C. Graham, "Chuang-tzu's Essay on Seeing Things as Equal", p.149.
②[清]郭庆藩《庄子集释》上册,第 96—97 页。

的区分实践以及命名。陈汉生继而又引用了庄生梦蝶(采用华兹生 1964 年的译文),分析说:"在解释这段话的时候,我们自然倾向于把一种感觉怀疑主义贴在庄子身上,而一些论者则将其视为庄子所有怀疑主义背后的深层洞见。""关键是这种辨别、评价依据的是视角,而不是感官向我们展示并不真实存在的事物的可能性。""蝴蝶与庄周的区别在于梦与醒的区别。因此,事物的转化不是赫拉克利特式的形而上的表象世界的变化理论,而是建立在一种社会语言学理论之上,认为改变我们划分和辨别的方式有无限的可能性。这是一种怀疑主义,基于对'言'的传统和功能的看法:所有的判断、所有的'是'与'非'都是相对的。"[1]

　　陈汉生的结论是:在内篇中,尤其是《齐物论》,如果我们把庄子看作一位相对主义和怀疑主义者,那么《齐物论》就可以更好地作为一个连贯的整体而被理解。他自己提供的是一种理解"道"的方法。解释本身就是一种"道",一种做事的方式,也就是从某个角度来阅读文本。他的这种解释预设了在解释理论中进行选择的标准。如果像庄子所言,这种预设是不可避免的,那么一个人所做的预设很难成为一种批评。陈汉生最后说:"对我而言,喜欢受西方理论理性的激发并解释庄子所写的内容,就像庄子从中国古典语用观的角度写作一样自然。"[2]陈汉生从道家内部发展的角度分析《齐物论》,也意识到对《庄子》的解读都有一种理论预设,他自己特别注重从语言哲学和解释学的角度进行分析。

　　陈汉生《中国思想的道家之论——一种哲学解释》一书第八

---

[1] Victor H. Mair, *Experimental Essays on "Zhuangzi"*, p.52.

[2] Victor H. Mair, *Experimental Essays on "Zhuangzi"*, p.53.

章题为"庄子：对辨别的辨别"[①]，讨论了几个问题，其中包括"做梦与《庄子》中的怀疑主义""科学和事实与价值的区分"，也引用了《齐物论》中啮缺与王倪的对话，得出的结论是："啮缺的问题提醒我们，庄子怀疑主义的基础是视角的多样性，以及这些不同视角在虚构语境中表现术语差异的方式……王倪的回答是关于解释的问题。"[②]

在笔者看来，陈汉生所说的"预设"即庄子所谓的"成心"。《齐物论》有言曰："夫随其成心而师之，谁独且无师乎？奚必知代而心自取者有之？愚者与有焉。"[③]"成心"与伽达默尔所说的"前见"（Vorurteil）[④]有相似处，这提示我们从解释学角度看《庄子》应当也能有所发现。

二、李耶理"内在世界的神秘主义"主张

李耶理《激进的〈庄子〉中的"至人"》[⑤]有一小节以"怀疑主义"为题，他自注陈汉生发表于 1975 年的论文及其未发表的论文《〈老子〉语言学的怀疑主义》，很大程度上影响了他关于古代中国

---

① Chad Hansen, *A Daoist Theory of Chinese Thought: A Philosophical Interpretation*, New York: Oxford University Press, 1992, pp.265-303. 此书有中译本，（美）陈汉生著，周景松、谢尔逊、张丰乾译《中国思想的道家之论——一种哲学解释》，江苏人民出版社，2020 年。

② Chad Hansen, *A Daoist Theory of Chinese Thought*, p.293.

③ [清]郭庆藩《庄子集释》上册，第 61 页。

④（德）汉斯-格奥尔格·伽达默尔著，洪汉鼎译《真理与方法：哲学诠释学的基本特征（上卷）》，上海译文出版社，2004 年，第 275 页。

⑤ Lee Yearley, "The Perfected Person in the Radical *Zhuangzi*", in Victor H. Mair, *Experimental Essays on "Zhuangzi"*, pp.122-136.

知识论的思考①。李耶理认为,与西方传统思想家不同,大多数中国古代思想家以不同的方式看待知识。对他们而言,知识就是遵循一个学术上的命名和评估系统,当我们学习一门语言时,我们被教导去理解它,以一种习得的建构过程为指导。庄子的怀疑源于这样一个事实:许多不同的论述都是可能的。是非判断取决于视角,而视角是由一个人所学的话语所塑造的。庄子的立场并不是简单的"我们一无所知",相反,它是更为复杂和微妙的"我们不知道我们是否知道或我们是否不知道"。庄子甚至怀疑自己的怀疑,他只是不确定。李耶理引用了《齐物论》中丽之姬的故事②,认为庄子的怀疑主义在这个故事中得到了非哲学的有力而深刻的阐述。"予恶乎知夫死者不悔其始之蕲生乎"这种提出问题而不解决问题的态度是庄子怀疑主义的核心。

　　李耶理认为,庄子假设所有的知识和行为都依赖于特定的话语所给予我们的视角。庄子的观点直接源于其怀疑主义,与传统的观点有着本质的不同。它代表一种独特的神秘主义形式,以中国特色而闻名。换言之,怀疑主义将庄子的思想导向激进。激进的庄子所追求的理想境界是一种"内在世界的神秘主义"(Intraworldly Mysticism)③。李耶理解释了何谓"内在世界的神秘主义"。它不寻求与超越人类正常存在的世界的真实相结合,也不

---

① 陈汉生发表于 1975 年的论文是《中国古代的语言理论》。Chad Hansen, "Ancient Chinese Theories of Language", *Journal of Chinese Philosophy*, Vol.2, No.3(1975): 245-283.

②《齐物论》:"丽之姬,艾封人之子也。晋国之始得之也,涕泣沾襟;及其至于王所,与王同筐床,食刍豢,而后悔其泣也。予恶乎知夫死者不悔其始之蕲生乎!"([清]郭庆藩《庄子集释》上册,第 109 页)

③ Victor H. Mair, *Experimental Essays on "Zhuangzi"*, p.127.

把世界的特殊性看作是不真实的,而是把它们与作为其基础的单一真实统一起来。"内在世界的神秘主义"旨在以一种新的方式重新认识世界[1]。这种神秘主义究其实,是一种重新认识世界的方式。李耶理在陈汉生从语言哲学对《齐物论》进行分析的基础上做了更进一步的研究。

三、艾文贺、乔柏客的见解

对《庄子》相对主义及怀疑主义的讨论,在20世纪90年代末形成一个热点。艾文贺《庄子论怀疑主义、技巧及不可言传的道》一文[2],将怀疑主义分为四种形式:感觉怀疑主义、道德怀疑主义、认识论怀疑主义及语言怀疑主义。论文引了庄周梦蝶和另一段《齐物论》中的文字:"梦饮酒者,旦而哭泣;梦哭泣者,旦而田猎。方其梦也,不知其梦也。梦之中又占其梦焉,觉而后知其梦也。且有大觉而后知此其大梦也,而愚者自以为觉,窃窃然知之。君乎,牧乎,固哉! 丘也与女,皆梦也;予谓女梦,亦梦也。"[3]指出在后一个梦境文段中,我们被告知,在"最终的觉醒"时,我们将知道什么是真正的真实。这不是感觉怀疑主义,而是一种温和而特殊的认识论怀疑主义:我们试图获得知识的方式有问题,但问题似乎更多地在于我们的思维状态,而不是感觉状态。蝴蝶梦的故事告诉我们,梦和醒之间的区别肯定是可能的,但它并不能保证在未来的某个时刻,我们能够毫无疑问地做出这种区分。艾文贺认为这两个故事是内篇中仅有的可以让人认为庄子是一个怀疑主义者的证

---

[1] Victor H. Mair, *Experimental Essays on "Zhuangzi"*, p.128.

[2] Philip J. Ivanhoe, "Zhuangzi on Skepticism, Skill, and the Ineffable Dao", *Journal of the American Academy of Religion*, Vol. 61, No. 4 (1993): 639-654.

[3] [清]郭庆藩《庄子集释》上册,第110—111页。

据,但最好将它们作为一种特殊的认识论怀疑主义的例子来阅读。按照艾文贺的定义,认识论怀疑主义并不否认世界上存在客观事实,事实上,他们只是否认我们能对这些事实有可靠的认识。艾文贺论证庄子虽然是一个认识论怀疑主义者,但只对某种知识,即智能知识持怀疑态度。他对直觉知识一点也不怀疑。他的认识论怀疑主义是独特的,最好被看作是语言怀疑主义者。所谓语言怀疑主义,指的是语言在某种程度上不足以表达关于现实的某些事实,至少在命题形式上如此。艾文贺所论语言怀疑主义引述的《庄子》原文不在《齐物论》中,兹不论。

　　乔柏客撰写的博士论文《庄子和怀疑主义》[1],从哲学角度阐述了庄子的怀疑主义思想。前两章翻译并分析了郭象新道家、早期佛教支遁和成玄英的诠解,强调这两种截然不同且常常相互冲突的传统对现代文本接受的影响。接下来的五章分别考察了冯友兰、顾立雅、陈汉生、华兹生和韦利对自由,马伯乐和李耶理对神秘主义,陈汉生、黄百锐、吴光明和爱莲心对相对主义,艾文贺、伊诺、柯雄文等对技巧,葛瑞汉对意识与自发的现代诠释。在最后两章,乔柏客给出了自己的解释,理解庄子是对一个独特的哲学问题的回应,即在相互冲突的概念方案之间,尤其是在不同的方法论和术语之中做出选择。他认为,怀疑主义本身为这个原本无法解决的问题提供了最佳的、可能的解决方案。这篇论文重在揭示这一信念的基础,乔柏客将其统称为庄子的"自然主义"(naturalism)。简言之,庄子认为美好的生活是自然的生活,当人们以怀疑主义所带来的开放心态和灵活性来应对他们的处境时,他们就是在自然地生活。

---

[1] Paul Kjellberg, *Zhuangzi and Skepticism*, Stanford University, Ph. D., 1993.

　　乔柏客还发表了《怀疑主义、真和美好生活：庄子和塞克斯都·恩披里科比较》一文 ①，后经扩充，收在他和艾文贺主编的论文集《〈庄子〉中的怀疑论、相对论及伦理学论文集》中 ②，论文题目更改为《塞克斯都·恩披里科、庄子和荀子论"为什么要怀疑"》③。乔柏客引述了《齐物论》中"啮缺问于王倪"一大段对话，把"王倪"译成"Royal Relativity" ④，皇室相对主义。乔柏客注释说，名字在文中是有寓意的。"啮缺"的意思是门牙之间的缝隙，缺失的牙齿。这个名字表明了某种不完美。"王"的意思是皇室。"倪"是相对主义。《秋水》认为，小只是从大的观点来看，反之亦然。因此，小和大不能被认为是对立的或不同的，除非彼此相对。这里是在回应《齐物论》文中的"天倪"概念，"倪"这个词大概描述一个人擅长"通过事物判断的自然相对性来协调事物"（和之以天倪）之术，因此，他被描述为"皇室" ⑤。笔者认为，乔柏客对"倪"的解说明显有偏差，阐释过度。"倪"，分也，"天倪"，自然的分际，并不是相对主义。"王"也只是表示大，而非皇室。

　　乔柏客将古希腊怀疑派代表人物塞克斯都·恩披里科与庄子做了比较，认为他们使用的论证方式很相似。例如，他们都利用了观点的多样性。庄子将人的判断与动物的判断做了对比。在其他

① Paul Kjellberg, "Skepticism, Truth and the Good Life: A Comparison of Zhuangzi and Sexturs Empiricus", *Philosophy East & West*, Vol.44, No.1(1994): 111-133.
② Paul Kjellberg and Philip J. Ivanhoe, *Essays on Skepticism, Relativism, and Ethics in the Zhuangzi*, 1996.
③ Paul Kjellberg, *Sextus Empiricus, Zhuangzi, and Xunzi on "Why Be Skeptical"*.
④ Paul Kjellberg et al., *Essays on Skepticism*, p.8.
⑤ Paul Kjellberg et al., *Essays on Skepticism*, p.23.

地方,他挑战我们的直觉。他让王倪不停地问:"吾恶乎知之?"字面的意思是"通过什么手段?"。庄子在另外一段中进一步论述:"一旦你和我开始争论……谁能判断谁是正确的? 要不要找一个和你意见一致的人来评判? 但如果他已经同意你的意见,他怎么能评判? 要不要找一个和我意见一致的人来评判? 但如果他已经同意我的观点,他怎么能评判? 要不要找一个和我们意见都不一致的人来评判? 但如果他已经不同意我们两人的观点,他怎么能评判? 在这种情况下,你、我和其他人都无法理解对方。那我们要不要等别人来评判?"[1] 乔柏客解析《齐物论》中这个文段,说:"争论只能根据某种判断或标准来解决。但是对判断和标准的选择反过来又取决于一个人最初的立场,而这个立场又正是有待解决的问题。各方不仅不能达成友好的解决方案,他们甚至不能确定自己是正确的。虽然庄子在分析不同类型的论证时没有塞克斯都·恩披里科那么系统,但在整篇文章中,他运用了类似的技术,将论证简化为一个循环、逆推,以及不设防的假设。"[2] 乔柏客说:"庄子和塞克斯都·恩披里科认为,人们只要不确定某件事是好是坏,而不是确定它是好是坏,就能保持平静。""对整个文本的不同看法不是提供解决方案,而是提出导致不确定性的问题。"[3] 乔柏客指出的庄子循环式论证方式还是很有意义的。

四、瑞丽、施威茨格贝尔等人的看法

艾文贺和乔柏客二人编辑出版的论文集所收的九篇论文,都

---

[1]《齐物论》:"既使吾与若辩矣……而待彼也邪?"([清]郭庆藩《庄子集释》上册,第112—113页)

[2] Paul Kjellberg et al., *Essays on Skepticism*, p.9.

[3] Paul Kjellberg et al., *Essays on Skepticism*, p.10.

认同庄子是怀疑主义者,但每篇文章的作者提供了不同的动机。乔柏客将庄子的怀疑主义与古希腊的怀疑主义者塞克斯都·恩披里科做了比较。瑞丽的论文《〈庄子〉和〈泰阿泰德篇〉中的怀疑主义策略》①,比较了《齐物论》和柏拉图《对话录》中的《泰阿泰德篇》,着重寻找二者的相似之处。论文以庄生梦蝶开始,并引泰阿泰德问苏格拉底有关梦的问题,指出《泰阿泰德篇》"在西方传统中是第一个以梦来建构怀疑论的观点或驳论,而庄子的蝴蝶梦则成为表达多种关于事物之不可知的或者非永恒的本质的经典例证"②。瑞丽认为它们都是在各自的传统中重要的有关认识论的文章,对认识的本质、语言、阐释、感觉和判断做了深入的探讨。

　　瑞丽将怀疑主义分为三种类型:作为论点的怀疑主义、作为建议的怀疑主义及作为方法的怀疑主义,其中重点论述了作为方法的怀疑主义。指出就怀疑方法的运用而言,《庄子》和《泰阿泰德篇》都是怀疑主义的著作。瑞丽认为充满了怀疑味道的《齐物论》并未出现怀疑的观点,它详细展示的是怀疑的方法。瑞丽把《齐物论》分成三个部分,开头和结尾构造了有关认识的问题,中间部分反驳当时的各种观点和方法。开头的叙述及"大知"和"小知"、"大言"和"小言"之辨对我们能知道什么提出了质疑,瑞丽认为这并不能证明是怀疑主义。《齐物论》中间的论证抨击了那些认为存在关于认识和道德判断固有标准的断言,质疑了孟子、新墨家和名家的论断和方法。论文详细探讨了《齐物论》所使用的怀疑方法:归谬法、叙述技巧、复杂的反语。认为庄子问的问题比回答的多,

──────────

① Lisa Raphals, "Skeptical Strategies in the 'Zhuangzi' and 'Theaetetus'", *Philosophy East & West*, Vol. 44, No. 3 (1994): 501-526.
②（美）姜新艳主编《英语世界中的中国哲学》,第 375—404 页。

他提出了"这是×,或者不是×"这样的问题,但从未给出答案。瑞丽指出,《齐物论》和《泰阿泰德篇》运用了相似的怀疑方法,我们应该抛弃古希腊思想是分析的或理性的,而中国思想是整体的或直觉的这种偏见。

　　埃里克·施威茨格贝尔(Eric Schwitzgebel)的论文《庄子的语言观及其怀疑论》[1],有一小节专论庄子的怀疑主义。他将哲学意义上的怀疑主义,或者说是激进的怀疑主义与日常意义上的怀疑主义做了区分,认为庄子只是一个日常意义上的怀疑主义。文中主要分析了庄生梦蝶和"啮缺问乎王倪"两段文字。他认为,庄子写这些段落抱有治疗的目的,也就是说,使读者进入日常怀疑的状态,一种开放的心灵,这种开放的思想可能是一种认知和道德上的恩惠,不仅导向对新证据的接受,还可以导向对不同信仰的人的宽容。埃里克·施威茨格贝尔所做的激进与日常的区分是有意义的,他提出的治疗说从读者的角度点明了《齐物论》的意义。

　　余宝琳、包弼德(Peter K. Bol,1948—)、宇文所安和裴德生(Willard Peterson)编辑的《言辞之道:早期中国阅读文本论文集》一书第三章收了葛瑞汉的《齐物论》译文,以及奚如谷(Stephen H. West,1944—)、包华石(Martin Powers,1949—)、李惠仪(Wai-yee Li)和裴德生四人的研究论文[2]。普林斯顿大学东亚研究教授裴德生《〈齐物论〉读后感:我不是在做梦》[3],是对前面三篇论文的评议。裴德生此文论述的重点是,三篇论文是如何帮助他回答塞克

[1] Eric Schwitzgebel, "Zhuangzi's Attitude Toward Language and His Skepticism", in Paul Kjellberg et al., *Essays on Skepticism*, pp.68-96.

[2] Pauline Yu, et al., *Ways with Words*, pp.58-112.

[3] Willard Peterson, *Perspective on Reading of Qi wu lun: I Am Not Dreaming This*, in Pauline Yu, et al., *Ways with Words*, pp.103-112.

斯都·恩披里科关于皮洛主义或曰古典怀疑主义与《齐物论》观点
一致的问题。首先申论古希腊塞克斯都·恩披里科的怀疑主义，
指出其命题是"悬置判断"。裴德生认为，奚如谷对《齐物论》开篇
的解读是，风扰而后静提醒我们，感知、文字和意义都是在不断变
化的，是不确定的。通过暗示，可以把这种表现理解为在传达一个
信息，比如"悬置判断"。裴德生指出，包华石的研究注重视觉，其
研究是将《齐物论》置于其自身的"观点相对性系统"，从而避免了
怀疑主义的解读。李惠仪的论文中引用的一段《齐物论》，可以用
来回应塞克斯都·恩披里科的问题。塞克斯都·恩披里科认为：
怀疑主义是一种能力，或精神态度，它反对任何形式的判断。为了
将其所引述的《齐物论》文段作怀疑主义解读，李惠仪的策略是把
这个问题看成是单词和语言的问题，而不是知晓和相信。通过裴
德生的评论，我们大体可知三位研究者的思路，本章后面还会详述
他们的观点。

时至 21 世纪，顾史考编辑出版了《藏天下于天下：关于〈庄
子〉的不齐之论》①，庄子的怀疑主义也是其探讨的中心议题之一，
《齐物论》依然是重要的研究对象。

第三节　语言与认知

"言"与"知"是《齐物论》重点讨论的问题之一，有几位汉学
家从现代语言哲学角度或运用我国传统的训诂学做了细密的分
析，不一定十分恰切，但非常富有启发性。

---

① Scott Cook, *Hiding the World in the World: Uneven Discourses on the
Zhuangzi*, Albany: State University of New York, 2003.

一、毕来德的研究

毕来德《止、观及语言:〈庄子·齐物论〉阐释》一文 ①,从冥想与认知发生及语言哲学角度分析了《齐物论》的前半部分。否定身心二元划分,有意识地将现代西方哲学与《齐物论》进行对照,分析十分细密。毕来德认为《齐物论》第一部分南郭子綦与颜成子游的对话,展示的主题是"止"和"观"。南郭子綦所做的冥想活动,就是"止",让思想与身体停滞,二者不可分割。身体与思想停滞后,保持并延长这种"止"的状态,只专注于呼吸,然后我们就成了纯粹的旁观者。外部世界并没有消失,但它变得模糊和遥远,随着呼吸变得缓慢和延长,内心愈发平静。南郭子綦的冥想状态,在庄子时代可能是流行的。这样一种冥想体验,在中国的许多思想家看来,是对现实的终极认识。冥想体验和哲学知识之间存在关联。当我们的活动停下来并直接意识到自己时,它就呈现出一种纯粹的自我认识的特征。在毕来德看来,现代西方思想家没有这样的经验,没有这种可以不通过某种媒介而能理解自己的感受,但是《齐物论》所写的南郭子綦,可以让他们看到庄子和其他中国哲学家一样,从平静的实践中得到了直觉的滋养。不过,现代西方哲学家偶然也会拥有同样的直觉。比如,笛卡尔(René Descartes,1596—1650)的"我思故我在",就可以理解为这样一种直觉。

毕来德认为《齐物论》的第二部分体现的是语言主题,是对语言的批评。他讨论了《齐物论》对"是"与"非"的质疑。认为惠施反思了语言的力量,想要有效运用语言的人,必须使自己的语言适应不断变化的环境。很可能是他促使庄子对语言进行思考。庄子以激进的怀疑态度反对惠施对语言的乐观态度。庄子不仅要超越

---

① Jean-François Billeter, Mark Elvin (trans.), *Stopping, Seeing and Language.*

论辩,还试图解开语言之谜,即语言与现实的关系。《齐物论》曰:
"夫言非吹也,言者有言,其所言者特未定也。果有言邪? 其未尝
有言邪?"①我们谈论的是存在于语言之外的真实,但由于这些真
实的形式是由我们的语言形式所决定的,真实并不具有稳定的形
式或明确的结构,而是由我们的语言赋予的,这是庄子的直觉。这
种直觉从何而来,一个人如何抵达它? 要通过视觉。庄子提出了
一系列问题,目的不是要回答它们,而是要把读者的注意力吸引到
一个原始的、不可还原的真实上,并促使他在这个真实面前停下
来,去观看。

　　毕来德分析了《齐物论》所说的"莫若以明",认为它很重要,包
含庄子对核心问题的解决方案。庄子说,我们应该远离使我们失明
的语言,重新发现位于我们自身活动中的视觉之源。我们不应该让
自己被话语的逻辑拖着走,而应该停下来去看,也就是说,去体验,
去感知,让我们所有的有意识和无意识一起工作。庄子对"是"与
"彼"的分析,明确指出空间关系的可逆性,以及由此产生的观点之
间的相互依赖性。庄子还认为,语言迫使我们使用不连续的术语来
描述本身是连续的过渡或渐变,然而,我们选择一个术语到下一个
术语的转换点是任意的。庄子说,圣人知道任意性是语言的本质。
当圣人使用语言时,他使他的语言适应这些变化的真实。

　　毕来德说,庄子指出知识的终极意义在于认识到"未始有物",
而这一论断具有非凡的含义。庄子认为,在我们的外部确实存在
一种真实,我们称之为"物",正是语言通过引入真实的界限、差别、
对立等因素创造了"物",同时给它们命名,并在它们之间建立逻辑
关系。毕来德以我们是如何认识"星星"为例,说明是语言创造了

①[清]郭庆藩《庄子集释》上册,第68页。

"物",同时也创造了一个世界。庄子明确认识到,语言赋予我们组织真实的力量,使我们能够谈论这样组织起来的真实。庄子知道,在理想状况下,任何一种特定的语言都是建立在划分、对立及由此产生的关系之上的,这些区分、对立和关系创造了一种局部的、有限的、不确定的可理解领域,而真实必然在每个维度上都超越这一领域。庄子不是在捍卫一种特定的语言概念或观点,而是在敦促我们在一定程度上使用它。他提示我们在使用语言的同时,要意识到语言潜在的随意性,以及它的局限性。

毕来德的论述很丰富,但也存在理论先行的问题。20 世纪中叶,牛津大学分析哲学家约翰・朗肖・奥斯丁(John Langshaw Austin, 1911—1960)创建了言语行为理论,他认为,人是用语言和言语来做事的,用语言来建构人类社会①。奥斯汀的学生、美国哲学家约翰・塞尔(J. R. Searle, 1932—)发展了这一理论,创建了间接言语行为理论,认为人们用语言建构了社会、社会制度以及社会实在性②。毕来德对庄子思想的概括就有这一语言理论的印迹。在笔者看来,庄子所说的"未始有物",并不是指语言创造了世界,而是对世界客观实体起源的探究。不管怎么说,毕来德的分析还是富有启发意义的。

拉塞尔・古德曼《风格、辩证法与维特根斯坦及道家哲学的目的》一文③,也涉及语言风格。他说,维特根斯坦与老庄道家所采

---

① (英)J. L. 奥斯汀著,(美)J. Q. 厄姆森、(美)玛丽娜・斯比萨编,杨玉成、赵京超译《如何以言行事——1955 年哈佛大学威廉・詹姆斯讲座》,商务印书馆,2012 年。

② (美)约翰・塞尔著,李步楼译《心灵、语言和社会:实在世界中的哲学》,上海译文出版社,2001 年。

③ Russel Goodman, "Style, Dialectic, and the Aim of Philosophy in Wittgenstein and the Taoists", *Journal of Chinese Philosophy*, Vol.3, No.2(1976): 145-157.

用的不同寻常的写作风格,是为了碰撞读者对世界的一种新的认
识而发展起来的。这些文体上的相似之处可以用一个共同的目的
来解释:他们希望我们看到一些本应是显而易见,却被我们平常的
思维方式和看待世界的方式所掩盖的东西。因此,他们采用了不
连续和矛盾的方法,以便把我们推入正确的心境。古德曼的这个
说法很有意思,从写作意图上解释《庄子》文风的形成,对我们从
文学角度理解《庄子》的风格有所助益。

二、李惠仪对"言"与"吹"关系的探讨

　　哈佛大学中国文学教授李惠仪《论〈齐物论〉中的众声喧哗》
一文 ①,基本是随文疏解,关注的是《齐物论》有关声音及言说的论
述。李惠仪认为开篇所写南郭子綦"吾丧我"的状态,达到了更高
的感知意识水平。在这种情况下,倾听不仅是对声音直接的感知,
也是对哲学理解的积极参与。南郭子綦的"丧我",与《逍遥游》的
"至人无己"、《人间世》的"心斋"、《德充符》和《大宗师》的"忘"
都有关联。超越性是由否定性和不存在性构成的。"丧我"以提高
知觉意识,是《庄子》一书提出的悖论。所有的声音都是平等的,
但南郭子綦自己的声音,在思考天籁、地籁和人籁的性质和关系
时,却更具有权威性。在这篇开头,自我是缺席的,却是有声的;言
辞是偶然的,却是必要的;形式或创造是由自我产生的,却是确定
的。《齐物论》作为一个整体,杂音(声)、言辞(言)、知识(知)、判断
(辨)、辩论(辩)、转化(化)、自身(我),这些词在两个平行的论证中
呈现出双重生命。

---

① Wai-yee Li, "On Making Noise in Qi Wu lun", in Pauline Yu, et al., *Ways with Words*, pp.93-103.

　　李惠仪将文中"乐出虚"看作一个隐喻,认为它展示了人类心灵不可思议、反复无常的转变。文章通过分析《齐物论》中对"言"与"吹"的一段论述,指出庄子认为所有细微的差别和无谓的争论都是平等的。庄子认为语言不是用难以言喻的真实来衡量的,相反,作为一个动态变化的意义领域,语言与经验和现象的变迁相匹配。李惠仪分析了《齐物论》中多个重要的概念和命题。她引述了《天下》论"寓言""重言"和"卮言"的一段文字,并引成玄英的解释,认为"卮言"这种最被赞赏的言语活动与逍遥之游相辅相成。《齐物论》中也有平行的构想,并置"言"与"道"的超越性。"言"与"道"反复出现平行关系,指向了一种新的理想哲学语言。李惠仪还指出:语言建立了区别。从词源学上讲,"论"(话语,讨论,理论)与"伦"(分类整理)有关,"辨"(辨别,区分)与"辩"(辩论,争论)有关。因此,《齐物论》赞美沉默,说:"大辩不言","有成与亏,故昭氏之鼓琴也;无成与亏,故昭氏之不鼓琴也"。"其分者,成也;其成者,毁也。"[1] 理想状态是,语言应当是不稳定的、矛盾的、包罗万象的、边界递减的以及区分的,以便于近似保持沉默。然而,语言只能通过语言来超越。庄子试图发展一种新的哲学语言风格,以便能够平等地论述所有的话语。他使用了一些临时的和假设的陈述,为推理留出了空间。庄子尝试建立其最外层界限的词语和概念,追求无限的分裂,运用无限的复归。他说:"有始也者,有未始有始也者,有未始有夫未始有始也者。"[2] 词语获得了一种新的独立于指称的能力。"有"与"无"也是如此。《齐物论》曰:"有有也者,有无也者,有未始有无也者,有未始有夫未始有无也

---

① [清]郭庆藩《庄子集释》上册,第 89 页、第 80 页、第 75 页。
② [清]郭庆藩《庄子集释》上册,第 85 页。

者。"① 开始是对无限过去概念的沉思,它破坏了所有起源的概念,
然后突然转变为一个逻辑矛盾的对立,最后以怀疑主义结束。《齐
物论》所谓"俄而有无矣"②,是直接经验和半无意识的精神投入的
语言,心灵无法应付无穷无尽的回溯,必须抓住某些东西作为暂时
的起点。但是,无法确定"有无也者"这一命题是否平衡了"有"和
"无"之间的关系。最后,《齐物论》怀疑语言中参照的可能性,作
者随时准备怀疑和挑战自己的前提。

　　李惠仪还讨论了"天地与我并生,而万物与我为一"③,以及
"因是""天府""天钧""天倪""两行""道枢""明"等诸多概念
以及"啮缺问于王倪""瞿鹊子问于长梧子"等对话,指出庄子擅于
写对话,不断修订、扩展、推翻之前提出的概念和陈述。对话模式
的功能就像一个包围式装置,让庄子超越了非此即彼的逻辑。

　　李惠仪对《齐物论》的分析非常深入,持论大多比较客观,这
种随文疏解的论说方式不同于当代主流论文形式,在笔者看来,它
有助于揭示文章意旨。

三、奚如谷的论述

　　余宝琳等编辑的论文集,收录了加州大学伯克利分校东亚语
言系中国文学教授奚如谷的论文《看那个手指,并非指向其所指》
(指非指)④。这篇论文只讨论了《齐物论》开篇至"怒者其谁邪"一
段文本,多处引述成玄英的疏。论文指出,《齐物论》的核心包括关

---

① [清]郭庆藩《庄子集释》上册,第85页。
② [清]郭庆藩《庄子集释》上册,第85页。
③ [清]郭庆藩《庄子集释》上册,第85页。
④ Stephen H. West , "Look at the Finger, Not Where It Is Pointing", in Pauline Yu, et al., *Ways with Words*, pp.71-78.

于语言、表象和真实的讨论。但是它又是一个文学文本,文学文本中,意义和语义理解都屈服于隐性结构、语气、意象、反讽、象征或其他文学手段。文本的语言不屈从于构建逻辑及有机表达意义的意图。《庄子》中,任何需要理解的信息都被文本本身的表现所掩盖。嘲讽、反讽、自我放任以及游戏是《齐物论》的标志,它比任何其他早期文本都更好地展示了分类语言能被经验语言动摇。庄子引导我们走向没有单一定义的意义,其语言和它所描述的世界一样复杂,发展出丰富的可能性。

　　这篇论文试图展示庄子是如何通过反讽和音韵处理来动摇意义的稳定性,从而创造出一个模棱两可的解释空间。论文讨论了"丧其耦"的意思。"耦",在司马彪之前的注家都倾向于认为一个人是由身体和精神组成的,或者把身体看作是精神的寓所。奚如谷指出,司马彪似乎认为"耦"的意思类似于一个过程,在这个过程中,两个元素结合在一起。奚如谷认为,司马彪的解释将引导人们重新理解这句话。"丧其耦"的意思是,子綦失去了精神和身体结合为一对匹配者的过程,也就是说,子綦已经超越了一切区分,包括身体和精神之间的区分。继而奚如谷引述了成玄英疏:"耦,匹也,谓身与神为匹,物与我为耦也。子綦凭几坐忘,凝神遐想,仰天而叹,妙悟自然,离形去智,嗒焉坠体,身心俱遣,物我兼忘,故若丧其匹耦也。"① 这是一个非常好的例子,说明了词汇歧义、双关语的词性以及冥想的精确术语的使用在文本中创造了更深一层的模糊性。"偶""寓"和"耦"是同音异义词,我们至少要考虑庄子在写这篇文章的时候就意识到了解释性游戏的可能性。也就是说,与其说这是一个"正确的词"的问题,还不如说这是一个如何在不

———————

① [清]郭庆藩《庄子集释》上册,第48页。

同解读之间自由转换的问题。

　　奚如谷认为描写地籁的一段文字,表现出深刻的反讽,是对学生的批评。这里有两个重要的语音学原则在发挥作用:第一,拟声词"嘘"和"徐";第二个原则作用于早期文本中,"风"同时意味着"风"(wind)和"教导"(instruct)。《齐物论》的结构和音韵学几乎呼应了每一种意义。随着风吹得大,押韵也变得越来越密。风停止的地方,韵脚也改变了。文中有的地方语法回归到散文内在的逻辑结构,有的地方则否。"天籁"既不向论说开放,也不是作为声音而被感知,不能指定它的任何属性。这种脱节和对立也显示了经验语言和分类语言之间的差异。

　　奚如谷指出阅读《齐物论》这样的文本有多种方法,其本身就允许更广泛的、可能是有意的歧义。注疏虽然是对文本的必要补充,但它具有自己的一套结构,起到了一定的反讽作用。观众就像《齐物论》中的年轻弟子一样,间接地被这讽刺的表演所嘲弄,在一个声音和感觉的世界里挣扎。我们可以像注疏者一样做出决定,强制文本变成一个单一的话语,或者我们可以欣赏它的游戏,欣赏其模糊性,欣赏它的完美示范——世界上可以感知的东西没有什么被固定于一种可界定的形式之中,除非我们一次次地放弃各种可能,直到我们自己有了完结的感觉。

　　奚如谷的论述联想丰富,有的地方牵强附会,但是,他强调《齐物论》文本语言本身的独立性,独立于表达意图,建构了一个开放的意义空间,这是很深刻的见解。

第四节　其他阐释

　　分析《齐物论》的论文数量很多,除了上述几篇,包华石、原永翰(Wing-Han Hara)[1]和罗浩的研究也很有特色,见解独到,下面分述之。

一、视角艺术与公共思想

美国密歇根大学中国艺术与文化教授包华石的《〈齐物论〉的视觉性与特性》[2],考察战国晚期的视觉艺术及公共思想,为《齐物论》中的视角主义寻找共通的时代特征。论文首先引《齐物论》"非彼无我,非我无所取",继而论说,陈汉生提出的视角主义表明,庄子关注的不是本体论的,而是认识论的:我的解释只有与你的形成对比时才有意义。假设一个人的身份是由他在重要问题上的立场决定的,那么,庄子的论述是关于身份的问题,而不是关于存在的问题。对艺术史学家来说,这种情况与图画艺术中的认识论问题类似,每种表现策略都取决于对身份本质的选择。

包华石提出这样的问题,《齐物论》这篇精彩的文章是庄子诗学智慧的偶然产物,还是在他的社会和时代有着更广泛的基础?包华石给出的答案是:虽然庄子的思想具有鲜明的原创性,但他所说的大部分形象都取材于与同时代人分享的大量知识。当庄子和他的弟子描述风、云、神仙或龙的时候,上下文总是清楚地表明,虽然寓言的观点可能是新颖的,但形象是建立在共同的知识之上的。

接下来的问题就是,在战国时期的共同文化中,有没有类似于相互依赖的身份认识论的东西? 有没有人曾经用与庄子认识论

---

① 未查到中译名,此译名据常见粤语拼音和日语姓氏的英译写法推测而来。

② Martin Powers, "Vision and Identity in *Qi wu lun*", in Pauline Yu, et al., *Ways with Words*, pp.78-93. 此文有中译,(美)包华石著,王金凤译《图像与社会》,浙江人民美术出版社,2023 年,第 232—252 页。说明:本节撰写时尚未见到中译,引述的英文中译均为笔者自译。

相一致的方式来观察自然现象？包华石认为，视觉记录可能会提供一些帮助。大多数受过文化教育的艺术家都认为物体具有独特而稳定的特性。然而，如果考察战国晚期的物质文化，很明显，那个时期的一些艺术家能设想出具备两种或两种以上身份特征的物体，这取决于观察者的视角。这些艺术家的作品可能为庄子所提倡的集体文化假设提供了最好的模型。

包华石以龙的形象为例。他说，早期龙的设计似乎与贵族有关，作为等级的标志。然而，到了战国晚期，龙的形象纯粹作为一个隐喻，并非作为一个信仰的对象而出现。他援引《易经》《韩非子》《晏子》等书为例，说明龙比喻一个有才能的人。《庄子·天运》中也有一段很长的文字，写孔子将智者老子比作千变万化的龙。龙经常出现在镜子上，作为个人的装饰品。论文附有两张图片，是一面战国晚期铜镜背面图案的照片，收藏在华盛顿特区史密森学会弗里尔艺术画廊中。一张是全图，另一张是局部。包华石认为，这面铜镜的图案是什么依赖于观察者的视角。从远处看像云形设计，但近距离看则是龙。再近些观察，可以把它解读为云或龙，但不能同时是二者。从一个战国艺术家的角度看来，内在的可变性是龙的一个基本特征。战国晚期和汉初，文本对云、神灵和龙的描述强调了它们的变形特征。战国时期的设计，龙的可变性显而易见，它们可以作为庄子所提倡的视角系统的图形范式。包华石详细分析了《天运》中将老子比喻为龙与视觉艺术的关联，老子的优势在于身份和角色的可变性。

包华石指出，从这一时期艺术和文学中对龙/云意象的运用可以明显看出，身份变化的概念并不局限于古代语言哲学的精英圈，而是普遍存在于战国文化中。这种话语背后是一种与官员相关的君主权威的复杂结构。他引用《黄帝四经·经法》中的几句话：

"持道以观察世界的人没有固定的观点,没有固定的立场,不会干预,没有私利。"① 又引述《韩非子》中一些关于君主职能的论述,意在说明君主承担的是观察者的角色,不要泄露自己的意图,不要干涉臣民的行动,要做的就是判断一个人的能力。

包华石说:"早期的官僚理论实际运用了认识论,庄子是最早阐明认识论含义的学者之一,但是很可能庄子并不是这种认识论取向的创造者,因为我们在文学和绘画对龙的描述中都发现了相同的逻辑。也许用龙的形象来讨论身份的本质并非偶然。由于缺乏抽象思维的数学结构,战国时期的作者,像他们同时代的古希腊人一样,可能把视觉意象作为思维的框架。"②

包华石把这个空间范式应用到《齐物论》中的一个具体问题上,论曰:战国的铜镜能否使庄子中的区分问题真相大白? 可以肯定的是,从一个角度看,镜子上的图案是一条龙;然而,从另一个角度看,它是一朵云。既然你不能同时把它理解为云和龙,因此区分是不可避免的。因此,人们可以合理地说:"非彼无我,非我无所取。"然而,这并不意味着一旦区分就会产生矛盾。谁会为它到底是龙还是云而争论不休呢? 它是龙还是云,我们的选择将基于"如果把它看成龙会有什么结果"。在这个意义上,所有视角的观点都是可接受的,只不过不是同时,也不是在所有的情况下。

包华石最后说,据他所知,在中国,对于视觉艺术中的身份及其与认识论的关系这一问题几乎无人触及,但是对《齐物论》的评

---

① 原文:"故执道者之观于天下殿(也),无执殿(也),无处殿(也),无为殿(也),无私殿(也)。"(余明光校点、注释,余明光、张国华白话翻译,张纯、冯禹英文翻译,任继愈、陈鼓应审订《中英对照黄帝四经今注今译》,岳麓书社,1993年,第4页)

② Pauline Yu, et al., *Ways with Words*, p.92.

论有助于突出视觉和思想对单一论证模式的影响。

包华石的这篇论文非常独特,我们经常会讨论某一个历史时段的学术、思想、文化对某一位思想家的影响,但是,将战国时期视觉艺术体现的认识论与庄子的观点联系起来,笔者浅见所及这是唯一的一篇。庄子写作之初具体的物质环境难以考察,包华石在视觉艺术与哲学观点之间建立起来的关联难以证实,但无疑这个研究视角极富创意。

二、对《齐物论》主题的探讨

原永翰的论文《个体性与普遍性:庄子"见独"与"齐物"主题阐释》①,指出《庄子》内篇后五篇的思想和主题与前两篇《逍遥游》和《齐物论》一致,外篇是对前两篇更详细的阐述或发展。"齐物"和"见独"似乎是相互矛盾的两个思想,但实际上它们是相辅相成的,标志着庄子的宇宙观十分开阔。

原永翰将《逍遥游》和《齐物论》联系起来考察,认为庄子谈到存在的消极和悲观的一面。那么,如何对待这一困境? 庄子的论述都是为了让人看清人类可悲而不自然的生活方式。既然人类创造了这样的方式,那就有能力解构它们。解构虚幻的知识、不可靠的价值判断体系等人为陷阱,解构或摆脱所有这些约定俗成之道的束缚,方法是让心"空",清除先入为主的价值判断,接受事物的本来面目;认识到每个事物客观存在的价值;只有在需要行动的时候才会自发地行动;直接面对生与死,把它们看作是天地大化阶段的一部分。以上就是"齐物"的主题。"齐物"主题与庄子对宇宙存在

---

① Wing-Han Hara, "Between Individuality and Universality: An Explication of Chuang-Tzu's Theses of *Chien-Tu* and *Ch'i-Wu*", *Journal of Chinese Philosophy*, Vol.20, No.1(1993): 87-99.

的有限性和相互依存的存在性认识密切相关。庄子的方法既是存在主义的,也是宇宙论的。它包含了事物的普遍性和个体性。庄子也展示了他自己的积极信念,即人类有能力恢复一种自然的智慧和意识。

三、神秘主义视角

罗浩在《〈庄子·齐物论〉的神秘双峰体验》一文中①,试图重建神秘主义在庄子哲学及其追随者心中的地位。罗浩通过对道教神秘实践的研究,以及对功利主义哲学家沃尔特·斯塔斯(Walter Stace, 1886—1967)等人作品中神秘体验和神秘哲学的分析,论证所谓"神秘双峰体验"的存在。这种体验的特点一方面是一种平静的感觉和统一的状态,这是通过冥想练习逐渐清空一个人的意识而产生的;另一方面,以一种深刻转变的方式回归到二元世界,其特征是无论面对什么样的情形都能有一种自发应对的能力。这两种模式可以被看作是对沃尔特·斯塔斯内向的和外向的神秘体验类型的阐述。

罗浩在由葛瑞汉判定的"为是"和"因是"区别的基础上,得出以下结论:《齐物论》中有两种意识模式,它们用以展示庄子的"圣人"是如何放弃对自己个体观点的坚持,从而达到"明"的意识,不受任何特定视角的限制,对环境自由、自发地做出反应。罗浩希望能够解释庄子独特的宇宙观、幽默和宗教转型的现象学起源,并进一步将中国的宗教体验与世界各地人们的宗教体验进行对话。

---

① Harold. D. Roth, "Bimodal Mystical Experience in the 'Qiwulun' Chapter of the *Zhuangzi*", *Journal Chinese Religions*, No.28(2000): 31-50.

小　结

　　《庄子》是一部奇书,《齐物论》更是奇中之奇,其"奇"有二:一是充满奇思妙想;二是语言新奇,极富创造性。不同时代、不同文化背景、学术背景、学科背景的学者关注的问题自然不同,他们借助不同的理论,从《齐物论》中看到了不同的思想风景。风景虽异,但均引人入胜。在笔者看来,《齐物论》是否是怀疑主义、相对主义其实没有那么重要,因为怀疑主义和相对主义本来就是植根于西方哲学而产生的概念,未必那么切合东方哲人的沉思。英语世界的学者多从古今中西哲人的思考路径相似或重合之处入手,是在文化平等的基础上讨论《齐物论》,这样的研究是值得称道的。有些学者力求深入到庄子思想产生之初的语境中去探讨问题,研究思路也很可取。结论是否有很强的说服力、论证是否充分,这些当然重要,不过,笔者认为更重要的是研究思路的拓展和创新。正如《齐物论》文本提出的视角问题,多提供一种认识的视角,就能产生新的认知。我们惊异于《齐物论》的语言,惊异于庄子对语言与认知关系的追问与洞见,重新思考被语言建构起来的世界与客观存在世界之间的关系,重新思考自我在这两个世界中的角色与走向,笔者以为,在了解异质文化如何深入讨论《齐物论》时,我们自己思想的深度和广度都得到拓展,这就是最大的获益。

第八章　哲学视角的寓言研究
——"庄周梦蝶"解析

"庄周梦蝶"是《齐物论》中最有哲学意味的寓言,也是被讨论得最多的一段文字。学术界从哲学角度做了颇多深入的分析,此外,也有学者从心理学或视觉艺术等角度对这个寓言做了解读。郭晨以"化"为中心,讨论了吴光明、爱莲心、悦家丹(Dan Lusthaus)、李定侠(Jung H. Lee)和汉斯-乔治·梅勒(Hans-Georg Möller, 1964—)的阐释①。本章不以论者为纲,而以论述的问题、提出的观点、研究的思路与方法为中心,与郭晨论文不同。另外,悦家丹和李定侠两位学者发表的论文都在 21 世纪,这里存而不论。本章所引材料多有郭文所未及者,即使提到同一篇论文,笔者的关注点亦与郭文不同。

第一节　自我与他者的区分及转化

日本学者铃木大拙(Daisetz Teitaro Suzuki, 1870—1966)发

---

① 郭晨《〈庄子〉内篇寓言故事在英语世界的翻译与阐释——以"庄周梦蝶"、"庖丁解牛"为中心》第二章,博士论文,北京外国语大学,2015 年。

表的英文论文《早期中国哲学简史》①曾论及"庄周梦蝶"。他说，庄子确信这个世界的本质不真实性，在这个世界里他不知道自己是一个梦还是一个蝴蝶。陈荣捷《中国哲学文献选编》评曰："一个美丽的故事，它是对主体与客体、现实与非现实之间区别的彻底否定。"②冯友兰评曰："这表明，尽管在平常的外表上，事物之间还是有区别的，无论幻觉还是梦境，一个事物可以是另一个。'物化'证明了事物之间的差异不是绝对的。"③这些说法，都是注重原文"周与胡蝶，则必有分矣"④这句，分析自我与他者的区分及转化。

吴光明有几种论著都提及蝴蝶梦，论文《尼采和庄子的梦》⑤比较了德国思想家尼采和庄子对梦的思考。认为他们尽管在历史和文化上存在差异，但在对梦有条理的洞察方面是吻合的。他们都认为梦既是主观的，也是虚幻的，梦是如此重要，以至于我们如何对待梦决定了我们如何生活。吴光明认为，"庄周梦蝶"故事既消解了我们对存在不一致性的不安，也向我们展示了应该如何在普遍梦境状态下生活。庄子与蝴蝶，梦与觉的差异是真实的，然而，当人从做梦的状态转变到清醒的状态时，他对这些差异的态度也随之改变。庄子做梦时，他非常肯定自己是一只蝴蝶，而不是庄子。现在他醒了，他不知道是庄子在做梦，还是蝴蝶在做梦。梦与确定性相伴，而觉醒给予的却是无知。

① Daisetz Teitaro Suzuki, "A Brief History of Early Chinese Philosophy", *The Monist*, Vol.17, No.3 (1907): 415-450.

② Wing-Tsit Chan, *A Source Book in Chinese Philosophy*, pp.190-191.

③ A. C. Graham, *Chuang-Tzǔ*, p.64.

④［清］郭庆藩《庄子集释》上册，第 118 页。

⑤ Kuang-Ming Wu, "Dream in Nietzsche and Chuang Tzu", *Journal of Chinese Philosophy*, Vol.13, No.4(1986): 371-378.

　　吴光明认为这个故事有两个主题,一是指责存在的不可能性,二是告诉我们如何生活。关于第一个主题,从认识论角度看,觉醒与无知的结合是一种重要的洞察力。只有觉醒了,一个人才会意识到自己是在做梦还是醒着,是庄子还是蝴蝶。可是,觉醒并没有将一个人从其无知的状态中带出来,而是相反,觉醒引导一个人进入无知。从本体论角度看,庄周与蝴蝶之间一定有区别,这被称为本体论的相互转化。

　　对于第二个主题如何生活,吴光明认为尽管庄子感觉到我们在扮演一个角色时的不真实性,但他却积极地欢迎这一点,认为这是我们快乐生活的一部分。庄子认为,在真实与虚幻之间,或者在梦与觉之间是有区别的,我们不确定自己属于哪里,永远在这两者之间摇摆。庄子通过反思他的梦所达到的是一种觉醒的意识,即我们不能知道自己固定的身份。正是这种认识将做梦者(我们自己)从对客观现实主义的苛求中解放出来。这是一种元知识,一种对自我无知的觉醒。意识到自己的无知,并不是要消除梦的不确定性,而是要在梦与觉之间快乐地以我们的身份生活。

　　吴光明的解说比较绕,其价值在于从本体论和认识论两个方面看问题。至于庄子是否表达了要我们快乐地以自己的身份生活,对此,笔者表示怀疑。

　　吴光明还有一篇论文《〈庄子〉的"'无'创造世界"》①,分析了"罔两问影"和"庄周梦蝶"。分析"庄周梦蝶"时,强调身份和地位之间基本的相互关系。认为每个梦自成其世界,自我状态既可以

────────────

① Kuang-Ming Wu, "Non-world-making in *Chuang Tzu*", *Journal of Chinese Philosophy*, Vol.18, No.1(1991): 37-50. 在这篇文章中,吴光明首先申明:"制造世界"(to make the world)这个短语不妥,人类没有制造世界,世界先于我们而存在,我们的生活进一步构成了这个世界。

是庄子的,也可以是蝴蝶的,这取决于是从哪个梦中醒来。然而,即使是醒来也不过是场地的变化,因此,最终所有存在的形式都值得怀疑,而且都潜在地是虚幻的,做梦者始终陷在永无止境的、梦的世界的变化之中。吴光明的这个解说比较容易理解,是接着"庄周梦蝶"本身的意思往下讲,是庄子思想的延伸。

皮亚·思高根曼(Pia Skogemann)《庄子与蝴蝶梦》[①],把"庄周梦蝶"看作一个真实的梦,而不仅是哲学隐喻。他说,假设梦是一个梦,我们面临两个问题:第一,有可能跟踪与梦相关的生活环境吗?第二,能否根据上下文来进行合理的心理解释?他从心理学角度分析,认为荣格对梦的解析接近庄子。蝴蝶梦成为一个象征,象征着人类发现他有一个内在的灵魂,而且开始将外在与内在世界分离开来,蝴蝶象征真正的自我(self)从自我(ego)的界限中解放出来,庄子在梦中意识到他的真正本性,并在更高的精神层面上重新融合。笔者认为,这个解释将庄周梦蝶视为一个真实的梦,这点是可取的。我们都有做梦的经验,从梦中醒来的瞬间会有某种恍惚状态。庄子应当确实在某个蝴蝶梦中醒来产生迷失身份的哲思。不过,这篇论文套用荣格的理论解读得比较生硬,未中肯綮。

葛瑞汉和陈汉生关注语言。葛瑞汉在其译本中评论说:道家学者并不总是把自己看作一个人或是一只蝴蝶,而是自发地使自身从适合一个名称转向适合另一个名称。就像后文所说:"一以己为马,一以己为牛。"[②]葛瑞汉联系《应帝王》申明"庄周梦蝶"的主

① P. Skogemann, "Chuang Tzu and the Butterfly Dream", *Journal of Analytical Psychology*, Vol.31, No.1(1986): 75-90.
② A. C. Graham, *Chuang-Tzŭ*, p.61. 这句话出自《应帝王》,[清]郭庆藩《庄子集释》上册,第293页。

题,认为道家学者本来就不确定自己的身份,或者说,身份之称并非固定不变。他的意思是,在道家看来,一个人可以改换称谓,可以称为人,也可以称为马,也可以称为牛,当然,也可以称为蝴蝶。葛瑞汉从名称的角度并结合庄子整体思想思考"庄周"和"蝶"的转化问题,很有特色。

陈汉生《中国思想的道家之论:一种哲学解释》一书有小节题为"《庄子》中的做梦与怀疑主义"[1],论及"庄周梦蝶",认为"我们有理由把事物的转化看作语言的变化,而不是物的变化。道是持续变化着的,这不是一个形而上学的主张,而是关于话语的主张"。"庄子的证据不是在内的经验,而是语言。他的怀疑主义是对我们如何运用语言来塑造我们心灵的同意、反对、欲望以及行为的怀疑。"[2] 陈汉生表述得没有葛瑞汉那么清晰,但也提到了语言的变化,而非现实存在之物的变化。换言之,是名称的转变,而不是实体的转化。

第二节　蝴蝶的特点及其象征意义

爱莲心在《向往心灵转化的庄子》一书第五章"作为隐喻之美:蜕变的象征"中[3],探讨了蝴蝶形象作为蜕变象征的用法。他从蝴蝶本身的四个特点入手。一、蝴蝶是美的象征,而美具有非常高的价值,能将其象征功能归结到高度正面、内在的评价上。二、

---

[1] Chad Hansen, "Dreaming and Skepticism in *Zhuangzi*", in Chad Hansen, *A Daoist Theory of Chinese Thought*, pp.292-296.

[2] Chad Hansen, *A Daoist Theory of Chinese Thought*, p.296.

[3] Robert E. Allinson, *Chuang-Tzu for Spiritual Transformation*, Chapter 5: "The Beautiful as Metaphor: The Symbol of Metamorphosis", pp.71-77.

蝴蝶是蜕变的形象化比喻,它本身就是蜕变的原型。蜕变是蝴蝶的特质,蝴蝶是蜕变的结果,它是从一个丑的阶段戏剧性地蜕变而来的。蝴蝶是生的象征,是美之生的象征。三、蛹为了转变成蝶,必须蜕去原有的皮,这表明只有当旧事物让路于新事物时,转化才能实现。而且,这是一种内在的转变,是由价值较少的形态向价值较高的形态改变,只发生一次,目标明确。它预示《庄子》的中心思想是:一个人必须抛弃旧的自我观念,才能获得新的身份。四、蝴蝶是一种生命短暂的生物,这种脆弱的特质使其所象征的自我转化是高度脆弱的。此外,蝴蝶还有一个特征:嬉游。其嬉游是转化的结果,是一种自由的感觉。尽管其生命短暂,但蜕变之后,它似乎是一种快乐的生物。那么,这种转变的结果可以说是幸福、自由和嬉游。

我们认为,上述分析未免离题太远。爱莲心自己也意识到,没有证据证明《庄子》有他分析的这些含义,然而他又强为之解,说:如果不理解蝴蝶的这些隐喻意义,就很难读懂《庄子》。蝴蝶的形象预示着庄周必须经历什么才能觉醒。在庄周的例子中,这种转变是精神上的,而不是身体上的。庄周的经历象征一种典型的精神改造。一旦改变发生,态度也会随之发生变化,这是真正重要的。爱莲心将心灵转化视为《庄子》的核心,以此来解说庄周梦蝶,有南辕北辙之弊。

吴光明《作为同伴的蝴蝶:〈庄子〉前三篇沉思录》一书的《前言》评述"庄周梦蝶",曰:作为同伴的蝴蝶具有一些庄子没有的特质:能够在花丛中自由地飞来飞去,蝴蝶没有名字,而庄周有名字。蝴蝶的本质是振翅而飞——从一个思想到另一个思想,从一个事件到另一个事件,从一个生命到另一个生命,从一个梦中翩翩醒来再到另一个梦中。它不否认觉与梦、现实与虚幻、知与无知、庄周和蝴蝶,甚至不否认不确定性的真实性。它只是在从一件事飞舞到另一件事时肯定了自己的处境。我们可以体验在睡梦中醒来,也可以体验在梦境中有大觉。庄子从梦中得出两个结论:一、主体涉及事物间的相互转化;二、真正的存在居处于相互区别并相互依赖的领域之中。笔者感觉吴光明的这个解释富于联想,让蝴蝶承载了过多的意义,不是很有说服力。

夏威夷大学哲学博士、关岛大学文理社会科学学院院长詹姆斯·塞尔曼(James D. Sellmann)《中国早期三种"自得"模式》①,认为蝴蝶梦是自由和自发性的象征。格雷厄姆·帕克斯《流浪的舞蹈:庄子与查拉图斯特拉》②,比较了尼采和庄子,指出:一般来说,哲学家们对梦几乎没有什么可说的,但尼采和庄子是个例外,他们在这个问题上的观点也非常一致。梦在两人的论述中都以两种方式出现:首先,我们会看到关于特定梦境的报告;其次,有人认为梦是我们存在的普遍条件——我们总是在做梦。在其最著名的梦中,庄子梦见他是一只蝴蝶,这个梦对他的视角主义有进一步的启示。因为当我们在梦境世界中时,它也能作为完全真实的样子显示自身,而我们对白昼世界的真实感则消失了,这个真实感受到质疑,白昼世界视角被彻底地相对化了。蝴蝶梦的故事进一步说明了这点,也与尼采的相对主义视角有关。只有当我们被置于不同的视角,我们才能意识到我们之前立场的局限性。帕克斯的这个看法明显受到陈汉生视角主义观点的启发。

---

① James D. Sellmann, "Three Models of Self-Integration (Tzu te) in Early China", *Philosophy East & West*, Vol.37, No. 4 (1987): 372-391.

② Graham Parkes, "The Wandering Dance: Chuang Tzu and Zarathustra", *Philosophy East & West*, Vol.33, No.3 (1983): 235-250.

　　何乐罕在专著《我与道：马丁·布伯与庄子的相遇》①中，将
"庄周梦蝶"解读为"生命过程核心的永恒更新"②。罗伯特·加斯
金斯（Robert W. Gaskins）的论文《物化：庄子蝴蝶梦再分析》，认
为蝴蝶梦表达的是"从永恒自我的幻觉中解放出来，有利于存在与
非存在的融合"③。笔者认为，这些说法都存在将西方哲学观念硬套
在"庄周梦蝶"文本上的问题。

　　李惠仪《论〈齐物论〉中的众声喧哗》④也论及"庄周梦蝶"，将
其置于《齐物论》整篇文本讨论的诸多问题框架中加以考察，颇有
深度和新意。李惠仪认为，蝴蝶梦并不是简单地断言生与死、醒与
梦的状态是相同的，也不是在论述判断的相对性。其语调在精神
自由与怀疑主义和死亡的痛苦之间调和。做梦者可能是被另一个
人梦到的想法，嘲讽了知识和自由的感觉不过是幻觉。在蝴蝶梦
中，掌握转化的过程是通过命名行为实现的。这个结尾与《齐物
论》的开篇相呼应。蝴蝶梦的寓意是庄子与蝴蝶、自我意识及其否
定，都是道的显现。蝴蝶梦讲述的是一个"两行"模式，一种对哲
学和语言差异边缘的戏谑接受。庄子面临的是新的哲学语言和新
的主体概念，使它转变为人类自由的表征，不仅标志着梦之崇高的

① Jonathan R. Herman, *I and Tao: Martin Buber's Encounter with Chuang tzu*, Albany: State University of New York Press, 1996. 何乐罕时任美国圣劳伦斯大学（St. Lawrence University）宗教和古典语言研究助理教授。

② Jonathan R. Herman, *I and Tao*, p.143.

③ Robert W. Gaskins, "The Transformation of Things: A Reanalysis of Chuang Tzu's Butterfly Dream", *Journal of Chinese Philosophy* Vol.24, No.1(1997): 115.

④ Wai-yee Li, "On Making Noise in *Qi wulun*", in Pauline Yu, et al., *Ways with Words*, pp.93-103.

自我遗忘,还通过反思及语言行为,将在梦与醒、生与死、言与默之间起中介作用的运动命名曰"物化"。

第三节 基于理论预设的文本调整

爱莲心《向往心灵转化的庄子》一书第六章"蝴蝶梦:内部文本转换"①,认为《庄子》文本的传统次序并非神圣不可侵犯,因为庄子自己也许没有对其文字片断确定先后次序,现在的文本是经郭象之手编辑的。因此,任何重新排列都应当优先遵从逻辑,而不是某种心理-传记事件。爱莲心的这个观点与葛瑞汉一致。由此出发,爱莲心改动了"庄周梦蝶"文本,并且认为自己改后的文本次序更贴近文本的本义。

《庄子》原文:

> 昔者庄周梦为胡蝶,栩栩然胡蝶也,自喻适志与! 不知周也。俄然觉,则蘧蘧然周也。不知周之梦为胡蝶与? 胡蝶之梦为周与? 周与胡蝶,则必有分矣。此之谓物化。②

---

① 爱莲心在 1988 年发表了一篇论文《蝴蝶梦的逻辑重构:内部文本转换一例》,重编了"庄周梦蝶"文本的顺序,然后再做阐释。Robert E. Allinson, "A Logical Reconstruction of the Butterfly Dream: The Case for Internal Textual Transformation", *Journal of Chinese Philosophy*, Vol.15, No.3(1988): 319-339. 后来作者做了些许修改补充,收入其《向往心灵转化的庄子》(1989)一书第六章 (Robert E. Allinson, *Chuang-Tzu for Spiritual Transformation*, pp.78-95)。

② [清] 郭庆藩《庄子集释》上册,第 118 页。

爱莲心将文本的次序改为：

　　昔者庄周梦为胡蝶，栩栩然胡蝶也，自喻适志与！不知周也。不知周之梦为胡蝶与？胡蝶之梦为周与？俄然觉，则蘧蘧然周也。周与胡蝶，则必有分矣。此之谓物化。[1]

　　爱莲心申明做如此修改的原因在于其观念预设。他把自我转化看作是《庄子》的主旨，把蝴蝶梦视为类似于启蒙经验，是自我转化的现象学的相关事物。在此预设下，蝴蝶梦就是一个关于从梦中醒来的故事，象征着对更高水平的意识的觉醒。所谓"物化"，指的是从"无知"到"明"的转化。我们看，两个版本的区别在于，爱莲心改后的文本意思是，只有在庄子变得无法肯定他是不是庄子之后，他事实上可能是一只蝴蝶的想法才会产生。只有在庄子怀疑他的身份之后，他才考虑他是一只蝴蝶的可能性。爱莲心认为修改后的版本，蝴蝶梦有非常容易理解并意味深长的意义。突然觉醒后，人能看到真实与非真实之间的区别，这构成了观念上的转变。这种转变从没有意识到现实与幻想之间缺乏区别，转变为对此有清醒的意识和明确的区别。爱莲心认为现行的版本是不成熟的版本，逻辑上有问题，意义不明确。

　　爱莲心以一个预设的观点考察文本，让文本符合研究者的意志，这个做法十分不妥。且不论《庄子》单篇作者最初写作时是否有要符合逻辑的想法，就从爱莲心标榜的逻辑角度看，原文"俄然觉，则蘧蘧然周也。不知周之梦为胡蝶与？胡蝶之梦为周与"，这个文本顺序符合我们做梦及初醒时的心理感受。梦中为蝴蝶，翩

---

[1] Robert E. Allinson, *Chuang-Tzu for Spiritual Transformation*, pp.81-82.

然欣然,初醒之时,发现自己原来是庄周。再进一步想,方始有不知庄周梦为蝴蝶,还是蝴蝶梦为庄周的疑问。这个文本顺序并无不妥之处,也不存在爱莲心批评的意义不明确的问题。

此书第七章"蝴蝶梦:外部文本转化"将"庄周梦蝶"这段文字与大圣梦("梦饮酒者"至"万世之后而一遇大圣,知其解者,是旦暮遇之也")一段文字联系起来,从写作顺序和解释顺序两个方面加以分析,认为二者的意图相似,蝴蝶梦是大圣梦的前奏和不成熟版本,大圣梦表达了蝴蝶梦试图说出而没能说出的想法。从而得出结论:大圣梦应置于蝴蝶梦之后[①]。也就是说,按照爱莲心的意见,《齐物论》不是以"庄周梦蝶"结尾,而应当以大圣梦作结。爱莲心对文本的这种调整主观性太强,很难让人认同。

第四节　以郭象注为标尺的批评

德国学者汉斯-乔治·梅勒的英文论文《庄子的蝴蝶梦:一位道家学者的解释》[②],着重解读郭象注。这篇论文首先引用了翟理斯的译文,并说明其译文在西方哲学界有深远影响,其解读高度代表了我们这个时代对道家哲学的普遍理解,但是它与中国传统道家学者对文本的理解相矛盾。

梅勒从三个层面分析了郭象注。先复述故事情节,然后指出其寓意,最后列出了其中隐含的哲学思想。

1.关于"庄周梦蝶"的情节,梅勒认为郭象笔下的庄周完全忘记

---

① Robert E. Allinson, *Chuang-Tzu for Spiritual Transformation*, pp.96-110.

② Hans-Georg Möller, "Zhuangzi's 'Dream of the Butterfly': A Daoist Interpretation", *Philosophy East & West*, Vol. 49, No. 4 (1999): 439-450.

了他的梦。当庄周醒来时,郭象评曰:"此刻不知道一只蝴蝶,与梦中不知道一个庄周没有什么不同。"①对郭象来说,庄周一旦醒了,就完全不知道"他的"梦是什么了。庄周不记得他做过什么梦,因此他没有任何理由怀疑任何事情。笔者认为,梅勒误会了郭象注的意思。郭象的意思是,庄周醒后不知道蝴蝶,与梦为蝴蝶时不知道庄周的存在没有什么差别。郭象并没有说庄周完全忘记了他的梦。

　　梅勒认为翟理斯的译文一直在用"我"②,而这个"我"在中文原文中并没有出现。翟理斯的译法有一个基本的要素——连续性,就像有某种物质支撑着庄周的所有转变。梅勒根据郭象注所云"而各适一时之志,则无以明胡蝶之不梦为周矣",认为郭象的解释是基于与翟理斯相反的假设,做梦和醒着的不同阶段没有连续的物质性主体③。梅勒分析,在郭象看来,故事的结尾说得很清楚:不能证明以前没有一只蝴蝶在做梦,所以现在那里有一个庄周。由于我们无法从一个公正的观点确定,哪个现象只是梦,哪个是真实,那么,这两个阶段的真实程度是相同的。这两个阶段并没有一

---

① 郭象注原文:"今之不知胡蝶,无异于梦之不知周也。"([清]郭庆藩《庄子集释》上册,第119页)

② 翟理斯的英译:"Once upon a time, I, Chuang Tzǔ, dreamt I was a butterfly, fluttering hither and thither, to all intents and purposes a butterfly. I was conscious only of following my fancies as a butterfly, and was unconscious of my individuality as a man. Suddenly, I awaked, and there I lay, myself again. Now I do not know whether I was then a man dreaming I was a butterfly, or whether I am now a butterfly dreaming I am a man. Between a man and a butterfly there is necessarily a barrier. The transition is called *Metempsychosis*。" (Herbert Allen Giles, *Chuang Tzu*, p.32)

③ 在《齐物论》原文"俄然觉,则蘧蘧然周也"一句后,郭象注曰:"今之不知胡蝶,无异于梦之不知周也;而各适一时之志,则无以明胡蝶之不梦为周矣。"([清]郭庆藩《庄子集释》上册,第119页)

个共同的"我"作为桥梁。郭象的解读没有给我们一个发出疑问的庄周，事实上，他给了我们两个毫无疑问的实体：庄周和蝴蝶。由于它们在各自的时间都是真实的，而且从独立的角度看，要证明其中一个比另一个更真实或更不真实是不可能的，所以，显然它们同样有效。对郭象而言，庄周与蝴蝶是不同的，二者彼此不知。庄周与蝴蝶的差异，是郭象进行寓言式解读的基础。

2. 郭象在"梦"与"觉"的关系和《庄子》的中心话题——生与死的关系之间做了类比。这个比喻对他来说是解读这个故事寓意的关键。梅勒引用一段郭象注："方其梦为胡蝶而不知周，则与殊死不异也。然所在无不适志，则当生而系生者，必当死而恋死矣。由此观之，知夫在生而哀死者误也。"①进而分析，郭象明确表示，醒着并不比做梦更真实。做梦之后的文本谈到"觉"，郭象提醒我们，这是从庄周的角度说的，也就是说，"觉"绝对不能伪造梦。这种"觉"不具有从幻想到现实的觉醒感，它只是一个小觉醒，相当于做梦，而不是大觉。它是从普通的梦境和觉醒中醒来。郭象对这个故事寓意的道家阐释是：梦的真实性并不比醒着少，死的真实性也不比活着少。因此，只有傻子才会在死亡面前怀疑和担忧。

3. 梅勒认为，从郭象的解说中可以清楚地看到，从哲学诡辩角度看，翟理斯的翻译是建立在一些明显非道家概念之上的。其版本故事的核心是记忆和怀疑的概念，与郭象版本的核心是遗忘和怀疑的概念相矛盾。翟理斯的版本有一个连续的"我"，郭象的理解中没有连续的某个人。道家的思想不是在不同的部分之间架起一座桥梁，构成一个变化的过程，而是一个尖锐的观点：一个过程的各个部分之间的明显区分是每个部分同样真实的基础。郭象注云："今所以自喻

---

① [清]郭庆藩《庄子集释》上册，第119页。

适志,由其分定,非由无分也。"① 道家思想不是模糊各个片段之间的界限:庄周与蝴蝶、梦与觉、生与死,也不是怀疑一个人的"真我",而是相信每个片段的真实性。认为生与死没有区别是不符合道家的看法的。相反,从道家的观点看,生与死是不同的。各个片段之间有着明显的区别,这正是它们能够无缝衔接的原因。这些截然不同的部分组成了一个连续的、完全连接的整体。在蝴蝶梦中,叙述者庄子体现了"不在当下"(non-presence)的概念。庄周和蝴蝶中间,有个不在场的庄子本人。

梅勒还认为在"庄周梦蝶"的故事中,庄子取代了道家圣人的位置,因为圣人"忘己"。圣人的地位是轮毂,连接所有的环节,但它自己并不改变,它是变化中不变的中心。在故事中,庄周和蝴蝶,非梦非觉,非生非死,根本没有身份,中间站着的是庄子,他用零视角讲述了自己的故事。如蝴蝶梦所示,道家的"呈现结构"(the Daoist structure of presence)是由一个稳定有序的过程组成的,这个过程是由不同的呈现片段的不断变化构成的,由一个不呈现的中心保持平衡。郭象对蝴蝶梦的解读以"呈现结构"为基础,而翟理斯的翻译以"再现结构"(the structure of representation)为基础。

论文结尾,梅勒附上了他翻译的"庄周梦蝶"和郭象注②,其译

①[清]郭庆藩《庄子集释》上册,第 119 页。
② 梅勒的"庄周梦蝶"译文:"Once, Zhuang Zhou fell into a dream—and then there was a butterfly, a fluttering butterfly, self-content in accord with its intentions. It did not know about a Zhou. With a sudden awakening there was, fully and completely, a Zhou. One does not know whether a Zhou dreams and then there is a butterfly, or whether a butterfly dreams and then there is a Zhou. When there is a Zhou and a butterfly, there has to be a distinction [between them]. This is called the changing of things。"[*Philosophy East & West*, Vol. 49, No. 4 (1999): 446-447]

文没有出现"我",代之以"一个人"(one)。在文末尾注中,梅勒说明依据的中文版本是郭庆藩的《庄子集释》。梅勒还特别表明,他不同意爱莲心对蝴蝶梦的解读,认为其解释没有考虑郭象的评注。爱莲心认为,庄周醒来后不确定自己是不是庄周,对自己的身份感到困惑。但中文原文中根本没有"不确定"或"困惑",这是西方翻译家添加的。梅勒以郭象注为衡量标准,批评了翟理斯的英译和爱莲心的解读,言之成理。

小　结

在诸多对"庄周梦蝶"故事的解析中,我们看到了启人心智的思路和观点,也看到不少迂曲缠绕、生搬硬套的主观臆断。笔者设想,如果我们暂时放下现代学科的话语体系,先回到这个梦与觉的情境中,以个体的生命经验去理解,会不会觉得它首先讲的是一个真实的梦醒之初的恍惚状态,然后才是完全醒来之后对梦境及初醒的反思? 可能有时候我们求之愈深,反而离之愈远。无论如何,感谢庄子,提供了一个能激发读者发掘自身理解力和想象力的经典文本。

第九章　文学视角的研究之一
——"道"论的显隐与学科分化

20 世纪英语世界影响较大的中国古代文学史、概论和文学作品选集有十余种,其中以翟理斯、华兹生、白之(Cyril Birch, 1925—2023)[①]、梅维恒和宇文所安等汉学家的著述影响最为广泛。学术的专书研究较多,以《庄子》为研究对象,从文学与哲学的学科分化角度加以考察,尚未有专论。本章以《庄子》"道"论的显与隐为线索,简述 20 世纪英语世界中国文学叙述中文学与哲学分立的过程,以期深化对文学《庄子》的建构这一问题的认识。

第一节　"道"论与文学主题并立

翟理斯的《中国文学史》出版于 1901 年[②],是 20 世纪英语世

---

① 白之,又译白芝,其生卒年据《汉学家白芝去世》(《中华读书报》2023 年 6 月 21 日),有的文章将其卒年标为 2018 年。其生平事迹,可参见吴思远《美国汉学家白芝》,《中华读书报》2020 年 2 月 19 日。

② Herbert A. Giles, *A History of Chinese Literature*, London: William Heinemann, 1901.

界第一部真正意义上的《中国文学史》①。此书卷一《封建时代（公元前 600—公元前 200 ）》列"道家"专题，用了九页篇幅论述《庄子》②，文学性和思想性受到同等重视。他说："《庄子》由于其绝妙的文学美(marvelous literary beauty)，一直占据着重要的地位，这也是一部具有思想原创性的作品。"③ 翟理斯从四个方面评述了《庄子》的特征：第一，对"道"本身特性及得道的描述；第二，对未来不确定状态的认知；第三，喜爱悖论；第四，具有犀利的智慧和迷人的风格。这四个特征整体偏重于对《庄子》思想的概括，翟理斯对其所推崇的"绝妙的文学美"缺乏进一步的阐发。从现代学科角度看，前两个特征更是明显具有哲学属性，而非文学属性。

一、"道"的特性及如何体道、得道

翟理斯引述了《秋水》《天道》《知北游》中关于"道"的一些论述 ④，有如下这些语段：

① 19 世纪和 20 世纪之交，美国学者埃皮法纽斯·威尔逊(Epiphanius Wilson，1845—1916)编选了《中国文学:〈论语〉〈诗经〉〈孟子〉〈汉宫秋〉和〈法显游记〉》(Epiphanius Wilson, *Chinese Literature : Comprising the Analects of Confucius, the Shi-King, the Sayings of Mencius, the Sorrows of Han, and the Travels of Fa-Hien*, New York and Landon: Colonial Press, 1900)。此书收录了詹宁斯(William Jennings，1847—1927)翻译的《论语》全文，理雅各翻译的《孟子》的《梁惠王上》和《万章上》、《诗经》选篇及《法显游记》(即《佛国记》)，德庇时(John Francis Davis，1795—1890)翻译的全本《汉宫秋》。《法显游记》的《前言》采用了理雅各译本的《译者序》，其他四种经典的《前言》均由 E. W. 撰写，此人全名及生平事迹不详。这本书的性质是作品选，不是文学史。
② Herbert A. Giles, *A History of Chinese Literature*, pp.60-68.
③ Herbert A. Giles, *A History of Chinese Literature*, p.60.
④ 翟理斯原书此处只提到《秋水》，未注明具体每个语段的出处。笔者依据英文并核对翟理斯的《庄子》英文全译本，逐条查实出处。

道无终始。(《秋水》)

(道)无所不在。(《知北游》)

道不可闻,闻而非也;道不可见,见而非也;道不可言,言而非也。知形形之不形乎! 道不当名。(《知北游》)

夫道,于大不终,于小不遗,故万物备。广广乎其无不容也,渊乎其不可测也。(《天道》)

无思无虑始知道,无处无服始安道,无从无道始得道。(《知北游》)①

翟理斯引述之后,没有进一步的论述。其所引诸文,前两句是从时间和空间的角度说明道的特性,其存在方式是无始无终,无所

---

① 上引五处文句均出自翟理斯《中国文学史》第 61 页。这里从英文回译的《庄子》原文,出自 [清] 郭庆藩《庄子集释》中册,第 584 页、第 745 页、第 753 页、第 489 页、第 728 页。翟理斯除第一句说明了出自《秋水》外,其他均未注明出处。后三个文段原文是:"Tao cannot be heard; heard, it is not Tao. Tao cannot be seen; seen, it is not Tao. Tao cannot be spoken; spoken, it is not Tao. That which imparts form to forms is itself formless; therefore Tao cannot have a name (as form precedes name)。" "Tao is not too small for the greatest, nor too great for the smallest. Thus all things are embosomed therein; wide, indeed, its boundless capacity, unfathomable its depth。" "By no thoughts, by no cogitations, Tao may be known. By resting in nothing, by according in nothing, Tao may be approached. By following nothing, by pursuing nothing, Tao may be attained。"刘燕将它们译为:"视之无形,听之无声,于人之论者,谓之冥冥,所以论道而非道也。" "夫道,有情有信,无为无形;可传而不可受,可得而不可见;自本自根,未有天地,自古以固存。" "道不可闻,闻不若塞。此之谓大得。"均误。见(英)翟理斯著,刘燕译《中国文脉》,华文出版社,2020 年,第 53—54 页。刘帅的中译本都准确无误,且逐一注明了出自《庄子》哪篇。见(英)翟理斯著,刘帅译《中国文学史》,首都师范大学出版社,2017 年,第 43 页。

不在。第三个文段说明道赋予万物以形态而其自身没有具体的物质存在形态,看不到,听不到,不可感知,无法言说。第四个文段论述了道的普遍性,小大不遗,无所不容,极其广大,不可测度。最后一个文段论说体道、得道的方法,只有放弃主动、自觉的思考,放弃对自我所处空间的自觉意识,放弃对道的追寻才能进入道境,安于道境。

　　翟理斯指出在《齐物论》中,庄子认为以道观之则万物齐同,各种对立的概念如积极与消极、是与彼、是与非、垂直与水平、主观与客观等都变得失去分际,如同水之在水。随后引述了"彼是莫得其偶,谓之道枢。枢始得其环中,以应无穷"①几句原文。翟理斯说:"通过泯灭矛盾双方,'于是我们统一于天,忘却时间与是非,进入无穷之域,并最终安息于此'。"② 这里,他引述的是《齐物论》"和之以天倪","忘年忘义,振于无竟,故寓诸无竟"③。整体而言,翟

---

① Herbert A. Giles, *A History of Chinese Literature*, p.62. 原文是:"When subjective and objective are both without their correlates, that is the very axis of Tao. And when that axis passes through the centre at which all Infinities converge, positive and negative alike blend into an infinite One。" 刘燕译《中国文脉》第54页,将这段《齐物论》的原文译为:"天地者,形之大者也,阴阳者,气之大者也,道者为公。" 有误。刘帅译本第44页的译文准确无误。这里从英文回译的《庄子》原文出自[清]郭庆藩《庄子集释》上册,第71页。

② Herbert A. Giles, *A History of Chinese Literature*, p.63.

③ 翟理斯原文是:"We are embraced in the obliterating unity of God. Take no heed of time, nor of right and wrong; but passing into the realm of the Infinite, make your final rest therein."《中国文脉》第54页刘燕译为:"夫道在太极之先而不为高,在六极之下而不为深;先天地生而不为久,长于上古而不为老。" 有误。《齐物论》原文"忘年忘义"前还有"因之以曼衍,所以穷年也"两句,翟理斯的《庄子》全译本第31页及《中国文学史》的引文中均略去未译。刘帅译本第44页增译了"因之以曼衍,所以穷年也"两句。

理斯选择的这些庄子"道"论都颇具代表性,尽管解说不多,但对《庄子》精神的理解很准确。

二、哲学注释的消失及文学主题的凸显

翟理斯的《中国文学史》论述《庄子》,只有一条脚注引述了哲学家的言论。在井底之蛙与东海之鳖的对话后注曰:"'对鲦鱼来说,原生小溪里的每一条裂缝、每一块鹅卵石、每一个品质、每一个意外都可能已经变得熟悉;但是鲦鱼能理解大海的潮汐和周期性洋流、信风、季风和月食吗……?'——《衣裳哲学》,自然的超自然主义。"① 翟理斯引述的这几句确实和《秋水》中井蛙之喻的寓意一致:生物会受到自己生存空间的限制,无法理解其他更大空间里的事物。翟理斯在此书中仅一处引哲学家的言论为注,但在早于此书的《庄子》全译本中,却是另外一番情形。

翟理斯于 1889 年出版了《庄子》英文全译本《庄子:神秘主义者、伦理学家和社会改革家》,与《中国文学史》论《庄子》仅一处引哲学家言不同,注释中引用了大量西方哲学家的言论,用以解说庄子的思想。古希腊的柏拉图、贺拉斯(Quintus Horatius Flaccus,前 65—前 8)、芝诺(Zeno,约前 490—前 425)②、第欧根尼(Diogenēs,约前 412—前 323),瑞典神学家伊曼纽·斯韦登伯格(Emanuel Swedenborg,1688—1772),近代英国马克思主义学

---

① Herbert A. Giles, *A History of Chinese Literature*, p.65.《衣裳哲学》(*Sartor Resartus*),书名又译"旧衣新裁",是英国哲学家、文学家托马斯·卡莱尔(Thomas Carlyle,1795—1881)撰写的一本融传记、小说和哲学思辨为一体的著作,出版于 1831 年。中译本有马秋武、冯卉译《拼凑的裁缝》,广西师范大学出版社,2004 年。

② 芝诺的生卒年有不同说法,还有前 334—前 262、前 336—前 265 等。

者亨利·海德门（Henry Mayers Hyndman，1842—1921）和英国社会主义者艾威林（Edward Bibbins，1851—1898）等多位思想家都在注释中出现。比如在《齐物论》这篇的注释中，翟理斯引用了美国哲学家、散文家爱默生，英国"社会达尔文主义之父"赫伯特·斯宾塞（Herbert Spenser，1820—1903）、"自由主义之父"约翰·洛克（John Locke，1632—1704）和古典自由主义哲学家约翰·斯图亚特·穆勒（John Stuart Mill，1806—1873）等人的论说。在"其次以为有物矣，而未始有封也"下注曰："从时间或空间的角度，斯宾塞说：'脱离关系的存在本身是不可思议的。'（Being, in itself, out of relation, is itself unthinkable.）《心理学原理》第三卷，第 258 页。"① 在"和之以天倪……故寓诸无竟"几句下，注曰："赫伯特·斯宾塞说：'只要意识存在，主体与客体的对立就永远不能被超越，这就使关于主体与客体统一的终极实在的一切知识成为不可能。'《心理学原理》第 1 卷，第 272 页。"② 在"无物不然，无物不可"后的注释中，引了穆勒的话："事物是其所是，成其所成。（Things are what they are, and their consequences will be what they will be.）"③ 在"是谓两行"的注释中，引用了托马斯·卡莱尔在《论诺瓦利斯》中所说："对超验主义者而言，物质是存在的，但只是作为一种现象……它只是一种关系，或者更确切地说，是我们活着的灵魂与伟大的第一因之间关系的结果。"④

其他还有很多，比如在《在宥》中，翟理斯注引爱默生的言论和穆勒的《论自由》。在原文"无问其名，无窥其情，物固自生"句

① Herbert A. Giles, *Chuang Tzu*, p.21.
② Herbert A. Giles, *Chuang Tzu*, pp.31-34.
③ Herbert A. Giles, *Chuang Tzu*, p.19. 翟理斯没有注明出处。
④ Herbert A. Giles, *Chuang Tzu*, p.21.

下，注曰："'知就是知道我们无法知道。'——爱默生。"① 在原文
"世俗之人，皆喜人之同乎己而恶人之异于己也"句下，注曰："'男
人，尤其是女人，如果被指责做了没人做的事，或者没有做人人都
做的事，就会受到很多贬低的评论，就好像他或她犯了某种严重的
过失一样。'——穆勒《论自由》第 3 章。"②

　　通过考察《庄子》全译本的脚注，可知翟理斯哲学典籍的阅读
十分广泛，但是在《中国文学史》中，他对《庄子》的论说以及脚注
却鲜有哲学家的言论。可以说，"中国文学史"视角叙述中的《庄
子》已经呈现出不同于哲学解释的特质。

　　翟理斯的《中国文学史》引述了多段《庄子》原文，在这些文
段中，生命主题得到凸显。他在论述庄子喜欢悖论时，举了三个例
子："生长不良和劣等的树得以生存，病死的猪免于被宰杀做祭品，
一个驼背的人不仅可以靠洗衣服过活，而且可以在战争时期避免
被强征入伍。"③ 这三个例子无一例外，都与保存生命有关。翟理斯
论述《庄子》具有犀利的智慧和迷人的风格时，摘录了六个文段作
为例证，其中后四个文段均与生命主题有关。出自《秋水》的"庄
子钓于濮水"，写庄子以曳尾于涂中的龟自喻，拒绝楚王聘用。出
自《至乐》的"庄子之楚"，写庄子与髑髅的对话，髑髅认为人生多
劳苦，宁死而不愿复生。出自《达生》的"祝宗人元端以临牢策"，
写祝宗人劝彘，死后可以获得献祭的尊崇。出自《列御寇》的"庄
子将死"，写庄子临死前对死亡的达观态度 ④。

　　翟理斯摘录的《庄子》文段，生命主题得到凸显，可以说，对生

---

① Herbert A. Giles, *Chuang Tzu*, p.131.

② Herbert A. Giles, *Chuang Tzu*, p.131.

③ Herbert A. Giles, *A History of Chinese Literature*, pp.63-64.

④ Herbert A. Giles, *A History of Chinese Literature*, pp.64-68.

命主题的重视,也是对《庄子》文学特性的揭示,文学是人学,对生命的关注是文学的一个重要议题。在翟理斯的《中国文学史》中,我们看到,偏于哲学的"道"论与偏于文学的生命主题二者并立,从选文的篇幅上看,生命主题的文段多于"道"论。

第二节　文学与哲学的分立

翟理斯的《中国文学史》介绍了《庄子》的"道"论,在后来的文学史和作品选中,有关《庄子》论道的内容很少出现,但他开创的生命主题却得到了沿袭和深化。20 世纪 60 年代,英语世界出版了多种中国文学史及作品选类著述,大多论及《庄子》的生命主题 ①,尤其是死亡观。美国汉学家中,以华兹生所论最为深入,他特别说明,不想全面论述《庄子》的思想,只想论说庄子对待死亡的态度。华兹生的《早期中国文学》选录了三个文段:1.《齐物论》中从"予恶乎知说生之非惑邪"至"予恶乎知夫死者不悔其始之蕲生乎";2.《大宗师》中子祀和子舆等四人的长篇对话;3.《大宗师》中"子桑户、孟子反、子琴张三人相与友曰"至"以观众人之

---

① Ch'u Chai and Winberg Chai, *A Treasury of Chinese Literature: A New Prose Anthology, Including Fiction and Drama*, New York: Appleton-Century, 1965. 翟楚和翟文伯父子所译选集,书名直译是《中国文学宝库:散文新选集(含小说和戏剧)》,原书题有中文书名"学思文粹"。柳无忌撰有《中国文学新论》(Liu Wu-Chi, *An Introduction to Chinese Literature*, Bloomington and London: Indiana University Press, 1966),此书有中译本。(美)柳无忌著,倪庆饩译《中国文学新论》,中国人民大学出版社,1993 年。赖明撰有《中国文学史》。Lai Ming, *A History of Chinese Literature*, London: Cassell, 1964. 笔者在中国国家图书馆查阅到的是这版。有些论著将此书的出版地和出版社著录为 New York: Capricorn Books, 1964,笔者未见到。

耳目哉"①。这三个文段表达的意思相近：悦生恶死不可取，死亡不过是生命过程的一个环节，死生存亡为一体。华兹生还追溯了殷周的死亡观及丧葬观，并举一位埃及诗人的诗作与《庄子》死亡观比较。

加州大学伯克利分校东方语言系白之注重《庄子》思想在汉代的影响，他编选的《中国文学作品选：早期至 14 世纪》，第三部分是"《庄子》及他书论死亡"②，选了《庄子》的三段对话：庄子妻死，惠子往吊，出自《至乐》；庄子之楚，路遇髑髅，出自《至乐》；子祀、子舆、子犁、子来四人对话论生死，出自《大宗师》。这组文章还选了出自《史记》的《汉文帝遗诏》和王充（27—约 97）的《论衡·论死》（节选），这两篇文章对待死亡的态度与《庄子》相近。

几位华人学者如赖明（1920—2011）③、柳无忌（1907—2002）、翟楚（1906—1986）和翟文伯（1932—）父子等人的中国文学概论或作品选，选文或论说中都阐发了《庄子》的生命主题④。而且，在这些对《庄子》的论说及选文中，"道"论基本隐而不显，文学主题得到进一步的深化。

一、白之的文学观及其对哲学文本的排斥

白之的《中国文学作品选：早期至 14 世纪》选录了从周朝（前1122）到元代（1367）的文学作品，译文质量非常高，几十年来被当

---

① Burton Watson, *Early Chinese Literature*, New York and London: Columbia University Press, 1962, pp.160-169.

② Cyril Birch, *Anthology of Chinese Literature: From Early Times to the Fourteenth Century*, New York: Grove Press, Inc., 1965, pp.81-85.

③ 赖明是林语堂的女婿，林太乙的丈夫。其生卒年据美国南加州大学图书馆藏书目录，https://library.usi.edu/record/50059。

④ 详见下一章。

作教科书,影响广泛。白之在《前言》中说,其编选原则是:"我们
对文学的定义,首先是现代西方的而非中国传统的,是狭义的而非
广义的。中国目录学分为四个主要的类别:经、史、子、集,或云经
典、历史著述、哲学著述和文集(个人韵文和散文的专集),最后一
类排除了虚构小说和戏剧(它们在哲学著述条目之下),然而却与
我们的'美文'(belles lettres)概念大体一致;自然这部分构成了
材料的主体,至少是第一册。"① 也就是说,白之认为"文学"的主体
是"美文",还包括小说和戏剧。从现代学科分类看中国目录学,集
部属于文学,子部属于哲学。我们本土影响很大的几种文学史,都
收录很多子部的著述,即第一属性是哲学的文本。白之旗帜鲜明
地排斥哲学,他说:"其余的哲学类著述,我们几乎全部忽略。我们
不想提供任何缺乏文学价值的《孟子》或《列子》甚至朱熹的著述,
我们更愿意排除那些作品。想要理解它们,读者首先会要求对早
期中国的伦理概念和政治理论进行广泛的解释。"② 白之只选了经
部的《诗经》。在他看来,哲学类著述缺乏文学价值,而且要理解它
们很不容易,需要首先理解早期中国文化。现代学科分类视野中
哲学为第一属性的文本,白之基本弃而不选。

　　其实,白之的这组选篇,包括《庄子》在内,主题及思想观念居
首,并非着眼于文学表达特征。白之以"美文"为文学,是现代学
科分化过程中的必经阶段,文学要与哲学划清界限。但显然,有时
这个界限难以划清,因为中国古代大量文本具有双重性质,以现
代学科眼光看,它们既是哲学文本,又是文学文本,有些则既是史
学文本,又是文学文本。大体而言,它们所在四库分类的类别,基

---

① Cyril Birch, *Anthology of Chinese Literature*, p.xxiv.
② Cyril Birch, *Anthology of Chinese Literature*, p.xxiv.

本是其第一学科属性。比如《庄子》在子部,其第一学科属性是哲学,文学是其第二属性,是随着学科分化而产生的。那么,如果单纯地认定某些文本就不是文学,难免会有遗珠之憾。既然同一个文本兼具不同的学科属性,我们尝试用不同学科的视角去解读就好,不必执一端而定取舍。

二、哲学文选对"道"论的重视

《庄子》的"道"论在翟理斯之后鲜被提及,那么,"道"论在《庄子》中不重要吗?当然不是。那么,为什么中国文学叙述者忽略了它呢?笔者认为,这与白之排斥哲学类著作是出于同一个原因,即在学科分化的过程中,文学专业的学者要建构文学的身份特征,相对而言,"道"论的哲学属性更突出,因而学者不再将其纳入文学叙述之中。文学与哲学的进一步分野,还可以从20世纪60年代两种哲学史、思想史类作品选中得到旁证。

在华兹生《早期中国文学》和白之《中国文学作品选》两部书出版的前后五年间,有两本英文中国哲学史、思想史文选问世,影响非常大。一是狄百瑞、陈荣捷和华兹生选编的《中国传统资源:早期至1600(卷一)》①,另一种是陈荣捷编译的《中国哲学文献选编》②。将它们与中国文学叙述相对照,文学与哲学这两个不同学科关注的问题明显有别。

---

① William Teodore De Bary, Wing-Tsit Chan, Burton Watson, *Sources of Chinese Tradition: Volume I*, New York: Columbia University Press, 1960. 此书1999年修订再版,编者也有变化,陈荣捷和华兹生不再列入,新增了华蔼仁。笔者用的是1999年版。William Teodore De Bary and Irene Bloom, *Sources of Chinese Tradition: From Earliest Times to 1600, Vol. 1*, New York: Columbia University Press, 1999.

② Wing-Tsit Chan, *A Source Book in Chinese Philosophy*.

　　狄百瑞的选本设"老庄之道",以"《庄子》中的变形与超越"为题,从内七篇中各选一些文段①。《齐物论》选的葛瑞汉译本,《应帝王》只选了浑沌凿七窍的故事,狄百瑞译,其余各篇均是华兹生译。选篇前有一页半的题解②。题解中强调了《庄子》两方面的特点,一是哲学深度,二是文学高度。概括《庄子》最关注的问题是:第一,普遍性与特殊性(universality and particularity)。庄子既反

---

① William Teodore De Bary et al., *Sources of Chinese Tradition*, pp.95-111. 具体所选篇章如下:

《逍遥游》:"北冥有鱼"至"而彭祖乃今以久特闻,众人匹之,不亦悲乎";"穷发之北有冥海者"至"圣人无名";"惠子谓庄子曰:'吾有大树,人谓之樗'"至"安所困苦哉"。对应的原文见[清]郭庆藩《庄子集释》上册,第 2—13 页、第 17—20 页、第 45—46 页。

《齐物论》:"非彼无我,非我无所取"至"而人亦有不芒者乎";"夫言非吹也"至"是以圣人不由而照之于天,亦因是也";"啮缺问乎王倪曰"至"是旦暮遇之也";"昔者庄周梦为胡蝶"至"此之谓物化"。对应的原文见[清]郭庆藩《庄子集释》上册,第 61 页、第 68—71 页、第 96—111 页、第 118 页。

《养生主》:"吾生也有涯"至"吾闻庖丁之言,得养生焉";"老聃死,秦失吊之"至"不知其尽也"。对应的原文见[清]郭庆藩《庄子集释》上册,第 121—130 页、第 132—135 页。

《人间世》:"颜回见仲尼,请行"至"而况散焉者乎";"匠石之齐"至"不亦远乎"。对应的原文见[清]郭庆藩《庄子集释》上册,第 137—155 页、第 175—180 页。

《德充符》:"惠子谓庄子曰:'人故无情乎?'"至"子以坚白鸣"。对应的原文见[清]郭庆藩《庄子集释》上册,第 225—227 页。

《大宗师》:"南伯子葵问乎女偊"至"撄而后成者也";"子祀、子舆、子犁、子来四人相与语"至"蘧然觉";"颜回曰:'回益矣'"至"丘也请从而后也"。对应的原文见[清]郭庆藩《庄子集释》上册,第 257—258 页、第 263—267 页、第 288—290 页。

《应帝王》:"南海之帝为儵"至"七日而浑沌死",对应的原文见[清]郭庆藩《庄子集释》上册,第 315 页。

② William Teodore De Bary et al., *Sources of Chinese Tradition*, pp.95-96.

思人类社会的多样性,也反思自然世界的整体性。道的普遍性如何在多样的生命中被感知。第二,庄子还关注知识的本质,语言的可能性及局限性,道德价值的形而上意蕴,以及对自我的理解。对庄子而言,自我理解是通过意识到生命包含无穷的变化,以及死亡不可避免且不可预测而获得的。第三,庄子与老子一样,关注超越,生死是大化过程(great process of transformation)的两个方面 [1]。狄百瑞的选本虽然采用了华兹生的很多译文,也论及庄子的死亡观,但明显对庄子死亡观的解释与华兹生不同,狄百瑞关注的是死亡观背后的"自我理解"和"超越"。此外,诸如"普遍性""特殊性""知识与语言"等问题,均具有鲜明的哲学色彩。狄百瑞还以"《庄子》中的'杂篇'"为题,摘录了葛瑞汉英译的《天道》和华兹生英译的《天下》[2],篇前题解指出,这两篇都有道家圣王形象,《天道》"静而圣,动而王"和《天下》"内圣外王"之说相呼应 [3]。由此可见,编者考虑的是道家的政治哲学,也与文学选家关注的重点不同。

　　陈荣捷选本的第八章是"庄子的神秘之道"[4],选了《齐物论》和《大宗师》两篇全文,其后是附加节选,分论十一个问题,小标题为编者所加,每个标题下是选文,出自《天地》《知北游》《天运》《至乐》《秋水》《应帝王》《天道》《田子方》等篇。这十一个问题是:道的本质与实在、道无所不在、运转不止、演化、道的化均与治一、人与自然、静心、圣与王、齐死生、主观性、内在精神。这些问题非常明晰,均属哲学思考的范围。与华兹生和白之完全不谈庄

---

[1] William Teodore De Bary et al., *Sources of Chinese Tradition*, p.96.

[2] William Teodore De Bary et al., *Sources of Chinese Tradition*, pp.263-267.

[3] William Teodore De Bary et al., *Sources of Chinese Tradition*, p.263.

[4] Wing-Tsit Chan, *A Source Book in Chinese Philosophy*, pp.177-210.

子的"道"论有别,在陈荣捷拟定的小标题中,"道"成为特别关注的对象。在编者按语中,陈荣捷从哲学史角度出发,注重揭示庄子思想对后世的影响,尤其是对新儒家思想建构的影响,颇多卓识独见。

总之,在20世纪60年代,文学专业学者关注的《庄子》主题与哲学专业明显分道扬镳,各有其话语体系。

第三节　哲学与文学的重会

20世纪60年代是英语世界中国文学史、作品选类编著的高峰期,之后二十余年间没有新著出版。20世纪的最后十年,出现了三种新的作品选:梅维恒的《哥伦比亚中国传统文学作品选集》、宇文所安的《中国文学选集:开端至1911》、闵福德(John Minford,1946—)和刘绍铭(Joseph S. M. Lau,1934—2023)合编的《含英咀华集》①。这三种作品选不仅收录宏富,而且编译者的理念也出现

---

① Victor H. Mair, *The Columbia Anthology of Traditional Chinese Literature*, New York: Columbia University Press, 1994. Stephen Owen, *An Anthology of Chinese Literature: Beginnings to 1911*, New York, London: W. W. Norton & Company, 1996. John Minford and Joseph S. M. Lau, *Classical Chinese Literature: An Anthology of Translations (Volume I: From Antiquity to the Tang Dynasty)*, New York: Columbia University Press; Hongkong: The Chinese University Press, 2000. 梅维恒后来又出版了一个简本的文选(Victor H. Mair, *The Shorter Columbia Anthology of Traditional Chinese Literature*, New York: Columbia University Press, 2000)。本章所用引文均出自简本文选。《庄子》选文部分,1994年初版全文选入《秋水》,简本删去了其中"孔子游于匡"和"公孙龙问于魏牟"两段。闵福德和刘绍铭合编的作品选,书名直译是《中国古典文学选译(第一卷:古代至唐)》,此书扉页题有中文书名"含英咀华集"。

很大变化。从哲学与文学的关系角度看,以《庄子》为例,他们不再像白之那样将哲学与文学尖锐对立,在注释和评论中呈现出哲学与文学重新交会的情形。

一、"道"论再次出现

编译者对哲学与文学关系的认识发生了变化,《庄子》的"道"论重回编译者视野。宇文所安在"早期文学散文:言辞的乐趣"专题下选入《天运》黄帝论乐的大段文字,在题解中,他首先介绍了道家哲学,说:"'道'是中国古代很多哲学学派普遍运用的术语,用来描述'事物应当遵从的动因'。道家,庄子是其一,取之以为名。其所谓'道'是对自然变化过程偏激的感知,对人类的观念和差异漠不关心。"[①] 宇文所安解说了道家及庄子所谓"道"的特殊含义,也点明了庄子思想的特点。闵福德、刘绍铭合编的作品选,选了大量《庄子》文段[②]。在"庄子(前369—前286)"题下有两段评论,一是刘勰《文心雕龙·诸子》的一句"庄周述道以翱翔",英文译为:庄周在阐述"道"时获得自由和自发性[③];二是华兹生1962年版《早期中国文学》中对庄子的概述,也提到了其独特性之一是"非凡的智识及想象与哲学的结合"[④]。华兹生认为《庄子》是文学想象与哲学的结合,闵、刘两位学者特别将它们重新提出,并且强调了庄子对"道"的解说。

在白之看来,哲学与文学泾渭分明,势同水火,相互排斥。梅维恒的《哥伦比亚中国传统文学作品选集》一书设有专章"哲学

---

① Stephen Owen, *An Anthology of Chinese Literature*, p.108.

② John Minford et al., *Classical Chinese Literature*, pp.206-220.

③ John Minford et al., *Classical Chinese Literature*, p.206.

④ John Minford et al., *Classical Chinese Literature*, p.206.

思想及宗教",这个标题就充分体现出哲学与文学的重会,哲学文本被纳入文学选集中,从文学的角度加以观照。在这部分,梅维恒选录了《庄子》的五个文段或全文:1.庄周梦蝶,2.浑沌凿七窍,3.《秋水》全篇,4.种有几,5.轮扁斫轮 ①。宇文所安对哲学与文学的关系做了进一步的论断。他说:"《庄子》和《柏拉图对话录》等作品表明,哲学与文学融合在一起,二者相得益彰。" ② 在他看来,"在早期中国散文中,不可能在思想、修辞和文学之间划出明确的界限" ③。宇文所安对所选《庄子》文段的分析,确实很多时候注重思想与文学表达之间的关系。

二、哲学性质突出的篇章全文入编文学选本

《齐物论》是《庄子》中最富有哲学思辨色彩的篇章,与其密切相关的是《秋水》。在哲学文选中,二者颇受青睐。狄百瑞的哲学选本《中国传统资源》中《齐物论》所占篇幅最多,占四页半,而且篇前和中间有两处都加了按语。篇前的按语是:"本章被认为是《庄子》中最富有哲学意义的,它处理的是知识与语言、生与死、梦与现实的问题……他的主题是心,思想的器官。"④陈荣捷的哲学选本《中国哲学文献选编》也编入《齐物论》全文 ⑤。宇文所安的文学选本也全文选入了《齐物论》,而且他对《庄子》的分析,很多时候也关注知识与语言,与哲学选本的关注点类似。比如,在选本"传

---

① Victor H. Mair, *The Shorter Columbia Anthology*, pp.22-32.《秋水》全文外的四个文段,依次出自《齐物论》《应帝王》《至乐》《天道》。

② Stephen Owen, *An Anthology of Chinese Literature*, p.110.

③ Stephen Owen, *An Anthology of Chinese Literature*, p.102.

④ William Teodore De Bary et al., *Sources of Chinese Tradition*, p.99.

⑤ Wing-Tsit Chan, *A Source Book in Chinese Philosophy*, pp.179-191.

闻逸事、寓言和深刻的笑话"部分,宇文所安从《庄子》中选了六个文段:浑沌开七窍、惠子相梁、濠梁之辩、齐桓出行遇鬼、庄子游于雕陵之樊、黄帝见大隗于具茨之山①。对这些寓言内容,他从哲学角度做了很多解释。比如对濠梁之辩的解读,就指出惠子属于名家哲学学派,他们很像前苏格拉底哲学学派在古希腊的所作所为。庄子总是乐于将每个辩论都变得荒谬,并揭示问题的语言基础。在这则逸事中,庄子把惠子提问"安知"的"安",即如何,怎么,解释为字面上的"在哪里",从而答曰"在这里"②。再如黄帝见大隗于具茨之山,这个故事讲的是黄帝欲见大隗,在襄城之野迷路,问路于一个牧马童子,又问治理天下之道。牧童最后答曰为天下无异于牧马,去除害马者即可。黄帝服膺,称其为天师。宇文所安解读曰:"在《庄子》中,智慧既不存在于社会等级制度中,也不存在于当代哲学家们有争议的知识论中。智慧往往来自平凡之人,他们是圣贤,却不自知。这类寓言为一个难题提供了简单而深刻的答案。"③宇文所安选取这个故事乃出于对智慧来源的关注,更接近哲学思辨。

　　梅维恒将《秋水》全文编入选集,也是看重其思辨性,他发现了《庄子》文本与西方哲学文本的相似性。在《秋水》文后,注曰:"这篇著名的文章整体论辩风格与柏拉图作品中的许多哲学论辩惊人地相似,虽然没有那么冗长和详尽。"④此外,梅维恒的"庄周梦蝶"选文也不同于以往。"庄周梦蝶"是《齐物论》最后一段,之

---

① 这六个文段依次出自《庄子》的《应帝王》《秋水》《秋水》《达生》《山木》《徐无鬼》。

② Stephen Owen, *An Anthology of Chinese Literature*, p.296.

③ Stephen Owen, *An Anthology of Chinese Literature*, p.298.

④ Victor H. Mair, *The Shorter Columbia Anthology*, p.30.

前的中国文学叙述,如翟理斯的《中国文学史》和威廉·麦克诺顿
（William McNaughton, 1933—2008）的《中国文学：从早期到当
代作品选集》都只选到"胡蝶之梦为周与"①,原文后面还有两句
"周与胡蝶,则必有分矣。此之谓物化"。"物化"是庄子独特的哲
学概念,不选录结尾这两句便是一个梦与觉的故事,是在梦醒瞬间
迷失自我、找寻自我的故事。加上后面两句,意味就变了,重在表
达"物化"这个思想。这说明在文学选本中,哲学思辨的完整性受
到重视,得到体现。晚出的闵福德和刘绍铭的选本与梅维恒相同,
文段都选到"物化"。

三、文学选本有自己的关注重心

　　20世纪中后期,文学研究领域经历了理论大爆发,明确建立了
自己的一套话语体系,文学研究者再次面对中国古典文学作品时,
就有了很多可以选择的理论工具。闵、刘合编的作品选,选录了华
兹生1968年译本的十二个文段,华兹生的一段评论也作为按语被
编入。内容主要是：庄子虽然是散文家,但他的用词却具有诗人的
风格,尤其是用韵语描述"道"或道家圣人时,意义常常让位于声
音和情感力量。庄子用一种非传统的方式使用词语,所以,翻译应
当试图配得上他的想象力②。这段评论重视《庄子》的文学风格,描

① Herbert A. Giles, *A History of Chinese Literature*, p.63. William McNaughton, *Chinese Literature: An Anthology from the Earliest Times to the Present Day*, New York: Asian Literature Program of the Asia Society, 1974, pp.117-118. 威廉·麦克诺顿的生平据 https://www.deepwoodpress.com/Moon.html 介绍,他曾师从美国著名意象派诗人庞德（Ezra Pound, 1885—1972）,先后在多所大学开设汉语课程,最后在香港大学工作,1998年退休。
② John Minford et al., *Classical Chinese Literature*, p.212.

述"道"的语言特点,重视表达意义的方法,重视声音和情感力量,这些都是文学角度的研究。相对而言,"意义"更属于哲学研究的对象。

　　宇文所安选录的《天运》一段,写北门成问乐于黄帝,何以《咸池》之乐激起他不同的情感反应,始以惧,复以怠,卒而惑。其问引出黄帝论乐的大段言说。宇文所安从文学写作的角度进行解析,说:"在《庄子》和其他地方,言说者经常陷入对'道'之转化的狂热描述之中。这样的段落通常运用四字韵语,与《老子》有着惊人的相似。下面这段话把对道的描述放在一个对话框架中。"① 宇文所安也注意到庄子描述"道"的方式,并指出庄子将"道"论镶嵌在对话中。文本的结构及"道"是如何被谈论的是编者关注的重点,至于"道"的性状是什么,他并不在意,这就明显有别于哲学研究,显现出鲜明的文学研究特色。

　　宇文所安在"早期文学散文:言辞的乐趣"部分编入《说剑》全文,在这组文章的总论中说,中国早期散文常用对话形式,有三种类型:论述、寓言或训诫故事、描述。《说剑》这篇设定了一种复杂的叙述,一个虚构的庄子以战国演说家的身份出现,要使赵王恢复理智。叙事框架远比描述有寓意的剑复杂 ②。从中可知,宇文所安选择此篇的用意在于它代表一种早期散文的类型,而且他关注文本的叙事框架。

　　《庄子》的诸多全译或选译本中,葛瑞汉的译本哲学思辨色彩最浓。闵福德和刘绍铭的选本选录了两段葛瑞汉英译的《齐物论》,第一段编者拟小标题曰"天籁",从"南郭子綦隐机而坐"至

---

① Stephen Owen, *An Anthology of Chinese Literature*, p.108.
② Stephen Owen, *An Anthology of Chinese Literature*, p.102.

"怒者其谁邪";第二段小标题是"道之轴"(道枢),从"物无非彼"至"万物一马也"。第一个文段提出了重要的"吾丧我"的哲学命题,第二个文段提出了"道枢"的概念和"莫若以明"的方法论,重在表达庄子有代表性的观点:视角、立场不同,相应的是非判断也不同。这两个文段从哲学角度而言都非常重要。同时,这本作品选还选录了葛瑞汉的评论。其中有言曰:"道家哲学家是思想家,他鄙视思想,但又重视价值,并找到意象和节奏来传达。"[1]葛瑞汉指出了《庄子》一书的特点,用意象和节奏来表达思想,这也是注重其思想表达方式,也属于文学研究。作品选编入这个评论,说明文学研究者重新将《庄子》的哲学思考纳入文学考察的范围,但是关注点仍然在其文学表达方面的特征。

小　结

从学科分化的角度纵观 20 世纪英语世界对《庄子》的文学叙述,大体经历了三个阶段。第一个阶段是 20 世纪初期,翟理斯《中国文学史》对《庄子》的解读,首先梳理其"道"论,然后重在生命主题分析。这一时期是文学争取学科独立的阶段,作为一门学科,其研究对象、目的及方法还缺乏鲜明的自家面目,相应的,《庄子》的文学特性也没有得到充分的发掘。第二个阶段是 20 世纪 60 年代,各种文学理论勃兴,正如刘若愚(James J. Y. Liu, 1926—1986)指出的,这一时期中国文学从传统的西方汉学研究中独立出来,成为一门学科,研究者不是把文学作为汉学研究的资料,而是关注中

---

[1] John Minford et al., *Classical Chinese Literature*, p.219.

国文学内在的品质 ①。与同时期的两种重要哲学文选相比较,对中国文学的叙述,仅就《庄子》选篇及关注的主题而言,文学与哲学已经各自形成了话语体系,明显分途。第三个阶段是 20 世纪晚期,在经历了文学理论繁盛之后,三部文学作品选在哲学思想之外,都在不同程度上揭示了《庄子》文学表达方式的特点,与哲学重新交会,但又有自身的立场,确立了新的具有鲜明文学理论色彩的研究范式。尤其《齐物论》《秋水》和《说剑》全篇入编,更是具有特殊的意义。一方面,《庄子》一些篇章特殊的说理形态得到完整呈现,《庄子》的文学特性得到凸显;另一方面,《齐物论》和《秋水》也是哲学文选钟爱的篇章,体现出哲学与文学的重合。这个重合不是回到原初的二者浑沌难分的状态,而是文学与哲学各自站在自己学科立场上的不期然而同。尽管选篇相同,但对篇章的分析明显具有各自学科的特点。梅维恒和宇文所安着眼于论证风格或言辞之乐,陈荣捷对《齐物论》的评述着眼于其自然主义的色彩、辩证法、怀疑精神、"两行"的概念及主客之别等,二者截然不同。学科分化之后,哲学角度的研究更关注思想、结论和意义,文学研究则更注重论证的方式与过程。

归根结底,《庄子》的哲学思想与文学表达实在是水乳交融,其特性一直存在,不曾改变,改变的是理解它的学科角度和理论工具。学科的分化和理论的更新换代,让我们不断发现新的《庄子》。

---

① 刘若愚 1975 年发表的《西方的中国文学研究:当前的发展、流行的趋势与未来的展望》一文指出,中国文学研究已逐步构建为一门独立的学科,不再隶属于传统汉学。James J. Y. Liu, "The Study of Chinese Literature in the West: Recent Developments, Current Trends, Future Prospects", *The Journal of Asian Studies*, Vol. 35, No. 1 (1975): 21-30.

第十章　文学视角的研究之二
——主题阐发的范式转换

　　20 世纪英语世界影响较大的中国古代文学史、概论和中国古代文学作品选集有十余种 ①。它们的《庄子》选篇及解读建构了文

---

① 为避免重复，这里仅列出本章没有涉及的六种著述。冯沅君著，杨宪益、戴乃迭译《中国文学简史》[Feng Yuan-chun, Yang Hsien-yi and Gladys Yang (trans.), *A Short History of Classical Chinese Literature*, Peking: Foreign Language Press, 1958]。海陶玮《中国文学专题》(James Robert Hightower, *Topics in Chinese Literature*, Cambridge: Harvard University Press, Revised Edition, 1966)。康德谟著，安妮·玛丽·盖根译《中国文学》[Odile Kaltenmark, Anne-Marie Geoghegan (trans.), *Chinese Literature*, New York: Walker and Company, 1964. 此书法文版出版于 1947 年]。威廉·麦克诺顿《中国文学：从早期到当代作品选集》(William McNaughton, *Chinese Literature: An Anthology from the Earliest Times to the Present Day*, New York: Asian Literature Program of the Asia Society, 1974)。倪豪士 (1943—)《印第安纳中国古典文学指南》[William H. Nienhauser, Jr., *The Indiana Companion to Traditional Chinese Literature (Vol.1)*, Bloomington: Indiana University Press, 1986]。雷威安 (1925—2017) 著，倪豪士译《中国古典文学》[André Lévy, William H. Nienhauser, Jr. (trans.) , *Chinese Literature, Ancient and Classical*, Bloomington: Indiana University Press, 2000]，此书法文版出版于 1991 年。

学的《庄子》。对此,学界虽有所论①,但多分专书阐述,从研究范式的转换角度加以综合考察,还有很大的拓展空间。本章在全面梳理之余,着重分析几部具有代表性的著述,以期深化对 20 世纪英语世界文学《庄子》的建构这一问题的认识。

第一节　对《庄子》生命主题的阐发

翟理斯的《中国文学史》卷一《封建时代(公元前 600—公元前 200)》列 "道家" 专题,用了九页篇幅论述《庄子》②,评价非常高,他说:"《庄子》由于其绝妙的文学美(marvellous literary beauty),一直占据着重要的地位,这也是一部具有思想原创性的作品。"③ 翟理斯此说绝非人云亦云,他在译介《庄子》方面下过很大功夫,于 1884 年出版了《古文选珍》④,书中选译了大量《庄子》文段,1889 年出版了《庄子》英文全译本,影响深远。因而,其《中国文学史》对《庄子》的述评及摘录特别值得重视。他从四个方面评述了《庄子》的特征:第一,对 "道" 本身特性及得道的描述;第二,对未来不确定状态的认知;第三,喜爱悖论;第四,具有犀利的智慧

---

① 徐来《英译〈庄子〉研究》第四章 "《庄子》作为文学著作的译介",介绍了翟理斯、华兹生、赖明、柳无忌等人的《中国文学史》类著述及宇文所安《中国文学选集》对《庄子》的评价。陈橙《论中国古典文学的英译选集与经典重构:从白之到刘绍铭》(《外语与外语教学》2010 年第 4 期)论述了白之、梅维恒、宇文所安、闵福德和刘绍铭的四种英译中国古代文学作品选各自的特色。本章在研究范围与关注的角度方面均有别于已有成果。

② Herbert A. Giles, *A History of Chinese Literature*, pp.60-68.

③ Herbert A. Giles, *A History of Chinese Literature*, p.60.

④ Herbert A. Giles, *Gems of Chinese Literature*, London: Bernard Quaritch; Shanghai: Kelly & Walsh, 1884.

和迷人的风格。除了第一个特征,翟理斯在论述其余三个特征时,引述《庄子》文段的内容均与生命有关。

一、对生命和世界的认知

翟理斯引用了《齐物论》中两个文段,以说明庄子对未来不确定性的认知。如下:

> 予恶乎知夫死者不悔其始之蕲生乎! 梦饮酒者,旦而哭泣;梦哭泣者,旦而田猎。方其梦也,不知其梦也。梦之中又占其梦焉,觉而后知其梦也。且有大觉而后知此其大梦也,而愚者自以为觉,窃窃然知之。君乎,牧乎,固哉! 丘也与女,皆梦也;予谓女梦,亦梦也。
>
> 昔者庄周梦为胡蝶,栩栩然胡蝶也,自喻适志与! 不知周也。俄然觉,则蘧蘧然周也。不知周之梦为胡蝶与,胡蝶之梦为周与? ①

翟理斯的解读颇有个性,与当代学者多从"梦"与"觉"或"物化"角度分析这两段文字的意蕴很不相同。他认为,"予恶乎知夫死者不悔其始之蕲生乎"揭示了主旨,这段谈论的是对生命的认识,后面的"梦"与"觉"是类比说明。

翟理斯关注生命主题,在他引述的例子中随处可见。他认为:"庄子喜欢悖论(paradox),喜欢沉思无用之物的用处。"②举了三个例子:"生长不良和劣等的树得以生存;病死的猪免于被宰杀做祭

---

① [清] 郭庆藩《庄子集释》上册,第 109—110 页、第 118 页。
② Herbert A. Giles, *A History of Chinese Literature*, p.63.

品；一个驼背的人不仅可以靠洗衣服过活，而且可以在战争时期避免被强征入伍。"① 这三个例子确实说的是无用之用，它们无一例外，都与保存生命有关。

翟理斯论述庄子作为一位作家，"以其犀利的智慧（pointed wit）和迷人的风格（charming style）而受到尊重"②，摘录了六个文段作为例证，依次是：1. 从"秋水时至"至"尔将可与语大理矣"，即河伯与北海若的第一次对话；2. 从"子独不闻夫埳井之蛙乎"至"必不胜任矣"；3. 从"庄子钓于濮水"至"吾将曳尾于涂中"；4. 从"庄子之楚"至"吾安能弃南面王乐而复为人间之劳乎"；5. 从"祝宗人元端以临牢策"至"所异豪者何也"；6. 从"庄子将死"至"不亦悲乎"③。前三段均出自《秋水》，后三段分别出自《至乐》《达生》《列御寇》，翟理斯没有标示引文出处。

前两个文段表达的主题相近，都是一个人对世界的认知会受到生存时空的限制。第 3、4、5、6 文段都与生死有关。庄子以曳尾于涂中的龟自喻，拒绝楚王聘用，表明生命重于功名利禄。他与髑髅的对话讨论的是生与死孰苦孰乐的问题，髑髅认为人生多劳苦，死后就没有生之诸苦，得享安乐。面对生死选择，髑髅宁死而不愿复生。这与《齐物论》所云"予恶乎知夫死者不悔其始之蕲生乎"的看法一致，是这一思想寓言化、形象化的表达。祝宗人劝豪不要厌恶死亡，死后可以获得用以献祭的尊荣，这则寓言意在讽刺那些为求"轩冕之尊"而不顾念生命的人。第 6 段表述庄子对待自身死亡的达观态度。庄子将死，弟子要厚葬，庄子认为可以视天地为

① Herbert A. Giles, *A History of Chinese Literature*, pp.63-64.
② Herbert A. Giles, *A History of Chinese Literature*, p.64.
③ Herbert A. Giles, *A History of Chinese Literature*, pp.64-68.

棺椁,日月星辰为棺上的装饰,万物为送葬者。也不必担心如果没有棺椁将被乌鸦和老鹰啄食,因为被它们啄食与被地下的蝼蚁所食并无不同。这几段分别表达了珍视生命、苦生乐死和泰然临死的生命观,翟理斯关注生命主题的特点很鲜明。

翟理斯摘录的《庄子》文段,深刻影响、启发了学者对《庄子》主题的认识和评述,尤其是他对生死主题的关注,更是反复出现在之后出版的多种文学史和文学作品选中。

二、生命主题的沿袭

翟理斯之后的文学史和作品选中,有关《庄子》论道的内容很少出现,但生命主题则受到重视,反复出现。

如赖明的《中国文学史》一书就着重论说了《庄子》的生命主题。他说:"庄子思考什么是生与死,我与宇宙合而为一吗？他对生死问题尤其感兴趣。"[1] 赖明引述了翟理斯没有选录的一些文段,如:"人生天地之间,若白驹之过隙,忽然而已。""生也死之徒,死也生之始,孰知其纪！人之生,气之聚也。聚则为生,散则为死。若死生为徒,吾又何患！故万物一也,是其所美者为神奇,其所恶者为臭腐;臭腐复化为神奇,神奇复化为臭腐。"[2] 这些论述是对翟理斯选文的有益补充。

翟楚和翟文伯父子所译《学思文粹》设《庄子》专题,论曰:"以下两个选段说明了这部作品最重要的主题之一,庄子对死亡的看法,以及我们提到的一些文学特征。"[3] 选录的两节文字冠以"论

---

① Lai Ming, *A History of Chinese Literature*, p.46.
② Lai Ming, *A History of Chinese Literature*, pp.46-47. 见《知北游》。[清]郭庆藩《庄子集释》中册,第 742 页、第 730 页。赖明多用林语堂的英译。
③ Ch'u Chai and Winberg Chai, *A Treasury of Chinese Literature*, p.22.

不朽"标题,一段是《齐物论》中从"予恶乎知说生之非惑邪"至"是旦暮遇之也",另一段选自《至乐》,是庄子与髑髅的对话,从"庄子之楚"至"吾安能弃南面王乐而复为人间之劳乎"①。翟氏父子摘取的两则生死观文段,只是沿袭之前的选篇,无甚新意。

柳无忌编著的《中国文学新论》从诸多方面论述了《庄子》的思想和文学特点②,也引述了《齐物论》中"梦饮酒者,旦而哭泣"至"予谓女梦,亦梦也"一段文字,用的是林语堂的英译。柳无忌分析:"目光短浅的人对生与死大惊小怪,不知道生命只是一场梦,对生命的热爱终究是一种错觉。"③他强调了生命的虚幻,同样表现出对庄子生命观的关注。

这些文学史或作品选对《庄子》的叙述,合而观之,形成一个鲜明的主题研究范式。与大体同时期用中文撰写的文学史及作品选相比,如林传甲(1877—1922)《中国文学史》④、黄人(1866—1913)《中国文学史》⑤、游国恩(1899—1978)等编《中国文学史》⑥、朱东润(1896—1988)主编《中国历代文学作品选》⑦等,英语世界关注《庄子》生命主题的特点就更加突出。

---

① 书后的参考目录中有翟理斯的全译本和林语堂的译本。笔者对照后发现,用的是林语堂的翻译,只个别字词有改动。

② Liu Wu-Chi, *An Introduction to Chinese Literature*, pp.41-43.

③ Liu Wu-Chi, *An Introduction to Chinese Literature*, p.41.

④ 林传甲《中国文学史》,江西教育出版社,2018年。据正文前江绍铨所作《中国文学史序》和作者《自序二》,此书成于光绪三十年(1904)。

⑤ 黄人著,杨旭辉点校《中国文学史》,苏州大学出版社,2015年。据此书《前言》所引徐允修在《东吴六志·志琐言》中的叙述,此书最初成于1907年。

⑥ 游国恩、王起、萧涤非、季镇淮、费振刚主编《中国文学史》,人民文学出版社,1963年。

⑦ 朱东润主编《中国历代文学作品选·上编》第一册,中华书局,1962年。

第二节　文化视角下生命主题研究的深化

20 世纪 60 年代英语世界的中国文学史及作品选类著述,大多论及《庄子》的生命主题[①],美国汉学家中,华兹生所论最为深入。白之的作品选与华兹生思路相近,都从文化学角度在《庄子》主题阐发方面有所拓展。华兹生追溯周代的死亡观及丧葬观,并由此揭示《庄子》的独特性;白之注重《庄子》在汉代的影响。

一、华兹生的历史回溯及跨文化比较

华兹生的《早期中国文学》出版于 1962 年,全书由六部分组成:绪论、历史、哲学、诗歌、年表、索引[②]。哲学类分为儒家、礼典、墨家、道家、法家、杂家六小类[③]。《庄子》列在道家部分[④],得到极高的评价。华兹生认为《庄子》是早期中国文学中最独特的。他不关心政治问题,只关心生命和个人的自由,具有杰出的智慧与想

---

① 华兹生的解说为闵福德、刘绍铭的书采用。柳无忌、翟楚题曰"论不朽"。只有陈受颐《中国文学史略》(Ch'en Shou-Yi, *Chinese Literature: A Historical Introduction*, New York: The Ronald Press Company, 1961)没有论及生命主题。

② 这与中国传统的经、史、子、集四部分类法存在隐约的对应关系。"经"被略去,"哲学"对应子部,"诗歌"对应集部。关于英文的中国文学叙述框架如何走出四部分类法,参见拙文《文学〈庄子〉在 19 世纪英语世界的建构》,《山西大学学报》(哲学社会科学版)2024 年第 1 期,收入本书"附录"。

③ 儒家:《论语》《孟子》《荀子》《春秋繁露》《方言》。礼典:《礼记》《大戴礼记》《孝经》《易经》。墨家:《墨子》。道家:《老子》《庄子》《列子》。法家:《商君书》《韩非子》。杂家:《管子》《晏子春秋》《吕氏春秋》《淮南子》《盐铁论》《论衡》。

④ Burton Watson, *Early Chinese Literature*, pp.160-169.

象。任何一个学派的作品都不可能完全达到庄子的文学才华。他的技巧很少用于辩论或说服,而是使读者诧异于自身视野的狭隘并从中超拔出来。华兹生的这些论断都很中肯,也与我们本土通行的几种文学史的说法比较接近。

概述之后,华兹生用了七页篇幅论说在他看来最重要的主题:庄子对待死亡的态度。先引述了《庄子》中的三个文段:1.《齐物论》"予恶乎知说生之非惑邪"至"予恶乎知夫死者不悔其始之蕲生乎"①;2.《大宗师》中子祀和子舆等四人的长篇对话,从"子祀、子舆、子犁、子来四人相与语曰"至"成然寐,蘧然觉"②;3.《大宗师》中"子桑户、孟子反、子琴张三人相与友"至"以观众人之耳目哉"③。这三个文段表达的意思相近:悦生恶死不可取,死亡不过是生命过程的一个环节,死生存亡为一体。人死之后可能化为鼠肝,也可能化为虫臂,重新回到自然的流转过程中。天地承载着人的形体,劳之以生,佚之以老,息之以死。生乃附赘悬疣,死为决疢溃痈。应当安时处顺,忘记自身肝胆耳目的形体存在,超越世俗的生死观。

华兹生从历史嬗变与中西比较两个角度,深入阐述了《庄子》死亡观的独特性。他首先介绍庄子之前中国人对待死亡的态度,说:"周代,通常死者的灵魂被描绘成进入地下一个名为'黄泉'的模糊的居所,在那里他们幻影般地存在一段时间,就像希腊冥府的阴影,直到最后完全消失。有时似乎还有第二个灵魂或灵魂的一部分在死亡时升天。像希腊人和罗马人一样,中国人非常关注他

---

① 《庄子》原文参见[清]郭庆藩《庄子集释》上册,第109页。
② 《庄子》原文参见[清]郭庆藩《庄子集释》上册,第263—267页。
③ 《庄子》原文参见[清]郭庆藩《庄子集释》上册,第269—273页。

们的死是否得到合适的葬礼,也很恐惧尸体被无礼对待。"①华兹生
以《左传》中的两件事为例。鲁僖公二十八年(前632),曹国被晋
军围困,将晋人的尸体陈于城墙上,激怒了晋人,晋人扬言要发掘
曹人之坟。鲁文公三年(前624),秦穆公要埋葬三年前在崤之战中
牺牲的士兵的遗体。华兹生认为,这样的行为在一定程度上是基
于对死者的原始恐惧。他还简述了儒家和墨家对待死者的态度,
指出庄子不认同孔子的观点,也没有注意到墨家的观点,"庄子希
望人们能够超越生与死以及它们所引起的情感上的冲突。在与传
统观念做斗争的过程中,庄子被引向了一种近乎病态的对死亡的
颂扬,他认为死亡是医治生命这种疾病的良药。庄子的观点是全
新的,在他之前的文学中没有先例"②。华兹生对中国人传统死亡观
的追溯,意在说明庄子的死亡观是多么地反传统,具有独创性和颠
覆性,同时也对其有所批评。

　　将庄子置于中国观念系统中加以分析之后,华兹生引用了一
首埃及诗人的作品,以与庄子做比较。诗的内容是描述埃及旧王
国传统价值观的崩溃,表现了诗人对死亡的渴望,因为他相信死亡
会把他带到另一个世界,在那里他更快乐、更充实。华兹生认为,
庄子对死亡的态度是,死亡远不是走向一个更好的世界,而是作为
一个实体的存在停止了,融化在造物主的大熔炉里。道家学者的
家是"返归故里"(return to one's original home)③,道家不仅平静
地面对它,还如韦利所说,充满诗意,几乎欣喜若狂。他们高度地

---

① Burton Watson, *Early Chinese Literature*, pp.166-167.
② Burton Watson, *Early Chinese Literature*, p.168.
③ Burton Watson, *Early Chinese Literature*, p.169.

沉浸在成为鼠肝或虫臂的前景之中①,因为他们确信没有哪种生命形态比其他生命更珍贵或更值得渴望。华兹生的这些分析是对前面引述的两个《大宗师》文段的解说,颇得庄子真意。确实如他所说,庄子并不渴望死亡,他持有的是顺应自然的观念,人死之后只是成为万物转化的一部分,人的生命与其他生物的生命并无贵贱之分。华兹生最后总结说:"这是道家著述最引人注目的方面之一,将自身与其他早期中国文学明显区别开。"②

翟理斯确立的生命主题分析,到华兹生这里达到了一个新的高度和深度,华兹生将《庄子》置于更广大的思想语境中加以考察,既有对中国传统观念的回溯,还具有跨文化比较的视野,他的研究有助于我们在时间和空间两个坐标中更好地认识庄子的价值和意义,其思路体现出文化研究的鲜明特色。

二、白之对《庄子》在汉代影响的关注

白之编选的《中国文学作品选:早期至 14 世纪》,书前列出了包括编者在内的二十三位译者,其中有杰出的汉学家阿瑟·韦利、霍克斯(David Hawkes,1923—2009)、华兹生、葛瑞汉、海陶玮(James Robert Hightower,1915—2006),诗人兼翻译家如庞德(Ezra Pound,1885—1972)、加里·斯奈德(Gary Snyder,1930—)、布迈恪(Michael Bullock,1918—2008)③,华人学者陈世骧(Shi-Hsiang Chen,1912—1971)和初大告(Ch'u Ta-kao,

---

① 指"伟哉造化! 又将奚以汝为,将奚以汝适? 以汝为鼠肝乎? 以汝为虫臂乎?"([清]郭庆藩《庄子集释》上册,第 266 页)
② Burton Watson, *Early Chinese Literature*, p.169.
③ 布迈恪生卒年据芝加哥大学出版社网站 https://press.uchicago.edu/ucp/books/author/B/M/au196815050.html。

1898—1987）等，译文的质量非常高，几十年来被当作教科书，影响广泛。白之这部作品选的第三部分是"《庄子》及其他书论死亡"[1]，选了《庄子》的三段对话：庄子妻死，惠子往吊；庄子之楚，路遇髑髅；子祀、子舆、子犁、子来四人对话论生死。前两段用韦利的英译，第三段用华兹生的英译，文段的起始句也与华兹生在《早期中国文学》一书中的摘录完全相同。篇前的题解中，白之毫不吝惜对《庄子》的赞美，他说："它包含中国文学最美的篇章。道家对生命的阐释影响了后世许多最优秀的诗歌。"[2] 可是，究竟《庄子》"美"在何处，白之未曾说明。

这组文章除了《庄子》，还有出自《史记》的《汉文帝遗诏》和王充的《论衡·论死》（节选），这两篇文章对待死亡的态度与《庄子》相近。《汉文帝遗诏》开篇即表明万物皆有生有死，不必过于哀痛。汉文帝下令自己死后葬礼等事一切从简。王充认为人死则精神与形体同朽，没有鬼。白之的《庄子》选篇及解读没有超越华兹生的深度，其意义在于进一步强化了《庄子》死亡观这一主题，将目光延伸到《庄子》之后，是对华兹生论述《庄子》之前死亡观的有益补充，他们采取的都是历时性的文化视角。华兹生所论，突出的是《庄子》在思想传统和文学传统中的独创性；白之所论，突出的是《庄子》对后世的影响。

此外，白之自述不选《孟子》或《列子》甚至朱熹的著述，因为它们涉及对早期中国的伦理概念和政治理论的理解，那么，《庄子》就不涉及这些吗？其实"《庄子》及其他书论死亡"这组三篇文章，都与伦理有关。这关涉两个问题：一是究竟什么样的文本可以算

---

[1] Cyril Birch, *Anthology of Chinese Literature*, pp.81-85.

[2] Cyril Birch, *Anthology of Chinese Literature*, p.81.

是文学作品？或者说，到底什么是文学？二是要理解文学作品，有没有可能完全抛弃观念、文化？白之的选篇实践说明：文学是观念的载体，尤其是早期中国文学，难以与观念分割。

第三节　打破传统的多维重建

20 世纪 60 年代是英语世界中国文学概论、文学史及作品选编著的高峰期，之后将近三十年间没有新著出版。直到 20 世纪的最后十年，才出现三种梅维恒、宇文所安、闵福德等编选的新作品选，打破了长期沉寂的局面。与已有的同类著述相比，这三种作品选不仅收录宏富，编译者的选录理念也出现很大变化。就《庄子》而言，最突出的变化表现在两方面：一是编译者开始全文选录某篇；二是不再从主题角度加以论说，而是更多地从表达方式、经典接受、哲学与文学的关系等方面对《庄子》进行评述。梅维恒和宇文所安的文学选本都具有鲜明的求新求变意识，闵福德和刘绍铭合编的作品选采取多元视角选录不同时期的译文①，在文学《庄子》的建构方面特色不甚鲜明，兹略。

一、屏弃主题分析，文学始于文字

梅维恒编选的《哥伦比亚中国传统文学选集简编》，编者的评注不多，对所选《庄子》文段的主题不置一词。他关注的是文字字义表达的文学特性以及文体风格。此外，其选篇与之前的选集多

---

① 此书以刘勰《文心雕龙·诸子》"庄周述道以翱翔"为题记，将华兹生《早期中国文学》中对《庄子》的两段总述作为题解，选了翟理斯英译的四个文段、华兹生英译的十二个文段和葛瑞汉英译的两个文段，原译的注释一并编入。

有不同。在"哲学思想及宗教"部分,选录了《庄子》五个文段^①,均未标明出处。其体例是先录原文,再加注释和评论。选录的文段依次是:1. 庄周梦蝶,2. 浑沌凿七窍,3.《秋水》全文,4. 种有几,5. 轮扁斫轮^②。在庄周梦蝶故事的注释中,梅维恒介绍说,庄子是最具丰富想象力及文学风格创造力的人。其书作者并非一个人,思想内容也很庞杂。对这则故事的寓意,梅维恒没有做任何分析。对浑沌凿七窍故事的寓意,他也没做分析,只注释了"浑沌"一词,曰:"原始混沌状态未分化的汤,当它开始分化时,汤团状的物质聚合在一起。馄饨汤可能是最早出现的一种简单的食物。随着人类意识和反思能力的进化,这种汤被用来作为混沌状态的恰当隐喻。"梅维恒把"浑沌"翻译为"wonton"(馄饨),并就词义展开了联想,赋予庄子的"浑沌"以隐喻之义,从庄子言说方式的形象性方面做了解释^③。

梅维恒在注释中侧重讲解词语的字义,《秋水》中有四处注释着眼于此,而且正文的翻译与注释不同。"尾闾泄之"句,译文是"the drain at its bottom endlessly discharges"^④,其底部的排水层永无休止地排水,这里将"尾闾"译为"the drain"(排水层),注曰:"字面的意思是尾巴 - 汇流(tail-confluence),在海底有一个巨大的孔洞,海水从这个孔洞里流泻出来。"^⑤"是谓无方"句,译文是"This may

---

① Victor H. Mair, *The Shorter Columbia Anthology*, pp.22-32.
② 除《秋水》全篇外,其余四个文段依次出自《齐物论》《应帝王》《至乐》《天道》。
③ 其实,与"浑沌"相对应的英文, chaos 应当更合适。比如,理雅各译为"chaos"[James Legge, *The Writings of Chuang Tzu (Part I)*, p.267],华兹生也译为"chaos"(Burton Watson, *The Complete Works of Chuang Tzu*, p.97)。
④ Victor H. Mair, *The Shorter Columbia Anthology*, p.23.
⑤ Victor H. Mair, *The Shorter Columbia Anthology*, p.23.

be referred to as universality" ①,这可以称为普遍性,注曰:"按字面意义,文本具有'非局域性'(nonlocality)。" ② "请循其本"句,译文是 "Let's go back to where we started" ③,让我们回到我们最先开始的地方,注曰:"按字面意义,回到问题(争论)的根源。"［ to the root (of the problem/argument)］④《至乐》"种有几"文段,原文有"蛙蠙之衣"语词,译文是 "algae" ⑤,藻类,注曰:"中文逐字翻译则是：'青蛙和牡蛎的衣服。'" ⑥ 上面举的几个例子,译文是意译,注释则是逐字解说。还有相反的情况,如原文"乌足"一词,译文是 "crow's foot",乌鸦的脚爪,注曰:"这个名字是由两个汉字组成的,这里逐字翻译。英文中这种植物通常被称为黑莓百合。" ⑦ 这个例子译文是按字面翻译的,脚注则将其意译为一种植物。梅维恒用这种还原字面意义的方式探寻《庄子》的文学特性。

　　梅维恒之所以如此重视文字字义,源于他对汉字和中国文学关系的认识。他主编的《哥伦比亚中国文学史》第一编第一章是《语言和文字》⑧。他说:"没有语言,便没有文学。因此我们的中国文学史,从对汉语及其书写形式汉字的介绍开始。""对汉字和汉语根本性质的牢固把握是准确理解和真正欣赏中国文学的一道坚

---

① Victor H. Mair, *The Shorter Columbia Anthology*, p.27.

② Victor H. Mair, *The Shorter Columbia Anthology*, p.27.

③ Victor H. Mair, *The Shorter Columbia Anthology*, p.30.

④ Victor H. Mair, *The Shorter Columbia Anthology*, p.30.

⑤ Victor H. Mair, *The Shorter Columbia Anthology*, p.30.

⑥ Victor H. Mair, *The Shorter Columbia Anthology*, p.30.

⑦ Victor H. Mair, *The Shorter Columbia Anthology*, p.30.

⑧ Victor H. Mair, *The Columbia History of Chinese Literature*, New York: Columbia University Press, 2001.

实基础。"① 他设专节分别论述汉字简史、汉字的特性、汉字的审美特征、汉字对文学而言的意蕴等内容。梅维恒认为，"汉字的特征对中国文学产生了巨大影响。汉字对文学的影响涵盖了作品的技术性和语言学，以及社会学和人生观各个方面"②。既然汉字是中国文学的基本构件，而且汉字又有特殊性，对文学的影响无比巨大，那么，要研究中国文学，准确把握汉字的字义就成为首要的工作。梅维恒的《庄子》注释践行了其理念，非常有特色。

　　梅维恒的《庄子》注释没有一条对主题的分析，这应当与其总体的编选理念有关。他具有"打破传统"的自觉意识，在选集的《前言》中说："在某种程度上，这是一本打破传统的选集。"③ 具体表现在：第一，对"文学"的理解与之前有所区别。他认为应当打破"美文"的限制，"中国文学"需要扩大标准。他说："对于本选集，文学被广泛地解读为生动或富有想象力的作品。""只要一篇文章具有美学价值和真正的情感诉求，就可以被认为是文学。这本选集试图表明，许多不同类型的书面文本都可以被认为是文学。"④ 第二，"避免大量收录过去被过度选入的作品"⑤。第三，"介绍新的和不同的译者"⑥。第四，"尽可能使用完整的文本"⑦。结合他的这几项声明，就很容易理解为什么此前被反复选录的文段，如

---

① （美）梅维恒主编，马小悟、张治、刘文楠译《哥伦比亚中国文学史》，新星出
　　版社，2016 年，第 19 页。
② （美）梅维恒主编，马小悟等译《哥伦比亚中国文学史》，第 52 页。
③ Victor H. Mair, *The Shorter Columbia Anthology*, p.xviii.
④ Victor H. Mair, *The Shorter Columbia Anthology*, p.xviii.
⑤ Victor H. Mair, *The Shorter Columbia Anthology*, p.xix.
⑥ Victor H. Mair, *The Shorter Columbia Anthology*, p.xix.
⑦ Victor H. Mair, *The Shorter Columbia Anthology*, p.xix.

庄子妻死、庄子将死、庄子遇髑髅等均被排除在外；为什么全文录入《秋水》，而不像之前的文学史或文学作品选只选片段。那些反复出现的文段被有意放弃，它们包含的庄子生命观也就连带着不再被论及。编选原则的改变，一方面建构了新的经典文本，另一方面也开创了一种新的研究范式。主题分析退出了《庄子》译介，取而代之的是对"文学"的新理解、新阐发与新呈现。梅维恒在 20 世纪走向尾声的时候鲜明标举新的编选原则，是对近一个世纪以来的研究范式的有意突破，具有积极的意义。

二、选编框架背后的理论思考

自 20 世纪初的翟理斯开始，长期受到重视的《庄子》生命主题，经过了近百年的传播之后，在宇文所安看来已经没有选编的必要了，他说："庄子复杂而晦涩的思想在世界的变迁、命运的轮回、面对生死需要冷静的问题上得到了普及，成了一套老生常谈。"①宇文所安与梅维恒的思路相同，要避熟立新，那么，应当以何种新眼光，选录哪些新篇章呢？

宇文所安在其选本《中国文学选集：开端至 1911》中设置了多种理论视角，其框架不是以一部又一部的经典为纲，而是以专题为纲，这个专题可以是某部经典，也可以是某个话题。《庄子》没有被列为一个单独的专题，而是分散到五个部分，被置于经典文本的网络之中加以观照。

在"《诗经》：开端"部分中，《大雅·绵》一诗后面，宇文所安选录了《庄子·让王》"大王亶父居邠"至"遂成国于岐山之下"一

---

① Stephen Owen, *An Anthology of Chinese Literature*, p.110.

段①。《绵》写的是古公亶父率领周人从豳地迁居岐山,《让王》也有一段文字叙述古公亶父为避狄人侵扰而迁于岐山。《绵》的结尾处写到周人驱赶昆夷,宇文所安认为这里书写了暴力,然而亶父在后来的文学作品中却转变成为典型的和平主义者②。《让王》这段是作为例证而被选入的,而且,宇文所安有意舍弃了《让王》原文对亶父的评价。《让王》原文有评论,曰:"夫大王亶父,可谓能尊生矣。能尊生者,虽贵富不以养伤身,虽贫贱不以利累形。今世之人居高官尊爵者,皆重失之,见利轻亡其身,岂不惑哉!"③原文讲述古公亶父的故事,意在称赞他尊重生命,宇文所安在《诗经》部分选录这段《庄子》,乃出于对亶父形象演变的考察,至于《庄子》本身的思想,他并不关注。

在"用诗及早期阐释"部分,《外物》"儒家以诗礼发冢"和《天道》"轮扁斫轮"两段入编④。宇文所安将前者放在对《诗经》的运用及阐释中,认为它是道家学者对传统将《诗经》应用于道德说教的戏仿⑤。确实如此,《外物》这段文字引用的几句《诗经》不见于传世版本,似乎是为了这个情境而虚拟出来的。宇文所安选录这个文段是出于对文学传统的建构、《诗经》的阐释及运用等问题的思考。他在解题中说:"文学传统不仅始于早期重要的文学文本,

---

① Stephen Owen, *An Anthology of Chinese Literature*, p.18.

② Stephen Owen, *An Anthology of Chinese Literature*, p.18.

③[清]郭庆藩《庄子集释》下册,第 958 页。

④ 儒以诗礼发冢。大儒胪传曰:"东方作矣,事之何若?"小儒曰:"未解裙襦,口中有珠。《诗》固有之曰:'青青之麦,生于陵陂。生不布施,死何含珠为!'接其鬓,压其顪,儒以金椎控其颐,徐别其颊,无伤口中珠!"([清]郭庆藩《庄子集释》下册,第 921 页)

⑤ Stephen Owen, *An Anthology of Chinese Literature*, p.60.

而且也与那些文本在社会中被接受、理解和使用的体系有关。早期有关语言和写作,尤其是《诗经》的评论,表达了对中国传统诗歌和其他写作形式的关注。"① 构成文学传统的要素,文学文本之外,还包括对文学文本的评论及阐释,《外物》"儒家以诗礼发冢"就是作为对《诗经》的理解、使用、戏仿而入编。与梅维恒相比,宇文所安进一步扩大了"中国文学"的范围。出于同样的考虑,他选录"轮扁斫轮"故事,意在说明言与意的关系,关注的是文学批评。《庄子》原文明确表达了观点,主张"意之所随者,不可言传也"②,故事是观点的具象化。宇文所安在这个文段之前,选编了王弼《周易略例》论说"象""言""意"三者关系的文字③,其观点是"尽意莫若象,尽象莫若言",即言可尽意。轮扁的观点恰恰相反,认为言不能尽意。宇文所安选录王弼之语,向读者展示了中国古代关于"言""意"关系的两种重要观点。"儒家以诗礼发冢"和"轮扁斫轮"两段都指向文学理论,这样的选编原则与宇文所安个体的知识结构和文论修养有关。他于1992年出版了《中国文学思想读本》一书④,第一章《早期文本》中特别论及言意之辨,分析了《易

---

① Stephen Owen, *An Anthology of Chinese Literature*, p.58.
② [清]郭庆藩《庄子集释》中册,第492页。
③ Stephen Owen, *An Anthology of Chinese Literature*, pp.63-64. 中文原文是:"夫象者,出意者也。言者,明象者也。尽意莫若象,尽象莫若言。言生于象,故可寻言以观象;象生于意,故可寻象以观意。意以象尽,象以言著。"[王弼撰,楼宇烈校释《周易注(附周易略例)》,中华书局,2011年,第414页]
④ Stephen Owen, *Readings in Chinese Literary Thought*, Cambridge: Council on East Asian Studies Harvard University, 1992. 此书有中译本。宇文所安著,王柏华、陶庆梅译《中国文论:英译与评论》,上海社会科学院出版社,2002年。

经·系辞传》中论说言意关系的几句①，也选编了王弼《周易略例·明象》和轮扁斫轮。这本作品选集延续了其理论思考。

　　在"早期政治演说"部分，宇文所安选录了《达生》"祝宗人玄端以临牢策说彘"一段②，列在这组文章的最后。翟理斯的《中国文学史》也选录了这段，突出的是生命主题。宇文所安将它放在政治演说系列文本中进行解析，认为它是对政治演说的模仿和嘲讽。这组文章还有《尚书·汤誓》《左传·昭公二十六年》"王子朝使告于诸侯曰"文段、《战国策》的《庄辛说楚襄王》、枚乘的《谏吴王书》。祝宗人说彘这个故事本身要表达的是生命重于位尊观念，宇文所安对此只字未提。结合这组的其他文章可知，编者是从具体的文学传统中考察《庄子》，关注思想表达的方式，而非思想的具体内容。此外，政治演说也是之前的选本和文学史叙述不曾论及的话题，这个旧选篇因为观照角度的变化而被赋予新的意蕴。

　　在"传闻逸事、寓言和深刻的笑话"部分，宇文所安从《庄子》中选了六个文段：浑沌开七窍（《应帝王》）、惠子相梁（《秋水》）、濠梁之辩（《秋水》）、齐桓出行遇鬼（《达生》）、庄子游于雕陵之樊（《山木》）、黄帝见大隗于具茨之山（《徐无鬼》）③。这组选篇前，概述曰："早期中国叙事的力量不在于史诗般的规模和冗长复杂的情节，而在于简短的叙事形式：逸事、寓言，甚至是深刻的笑话……从一个角度看，逸事或寓言仅仅是说明哲学观点并使其令人难忘的手段；但往往这个故事比任何可以从中总结出来的简单教训都更重

---

① "子曰：书不尽言，言不尽意。然则圣人之意，其不可见乎？子曰：圣人立象以尽意，设卦以尽情伪。系辞焉，以尽其言。"［王弼撰，楼宇烈校释《周易注（附周易略例）》，第358—359页］

② Stephen Owen, *Readings in Chinese Literary Thought*, pp.133-134.

③ Stephen Owen, *Readings in Chinese Literary Thought*, pp.295-299.

要。"① 在宇文所安看来,作为观点载体的寓言,比寓意重要。宇文所安着眼于叙事本身的形式及其力量,而非作者的意图。对这些寓言内容的解析,他也都不再关注生命主题,而是做了更多哲学角度的阐发。比如浑沌开七窍,宇文所安认为:"它是关于宇宙起源的寓言。宇宙最初的状态是无差别的,突然间分裂,视觉、嗅觉、听觉、味觉等感官孔窍产生,之后有了感官就能够识别差异,于是原始的无差别状态就象征性地死亡了。"② 表面上看,这是一个有关个体生命的消亡的故事,宇文所安将其解读为宇宙生成及分化的过程。对其他几则故事的解读大多关注求知及获得知识的方法,与哲学的关系更密切。再如庄子游于雕梁之樊,这个故事讲的是庄子看到螳螂欲捕蝉,一只广翼大眼的异鹊欲食螳螂,他则执弹意欲射鹊。宇文所安解析曰:"战国演说家醉心于运用类比来形容人类的处境。"③ 在他看来,庄子运用了系列类比来回答这样的问题:"我们人类是不是看不到每个意识层次的上一层是什么?捕食主题(the motif of predation)使这一问题变得更加直观。"④ 庄子运用的类比方法是关键,捕食主题是表达观点的手段,不是重点,人类的处境以及自我认知才是庄子的终极关怀。

三、文章学视角的选篇分析

在梅维恒之前的中国文学叙述中,《庄子》都是以片段入编,没有某篇被完整收录。只有在哲学选本中,陈荣捷的《中国哲学文

① Stephen Owen, *Readings in Chinese Literary Thought*, p.295.
② Stephen Owen, *Readings in Chinese Literary Thought*, p.295.
③ Stephen Owen, *Readings in Chinese Literary Thought*, p.298.
④ Stephen Owen, *Readings in Chinese Literary Thought*, p.298.

选》收录了《齐物论》和《大宗师》两篇全文①。梅维恒的作品选打
破了这种情况，选录了《秋水》全文。之后，宇文所安在其作品选
的"早期文学散文：言辞的乐趣"部分，选录了《说剑》和《齐物论》
两篇全文②。整篇选文意味着对《庄子》文章学角度分析的强化。
梅维恒在《秋水》全文结束处注曰："这篇著名的文章整体论辩风
格与柏拉图作品中的许多哲学论辩惊人地相似，虽然没有那么冗
长和详尽。"③《秋水》之所以被全文照录，是因为与西方哲学经典
论辩风格(style of argumentation)相似，而不是思想观念相似。而
且，《秋水》篇幅较长，河伯与海若的七问七答有两千字左右，说理
深刻，全文选录能很好地呈现庄子文章的纵恣曲折及辨名析理的
精妙。

　　宇文所安与梅维恒有着同样的选编思路。他说："《庄子》和
《柏拉图对话录》等作品表明，哲学与文学融合在一起，二者相得益
彰。"④宇文所安"早期文学散文：言辞的乐趣"专题所选文章即着
眼于思想及其文学表达方式之间的关系。他选了《天运》中黄帝
论乐一大段文字，从文学写作的角度进行解析，说："在《庄子》和
其他地方，言说者经常陷入对'道'之转化的狂热描述之中。这样
的段落通常运用四字韵语，与《老子》有着惊人的相似。下面这段
话把对道的描述放在一个对话框架中。"⑤宇文所安选录的《天运》
一段，写北门成问乐于黄帝，何以《咸池》之乐激起他不同的情感
反应，始以惧，复以怠，卒而惑。其问引出黄帝论乐，其中有大段四

① Wing-Tsit Chan, *A Source Book in Chinese Philosophy*, pp.179-202.
② Stephen Owen, *An Anthology of Chinese Literature*, pp.104-121.
③ Victor H. Mair, *The Shorter Columbia Anthology*, p.30.
④ Stephen Owen, *An Anthology of Chinese Literature*, p.110.
⑤ Stephen Owen, *An Anthology of Chinese Literature*, p.108.

言韵语,黄帝对乐的描述与《庄子》一书对道的性质和功用的描述非常相似。如:"其声能短能长,能柔能刚;变化齐一,不主故常;在谷满谷,在阬满阬;涂郤守神,以物为量。其声挥绰,其名高明。"①音乐富于变化,随物赋形,道亦如此,神秘莫测。对闻乐者感受的描述与求道的体验亦颇相类。如:"予欲虑之而不能知也,望之而不能见也,逐之而不能及也"②,"听之不闻其声,视之不见其形,充满天地,苞裹六极"③。音乐诉诸听觉,没有具体形象,然而能声满天地;道亦如此,无形无象,却又无所不在。北门成听乐最终生"惑",是因为"惑故愚;愚故道,道可载而与之俱也"④。也就是说,闻乐而惑是进入了道的境界。闻乐而产生的惧、怠、惑三个阶段,与求道历程可相对应。宇文所安认为作者是将"道"论镶嵌在对话当中,他关注的是文章框架,而非思想、主题。

　　宇文所安将早期散文划分为三种体裁或写作类型:辩论或论文、寓言或训诫故事以及描述⑤。在其对《齐物论》的分析中,也体现出对文本结构的特殊关注。他说:"《齐物论》用对话的形式(以及对话中包含对话)将这三种类型散文话语结合起来。那些无法翻译(甚至是不可理解)的辩论,借鉴了惠子、公孙龙子等名家的推理模式,他们试图证明一些悖论如'白马非马'。《庄子》采取了这

① Stephen Owen, *An Anthology of Chinese Literature*, pp.108-109. [清]郭庆藩《庄子集释》中册,第507页。

② Stephen Owen, *An Anthology of Chinese Literature*, p.109. [清]郭庆藩《庄子集释》中册,第507页。

③ Stephen Owen, *An Anthology of Chinese Literature*, p.109. [清]郭庆藩《庄子集释》中册,第510页。

④ Stephen Owen, *An Anthology of Chinese Literature*, pp.109-110. [清]郭庆藩《庄子集释》中册,第512页。

⑤ Stephen Owen, *An Anthology of Chinese Literature*, p.102.

种论证方式,某种程度上严肃对待,但又将之带至戏仿的边缘。"①
他选录《说剑》全文,是因为"叙事框架远比对包含寓意之剑的描
述复杂得多"②。《说剑》因为叙事框架复杂而入编,它受到重视是
其文学表达形式方面的特殊性。整体而言,文本结构、表达方式是
宇文所安选文的标准,思想观念居于次要地位。

小　结

从范式转换的角度纵观 20 世纪英语世界对《庄子》的文学叙
述,大体经历了三个阶段。第一个阶段是 20 世纪初期,翟理斯《中
国文学史》对《庄子》的解读,看不出明显的文学理论,似可称为
"没有理论的文学分析"。他对生命主题的重视成为之后《庄子》研
究的一条主线,形成一种主题研究范式。第二个阶段是 20 世纪 60
年代,各种文学理论勃兴,这一时期中国文学从传统的西方汉学研
究中独立出来,成为一门学科。华兹生和白之不约而同地从文化
视角切入文学,深化了主题研究。第三个阶段是 20 世纪晚期,梅
维恒和宇文所安自觉求新,打破《庄子》选文的传统,通过注释与
专题的全新设置,将《庄子》文本置于不同的理论视角加以观照,
尤其注重揭示其文学表达方式的特点,不难看出文本细读、俄国形
式主义批评、接受美学等理论的印迹。他们的重新选篇、选段、注
释及解析,确立了新的《庄子》经典文本,建构了新的道家文学谱
系,也确立了新的具有鲜明文学理论色彩的研究范式。尤其《齐物
论》《秋水》和《说剑》全篇入编,更是具有特殊的意义。一方面,

---

① Stephen Owen, *An Anthology of Chinese Literature*, p.113.
② Stephen Owen, *An Anthology of Chinese Literature*, p.102.

片段的《庄子》重在以思想取胜,而完整的篇章则具有文章学的意义,《庄子》一些篇章特殊的说理形态得以完整呈现,这就给读者从文章学角度去认识《庄子》提供了条件,《庄子》的文学特性得到凸显。

第十一章　传播形态之一
——主题类编型译本

　　翻译是重要的传播方式,与全译本相比,选译本的读者面更广。从编排方式角度看,可分为全篇选译型和主题类编型。全篇选译型指完整翻译《庄子》中的某些篇章。主题类编型指从《庄子》不同的篇章中摘译文段,聚合于译者概括的主题之下。这种形式的选译本受众很广,不仅为学者所重,也为广大非专业人士所喜爱。有的多次重印、修订再版,扩大了《庄子》在英语世界的影响。

第一节　翟林奈的《一个中国神秘主义者的沉思:庄子哲学选集》

　　最早的主题类编型译本是翟林奈(Lionel Giles,1875—1958)的《一个中国神秘主义者的沉思:庄子哲学选集》①,收入英国汉学家克莱默－宾(L. Cranmer-Byng,1872—1945)和卡帕迪亚(S. A. Kapadia,1857—1941)主编的"东方智慧"丛书。翟林奈是翟理斯的儿子,1900年起任大英博物馆助理,翻译过《论语》《孟子》《孙

① Lionel Giles, *Musings of a Chinese Mystic: Selections from the Philosophy of Chuang Tzu*, London: John Murray, 1906.

子兵法》等中国经典。此书首页说明,所有节选均出自翟理斯的译文,仅做了些微修改。全书仅一百一十二页,《前言》占二十六页,这是一篇很精当的《前言》,深入论述了很多问题,包括道家的起源、庄子与老子思想的一致和差别、庄子思想的特点、《庄子》在后世的接受、《庄子》中对孔子矛盾不一的态度、《庄子》的文学成就等。他的一些论断相当好。如他讲到庄子从老子那里得到的启示以及其自身思想的创造性,说:

　　《老子》说:"知美之为美,斯恶矣。"庄子遵循着这一暗示,被引导坚持人类所有感知的最终相对性。甚至空间和时间也是相对的。感官知识(sense-knowledge)是通过只从一个视角看事物而获得的,因此完全是虚幻的,毫无价值。所以,我们思想中最基本的区别似乎是不真实的,一旦暴露在"自然之光"(light of Nature)下①,它们就会消失。对立的事物不再处于尖锐的对立之中,而是在某种意义上彼此是同一的,因为它们的后面有一个真实的容纳一切的统一。没有任何事物不是客观的,没有任何事物不是主观的,也就是说,主观也是客观的,客观也是主观的……因此,真正的智慧在于退出自己的个人立场,进入"与万物的主观关系"(subjective relation with all things)②。能够做到这一点的人将"拒绝'彼'与'是'的区分"③,因为他能够发现一个终极的统一,在那里,

① 翟林奈所谓"自然之光"指的应当是《齐物论》"莫若以明"的"明"。
② Lionel Giles, *Musings of a Chinese Mystic*, pp.17-19.《齐物论》:"而万物与我为一。"([清]郭庆藩《庄子集释》上册,第85页)
③《齐物论》:"物无非彼,物无非是……是亦彼也,彼亦是也。"([清]郭庆藩《庄子集释》上册,第71页)

他们融合为神秘的"一"（One），"交融，超越一切"。①

翟林奈对庄子学说的认识很深刻，指出其特质是自发性。他说：

> 作者依然保持着老子的视野，从相对性的学说中得出了更多奇怪的推论……让我们超越人为的是非之分，以道本身为榜样，使我们的心处于一种完美的平衡状态，绝对的被动和静止，不向任何方向努力。那么理想就是一种不善不恶、不喜不悲、不智不愚的状态，只是顺应自然，或选择阻力最小的路线。这种境界的达到，以及由此产生的精神的祝福，构成了庄子话语的主题。他认为人的全部责任是，一言以蔽之，曰："把你的精神能量分解为抽象，把你的体力分解为无为。允许自己陷入现象的自然秩序，而不承认自我的因素。"②

> 既然道是人类的伟大典范，《庄子》就会让我们努力达到一种类似的不自觉的境界……是一种精神抽离的状态，至少包括完全没有自我意识。③

> 正如我们看到的，庄子希望人们既非道德，也非不道德，而是无道德（non-moral）。④

---

① 《齐物论》："道通为一。"（［清］郭庆藩《庄子集释》上册，第 75 页）
② Lionel Giles, *Musings of a Chinese Mystic*, p.19.《大宗师》："堕肢体，黜聪明，离形去知，同于大通，此谓坐忘。"（［清］郭庆藩《庄子集释》上册，第 290 页）
③ Lionel Giles, *Musings of a Chinese Mystic*, p.20.
④ Lionel Giles, *Musings of a Chinese Mystic*, pp.20-21.

这就是无为学说,但更正确的说法应当是自发性。①

　　翟林奈认为,在《庄子》书中"反复出现普遍的忧郁,一种对'人类命运未定'(the doubtful doom of humankind)的哀伤沉思"②。他还引用《庄子》原文加以说明:"例如,这几句话描绘了精神机能不可避免的衰退:'就像秋冬的枯萎一样,逐渐腐烂;如流水般消逝,一去不复返;最后是阻塞,一切都像老排水沟一样被堵住了,衰退的心再也见不到光明。'"③翟林奈对《庄子》的文学风格也做了很恰切的概括。他说:"庄子的作品形式徘徊在诗歌和散文之间,其内容是诗意的,而不是严格的哲学,因为他以轻松和优雅的方式略过了荆棘丛生的主题。思路的清晰和精确有时被想象力和风格之美所牺牲。他很少尝试持续推理,更喜欢依靠文学灵感的闪光。"④"在所有古人中,他对中国散文风格的掌握最为完美,并且是第一个展示用母语可以达到的雄辩和美感高度的人。在这些方面,尽管后来的中国文学取得了巨大的成就,但他从来没有被超越。的确,他的大师之手所奏出的和弦无人能及。"⑤翟林奈最后表示,他相信会有大量现代西方读者被庄子的独创性所吸引,而不会被其神秘主义的、离奇的变幻莫测而吓退⑥。

---

① Lionel Giles, *Musings of a Chinese Mystic*, p.22.

② Lionel Giles, *Musings of a Chinese Mystic*, p.28.

③《齐物论》:"其杀如秋冬,以言其日消也;其溺之所为之,不可使复之也;其厌也如缄,以言其老洫也;近死之心,莫使复阳也。"([清]郭庆藩《庄子集释》上册,第 57 页)

④ Lionel Giles, *Musings of a Chinese Mystic*, pp.28-29.

⑤ Lionel Giles, *Musings of a Chinese Mystic*, p.36.

⑥ Lionel Giles, *Musings of a Chinese Mystic*, p.36.

翟林奈译本的选文部分分为多个专题,依次是:相对论、知识的海洋、对立的同一性、天籁、万物为一、道的三个阶段、幻想、人类有限的智力、道的神秘内在性、文惠君的厨师、使巫师困惑、无意识的安全、融于道、隐藏的春天、天乐、机遇与宿命、天之平衡(天均)、自然的本能、被动之德、心斋、麻风病大臣、对邻居的职责、对外界的自我调适、盲目的保守主义、学者之道、灵魂的不朽、大自然不会犯错、至乐、圣人或完美的人、无情之人、古代纯粹的人、宽容和平静、随机拾遗、人造的低劣、自然的美好、完美之极、与猪辩论、人生之徒劳、无意识的奴役、心灵之自由、个人逸事、存在的几个阶段。每个专题下选录若干《庄子》文段,没有注明出处。

第二节　阿瑟·韦利的《中国古代三种思想方法》

英国汉学家阿瑟·韦利的《中国古代三种思想方法》,为英美汉学界所推崇,也是主题类编型译本。阿瑟·韦利翻译了大量中国诗歌作品[1],它们对爱尔兰诗人叶芝、美国意象派诗人庞德产生了深远的影响。他还翻译过《论语》[2]。其《道与德:〈道德经〉及其在中国思想中的地位》[3]是研究道家学说的重要著作。韦利于

[1] 他翻译的中国诗歌作品集有《一百七十首中国诗》(1918)、《诗经》(1937)、《中国诗歌》(1946)、《李白的诗歌与生平》(1951)、《九歌:中国古代萨满教研究》(1955)、《袁枚:十八世纪中国诗人》(1956)、《敦煌歌谣与故事》(1960)等。

[2] Arthur Waley, *The Analects of Confucius*, London: George Allen & Unwin Ltd., 1938.

[3] Arthur Waley, *The Way and Its Power: Lao Tzu's Tao Tê Ching and Its Place in Chinese Thought*, London: George Allen & Unwin Ltd., 1934.

1945 年获剑桥大学国王学院荣誉院士,1948 年获伦敦东方研究学院中国诗歌荣誉讲师。1952 年,他获得大英帝国勋章,1953 年获得女王诗歌勋章。他的翻译和著述既有很高的学术价值,又深受普通民众的喜爱。

《中国古代三种思想方法》选译了《庄子》《孟子》和《韩非子》的部分章节,并加以评述。韦利在《序》中评述"庄子的吸引力在于想象力,任何一位知道如何读诗的人都能理解他","庄子的方法是诗人的方法……有人试图分析庄子的'系统',然而,结果是使读者既不知道道家是什么,也不知道这本书是什么样子"①。韦利指出庄子的特色是非逻辑性,因此,不能用逻辑分析的方法去解读《庄子》。

韦利还谈到了技术性的称呼问题,说他经常写的是"庄子",实际上写"《庄子》"会更准确。也就是说,称人名而不称书名,这样做纯粹是为了实用方便,可以避免"《庄子》中,有言曰"或"《庄子》说"这样的写法。这个问题,当代本土学者大多也这样处理。

一、对名辩学派的重视

《庄子》选文分为两部分。第一部分题曰"无的领域",分为十二个主题,韦利加拟的小标题依次是:庄子和惠子的故事、老子和孔子的故事、古人、强盗和圣人、死亡、蝉和蟪蛄、瑜伽、穆王和巫师 ②、养

---

① Arthur Waley, *Three Ways of Thought*, pp.v-vi.
② "穆王和巫师"标题下,选录的文段出自《列子·周穆王》,占了将近 3 页篇幅,从开篇"周穆王时,西极之国有化人来"至"肆意远游",原文参见杨伯峻《列子集释》,第 90—94 页。讲述的是西极有位"化人"(巫师)来到中国,周穆王待之甚善,极尽享乐,而巫师犹以为不足。一日,巫师带穆王升于天界,畅游一翻。穆王醒来,竟是一梦,从此一心远游。

生、得道者和道、晦暗你的光芒、隐于众。每个标题下，有时选译一个文段，有时选译多个文段，都没有注明出自《庄子》哪一篇。

韦利关注庄子与其他各学派之间的争论，并提示读者以此为切入点去理解《庄子》中的很多对话。比如"庄子和惠子的故事"主题下包括多个文段①，具体如下。为节省篇幅，这里没有全部照录，只录出起止的句子，省略号为笔者所加。

惠子谓庄子曰："子言无用。"……庄子曰："然则无用之为用也亦明矣。"（《外物》）②

惠子谓庄子曰："吾有大树，人谓之樗……"庄子曰："……安所困苦哉！"（《逍遥游》）

惠子谓庄子曰："魏王贻我大瓠之种……"庄子曰："……则夫子犹有蓬之心也夫！"（《逍遥游》）③

惠子谓庄子曰："人故无情乎？"……庄子曰："……子以坚白鸣！"（《德充符》）④

庄子妻死，惠子吊之……庄子曰："……故止也。"（《至乐》）

庄子与惠子游于濠梁之上……庄子曰："……我知之濠上也。"（《秋水》）

惠子相梁，庄子往见之……曰："……今子欲以子之梁国

① Arthur Waley, *Three Ways of Thought*, pp.3-12. 出处为笔者所加。韦利的书是英文，笔者回译为中文。
② 原文见［清］郭庆藩《庄子集释》下册，第929页。
③《逍遥游》原文次序先是魏王贻我大瓠之种，然后是谈论樗树的对话。
④ 上引《逍遥游》两段和《德充符》一段文字，见［清］郭庆藩《庄子集释》上册，第45—46页、第40—42页、第225—227页。

而吓我邪？"(《秋水》)①

    庄子送葬，过惠子之墓……吾无与言之矣。(《徐无鬼》)②

在"庄子送葬"文段后，韦利有几句评论，指出庄子并不总是通过对话与名家进行论争，他的另一个武器是戏仿。名辩学派最喜欢的一个方法是运用假设，当他们说"就拿谁来说，他如何如何"，他们通常都是要用以说明自己的观点③。之后，韦利选录了如下几个文段，均出自《齐物论》④。这里只引述了首尾大体能标明内容的句子，中间的省略号为笔者所加。

    今且有言于此，不知其与是类乎？其与是不类乎……今我则已有谓矣，而未知吾所谓之其果有谓乎，其果无谓乎？⑤

    天下莫大于秋豪之末，而大山为小……故自无适有以至于三，而况自有适有乎！⑥

    既使我与若辩矣，若胜我，我不若胜，若果是也，我果非也邪……然则我与若与人俱不能相知也，而待彼也邪？⑦

    和之以天倪(Heavenly Pounder)，因之以曼衍，所以穷年

---

① 《秋水》原文次序先是惠子相梁，然后是游于濠梁之上。上引《至乐》一段和《秋水》两段文字，见[清]郭庆藩《庄子集释》中册，第613—614页、第605—606页、第604页。

② 原文见[清]郭庆藩《庄子集释》下册，第836页。

③ Arthur Waley, *Three Ways of Thought*, p.8.

④ Arthur Waley, *Three Ways of Thought*, pp.8-11.

⑤ 在"今且有言于此"这句后，韦利加了一句："庄子说，戏仿名家。"原文见[清]郭庆藩《庄子集释》上册，第84—85页。

⑥ [清]郭庆藩《庄子集释》上册，第85页。

⑦ [清]郭庆藩《庄子集释》上册，第112—113页。

也。何谓"和之以天倪"？曰：是不是，然不然……振于无竟，故寓诸无竟。①

忙着分辨事物的差异，而不知道它们其实相同，这就是所谓"朝三"。何谓朝三？宋国有一位养狙者。时世不好，他被迫告诉众狙，必须削减它们的橡栗配给量，说："早上三颗，晚上四颗。"众狙皆怒。"好吧，"他说，"那就朝四暮三。"众狙愉快地接受了。②

这个文段后，韦利加了几句评语，说："《庄子》最后一篇由对不同学派的评述组成。最后一部分评述惠子。文本残缺严重，特别是那些惠子及其追随者捍卫的悖论。我翻译了其中容易理解的部分。"③韦利所录《天下》原文有所省略，下文所录省略号为韦利原文如此。

———————————

① 这段文字，韦利对《齐物论》原文次序有所调整。原文是："何谓和之以天倪？曰：是不是，然不然。是若果是也，则是之异乎不是也亦无辩；然若果然也，则然之异乎不然也亦无辩。化声之相待，若其不相待。和之以天倪，因之以曼衍，所以穷年也。忘年忘义，振于无竟，故寓诸无竟。"（［清］郭庆藩《庄子集释》上册，第114页）

② 朝三暮四的故事，这里按韦利原文译出。韦利加脚注说，他从《列子》这个故事的版本中，为这段文字增加了一些细节。《庄子·齐物论》文曰："劳神明为一而不知其同也，谓之朝三。何谓朝三？狙公赋芧，曰：'朝三而暮四。'众狙皆怒。曰：'然则朝四而暮三。'众狙皆悦。"（［清］郭庆藩《庄子集释》上册，第75—76页）《列子·黄帝篇》文曰："宋有狙公者，爱狙，养之成群，能解狙之意；狙亦得公之心。损其家口，充狙之欲。俄而匮焉，将限其食。恐众狙之不驯于己也，先诳之曰：'与若芧，朝三而暮四，足乎？'众狙皆起而怒。俄而曰：'与若芧，朝四而暮三，足乎？'众狙皆伏而喜。"（杨伯峻《列子集释》，第86页）

③ Arthur Waley, *Three Ways of Thought*, p.11.

惠施多方，其书五车，其道舛驳，其言也不中。历物之意，曰："至大无外，谓之大一；至小无内，谓之小一……天与地卑，山与泽平。日方中方睨，物方生方死……今日适越而昔来……泛爱万物，天地一体也。"

惠施以此为大，观于天下而晓辩者，天下之辩者相与乐之……

惠施日以其知与人之辩，特与天下之辩者为怪，此其柢也……弱于德，强于物，其涂隩矣。由天地之道观惠施之能，其犹一蚊一虻之劳者也。

惠施不能以此自宁，散于万物而不厌，卒以善辩为名。惜乎！惠施之才，骀荡而不得，逐万物而不反，是穷响以声，形与影竞走也。悲夫！ ①

韦利自注他对惠子诸多命题的理解，参照了由卜德英译的冯友兰《中国哲学史》一书。

从"庄子和惠子的故事"这部分选录可以看出，韦利的编选颇费功夫。他不是简单地按《庄子》原有的篇目次序将庄子和惠子的对话选录出来，而是将它们分成两类，一类是对话形式的，另一类是庄子对名家学者言说的戏仿与批评。对个别文段还做了增删和文本次序的调整。这里的主题类编选文蕴含着一个重要的学术观点：要了解庄子，必须要认真了解庄子与名家的关系。这对当代庄子研究亦有启发意义。

---

① ［清］郭庆藩《庄子集释》下册，第 1095 页、第 1098 页、第 1104—1105 页、第 1105—1106 页。

二、对"得道者"和"道"的理解

韦利在第一部分"得道者和道"主题下加了按语:"庄子在不同的地方经常用韵文描述得道之人'至人'(the supreme man)、'真人'(the true man)和'有内在超越之德的人'(the man of supreme inward power)。"① 然后翻译了如下几个语段。

大泽焚而不能热,河汉沍而不能寒,疾雷破山、飘风振海而不能惊。(《齐物论》)

登高不慄,入水不濡,入火不热。(《大宗师》)

大浸稽天而不溺,大旱金石流土山焦而不热。(《逍遥游》)②

子列子问关尹曰:"至人潜行不窒,蹈火不热,行乎万物之上而不慄。请问何以至于此?"关尹曰:"是纯气之守也,非知巧果敢之列……夫醉者之坠车,虽疾不死。骨节与人同而犯害与人异,其神全也,乘亦不知也,坠亦不知也,死生惊惧不入乎其胸中,是故迕物而不慴。彼得全于酒而犹若是,而况得全于天乎?"(《达生》)③

选文后,韦利有一大段评述,主要内容是:《秋水》对这些得道之人刀枪不入稍微做了合理化的解释。这种神秘修行能使人不受

---

① Arthur Waley, *Three Ways of Thought*, pp.49-50.
② 上述三个语段中文原文见[清]郭庆藩《庄子集释》上册,第102页、第231页、第35页。
③ 此处省略的部分为韦利原文如此。中文原文见[清]郭庆藩《庄子集释》中册,第632页、第634页。

伤害的思想,在印度的经典中也有。正是这种思想将早期的哲学道家与公元 2 世纪发展起来的神秘道教联系在一起。我们可能会认为道家是一种教义的升华,特别是与类似于药师或巫师有关。从来没有任何提示表明传奇性的道家圣人被看作巫,只有《庄子》中提到了一个"神巫",名叫季咸(《应帝王》),他的特长是算命。如果我们把庄子看作一位哲学家,一位向世界展示了用理性替代迷信的方法的哲学家,可能我们看到那些描述得道者具有超自然免疫力的文段会感到失望。另一方面,如果我们把巫术、宗教和哲学都看作处理相同焦虑的方法,当发现这三者有时会重合,我们就不会惊讶。从这个角度看,那些相信老虎不会伤害他的道家人物与唯心主义哲学家一样值得尊敬。唯心主义哲学家相信宇宙是由他自己的思想组成,这一信仰增强了他的力量。

韦利也解释了为什么他没有试图说明道家所谓"道"的意蕴,他是有意识地避免这么做。他认为,通过他翻译的寓言能比下定义更好地理解什么是"道"。韦利援引了他翻译的《道德经》中描述"道"的几章。最后,又引用了《知北游》中庄子与东郭子论道的几句"道在蝼蚁,在瓦甓,在屎溺"[1]。他认为,因为文本的残缺,这段变得不可理解[2]。韦利对庄子还是有隔膜的,因为难以理解,就将之归因于文本残缺,这种解释有些简单化。庄子论道并非不可理解,要表达的观点是道无所不在。

---

[1] 原文是:"东郭子问于庄子曰:'所谓道,恶乎在?'庄子曰:'无所不在。'东郭子曰:'期而后可。'庄子曰:'在蝼蚁。'曰:'何其下邪?'曰:'在稊稗。'曰:'何其愈下邪?'曰:'在瓦甓。'曰:'何其愈甚邪?'曰:'在屎溺。'东郭子不应。"([清]郭庆藩《庄子集释》中册,第 745 页)

[2] Arthur Waley, *Three Ways of Thought*, p.52.

三、《庄子》政治观选文及评论

《庄子》选文第二部分题曰"政治学"，其下有五个小标题：当代事件、未经雕刻的原木、黄金时代、统治、处世。与第一部分不同，这部分韦利的论述要远远多于选译的《庄子》原文。"当代事件"标题下，韦利叙述了庄子生活时代的各国政治情况，并没有选译《庄子》原文。

"未经雕刻的原木"标题下，韦利论述了何谓"朴"，即自然状态的木头，未经雕刻也未涂油漆，道家用以象征人的自然状态。韦利指出，庄子认为内在视觉（明）是人类真正的财富。当内与外、自我与他物、此与彼之间的区别完全消失时，"明"就开始发挥作用。道家对"朴"的崇拜乃基于古代仪式思想，浑沌的故事是对一个古代神话的改编①。

"黄金时代"题下，韦利解说了道家所认为的理想社会的形态。翻译了《天地》中子贡南游于楚，见一丈人将为圃畦，凿隧入井，抱瓮出灌的故事，说明道家反对机械。

"统治"标题下，翻译了《则阳》中的两段文字、《在宥》崔瞿问于老聃部分及《胠箧》中的两段话。韦利论曰："道家书籍中的无统治学说，经常被拿来与现代无政府主义，例如克鲁泡特金的思想相比较，但二者有重要的区别。现代无政府主义将治理和宗教道德视为特权阶级为维护特权而发明的手段，而道家则视圣人为误入歧途的利他主义者。"②

"处世"标题下，韦利解题曰："道家并不藏身于山林之中，他隐藏的不是他的身体，而是他的德，他的内在力量。他知道如何顺人

---

① Arthur Waley, *Three Ways of Thought*, pp.66-67.
② Arthur Waley, *Three Ways of Thought*, pp.73-74.

而不失己。"① 选译了《人间世》颜阖将傅卫灵公太子一段,内容是蘧伯玉告诫颜阖要正其身,形莫若就,心莫若和,即处世之道。最后,选译了《外物》中庄周家贫,向监河侯借粟的故事。

在此书的《附录》中,韦利说明了选译的标准:《庄子》的文本本身是残缺的,相当难以理解,因而他只选择了那些完全可以用英语表达的段落,或者那些稍加修改就可以理解的段落。可见韦利的态度十分严谨。

这里之所以不厌其详地引述韦利所选、所评,目的是向读者展示 20 世纪早期一位重要的汉学家对《庄子》的认识。韦利学识渊博,对《庄子》所做的评述,有时与西方学术相对照,有时又与道家相关典籍相对照。他对《庄子》文本所做的这种处理,深深地影响了后来的汉学家。仅就编排形式而言,后来出现的多种《庄子》寓言选,大多受到韦利的影响。而且,这些寓言选都赢得了很好的市场,是推广、传播《庄子》的一种非常有效的形式。

第三节　托马斯·莫顿的《庄子之道》

韦利的选译本之后,托马斯·莫顿的《庄子之道》最受欢迎,多次重印②。托马斯·莫顿是一位特拉比斯特派修道士、政治活动家、社会评论家。他写了很多书,包括《七重山》(*The Seven Storey*

---

① Arthur Waley, *Three Ways of Thought*, p.75.

② Thomas Merton, *The Way of Chuang Tzu*, Trappist: Abbey of Gethsemani, 1965; 2nd edition, New York: New Directions, 1969; Boston & London: Shambhala Publications Inc., 2004. 此书 1965 年初版,1969 年出第二版平装本,重印多次。2004 年波士顿和伦敦的一家出版集团新出一版精装本。笔者购买的一本 1969 年版的重印本,版权页上注明是第 21 次印刷。本节引文均用 1969 年版。

Mountain)、《孤独中的思考》(*Thoughts in Solitude*)和《沉思的新种子》(*New Seeds of Contemplation*)等①。2018 年 12 月,新方向(New Directions)公司还出版了未删减版《庄子之道》有声书,由格雷格·程(Greg Chun,1971—)朗读,全长两小时五十一分钟。格雷格·程毕业于斯坦福大学,是洛杉矶一位专业配音演员,以电子游戏作品而闻名。他还是一名音乐制作人,为数百款手机游戏创作了音乐。他与孤独岛的长期合作使他的音乐登上了《周六夜现场》(*Saturday Night Live*)和第 67 届黄金时段艾美奖(Primetime Emmy Awards)榜单。作为音乐总监,他曾在卡内基音乐厅、杜比剧院和迪斯尼音乐厅的舞台上演出过②。从《庄子之道》这本书出版朗读版也可看出其受欢迎的程度。

一、莫顿对《庄子》的理解及提炼的主题

《庄子之道》的编译很独特,不是单纯地选译《庄子》,而是具有模仿《庄子》的性质。作者经过长期准备而成。托马斯·莫顿在《致读者》中自述,他花了五年时间阅读、做注释及深思。这些笔记是对《庄子》的模仿,或者说是对特别吸引他的那些有特色的段落的自由解读。这些解读得益于四种很好的《庄子》译本,两种英文、一种法文和一种德文③。令人惊奇的是,托马斯·莫顿自己仅认识很少的几个汉字,因此,他不是一位译者。托马斯·莫顿在

---

① 据 Shambhala Publications 2004 年版封三介绍。

② 格雷格·程的简介据 https://tvtropes.org/pmwiki/pmwiki.php/Creator/GregChun。

③ Thomas Merton, *The Way of Chuang Tzu*, p.9. 此书的《参考文献》中列出了《庄子》的几种译本:翟理斯的英文全译本、理雅各的英文全译本、戴遂良的法文译本和卫礼贤的德文译本。此外,还列有修中诚《古典时代的中国哲学》、冯友兰《中国哲学的精神》、林语堂《中国和印度的智慧》。

读他人的译文时发现,每位译者都免不了大量猜测,这不仅与中文程度有关,还与每位译者对"道"的理解有关。他的阅读不是翻译,目的不是提供一个忠实的译本,而是尝试一种个人的、精神的解读。

　　莫顿概括了庄子的思想特征。他说:"庄子并不关心有关真实的词语和规则,他关心的是对真实本身直接的、存在主义的把握。""'道'包含在逸事、诗歌和冥想中,是一种在世界上到处都可发现的某种心态,某种简单、谦卑忘己、沉默的趣味,以及通常对攻击、野心、逼迫以及自大的拒斥,而这些是一个人为了与社会和睦相处必须要展示的。"① 应当说,莫顿对庄子思想的把握比较准确,简单和谦卑应当是在任何时空都受人欢迎的品质。这大概可以部分地解释为什么莫顿的书如此受欢迎。

　　此书正文有两部分,第一部分是"庄子研究",第二部分是"阅读《庄子》"。"庄子研究"占十九页篇幅,介绍庄子生存时代的思想背景、庄子在后代的影响、庄子与禅宗的关系。莫顿认为庄子哲学本质上具有宗教性和神秘性。庄子认为,只有当一个人接触超越一切存在事物的神秘的"道"时,才能理解它,这种神秘的"道"既不能用言语表达,也不能用沉默表达,只有在一种既不说话也不沉默的状态下才能理解它。我们不能把庄子称为一个沉思者,因为庄子采取了一个系统的精神自我净化程序,以达到一定的内在体验。他说:"得道之人所追求的真正的宁静,是'撄宁',以'无为'为'为'的宁静。换言之,超越了活动与沉思的界限,与无名无形的'道'融为一体。"② "庄子思想的核心是对立因素的互补,

① Thomas Merton, *The Way of Chuang Tzu*, p.11.
② Thomas Merton, *The Way of Chuang Tzu*, p.26.

只有抓住了'道'的中心支点,即是与否、我与非我的交点,才能看到这一点。""生命是一个不断发展的过程。所有的生命都处于变化状态。"① 整体而言,莫顿的论述对普通读者理解《庄子》大有裨益。

　　第二部分"阅读《庄子》"有一百二十四页,分六十二个主题。其中,有四十二个主题所选文段完全用散句单行的形式排列,版式疏朗,还配有很多中国古代草木、人物画插图,从阅读体验的角度来说,给读者轻松愉悦的感觉。书的开本也小,适合利用零碎时间自由选择阅读的内容。这些,应当都是其深受欢迎的原因。

　　莫顿拟的六十二个标题,大多数可以让人一见即知内容,有些则莫名其妙,甚至啼笑皆非,且没有标明出处。它们是:无用的树、卖帽子的人和有能力的统治者、大自然的呼吸、伟大的知识、主、朝三、解牛、一只脚的男人和泽雉、心斋、三个朋友、老子的觉醒、孔子和狂人、真人、蜕变、生于道的人、两个国王和无形之人、破解保险箱(胠箧)、让万物自为、高贵的人、多么深奥的道、丢失的珍珠、始卒若环、没有历史的生活圆满时代(至德之世)、当一个极丑的人……、五个敌人、为与无为、桓公与轮扁、秋水、大与小、得道之人、龟、猫头鹰和凤凰、鱼之乐、至乐、同情海鸟、完整性、胜利的需要、祭祀用的猪、斗鸡、木雕艺人、鞋合适、虚舟、林回的舍弃、知北游、没有牙齿的重要性、道在哪、星光和无、庚桑楚、庚的弟子、神灵的塔、内在法则、道歉、建议王子、积极生活、猴山、好运、逃离仁慈、道、无用、手段和目的、逃离影子、庄子的葬礼。

---

① Thomas Merton, *The Way of Chuang Tzu*, p.30.

二、莫顿简洁的译笔

莫顿的语言简洁生动,这应当是其译本受欢迎的重要原因。这里仅以"无用的树"为例,原文大意出自《逍遥游》中庄子和惠子的对话。现将《庄子》原文、华兹生的译文和莫顿的编译照录于下。

原文:

庄子曰:"子独不见狸狌乎?卑身而伏,以候敖者;东西跳梁,不辟高下;中于机辟,死于罔罟。今夫斄牛,其大若垂天之云。此能为大矣,而不能执鼠。今子有大树,患其无用,何不树之于无何有之乡,广莫之野,彷徨乎无为其侧,逍遥乎寝卧其下。不夭斤斧,物无害者,无所可用,安所困苦哉!"①

华兹生的译文:

Chuang Tzu said, "Maybe you've never seen a wildcat or a weasel. It crouches down and hides, watching for something to come along. It leaps and races east and west, not hesitating to go high or low—until it falls into the trap and dies in the net. Then again there's the yak, big as a cloud covering the sky. It certainly knows how to be big, though it doesn't know how to catch rats. Now you have this big tree and you're distressed because it's useless. Why don't you plant it in Not-Even-Anything village, or the field of Broad-and-Boundless,

---

① [清]郭庆藩《庄子集释》上册,第 46 页。

relax and do nothing by its side, or lie down for a free and easy sleep under it? Axes will never shorten its life, nothing can ever harm it. If there's no use for it, how can it come to grief or pain?" ①

莫顿的编译：

Chuang Tzu replied:（庄子回答）
Have you ever watched the wildcat（你观察过野猫吗？）
Crouching, watching his prey-（蹲伏，观察着他的猎物）
This way it leaps, and that way,（它跳来跳去）
High and low, and at last（或高或低，最后）
Lands in the trap.（落在网里）

But have you seen the yak?（你见过牦牛吗？）
Great as a thundercloud（像雷云一样巨大）
He stands in his might.（他威然站立）
Big? Sure（大？当然）
He can't catch mice!（他抓不住老鼠）

So for your big tree. No use?（你的大树也一样。没啥用？）
Then plant it in the wasteland（那就把它种植在荒野上）
In emptiness,（在虚空中）
Walk idly around,（自在地转悠）

---

① Burton Watson, *The Complete Works of Chuang Tzu*, p.35.

Rest under its shadow;（在树影下休息）

No axe or bill prepares its end.（没有斧子或钞票要终结它）

No one will ever cut it down.（没有人要砍伐它）

Useless？ You should worry!（没有用处？你应该担心！）①

华兹生是紧扣原文翻译的,他的译笔流畅、好读。在散文的格式下,读者一下子感受到大段文字,信息量大。莫顿把散文拆解成诗行的形式,化繁难为简易,句子简短,又因为诗行的形式可以省去一些关联词,突出关键词句,读起来就轻松多了。当然,莫顿并不是原文直译的,他有所省略,也有所增加。尽管如此,原文重要的信息都保留了。

有些富于思辨性的文段不容易理解,但在莫顿的笔下也变得简洁清晰。比如"为与无为"（Action and Non-Action）标题下,莫顿的诗行对应的原文如下:

> 圣人之静也,非曰静也善,故静也;万物无足以铙心者,故静也。水静则明烛须眉,平中准,大匠取法焉。水静犹明,而况精神! 圣人之心静乎! 天地之鉴也,万物之镜也,夫虚静恬淡寂漠无为者,天地之平而道德之至,故帝王圣人休焉。休则虚,虚则实,实者伦矣。虚则静,静则动,动则得矣。静则无为,无为也则任事者责矣。无为则俞俞,俞俞者忧患不能处,年寿长矣。夫虚静恬淡寂漠无为者,万物之本也。②

---

① Thomas Merton, *The Way of Chuang Tzu*, pp.35-36.
② 出自《天道》。[清]郭庆藩《庄子集释》中册,第 462 页。

这段话不容易翻译。在莫顿笔下,是这样的:

The non-action of the wise man is not inaction,(智者的无为并非无为)

It is not studied. It is not shaken by anything.(它没有被研究。它没有被任何东西动摇。)

The sage is quiet because he is not moved,(圣人宁静,因为他未被触动)

Not because he *wills* to be quiet.(不是因为他主观意愿要宁静)

Still water is like glass.(静水如镜)

You can look in it and see the bristles on your chin.(你能从镜中看到下巴上的胡须)

It is a perfect level;(它是完美的平面)

A carpenter could use it .(匠人能用它)

If water is so clear, so level,(如果水如此清澈,如此平稳)

How much more the spirit of man?(何况人的精神)

The heart of the wise man is tranquil.(智者的心是平静的)

It is the mirror of heaven and earth(它是天地的镜子)

The glass of everything.(是一切的镜子)

Emptiness, stillness, tranquility, tastelessness,(虚空、静止、寂静、无味)

Silence, non-action: this is the level of heaven and earth.(沉默、无为:这就是天地的平准)

Their resting place.(它们休息的地方)

Resting, they are empty.（休息，他们是虚空的）①

　　莫顿没有严格地翻译，他在《庄子》原文基础上有所发挥，将一些内容简化，并做修改。莫顿的《庄子之道》有他个人的阅读体会，与《庄子》神似。

第四节　马丁·布伯的《庄子语录和寓言》

　　马丁·布伯是德国哲学家、神学家和《圣经》翻译家。1910年，他出版了德语版《庄子语录和寓言》一书，此书还包括一篇《后记》，本来是一篇单独的论文，论述道家学说。1911年出版了《中国的鬼和爱情故事》，选自《聊斋志异》。后来，这两本书合编为《中国故事：庄子语录和寓言及中国的鬼和爱情故事》。布伯在其中国同事的帮助下，又参考了一些英文资料，对所译《庄子》寓言有所修订，1918年和1951年分别出版过两个修订本。1991年，马萨诸塞大学阿默斯特分校（University of Massachusetts Amherst）教师亚力克斯·佩奇（Alex Page，1923—2018）将《中国故事：庄子语录和寓言及中国的鬼和爱情故事》译为英文，耶路撒冷希伯来大学东亚研究名誉教授伊爱莲（Irene Eber，1929—2019）撰写了《前言》。

　　《庄子语录和寓言》分为五十四个主题。标题是马丁·布伯拟的，依照《庄子》三十三篇的顺序编排，每段选文后没有注明出处。五十四个标题是：一个不活跃的人、无用的树、天堂的风琴音乐、极限和无极、对比和无穷、蝴蝶、厨师、老子之死、在人间、王子

---

① Thomas Merton, *The Way of Chuang Tzu*, p.80.

的教育、神树、跂子、叔山无趾、麻风病人、真人、步骤、四个朋友、挽歌、路径、统治一个帝国、巫师和完美的人、凿、强大的小偷、过度精炼和无为、人心、不朽、云王子和原始的雾（云将和鸿蒙）、珍珠、宇宙的起源、园丁、三种类型、祷词、书籍、黄帝的七弦竖琴、世界之道、海神和河伯、鱼之乐、庄子妻死、死者的头颅、据于道、捕蝉人、摆渡者、祭司和猪、斗鸡、报时台、美人和丑女、保持安静、永恒的死亡、三个回答、为自己拥有、道境、未知的道、狗和马、罪犯。最后一段出自《则阳》的"柏矩学于老聃"，《则阳》之后的《外物》《寓言》《让王》《盗跖》《说剑》《渔父》《列御寇》《天下》八篇，马丁·布伯没有从中选文。

所选文段最长的是"在人间"和"海神和河伯"主题。"在人间"选的是从《人间世》开篇到"是万物之化也"，内容是颜回和孔子谈论政治以及心斋、坐驰之事，一共有三页①。"海神和河伯"选的是从《秋水》开篇至"万物一齐，孰短孰长"，也是整整三页②。短的像"蝴蝶"（庄周梦蝶）、"珍珠"（《天地》中的黄帝遗玄珠）、"保持安静"（《田子方》中的孔子见温伯雪子）等，都只有几行。

马丁·布伯的选篇范围很广。这里的英文是从德文转译来的，因此，不好说是不是布伯的原意。从英文看，马丁·布伯这个寓言故事集的宗教色彩比较明显。比如《天道》的"庄子曰"被译成"Zhuangzi preyed"③，庄子祷告；小标题也译成了"Prayer"（祷词），将庄子变成了一个宗教信仰者。《天道》原文有"天乐"一词，对其定义是："齑万物而不为戾，泽及万世而不为仁，长于上古而不

① Martin Buber, *Chinese Tales*, pp.15-17.
② Martin Buber, *Chinese Tales*, pp.56-58.
③ Martin Buber, *Chinese Tales*, p.51.

为寿,覆载天地刻雕众形而不为巧,此之谓天乐。"① 这几句是赞颂"道"之德,并非讲快乐。英译是"that is the rapture of divinity"②,那就是神性的狂喜,这也偏离了原文的意旨。

此外,不用肯定句式,而是用疑问句式表达对世界的思考,是《庄子》的一大特色。布伯的书有些地方把疑问句式变成了肯定句式。比如,《秋水》的"万物一齐,孰短孰长?"原文是疑问句式,译文是:"Embrace everything with your love, but do not let one be preferred to another. This means being unquestioning having a single unified view, beyond all fine distinctions。"③ 意思是:用你的爱去拥抱一切,不要有所偏爱。即要拥有一个单一、统一的观点,超越所有精细的区分,对此无需争议。译文将原文具有思辨色彩的疑问句式变成了解释性的肯定句式,没能传达出庄子独特的风格。

在《后记》中,马丁·布伯比较了东方和西方文化的差异,表达了对寓言的认识。布伯提出,有三个东方指导精神的基本原则:科学、法律和教义。要理解东方,就要在这三者之间做出区分。教义超越了存在与应然,超越了知识与法令,它能断言的只有一点:必要性,这是在现实生活中可以实现的。教义和宗教都代表生命的整体。在教义和宗教之间是寓言和神话,二者都与人类生活的中心相关联。寓言站在教义这边,神话在宗教一边。只要教义涉及事物,一定是通过寓言。他认为老子的教义是比喻性的,但是没有寓言。庄子创造寓言不是为了"解释"事物,也不是

---

① [清]郭庆藩《庄子集释》中册,第 467 页。
② Martin Buber, *Chinese Tales*, p.51.
③ Martin Buber, *Chinese Tales*, p.58.

"应用于"事物。相反,寓言把教义的统一性带给世界。庄子用寓言来回应那些诋毁他的人,比如"没用的树",他断言人们不知道无用之用。

马丁·布伯还解释了"道"以及道家的"道"。他认为,"道"这个词的意思是路,但它也有言说的意思,有时会被译成"logos"。在西方,"道"主要被看作是解释世界的一种尝试。道,先是等同于自然,然后等同于理性,近来更多地等同于势能。而道家的"道"是不可感知的,又存在于万事万物之中。完美的人也被描述为直接体验了道。布伯引用了《齐物论》"天地与我并生,而万物与我为一"这句话,用以说明在道家眼中世界不是异己的,世界的统一只是个体统一的反映。"道"以其自身的完成及消泯差别为旨归。

马丁·布伯还讨论了《庄子》的认识论,并与古希腊哲学家相比较,也提及庄子与西方作品的关系,强调了《庄子》寓言的特性。

第五节　彭马田的《自然之道》

企鹅书屋于 1996 年出版过彭马田的《庄子》全译本,在此基础上又出版了一个选本《自然之道》①,以寓言故事为主。全书分为十三个专题,依次是:齐物论、完美契合、何为真人、命而已、惠子、马蹄、博学何用、无为之为是谓天、天其运乎、真实与幸福、把握

---

① Martin Palmer, *The Tao of Nature*, London: Penguin Books, 1996; 2010. 收入企鹅"伟大的思想"丛书。此书有中译本。(英)马丁·帕尔默、(英)伊丽莎白·布罗伊利英译,(英)杰伊·拉姆齐、(英)马丁·帕尔默编选,王相峰汉译《道法自然》(英汉双语),中国对外翻译出版有限公司,2014 年。

生命的目的、莫问道、敢问何谓真①。所选文段没有标明出处。书末有《参考文献》,说明了每个专题的篇目出处。

  与其他同类型编译本不同的是,彭马田的这本寓言故事选,每个题目下有时是从《庄子》某一篇中节选,如"齐物论"题下的文段,均选自《齐物论》,"何为真人"题下均选自《大宗师》,"马蹄"题下均选自《马蹄》。其他十个题目,都选自两篇以上,如"完美契合"题下的文段,选自《养生主》《人间世》和《大宗师》;"惠子"题下的文段是从《逍遥游》《德充符》《秋水》《至乐》《徐无鬼》和《外物》共六个不同篇目中选取的;"莫问道"选自《知北游》《庚桑楚》《徐无鬼》和《外物》。

  这个译本所选的文段与所拟主题有时并不相符。比如第二部分题为"完美契合",选段是庖丁解牛、公文轩一足、泽雉百步、秦失为老子吊丧、颜阖将为卫灵公太子师、匠石之齐遇社树、南伯子綦遇大树、支离疏因畸形而保命、叔山无趾与孔子的对话、鲁哀公与孔子论哀骀它及才全与德不形②。这些文段中,庖丁解牛能游刃有余,可以算是"完美契合",其他多个故事都没有"完美契合"的意思。再如第十三部分"敢问何谓真"题下③,第一大段是《说剑》写的庄子见赵文王,与"何谓真"这个主题完全无关;然后是《渔父》中从开篇"孔子游乎缁帷之林"到"真在内者,神动于外,是所以贵真也"④,只有最后孔子与渔父的一小段问答算是切题,其他长篇大论均与"真"无涉。

---

① 这十三个标题除"天其运乎""莫问道""敢问何谓真"为笔者自译,其他均用王相峰中译本的译法。

② Martin Palmer, *The Tao of Nature*, pp.11-23.

③ Martin Palmer, *The Tao of Nature*, pp.139-151.

④ 详见[清]郭庆藩《庄子集释》下册,第 1017—1027 页。

彭马田的这个《庄子》寓言选集也是对《庄子》思想的一种解读。从传播角度看，它不能算是一个成功的版本。每个专题下的文段太多，更大的问题是这些文段的内容缺乏一致性，比较散乱，让人不得要领。

小　结

主题类编型译本的编译者大多对《庄子》有着深刻的认知，撰写的评注不乏卓识高见，笔者阅读时，常常有"于我心有戚戚焉"的感觉。思想、学术、文化固有古今中西的差别，但只要去除成心，本着尊重研究对象的前提去阅读、分析、感悟，就能走入文本，理解文心。编译者怀有真诚的热爱，选文通常具有代表性，所加的小标题多能得文本之义。当然，也存在各种各样的问题。总体而言，主题类编型译本将《庄子》这部大书化整为零，分门别类，能够激发读者的阅读兴趣，起到了很好的传播效应。

第十二章 传播形态之二
——面向不同读者的选译本

根据译者的专业、译本的形态及面向的读者群,《庄子》选译本大体可以分为学术研究型及侧重普及型两大类。前者以冯友兰、华兹生和吴光明的译本为代表,后者以罗伯特·万·德·韦耶、托马斯·克利里、戴维·欣顿、萨姆·哈米尔和西顿等为代表。这种划分不是绝对的,并非侧重普及型的学术含金量就低,只是相较而言在译本形态上没有大量评注,缺乏标志性的学术特征。

第一节 学术研究型

所谓学术研究型选译本,指译本有注释或评论,译者是专业学者,译本在学术深度和广度上具有拓展性。冯友兰、华兹生和吴光明三位学者的译本,关注点不同,学术思考路向不同,各有千秋。

一、冯友兰的《庄子:新选译本附对郭象哲学的述评》

冯友兰的《庄子:新选译本附对郭象哲学的述评》翻译了内七篇和郭象注,正文前有作者《序》及《导论》。在《序》中,冯友兰首先谈论了在已有英译本的情况下,为什么要再译《庄子》。原因有二:第一,翻译就是阐释或评论。已有的译本或许从文学和语言学的角度而言有用,但它们并未触及《庄子》作者真正的哲学精神。
《庄子》一书正如柏拉图的《对话录》,更是一本哲学著作,而非文学
作品。第二,清朝学者在文本批评方面的工作卓有成效,早期的英
译者没有充分利用这些成果。随后冯友兰谈及面对已有译文,如
何再译的问题。他说,他参考了其他译文,尤其是理雅各和翟理斯
的,并向他们致敬。如果一段译文是正确的,就没有必要仅仅为了
不同而给出不同的译法。然而,有一些重要的术语、短语或文段,
他通常根据自己对庄子哲学的理解重新翻译。《导论》探讨了如
下问题:道家概览及其意义、"道"和"德"、任物自然、生命的艺术、
齐物论、生与死、不朽、纯粹经验、动与静、绝对自由、自由人的崇拜
等。在"自由人的崇拜"这部分,冯友兰将庄子对至人的描述与斯
宾诺莎(Baruch de Spinoza,1632—1677)和罗素(Bertrand Arthur
William Russell,1872—1970)的说法做了比较,认为庄子之说与
斯宾诺莎高度一致,后者认为完美的人拥有对上帝理智的爱。庄子
对待宇宙的态度则与罗素的阐述一致。最后的论断是:道家表面
上的被动当然不是"东方式的顺从",它是"解放",是"自由人的崇
拜"。在"小结"中,冯友兰总结,道家之所以反对政府、法律、制度
和一切人为的事物,是因为他们认为对自然的任何改变都是痛苦
和苦难的根源。智力和知识也被蔑视,因为它们进行区分,破坏了
神秘的整体。冯友兰还分析了哲学王与其臣民要达到的理想状态
不同,哲学王要达到第二种和谐,而普通人则停留在第一种和谐层
面上。道家能给予我们一种既是斯多葛派又是伊壁鸠鲁派的生命
观念。

　　冯友兰的"纯粹经验"概念源自19世纪美国心理学家詹姆
斯(William James,1842—1910),其"绝对自由"之说来自黑格
尔(G. W. F. Hegel,1770—1831),深厚的西方哲学素养给予这

一译本以鲜明的"以西释中"色彩,有些地方明显不符合《庄子》之义。比如,他将"齐物论"译为"The Equality of Things and Opinions"①,论万物之平等,《庄子》所谓"齐物",绝非平等。将"应帝王"译为"The Philosopher-King"②,让人联想起柏拉图的"哲学王"之说,而《庄子》所云"应帝王"亦绝非"哲学王"。这样的译法可能会误导英语世界的读者,尤其是有哲学专业背景的读者。此书的附录一是《郭象哲学的特点》,附录二是其英文版《中国哲学简史》第十章《道家的第三阶段:庄子》,能扩展读者对《庄子》哲学及其发展整体情况的认识。

　　冯友兰的这个译本不仅采取了原文夹郭注的形式,而且在很多句子或文段下还附有译者的评述,这就使得这个译本不止于"译",还有"评",有深刻的哲学阐释。比如《逍遥游》"至人无己,神人无功,圣人无名"③,郭象注后面是大段译者的评述,主要的观点是:"如果事物只在自己的小范围内自得其乐,那么它们的自得也一定是有限的。""无待之人超越有限。""至人无己,因为他们超越了有限,并将自己与宇宙同一。神人无功,因为他顺从事物的本性,让万物自得其乐。圣人无名,因为他的德是完美的,每个名都是一种界定,一种限制。"④冯友兰从哲学角度进一步解释了"无己""无功"及"无名"背后的原因。这个选译本充分体现出译者"翻译就是阐释或评论"⑤这一理念。

---

① Yu-Lan Fung, *Chuang-Tzǔ*, p.43.
② Yu-Lan Fung, *Chuang-Tzǔ*, p.131.
③[清]郭庆藩《庄子集释》上册,第20页。
④ Fung Yu-Lan, *Chuang-Tzǔ*, p.34.
⑤ Fung Yu-Lan, *Chuang-Tzǔ*, p.v.

二、华兹生的《庄子：基本作品》

华兹生的《庄子：基本作品》选译了内七篇和《秋水》《至乐》《达生》《外物》。此书是"东方经典"译丛之一。东方研究委员会旨在向西方读者传播东方思想和文学传统。华兹生参考了中国本土学者的注释和研究，尽可能忠实于原文，译笔流畅。此书有狄百瑞撰写的《序》，赞扬华兹生转向了一些未被触及的话题，无论它们是多么晦涩和冷僻。《序》后是《早期中国历史纲要表》，从传说时代至秦，有时间、朝代、帝王世系及重大历史事件和文化事件，有助于读者了解《庄子》产生的历史时段及文化背景。

华兹生自撰的《导论》长达二十二页，分为三部分：第一部分介绍庄子其人、《庄子》的主题及语言特点；第二部分介绍庄子思想产生的学术文化背景、黄老之学与道家在汉代的兴衰更替、《庄子》的文本结构及其编定、《庄子》的诗性特征及其思想表达的特殊性给译者带来的困扰、译者处理一些术语如"道""德""天"的方法；第三部分——说明译文所据的中文底本，参考的中文论著及英文、日文译本，并对这些著述做了简评。《导论》能很好地帮助读者全面认识《庄子》，了解译者的工作，其中一些见解是从其翻译实践出得来的，甚是通达。比如，华兹生指出，我们对庄子的生平知之甚少，不必纠结于以其名命名的《庄子》一书与庄子本人之间的关联，无论庄周是谁，其思想都具有杰出的原创性，我们只需要思考思想本身，而不必考索它们出自何处。华兹生认为《庄子》的主题是"自由"。面对在充满混乱、苦难和荒谬的世界中，人应当如何生活这个问题，庄子给出的答案是神秘主义的，不同于儒家、墨家和法家，其回答是：将自己从这个世界中解放出来。在庄子眼中，人类是其自身苦难和束缚的制造者，所有的恐惧都来自他自己创造的价值观之网。庄子运用了每一种修辞资源去唤醒读者认识到传统价值观毫无意义,然后将他们从束缚中解放出来。他运用尖锐的或自相矛盾的逸事,不合逻辑且明显无意义的评论,使人意识到某种真理,这种方法十分有效。另一种常见的方法是虚拟的讨论或辩论,开始是理性的,却以三言两语以至于语无伦次的空洞之言而告终。《庄子》前两章最典型,它们一起构成了对人类价值体系及其传统时间、空间、现实和因果关系等概念最猛烈的抨击。庄子使用"幽默"这一武器对抗一切浮夸、稳固和神圣的事物。《庄子》的语言运用常常打破常规,因而,译者力图将字面意义译出以尽可能呈现其独特性,即使有时英文听起来有点儿奇怪。华兹生对《庄子》特征的这些阐述都颇为中肯。

华兹生以刘文典的《庄子补正》为中文底本,参阅了关锋的《〈庄子〉内篇译解和批判》和日本学者福永光司的《庄子内篇》译本,以及郎擎霄的《庄子学案》(1934)、《哲学研究》编辑部编选的《庄子哲学讨论集》(1962)和哈佛燕京学社编的《庄子引得》(1947)。他参考的英译本有翟理斯《庄子:神秘主义、道德家和社会改革者》、理雅各"东方圣书"系列中的《庄子》、阿瑟·韦利《中国古代三种思想方法》、林语堂《老子的智慧》,认为韦利的译本可读性最强,也最可靠。

华兹生的选译本有简明的脚注,解释一些重要的词语、人名及难懂的文义,指出文本可能存在的问题,或给出另一种翻译。华兹生有着深厚的学术素养、丰富的翻译实践,加之对《庄子》精神深刻的分析和理解,其译本多有精妙之处。如《德充符》的篇名,翟理斯和冯友兰都译为"The Evidence of Virtue Complete"[①],华

---

① Herbert Allen Giles, *Chuang Tzu*, p.56. Yu-Lan Fung, *Chuang-Tzŭ*, p.95.

兹生译为"The Sign of Virtue Complete"①。evidence 和 sign 两个单词都有表述迹象的意思,但前者指能够验证已发生之事的迹象,后者则偏重于事情未发生前的征兆,而且,后者有符号的意思,而前者没有。两相比较,用 sign 译"符",比 evidence 更准确。再如,这篇中有"与物为春"一句,翟理斯译为"live in peace with mankind"②,冯友兰译为"kind with things"③,正如华兹生的批评:"这样的翻译不仅破坏了原文的形象性,还使得庄子的表述变成一种陈词滥调,而事实上它是一种创造性的语言。"④ 华兹生译为"make it be spring with everything"⑤。对华兹生英译《庄子》的精当,国内学者亦有论述⑥。

三、吴光明的《作为同伴的蝴蝶:〈庄子〉前三篇沉思录》

吴光明的《作为同伴的蝴蝶:〈庄子〉前三篇沉思录》一书,由《前言》、内篇前三篇英译及《小结》组成,每篇英译包括中文原文、英译、注释及"沉思录"四部分。中文原文及英译均以韵文形式分行排版,用数字标明顺序,中英文对应。译文将一篇分成若干文段,有的加了小标题,有的没加。在《前言》中,吴光明用了六页篇幅特别说明为什么将书命名为"companion"(同伴),而不称"commentary"(评论),所论涉及经典诠释问题,包括如何回到文本产生的历史语境

---

① Burton Watson, *Chuang Tzu: Basic Writings,* p.64.

② Herbert Allen Giles, *Chuang Tzu,* p.64.

③ Yu-Lan Fung, *Chuang-Tzŭ,* p.105.

④ Burton Watson, *Chuang Tzu: Basic Writings*, p.17.

⑤ Burton Watson, *Chuang Tzu: Basic Writings*, p.70.

⑥ 详参李秀英《华兹生的汉学研究与译介》,《国外社会科学》2008 年第 4 期;林嘉新、徐坤培《副文本与形象重构:华兹生英译〈庄子〉的深度翻译策略研究》,《外国语(上海外国语大学学报)》2022 年第 2 期。

中、如何从字面意思走向对作者意图的领会等。译者认为传统的文本批评起到的是消极的作用，甚至是对文本的否定。庄子的特点是挑战我们通常的理性意识和常识。字词训诂是必不可缺的开端，但我们不能仅仅通过对文字意思的解释来理解庄子，而必须进一步考察其更深广的意义。我们不仅需要理性的学术（文本文献学的、社会历史的、文化哲学的），还需要敏感——文学的和理性的。吴光明的这些看法不仅适用于《庄子》英译及阐释，也适用于对大多数哲学经典文本的解释，具有普遍意义。

吴光明认为，关于《庄子》，可以提出五个问题：传统如何评价这本书？庄子在书中说了什么？他是怎么说的？他是什么意思？他为什么这么说？传统的庄学并不能帮助我们理解庄子，阅读《庄子》需要作为读者的我们的参与。《庄子》充满诗意，诗与哲学在书中自然融合，他通过模棱两可、难以捉摸的隐喻来唤起我们的反思。其书"同伴"之说，意在回答并延续庄子的呼唤。

在上述对《庄子》言说特点及传统诠释的认识下，吴光明选择了自由的沉思录形式表达对《庄子》的理解，当然，更多的是阐发阅读前三篇带给他的联翩浮想，其翻译及沉思均试图唤起读者对《庄子》连贯的理解。此书重在沉思，而非翻译，译者在形式及内容上均运用《庄子》特有的"卮言"言说方式来打破已有的研究模式，在众多选译本中独树一帜。

第二节　侧重普及型

第十一章述介的主题类编型《庄子》选译本，从读者对象、译本形态及风格角度考察，也都属于侧重普及型。为了论述的方便和结构的均衡，本书将它们归于上一章。这里再介绍几种侧重普及型。在传播方面取得突出成绩的是冯家福和简·英格利希（Jane English）伉俪合译的《庄子内篇》①,书中配有大量摄影插图及冯家福用毛笔手书的中文原文,铜版纸印刷,开本宽大,多次再版,影响广泛。第十三章第三节对其插图有较详细的讨论,兹略。

一、罗伯特·万·德·韦耶的《庄子》

英国学者罗伯特·万·德·韦耶编选的《庄子》②,是"精神哲学家"（Philosophers of the Spirit）丛书的一种,共九十六页。此书从《庄子》中的《逍遥游》《齐物论》《人间世》《德充符》《大宗师》《应帝王》《骈拇》《马蹄》《胠箧》《在宥》《秋水》《至乐》《达生》《山木》《外物》十五个篇章中选译文段。大多数篇题翻译得较好,个别不符合原题:《大宗师》译成"Learning True Wisdom"③,学习真正的智慧;《在宥》译成"Yin and Yang"④,阴阳;《外物》译成"Coping with the World"⑤,应对世界。版式上,每篇内不同段落都用分行符隔开,比较清晰。可能作者觉得《庄子》中的人物大多是虚拟的,在其译文中,那些虚拟的人名一律被隐去。比如

---

① Gia-fu Feng and Jane English: *Chuang Tsu: Inner Chapters*, Photography by Jane English, Calligraphy by Gia-fu Feng, New York: Vintage Books, 1st edition, 1974; Mount Shasta: Earth Heart, 2nd edition, 1997; Portland: Amber Lotus Publishing, 3rd edition, 2000; Portland: Amber Lotus Publishing, 4th edition, 2008; Carlsbad: Hay House Inc., 2014. 此书经删节后,1999 年,由音频文学（Audio Literature）公司出版了录音磁带,黄忠良（Chung liang Huang）朗读。

② Robert Van de Weyer, *Chuang Tzu*, London, Sydney, Auckland: Hodder and Stoughton Ltd., 1998.

③ Robert Van de Weyer, *Chuang Tzu*, p.40.

④ Robert Van de Weyer, *Chuang Tzu*, p.60.

⑤ Robert Van de Weyer, *Chuang Tzu*, p.96.

《齐物论》中的南郭子綦,就是"A wise man"①,一位智者;《人间世》中的匠石,也是"A wise man"②;《大宗师》的"真人",是"wise people"③;《应帝王》中的"无名人",也被译成"A wise man"④。有的句子本来是纯粹的议论,《庄子》原文并没有写是谁说的,此书会加上一个对话背景。比如《应帝王》有"无为名尸……故能胜物而不伤"一段议论,译为:"A wise man said to a king: Do not hanker after fame…… and will never be harmed。"⑤一位智者对国王说:"不要渴求名誉……就永远不会受到伤害。"

此书特重智,一书在手,满眼智者,这与丛书的宗旨有关。封底介绍说:"'精神哲学家'这套系列要以通俗易懂的形式,向现代读者介绍伟大哲学家的智慧。"除了丛书特定的编选宗旨,重智、爱智本是西方人文传统。生活在古老东方的庄子,以其对世界和人生的洞见,吸引了西方的爱智者。

二、托马斯·克利里的《庄子内篇》

以翻译《孙子兵法》著称的托马斯·克利里,在哈佛大学获得东亚语言与文明博士学位,在加州大学伯克利分校法学院获得法学博士学位,曾翻译《华严经》。他译有《道家经典》,包括《老子》全译、《庄子》(内篇)、《文子》《淮南子》选译及马王堆汉墓帛书与健康及长生有关的五篇文献。后来又从《道家经典》中抽取了《老子》全文和《庄子》(内篇),出版了《道的精华:〈道德经〉及〈庄子

---

① Robert Van de Weyer, *Chuang Tzu*, p.22.
② Robert Van de Weyer, *Chuang Tzu*, p.34.
③ Robert Van de Weyer, *Chuang Tzu*, p.40.
④ Robert Van de Weyer, *Chuang Tzu*, p.46.
⑤ Robert Van de Weyer, *Chuang Tzu*, p.47.

内篇〉学说的道家核心思想启蒙》①。

《道的精华》一书有《前言》,译文后有对一些人名及篇章主旨的简要注释,是译者对《庄子》思想的解说,其解说多从生命及心灵的角度着眼,明显不同于他人。比如"大鱼和大鸟"条,释曰:"大鱼象征着向更高发展的潜力,大鸟象征着将潜力付诸行动。变形象征着激活过程,水、空气和飞翔象征着对转变过程所必需的精(vitality)、气(energy)、神(consciousness)不同程度的培养。"② "子綦和子舆"条,释曰:"天籁、地籁和人籁代表存在物的不同状态,风吹过孔窍代表生命中至关重要之气的潜在统一。"③ 克利里如此理解,与他深悉道家养生理论有关。在《道家经典》一书"性、健康和长生"部分的《前言》中,他写道:据一本古老的道家典籍,人的身体是由精(vitality)、气(energy)和神(spirit)构成,在道家健康科学中,精、气和神被称为"三宝",对它们的养护被视为健康、幸福及长生的基础④。

三、戴维·欣顿的《庄子内篇》

戴维·欣顿的《庄子内篇》翻译了内七篇。据后勒口的作者简介,欣顿任教于美国哥伦比亚大学,也是德国柏林自由大学的教

---

① Thomas Cleary, *The Taoist Classics (Volume One)*, Boston: Shambhala Publications, Inc., 2003. Thomas Cleary, *The Essential Tao*, pp.61-120. 可参范鹏华《托马斯·克利里的道经英译研究》,博士学位论文,西南交通大学,2021 年。

② Thomas Cleary, *The Essential Tao*, p.161.

③ Thomas Cleary, *The Essential Tao*, p.162.

④ Thomas Cleary, *The Taoist Classics (Volume One)*, p.415. 另外,《庄子》的注释中译者共十二处大段引用一位名为 "Fu-Kuei-Tzu" 道家大师的解释,但没有标明书名及中文,不知是哪位学者或道教中人,疑为傅山,待考。

授。他翻译了大量中国古诗,广受好评,并获得美国诗歌翻译的两个主要奖项:美国诗人学会颁发的兰登翻译奖(Landon Translation Award)和美国笔会中心颁发的笔会翻译奖(PEN Translation Award)。他的随笔集《饥饿山:心灵与风景的实地指南》(*Hunger Mountain: A Field Guide to Mind and Landscape*),被英国《卫报》(*The Guardian*)评为年度最佳书籍。

　　欣顿将《庄子》的一些文段以诗行的形式译出,七篇译文前有《前言》,后有简要注释,还有"关键词:庄子思想大纲",解释了五个术语:道、德、自然、无为、天 [①]。《前言》指出庄子充分运用各种语言游戏:幽默、寓言、反讽、漫画、神话、故事、哲学论证、虚构、隐喻、悖论等,以全新的方式描述了中国古代的精神生态(spiritual ecology)。几千年来,儒家界定了中国知识分子的社会境域,道家界定了精神境域。郭象将"天"与老庄的"自然"联系在一起,其观点与现代生态科学相当一致。庄子意图让我们进入生命的直接体验,这与禅宗的冥想近似。

　　欣顿有的翻译体现出特别的思考。比如,他将"齐物论"译为"A Little Talk About Evening Things Out" [②],小议使物均平,笔者理解,《齐物论》中有"大言""小言"之说,译者取"小言"(little talk)译题目中的"论",虽然并不确切,但仿《庄子》笔墨以翻译,还是很用心的。译文也把很多韵语分行排列。如《齐物论》曰"大知闲闲,小知间间。大言炎炎,小言詹詹" [③],译为:

[①] 此书后来收入 David Hinton, *The Four Chinese Classics: Tao Te Ching/Chuang Tzu/Analects/Mencius*, Berkeley: Counterpoint, 2013。关键词部分增加了"有""无""气"。

[②] David Hinton, *Chuang Tzu*, p.15.

[③] [清]郭庆藩《庄子集释》上册,第57页。

　　　Great understanding is broad and unhurried ;（大知宽广而
从容）

　　　small understanding is cramped and busy.（小知狭隘而匆促）
　　　Great words are bright and open ;（大言明朗而敞开）
　　　small words are chit and chat.（小言细碎而散漫）①

　　其他像"大恐惴惴,小恐缦缦"②,"夫大道不称,大辩不言,大
仁不仁,大廉不嗛,大勇不忮。道昭而不道,言辩而不及,仁常而不
成,廉清而不信,勇忮而不成"③ 等,都用分行形式译出。

　　欣顿对有些专有名词的翻译也有自己的特色,意译后加音译。
仍以《齐物论》为例,他将"南郭子綦"译为"Adept Piebald（Nan-
kuo Tzu-ch'i）"④,娴熟的花斑马,大概是将"綦"理解为"骐",有
青黑色棋盘格纹的马。将"王倪",译为"Horizon Imperial（Wang
Ni）"⑤,地平线帝王,这是将"倪"理解成地平线了。将"长梧子"
译为"Noble Tree（Chang-wu Tzu）"⑥,宏伟的树。欣顿在学习梅
维恒的译法,要译出人名的字面意思,有些人名的翻译与梅维恒完
全相同。整体上看,未得命名之意者居多,翻译得不是很恰当。

四、萨姆·哈米尔和西顿合译的《庄子菁华》

　　萨姆·哈米尔和西顿合译的《庄子菁华》一书也有特色。这

---

① David Hinton, *Chuang Tzu*, p.18. 按 : 圆括号中的中译为笔者所加。
②［清］郭庆藩《庄子集释》上册,第 57 页。
③［清］郭庆藩《庄子集释》上册,第 89—90 页。
④ David Hinton, *Chuang Tzu*, p.17.
⑤ David Hinton, *Chuang Tzu*, p.29.
⑥ David Hinton, *Chuang Tzu*, p.31.

本书选译了二十二篇,包括内七篇和《骈拇》《马蹄》《胠箧》《在宥》《天地》《秋水》《至乐》《达生》《山木》《知北游》《则阳》《外物》《盗跖》《说剑》《渔父》。

据此书后勒口的作者简介,萨姆·哈米尔是美国诗人;西顿是北卡罗来纳大学中文教授、中国诗歌翻译家。译者在《译者导言》中自称,他们的翻译使用了很多词源学研究。他们认为,庄子像伟大的唐代诗人一样,在书写汉字时,技术化地运用了视觉因素。庄子的写作,尤其是在内篇中,运用了令人眼花缭乱的文学技巧。他们参考了哈佛燕京学社编的《庄子引得》、卫礼贤和高本汉的著述、《说文解字》、哈佛燕京学社的《尔雅》及王叔岷的《庄子校诠》(台北,1988)。

美籍华人学者罗郁正(Irving Yucheng Lo,1922—2005)为此书作《序》[1],他称赞两位译者在翻译上有创新、语言生动,举了"天地一指也,万物一马也""与物为春""啮缺""云将""鸿蒙"等几个例子,并与冯友兰、华兹生、梅维恒、翟理斯等人的翻译做了对比。罗郁正认为:"对于翻译一个措辞简洁的哲学文本而言,逐字翻译是最不值得的。"[2]他指出两位译者的目标是可读性,因而形式上的忠实度有时被忽略。他举了下面这个例子。

《齐物论》原文:"天地一指也,万物一马也。可乎可,不可乎不可。道行之而成,物谓之而然。恶乎然? 然于然。恶乎不然? 不

---

① 罗郁正影响最大的译著是与柳无忌合作编译的《葵晔集:三千年的中国诗歌》[Wu-Chi Liu and Iving Lo (eds.): *Sunflower Splendor: Three Thousand Years of Chinese Poetry*, Bloomington & London: Indiana University Press, 1975]。罗郁正的生平及著述可参见张绪强《文化传播使者罗郁正》,《中华读书报》2015 年 10 月 28 日。

② Sam Hamill and J. P. Seaton, *The Essential Chuang Tzu*, p.x.

然于不然。"①

哈米尔和西顿译文："Heaven-and-earth is one finger. All ten thousand things are one horse. Okey? Not Okey. Okey? Okey. Walk in the Tao. Accomplish it all. Say words, and they' re so. How so? How not so? Not so *so*!"②

这段译文,罗郁正称赞译者对原文做了大胆的简化,这个简化并非故意恶作剧,而是绝对合理的。在笔者看来,为了可读性的需要,适当的简化当然没有问题。但是,这段翻译整体而言并不好。问题不是出在简化上,而是两位译者对原文的理解有问题。所谓"道行之而成,物谓之而然",意思是人们行走,于是就形成了道路,或者说道路是走出来的;东西,人们怎么称呼它,它就叫什么。哈米尔和西顿的译文变成"行于道,成于道"。那么,这就意味着道先于行而存在。庄子的意思是在行的过程中,道才形成。而且,英译用"Tao",是一个专有名词,指带有哲学意味的"道",《齐物论》原文"道行之而成"的"道"首先指的是道路,而非抽象意义的"道"。

罗郁正称赞哈米尔和西顿从词源的角度翻译专有名词。比如,他认为两位译者把"云将"译为"Cloud General",云将军;把"鸿蒙"译为"Big Goose Dummy",大呆雁,认为是诸种译法中最好的。其实,这也就是按照字面意思译出,"蒙"有蒙昧的意思,未见佳妙,鸿蒙,更多指的是一团巨大的雾气,没有具体形态。被罗郁正拿来做对比的梅维恒的译法"Vast Obscurity",巨大的朦胧,

---

① [清]郭庆藩《庄子集释》上册,第72页、第75页。

② Sam Hamill et al., *The Essential Chuang Tzu*, p.xi. 这段直译为中文是:天地是一根手指。万物是一匹马。可以? 不可以。可以可以。行于道,成于道。说词,它们便是这些词。为什么是这样? 为什么不是这样? 并非如此!

更接近文本之义。

　　不过,两位译者有些理解还是非常有见地的。在《译者导言》中,他们写道:"'天下',字面意思是'在天底下',指的是'帝国',即皇帝或'天子'的合法治域。它是一个自觉的政治术语。但对庄子来说,它也意味着'整个世界',或'天空之下的一切',甚至是'地球上表象真实的总和'。在某些上下文中,它被用来简单地表示'每个人'……我们保留了固定短语'All-under-heaven'①,因为我们相信,和原文一样,在不同语境中的重复,可以让'帝国'和普通的'每个人'等含义之间的反讽游戏得以产生共鸣、澄清或放大。"② 他们对"天下"这个词的分析很有价值,翻译得也很好。

　　还有,他们对《庄子》一书风格的认识很精当。他们说:"《庄子》是经典口述传统中的诗句、寓言、对话和逸事的汇编,这些故事既要听,也要研读。考虑到这一点,我们寻求一种散文风格,它像好的谈话一样自然地进入耳朵,而不牺牲原始的隐晦或神秘的品质。"③ 译者在有意识地寻找一种与《庄子》文风相匹配的风格,既有口语谈话的特点,又保存其可供研读的艰深意义。罗郁正也指出他们选择了通俗的美国口语。无论具体的翻译是否很恰切,译者的这种自觉难能可贵。

　　两位译者以诗人的眼光理解庄子,没有强行将文章纳入"理性"的轨则,没有期待文本意义的连贯性,这点也很可贵。他们说:

---

① 在米哈尔和西顿之前的诸多译本中,只有梅维恒将"天下"译为"All Under Heaven"(Victor H. Mair, *Wandering on the Way*, p.333)。此书有《前言》,亦有《译者导言》。《前言》中对《庄子》文本特征的理解,也有梅维恒的影子。

② Sam Hamill et al., *The Essential Chuang Tzu*, p.xvii.

③ Sam Hamill et al., *The Essential Chuang Tzu*, p.xix.

"庄子喜欢漫谈,以至于他觉得没有必要把这个想法和那个联系起来,把这个故事和那个诗句联系起来。联系往往是存在的,但它们需要投入其中的读者去发现。"① 这道出了《庄子》某些篇章的结构特点,段与段之间的关联十分松散,但并非不存在关联。他们还说:"沉浸于自发的自我揭示过程是《庄子》中最常见的。他的心灵和写作是一位诗人的心灵和写作,无论运用的是散文还是韵文。"② 的确,《庄子》有些篇章给读者的感觉是思想的自由律动,由此而彼。庄子无意建构一个严谨的逻辑系统,正是那些自发的、灵动的思考过程,形成了文章散漫而迷人的艺术特征。

第三节　综论中的《庄子》选译

在一些研究型及资料汇编类的著述中,也不乏《庄子》选译。英国汉学家修中诚《古典时代的中国哲学》一书的第八章和第九章选译了部分《庄子》篇章。法国汉学家戴遂良《道家:中国哲学》一书的第四、五、六、七、八章,选译了大量《庄子》文段③。德里克·布莱斯编辑、戴遂良著的《中国的哲学与宗教》一书第五、六、七、八、九章,也选录了大量《庄子》文段,并注明了出自哪篇④。陈荣捷编译的《中国哲学文献选编》以"庄子的神秘之道"为题,论述

---

① Sam Hamill et al., *The Essential Chuang Tzu*, p.xix.

② Sam Hamill et al., *The Essential Chuang Tzu*, pp.xix-xx.

③ Leo Wieger, Charles Lucas (ed.), *Taoism: The Philosophy of China*, Burbank: Ohara Publications, Incorporated, 1976, pp.55-115. 说明：此书封面及版权页上的作者均作 "Leo Wieger",此即戴遂良。

④ Leon Wieger, Derek Bryce (ed.), *Philosophy and Religion in China*, Felinfach: Llanerch Enterprises, 1988, pp.63-90. 说明：此书封面及版权页上的作者均作 "Leon Wieger",非 "Léon Wieger"。

了庄子思想,全文英译了《齐物论》并加评注,还摘译了十一个主题的文段,有的加了评注①。狄百瑞和华蔼仁编辑的《中国传统资料:早期至 1600(卷一)》设"老庄之道"专节,以"《庄子》中的变形与超越"为题,从内七篇中各选一些文段②,还以"《庄子》中的《杂篇》"为题,摘录了葛瑞汉英译的《天道》和华兹生英译的《天下》③。本书第九章对陈荣捷和狄百瑞的两种选本有比较详细的介绍。有些英文中国古代文学作品选也选译了《庄子》部分章节,本书第十章已有专门论述,兹略。这里简要介绍其他几种。

一、林语堂的《中国和印度的智慧》和《老子的智慧》

林语堂《中国和印度的智慧》一书翻译了《庄子》内篇的前六篇,以及《骈拇》《马蹄》《胠箧》《在宥》《秋水》共十一篇,置于"中国的神秘主义"专题下,题曰:"庄子,神秘主义者和幽默家"④。

在《概述》中,常识性的介绍之外,林语堂认为最重要的哲学篇章是《齐物论》和《秋水》,《骈拇》《马蹄》《胠箧》均属于反文明主题,最雄辩的抗议在《胠箧》中,最具道家特色的篇章是《在宥》,最神秘且深入的宗教篇章是《大宗师》,最美的写作是《秋水》,最奇特的是《德充符》,最令人愉快的是《马蹄》,最神奇的是首篇《逍遥游》⑤。

林语堂自述主要参考了翟理斯的英译。这本书的"寓言和古代哲学家"专题下也选译了两则《庄子》中的寓言,一则题曰"唾

---

① Wing-Tsit Chan, *A Source Book in Chinese Philosophy*, pp.177-210.

② 详见第 244 页注①。

③ William Teodore De Bary et al., *Sources of Chinese Tradition*, pp.263-268.

④ Lin Yutang, *The Wisdom of China and India*, p.625.

⑤ Lin Yutang, *The Wisdom of China and India*, pp.627-628.

弃机械者",出自《天地》,从"子贡南游于楚"译至"是谓全德之人哉"①,讲述的是子贡南过汉阴,见一老人抱瓮而灌畦,甚为费力,子贡劝他用机械,被老人斥责②。另一则题为"无为无言",出自《知北游》,从"知北游于玄水之上"译至"见黄帝而问焉",接以从"人之生,气之聚也"至"狂屈闻之,以黄帝为知言"③。这段讲的是知向无为谓、狂屈和黄帝三人问道,表达了两层意思:一是道不可知、不可言;二是生命观,气聚则生,气散则死,万物为一。

　　林语堂《老子的智慧》一书以庄解老④,在《道德经》每章正文英译及解释之后,选译了大量《庄子》文段,以说明老庄之间的关联。《道德经》每章本无标题,林语堂为八十一章拟了标题,也为所选《庄子》文段都拟了标题。比如,第一章,题曰"论绝对的道",选择了《庄子》中的《知北游》《齐物论》《德充符》《大宗师》《庚桑楚》五篇中的文段,分别题曰:"道不可名,不可言,不可论""有条件的和无条件的""万物为一:感觉的视角和精神的视角""通往生命秘密之门"⑤。有的题下只选某篇的一段文字,有的题下选文出自多

---

① Lin Yutang, *The Wisdom of China and India*, pp.1054-1055. 林译有省略。

② 《天地》:"为圃者忿然作色而笑曰:'吾闻之吾师,有机械者必有机事,有机事者必有机心。机心存于胸中,则纯白不备;纯白不备,则神生不定;神生不定者,道之所不载也。吾非不知,羞而不为也。'"([清]郭庆藩《庄子集释》中册,第 438 页)

③ Lin Yutang, *The Wisdom of China and India*, pp.1055-1056. 林语堂这段译文对《知北游》原文多有简化、删略。

④ Lin Yutang, *The Wisdom of Laotse*, New York: Random House, Inc., 1948. 这里用的英文版是林语堂编译《老子的智慧 The Wisdom of Laotse》,外语教学与研究出版社,2009 年。《道德经》共八十一章,只有第五十八、六十七、六十八、七十、七十二、七十六、七十八等七章文后没有附《庄子》文段。此书有中译本。林语堂著,黄嘉德译《老子的智慧》,湖南文艺出版社,2016 年。

⑤ 这些标题为笔者所译,没有采用黄嘉德中译本的译法。

个篇章。像"万物为一"题下的两段就出自《德充符》和《大宗师》。

此书翻译的《庄子》原文数量很多,覆盖面也很广,除《说剑》《渔父》《天下》三篇没有任何文段选译入编,其他三十篇均有选段。正文中虽然没有《天下》选文,但是林语堂专门写了一篇《序》置于《绪论》之后,介绍《天下》的内容,将全文分成几个段落,加了七个标题,全部译出。林语堂还从《天道》《田子方》《天地》中各选了一段,从《天运》中选了四段,都是写孔子与老子的对话,题曰"想象的孔老会谈",附于《道德经》之后。从揭示老子与庄子思想关联的角度看,这本书非常有价值。但从《庄子》研究的角度看,它的缺陷也很明显,诚如华兹生所说:"此书所选《庄子》经过了删节和重新编排,用以为《道德经》做注释,因而人们无法欣赏它们原初的形式和关系。"①

二、修中诚的《古典时代的中国哲学》

修中诚的《古典时代的中国哲学》一书,翻译了《庄子》内七篇中的六篇②,题曰"自由诗人庄子"(Chuang Chou, the Poet of Freedom)③,还翻译了外篇和杂篇的《天地》《天道》《让王》全文,节译了《至乐》和《天下》④,题曰"《庄子》书中的其他五位作

---

① Burton Watson, *The Complete Works of Chuang Tzu*, pp.27-28.
② E. R. Hughes, *Chinese Philosophy in Classical Times*, pp.165-211. 修中诚此书没有英译《德充符》,不知何故。刘碧林说:"1942 年,英国汉学家修中诚(Ernest Richard Hughes)选译了《庄子》的内七篇,将译文命名为《自由诗人庄子》(Chuang Chou, the Poet of Freedom),并收录进《古典时代的中国哲学》(*Chinese Philosophy in Classical Times*)之中。"见刘碧林《百年〈庄子〉英译的四个阶段》,《中华读书报》2021 年 10 月 2 日,有误。
③ E. R. Hughes, *Chinese Philosophy in Classical Times*, p.165.
④ E. R. Hughes, *Chinese Philosophy in Classical Times*, pp.165-211.

者"①,另为一节。所有《庄子》选文与《道德经》是全书的第五部分,题曰:"道家的个人主义哲学"(The Individualistic Philosophy of the Tao Experts)②。

修中诚的译文受到冯友兰的影响,他在 1942 年的《序》中开篇即说明,非常感激中国哲学家胡适(1891—1962)和冯友兰。胡适的《中国古代哲学史大纲》和冯友兰的《中国哲学史》第 2 卷对他而言意义非凡。冯著是其哲学教育的一个里程碑。参考卜德英译的冯友兰《中国哲学史》(1939)是不可避免的,而且也是正确的,对英文读者来说,没有哪本书能与之相比③。修中诚自云他将冯友兰的《新原道》译为英文,书名《中国哲学精神》(*The Spirit of Chinese Philosophy*, London, 1948)④,冯友兰认为庄子的精神是自由,因而,修中诚的译文以"自由"概括《庄子》的精神。

三、霍华德·史密斯编译的《道家的智慧》⑤

英国汉学家霍华德·史密斯(D. Howard Smith, 1900—1987)是位牧师,编译了《道家的智慧》。此书包含一些《庄子》寓言故事,是个很薄的小册子,全书仅九十页。分三大部分:道家神秘主义的智慧、语录和故事、引用资料来源。"资料来源"仅一页,标出所引文段出自哪部书,包括《庄子》《韩非子》《鹖冠子》《淮南子》

---

① E. R. Hughes, *Chinese Philosophy in Classical Times*, p.200.

② E. R. Hughes, *Chinese Philosophy in Classical Times*, p.144.

③ E. R. Hughes, *Chinese Philosophy in Classical Times*, p.ix.

④ E. R. Hughes, *Chinese Philosophy in Classical Times*, p.vii.

⑤ D. Howard Smith, *The Wisdom of the Taoists*, New York: New Directions, 1980. 据版权页作者介绍,霍华德·史密斯于 1953—1966 年任马萨诸塞州大学比较宗教学讲师,研究领域是远东宗教,尤其是中国哲学。他以传教士的身份在中国居住了二十余年。

《关尹子》《鬼谷子》《吕氏春秋》《道德经》、王充、道家卷轴等,但并没有标示出自一书的哪篇。

从数量上看,全书共一百三十二个文段,《庄子》所占比重最大,共有七十六个文段,占了三分之二左右的篇幅。此书选文只依次标出数字序号,没有拟立标题。选的《庄子》文段主要有东郭子与庄子论道何在、颜回与孔子论心斋、庄周梦蝶、虚舟、南郭子綦论天籁、庖丁解牛、匠石之齐、南伯子葵问女偊、四子为友、浑沌凿七窍、黄帝见广成子、子贡之楚、北海若论井蛙、子列子问关尹子、梓庆削木为镰、鲁侯养鸟、畏影恶迹者、公孙龙问魏牟、庄子钓于濮水、庄子妻死、庄子将死等。还有一些是纯粹议论性的文段,论道、真人、圣人、生死、梦觉等。

小　结

诸种侧重普及的《庄子》英文选译本在不同的历史时期各自发挥了重要的作用,译者都重视《庄子》的诗性与智慧,呼吸领会之,从不同角度向读者传递着《庄子》的精神。他们各有所长,以其精选、精译化解了《庄子》的繁复与难读,使读者不再望而却步,让古老的《庄子》参与到现代人的心灵活动中来,推动了《庄子》在英语世界的传播,促进了西方对东方心灵与智慧的认知。

第十三章 传播形态之三
——作为副文本的图像

《庄子》在英语世界的传播,除了用文字所做的翻译和研究,还有附加在书籍中的大量图像,包括摄影作品和绘画两大类,它们与译者《前言》、文中注释、地图、参考文献等一同构成了副文本。很多书籍的封面选择了中国古代的绘画作品,书中配有插图,这些图像从侧面体现了西方学者对《庄子》的理解。插图有助于激发读者的阅读兴趣,对推动《庄子》的传播起到了重要作用。插图在一定程度上解释着文本,很多时候又游离于文本之外,甚至成为一个独立的表意系统,传递着与文本有关联又有别于文本的文化信息。本章介绍几种,只是管中窥豹,以求了解西方接受中国文化的特点及方式,从而为如何综合利用多种艺术形式传播中国文化经典提供一点参考。

第一节 概述

有的出版者有意选择具有中国情调的绘画作品为《庄子》英译本及英文论文集做封面和插图。比如1963年魏鲁男的《庄子》全译本,封面是一位面朝左、头戴冠巾的古代士大夫画像。华兹生《庄子》选译本的封面,疑是取自画像砖上的使者骑马图;

1964 年版的封面背景是黄褐色,书名下有大图,占据超过二分之
一画面;1968 年版的封面背景是灰白色,竖行共七列,横行每行
四幅使者骑马小图,上方配红色小图。托马斯·莫顿《庄子之道》
1969 年版的封面是两位古人坐而论道,内文配了大量兰叶、山石、
马、羊、竹叶、树木等笔墨简约的绘图。此书的版权页说明插图
来自《芥子园画传》(*The Mustard Seed Garden Manual*),载于
美美施(Mai-Mai Sze,1909—1992)的《绘画之道》(*The Tao of
Painting*),普林斯顿大学出版社出版①。戴维·欣顿翻译的《庄子
内篇》② 选用一幅山水画,画面左半部是亭台树木,一人坐于亭中,
望右侧波涛翻卷。这幅画在书中出现九次:封面用彩色、扉页及
正文每篇篇前是黑白。版权页有对画作的说明:《北冥》(局部),
周臣(1455—1536 之后)。由密苏里州堪萨斯城纳尔逊 - 阿特金
斯艺术博物馆提供。

　　山水花鸟之外,表现庄生梦蝶的图画也颇受青睐。爱莲心《向
往心灵转化的庄子》1989 年版封面用了一幅国画,一人伏于案上,
头形似牛,头上似有牛角③,案前有黑色大蝴蝶,左侧题曰"庄周
梦蚨蝶　闫序写"。萨姆·哈米尔和西顿的《庄子菁华》一书封面
用的是日本画家葛饰北斋(Hokusai,1760—1849)的《庄周梦蝶

---

① 《绘画之道》是美美施翻译的英文版《芥子园画传》,出版于 1956 年。美美
　施的生卒年据 Erin McGuirl, "Mai-mai Sze and Irene Sharaff in Public and in
　Private", https://www.jhiblog.org/2016/05/16/mai-mai-sze-and-irene-sharaff-in-
　public-and-in-private/。
② David Hinton, *Chuang Tzu: The Inner Chapters*.
③ 画家如此造型,可能取意于《庄子·应帝王》:"一以己为马,一以己为牛。"
　([清] 郭庆藩《庄子集释》上册,第 293 页)托马斯·莫顿的《庄子之道》
　2004 年版扉页也用此图,黑白版。

图》①，一日本武士跪坐于毯上，前有小几案，两肘支于几案上，双手相握拄下颏，仰头看左上方两只飞舞的蝴蝶，腰间佩长弯刀。画面右下角有一小凳，上横一长柄羽扇，左下角有一把展开的折扇。人物的发型、衣服上的图案及腰间的佩刀，都有鲜明的日本绘画风格。葛瑞汉 1989 年重印本《庄子：内七篇及〈庄子〉中的其他作品》一书的封面，左下角有金色的蝴蝶，与远处蓝色的山、近处的河水、右下角欹侧的松树构成宁谧之境。吴光明《作为同伴的蝴蝶：〈庄子〉前三篇沉思录》②一书的封面，图画全是线条勾勒，右侧是一人似坐于石上，右腿屈膝盘于左腿上，右肘支于右膝上，右手支颐，左上方是一只大蝴蝶。

　　有的著作选用的封面绘画作品与《庄子》完全不相干。如安乐哲编辑的《逍遥游于〈庄子〉》一书③，封面选用宋代龚开所画《中山出游图》局部，画面主体是钟馗坐于肩舆之上，头戴黑色软脚幞头，双目圆睁、浓黑的虬髯，双手插于袖中，脚登黑靴，扭头向右后方顾望。一前一后两个小鬼扛负肩舆，前面的下身穿豹皮，后面的穿虎皮及膝中裤。后边跟着两个鬼卒，一个左肩负剑，一个背负很大的黑袋子，袋高过顶。四小鬼皆骨瘦如柴，上身赤裸。四小鬼后面，在画面最左侧边框处，还有一个小鬼，也扛着肩舆，露出头和半个身子。钟馗右侧，靠近画面底部，有一浓黑色更矮小的鬼，身高只有其他小鬼的三分之一左右，造型与其他小鬼不同，圆帽、圆脸、圆眼睛、猪鼻、胳膊、腿似藕，一节一节的，右肩背着一个长方形的袋子。研究《庄子》的论文集为什么选钟馗做封面，实在

---

① Sam Hamill et al, *The Essential Chuang Tzu*. 书后勒口有画家介绍。

② Kuang-Ming Wu, *The Butterfly as Companion*.

③ Roger T. Ames, *Wandering at Ease in the Zhuangzi*.

是不可思议,感觉其用意与彭马田《庄子》全译本选择张道陵骑虎近似。

安乐哲在论文集的《前言》中,言及裴文睿《生活于方外:亨利·米勒与对道家觉悟的追求》①一文时提及此画,将这篇论文最后提到的一位台湾教授杨宇纬(Yang Yu-wei)②与钟馗相类比。安乐哲在《前言》结尾处对封面这幅画做了说明:《钟馗驱魔图》,作者是宋代的龚开,收藏于美国华盛顿史密森学会弗利尔美术馆。钟馗是一名初唐时期医术高明的医生,为入仕而参加了科举考试。他表现优异,名列甲等,结果功名被朝廷剥夺了。为了反抗这种不公正,他在皇帝面前头撞殿柱而死。在中国,文化英雄被奉为神灵,钟馗因为有驱魔的能力而受到崇拜。他会压榨在地上游荡的恶鬼用来酿酒,或把他们切碎做成果酱③。这本书的封面具有鲜明的中国文化元素,但用来做《庄子》研究论文集的封面,实非佳选。

有的封面图案乍看与《庄子》无关,细想则有关,但图像与文本的关联比较隐晦。梅维恒《实验性〈庄子〉论文集》2010 年版封面正中央的图案,据版权页介绍,是一面唐代铜镜,由美国自然历史博物馆人类学部提供,背面花纹不甚清晰,不细看竟然有点儿像汽车轮胎。笔者猜测,大概是因为集中有几篇文章都论及《庄子·大宗师》"至人之用心若镜",有一篇论文还特别提到古代铜

---

① Randall P. Peerenboom, "Living Beyond the Bounds: Henry Miller and the Quest for Daoist Realization", in Roger T. Ames, *Wandering at Ease in the Zhuangzi*, pp.125-142.

② 笔者没有查到这位教授,名字是据拼音而译。

③ Roger T. Ames, *Wandering at Ease in the Zhuangzi*, p.14.

镜,认为它拥有后来被用以描述"心"的诸多特性^①。而且,以镜喻心也是《庄子》特别重要的思想,镜子只是自然而然地映照物体,不会存留。《天道》曰:"水静则明烛须眉,平中准,大匠取法焉。水静犹明,而况精神!圣人之心静乎!天地之鉴也,万物之镜也。"^②圣人之心如映照天地万物的镜子,能如水一般平静,公平,无偏私。如此看来,梅维恒选择用铜镜图像做封面也并非偶然。

有的译本选择具有鲜明西方绘画风格的作品作为封面和插图。比如梅维恒的《游于道:庄子中的早期道家故事和寓言》1998年版,封面是一幅木版画风格的赭红色树林,中间一人站立,穿长袍,双手合十,右臂上似乎挂着一根拐杖,面目不清。内文插图共十一幅,全部是黑白版画风格,大小均为长约八厘米,宽约六厘米,置于书页中央,书页上未标页码,画面突出。有些插图能明显看出乃作者有意选择,以与文中内容呼应。《齐物论》首页后,插图是一丛树叶,向右展开,最右侧中间位置的两片似蝴蝶又似树叶。《大宗师》文中,插图是三条鱼,上面一条头向右,下面两条头向左,最上面和中间的鱼嘴微张,鱼尾在画面外,底部那条鱼眼睛在画面外。《秋水》文中插图,画面右下,一只巨大的灰黑色青蛙从画面右下向左爬出,六道白色的斜纹从左下向右上铺展,似是田间小路。《外物》文中,插图是一只大龟,向左上角伸颈,露出两只前肢^③。我们看,《齐物论》结尾是庄周梦蝶,《大宗师》中有"泉涸,鱼相与处于陆,相呴以湿,相濡以沫,不如相忘于江湖"^④,《秋水》中有埳井之蛙与东海之鳖的对话,《外物》有宋元君梦神龟的故事。其他像

---

① Victor H. Mair, *Experimental Essays on "Zhuangzi"*, p.81.
②[清]郭庆藩《庄子集释》中册,第 462 页。
③ Victor H. Mair, *Wandering on the Way*, p.11, p.54, p.162, p.273.
④[清]郭庆藩《庄子集释》上册,第 247 页。

《达生》文中,插图是一艘船行于湍流中,船上一人坐,一人立船头撑篙,如剪影般①。文中有颜渊与孔子谈论津人操舟若神之事。《山木》文中插图是林中五棵盘曲的树木②。这些插图都与《庄子》内容有关。有的插图看不出与内容有何关联,如《天下》文中,插图是一段粗枝横斜在左下角,其上两树枝交叉成 X 形,向右上方展开,右上角一只展翅的鹰,画面布满缠绕的细枝③。整体看,所有插图都有大面积浓重的黑色,让人感觉阴郁,甚至诡异,与《庄子》的文风不是很匹配。

　　此外,台湾漫画家蔡志忠(1948—)编绘的图文本《庄子》也出版了英文版。第一种名为《庄子语录:自然的音乐》,一册由新加坡吴明珠(Goh Beng Choo,1952—)翻译④,另一册由许客坚(Koh Kok Kiang)翻译⑤。第二种名为《庄子说:自然的音乐》,由美国东密歇根大学历史与哲学教授柏啸虎(Brian Bruya,1966—)翻译⑥,多次重印,传播颇广。蔡志忠编绘的中文版《庄子说:自然的箫声》⑦影响很大,后来有多家出版社发行,是用图像传播思想的范例,论者甚多,兹略。

---

① Victor H. Mair, *Wandering on the Way*, p.178.

② Victor H. Mair, *Wandering on the Way*, p.186.

③ Victor H. Mair, *Wandering on the Way*, p.345.

④ Tsai Chih Chung, Goh Beng Choo（trans.）, *The Sayings of Zhuang Zi: The Music of Nature*, Singapore: Asiapac, 1989.

⑤ Tsai Chih Chung, Koh Kok Kiang（trans.）, *The Sayings of Zhuang Zi: The Music of Nature (Book 2)*, Singapore: Asiapac, 1999. 笔者未查到译者的信息,"许客坚"只是音译。

⑥ C. C. Tsai, Brian Bruya (trans.) *Zhuangzi Speaks: The Music of Nature*, Princeton: Princeton University Press, 1992.

⑦ 蔡志忠《庄子说:自然的箫声》,生活・读书・新知三联书店,1989 年。

第二节　绘本表现的"夔怜蚿"故事

用图像诠释《庄子》,不仅面向专业人员和普通读者,还有专门为儿童创制的绘本。蕾妮·卡罗尔·韦斯(Renée Karol Weiss,1923—2021)和乔伊斯·西尔斯(Joyce Sills,1940—2019)[①]合作的黑白绘本名为《赢得赛跑——一个取自〈庄子〉的主题》[②]。这个绘本是根据《庄子·秋水》中的一段寓言故事改编的。《秋水》原文如下:

> 夔怜蚿,蚿怜蛇,蛇怜风,风怜目,目怜心。夔谓蚿曰:"吾以一足趻踔而行,予无如矣。今子之使万足,独奈何?"蚿曰:"不然。子不见夫唾者乎?喷则大者如珠,小者如雾,杂而下者不可胜数也。今予动吾天机,而不知其所以然。"蚿谓蛇曰:"吾以众足行,而不及子之无足,何也?"蛇曰:"夫天机之所动,何可易邪?吾安用足哉!"蛇谓风曰:"予动吾脊胁而行,则有似也。今子蓬蓬然起于北海,蓬蓬然入于南海,而似无有,何也?"风曰:"然。予蓬蓬然起于北海而入于南海也,然而指我则胜我,鰌我亦胜我。虽然,夫折大木,蜚大屋者,唯我能也,故以众小不胜为大胜也。为大胜者,唯圣人能之。"[③]

[①] 乔伊斯·西尔斯的生卒年据美国国家艺术馆网站 https://www.nga.gov/collection/artist-info.3050.html。

[②] Renée Karol Weiss, Joyce Sills (picture), *To Win a Race: (on a theme from Chuang-tzu)*, New York: The Macmillan Company, 1966.

[③] [清]郭庆藩《庄子集释》中册,第590—593页。

　　这不是一个好懂的故事,包含多重寓意。第一,世间万物,天性有差异,无所谓好坏,既不以多为贵,亦不以少为贵;既不以大为贵,亦不以小为贵。第二,物之能行,有有形与无形之别。夔一足、蚿万足、蛇无足,皆为自然,皆能行。三者有形而能行,风无形亦能行。目本身不能行,却能至目力所及之物。心本身并没有接触外物,却能观照万物。第三,凡物天性如此者,其行动不需要受意识的支配,只需凭任自然、自发而动即可。第四,万只脚烦劳,一只脚简便,虽有烦劳与简便之不同,然能行则一也。物之天性既异,则不应骄矜自喜,亦不必艳羡他人。第五,物既各有所长,亦各有所短,那么相互间的争胜便没有意义。第六,不要以胜过众小为获胜,在一些小问题上不与凡人争胜,得天道而支配万物,才是大胜,也只有圣人才能做到①。这样一个寓意复杂的哲学故事,怎么向孩童讲述呢?

　　韦斯改造了这个故事,删掉了一些说理内容,增加了人物和情节。出现四个形象:蚿、夔、蛇和一个小男孩杰弗瑞(Jeffrey)。蚿被译为“Thousand-legger”,千腿者;夔变成了一个女性,音译为“Keewee”。小男孩成为《秋水》中“目”和“心”的代言人。绘本所述的主要情节是:蚿奇怪夔为什么只有一条腿,夔奇怪蚿有那么多条腿怎么行动。蚿和夔进行赛跑,夔赢了。夔遇到蛇,奇怪蛇为什么没有腿。夔和蛇又进行赛跑,蛇赢了。蛇遇到风,认为自己能跑赢风,风不服气,讲述了自己的威力,能掀起屋顶,放倒大树。接下来,小男孩出场了,说他能跑过蚿、夔、蛇和风的合体,因为他运用的是心,是想象。他想象自己在哪里,他就到了哪里。

---

① 第六条解释采用了曹础基《庄子浅注》(中华书局,2007 年,第 198 页)的说法。

　　从情节看，绘本把《秋水》"蚿怜夒"故事的主干表现出来，最后归结到"心"有强大的想象功能。因为设置了赛跑主线，又有一些细节描写，整个故事充满童趣。《秋水》原文中几个人物对他者的感情是"怜"，羡慕。绘本作者把它改造成了不服气。一个不服气一个，因而产生赛跑的情节。这种不服气的心理制造了戏剧性，使故事读起来很有意思。笔者猜测，文中的小男孩杰弗瑞，很可能是作者自己孩子的名字，因为书前扉页上题有"献给塔瑞、斯蒂芬妮和杰弗瑞"一行字。至少，杰弗瑞是与作者关系密切的一个人。

　　绘图线条简洁，形象鲜明，只有四个主要人物的活动和大量文字，没有环境背景。绘图者乔伊斯·西尔斯是美国版画家，1961年在史密斯学院学习版画，并在宾夕法尼亚大学获得美术硕士学位，以精美的蚀刻和丝网印刷而闻名。其平面艺术也获得了许多奖项，包括美国彩色印刷协会理事会奖（American Color Print Society Council Award）和德科尔多瓦博物馆购物奖（DeCordova Museum Purchase Award）。

　　韦斯还出版了绘本《来自海上的鸟》①，讲的是这样一个故事：有一只美丽的鸟，被人抓住了。可是不管人们用多么丰盛的食物喂养它，用多么华贵的笼子让它栖息，这只鸟还是一天比一天悲伤，一天比一天瘦。智者和医生都无能为力，最后，一位老船长放了它。

----

① Renée Karol Weiss, Ed Young (illus.), *The Bird from the Sea.* New York: Thomas Y. Crowell Company, 1970. 据书勒口上的介绍，此书的绘图师杨志成（Ed Young, 1931—2023），出生于中国，在上海度过童年时期。在美国伊利诺伊大学和洛杉矶的艺术中心学校学习。笔者另外查到，杨志成创作了约一百部绘本作品，获得过美国童书界最高奖项凯迪克奖的一次金奖和两次荣誉奖、美国插画家协会授予的终身成就奖，两度被提名国际安徒生奖，作品入选《纽约时报》十佳绘本。详见曾梦龙《华裔绘本家杨志成，一个特殊历史情境下诞生的人》，《新京报》2019 年 12 月 28 日。

此书勒口上的内容简介说,这只鸟是全印度任何人都会觉得是自己见过的最美丽的鸟,讲述了自由主题,插图也是印度微缩彩绘的风格。可是,熟悉《庄子》的读者一看就会联想到《庄子·至乐》所写的鲁侯养鸟的故事①。绘本与鲁侯养鸟的主要情节太相似了,只不过多了一些人物和丰富的细节。笔者猜测这个故事有可能源出《庄子》,但为什么变成了一个发生在印度的故事,其中的流传过程是怎样的,因为没有查到足够的资料,暂时还不得而知。

蕾妮·卡罗尔·韦斯和她的丈夫西奥多·韦斯(Theodore Weiss,1916—2003),1943年开始创办、编辑著名的文学杂志《文学评论季刊》(Quarterly Review of Literature)。1997年,他们夫妇二人因为这个季刊获得国际笔会特别成就奖(PEN Club Special Achievement Award)。西奥多·韦斯是一位诗人,曾获得1997年奥斯卡·威廉姆斯–吉恩·德伍德纽约社区奖(Oscar Williams-Gene Derwood Award of the New York Community)②。不管韦斯是通过什么途径阅读了《庄子》,是如何对《庄子》产生兴趣的,她用绘本形式讲述《庄子》寓言,都是非常有创意的事。遗憾的是,虽然《赢得赛跑》和《来自海上的鸟》这两个绘本的文字作者和插画师都是业界有影响力的人,但是绘本却没有重印。究其原因,可能是对于小孩子而言,《庄子》实在是过于深奥了。看来,想要让《庄子》赢得不同认知水平的读者,还有很多功课要做。

---

① 《至乐》:"昔者海鸟止于鲁郊,鲁侯御而觞之于庙,奏九韶以为乐,具太牢以为膳。鸟乃眩视忧悲,不敢食一脔,不敢饮一杯,三日而死。此以己养鸟也,非以鸟养养鸟也。夫以鸟养养鸟者,宜栖之深林,游之坛陆,浮之江湖,食之鳅鲦,随行列而止,委蛇而处。"([清]郭庆藩《庄子集释》中册,第620页)

② 资料来源于 https://www.poetryfoundation.org/poets/theodore-weiss。

第三节　冯家福等《庄子内篇》的摄影

冯家福,获北京大学学士学位。1947 年赴美,学习比较宗教学,获宾夕法尼亚大学硕士学位。曾任教于加利福尼亚州大瑟尔(Big Sur)的伊莎兰学院(Esalen Institute)。管理过位于科罗拉多州的道家社团静点基金会(Stillpoint Foundation)[1]。冯家福多才多艺,曾在美国、欧洲和澳大利亚办过太极营,教人们打太极拳。他擅长书法,喜爱拉二胡,这些在其传记中都有照片。冯家福是一位社会活动家。20 世纪 70 年代末,他创建了科罗拉多新道家大学(New Taosit University in Colorado),吸引了很多欧洲人[2]。简·英格利希是冯家福的妻子,获曼荷莲学院(Mount Holyoke College)学士学位,于 1970 年获得威斯康辛大学实验高能粒子物理学博士学位[3]。

冯家福在翻译《庄子内篇》之前,出版了《太极:一个定心的方法和〈易经〉》一书[4]。这本书开本宽大,铜版纸印刷。分两部分,前半部分是英译《易经》,六十四卦每卦一页,有卦象、卦名及英译。后半部分是太极拳的招式解说,从基本站姿开始介绍,从起式到收式共二十四式,每式均配多幅黑白照片。一位年轻的西方女子,梳着一根辫子,穿宽大上衣,系腰带,在林间空地、崖岸边、海滩上、

---

① 冯家福生平,据《庄子内篇》1997 年版书后作者介绍。详细生平可看其传记。Carol Ann Wilson, *Still Point of the Turning World: The Life of Gia-fu Feng*, Portland: Amber Lotus Publishing, 2009.

② Carol Ann Wilson, *Still Point of the Turning World*, p.212.

③ 根据 2014 年英文版《庄子内篇》作者介绍。

④ Gia-Fu Feng and Jerome Kirk (trans.), Hugh Wilkerson (photo.), *Tai Chi—A Way of Centering & I Ching*, New York: Collier Books, London: Collier Macmillan Publishers, 1970.

阳光下演示一招一式。摄影有正面、侧面、手部动作特写,仰拍、俯拍各个角度的展示,配以英文解说。此书十分畅销,1970 年初版,1974 年就已经第三次印刷了。冯家福还出版有《道德经》英译本①。此书同样是铜版纸印刷,开本宽大,配了大量黑白摄影图片。而且,冯家福还用毛笔抄写了《道德经》八十一章,将文字印在摄影图片上,英文译文在另一页,全书没有标示页码。这样的形式给读者非常新奇的阅读体验。一书在手,仿佛在读一本画册。因为没有页码,又是各自独立的八十一个文段,随手从哪里读起都可以。这本书也成为畅销书,多次再版重印。

　　有了《易经》和《道德经》这两本书的成功出版经验,冯家福和英格利希合作翻译出版了《庄子内篇》一书②。此书的形式与《道德经》一样,英格利希摄影,书法由冯家福书写,也大获成功,迄今为止,共出了五版,1997 年和 2000 年版封面相同,其他每版封面都不同,正文中也都会更换一些摄影作品。《庄子内篇》的版式影响甚广,2010 年,另一位致力于传播道家文化的学者索拉拉·陶勒(Solala Towler)仿照冯家福译本的形式出版了《内篇:道家经典文本》③,翻译《庄子》内七篇并加评注。同样配以大量黑白摄影图片,但没有书法形式的文本书写,仅有几幅图片上配有一行手写体汉字,内容出自《老子》或《庄子》。

---

① Gia-fu Feng and Jane English (trans.), Chungliang AL Huang, Jane English, Gia-fu Feng, Rowena Pattee Kryder, and Toinette Lippe (comment), *Lao Tsu: Tao Te Ching*, New York: Vintage Books, 1972; 1989; 25th Anniversary Edition, 1997; Bilingual: Randon House International, 2011.

② Gia-fu Feng and Jane English, Jane English (photo.), Gia-fu Feng (Calligraphy), *Chuang Tsu: Inner Chapters*.

③ Solala Towler, *The Inner Chapter: The Classic Taoist Text*.

　　冯家福和英格利希翻译的《庄子内篇》长销不衰,其成功一方面与其流畅的译笔有关,另一方面,此书的摄影作品也功不可没。1974 年的封面是黄褐色的底,左上半部是黑色的树枝,看上去颇有中国古代水墨画的感觉。1997 年的封面是黑色的底,中下部一双黑灰色的手背,两手四指并拢,大拇指张开,两手大拇指指尖相抵,食指指尖相抵,手背上的细纹和青筋清晰可见。2008 年的封面是黑白摄影作品,一只猫头鹰占据了画面中心位置,左眼闭,右眼睁。2014 年的封面也是一幅黑白摄影作品,左高右低的山林坡面呈墨色,占画面下半部,上半部是灰色的山峦起伏,层层叠叠。每种封面都是既有英文书名,也有毛笔题写的中文行书书名。

　　内文的摄影插图均为黑白,以景物居多,人物很少。多是树木、枝丫、叶片、山峦、海滩、海浪、海鸟、瀑布、原野、沙丘、阴云、房屋、庙宇、窗棂、飞鸟、孤舟、羽毛、莲叶、沙滩上巨大的脚印等。树木以冬天干枯无叶者居多,有的明显可见上有积雪。有丛生之林,也有枯木孤立。这些画面,有的阴郁神秘,有的萧疏苍茫,有的深邃静谧,有的明朗开阔,有的动荡不安,有的温暖宁静,风格并不统一。总体而言,它们大多能引起人对自然的向往,给人带来心灵的平静。这些以自然景物为主的摄影作品,整体的黑白色调带有某种神秘性,有的又将主体图案用大面积的黑色表现,因此,它们具有一种能引人进入玄思冥想境界的质素。尽管个别照片看上去好像与《庄子》文本内容有关联,比如《逍遥游》就配了一只张翼飞翔的鸥鸟,但是它们不是对《庄子》思想的直接解说,也不看重用图像诠释《庄子》思想,而是自成一个艺术世界。对此,此书的摄影者英格利希有明确的说明。她说:"这些照片没有图解文本,同样地,文本也没有起到照片题注的作用。相反,文本和图像会带您进入两个平行的旅程,尽管二者偶然会有文学上的关联。"① 图像诉说着另一个哲思世界,与《庄子》若即若离。

1999 年,《庄子内篇》一书经删节后,由音频文学（Audio Literature）公司出版了录音磁带,黄忠良（Chung liang AL Huang）朗读。简·英格利希从 1991 年开始制作、出版并出售挂历,文字内容出自冯家福与她合作翻译的《道德经》和《庄子内篇》,摄影是新作品。每个月所配的摄影作品都注明了拍摄内容及地点。挂历每年一版,亚马逊网上有售。出售挂历所得的一部分,会捐赠给活跃之道基金会（Living Tao Foundation）,一个非营利教育网络机构。英格利希还创办了网站 www.eheart.com,在网站上售卖挂历、书及其他产品。这些相关的文创产品,都促进了《庄子》的传播。

第四节　彭马田主译本的封面和插图

企鹅书屋于 1996 年出版的《庄子》英文全译本②,重印一次,发行地域广,影响大。主译者彭马田是英国宗教学家、汉学家。封面有彩图,每章正文前均配以一幅黑白插图。封面及插图传递着与《庄子》文本内容相关而又自成一体的文化信息。

一、两版封面

彭马田主译的《庄子》英译本初版时,被收入企鹅书屋 "Penguin Akana" 系列,这一标志意味着这是一本深奥难懂之书。2006 年再次印刷时,内文及插图都没有变化,仅封面和封底不同。1996 年版

---

① Gia-Fu Feng et al., *Chuang Tsu: Inner Chapters*, 2008, p.164.
② Martin Palmer et al., *The Book of Chuang-tzu*, 1996.

的封面中间主体为白底,偏左印彩色张道陵骑虎图。张道陵侧身骑虎,右腿盘曲虎背之上,左腿垂下,头戴冠,面赤褚,二目圆睁侧视左下方,浓眉倒竖,半圆形络腮胡子,右臂高举,右手横持鞭,左手竖于胸前,持圈,上身穿铠甲,袍带飞绕,下着墨绿色长袍。虎有黑褐色花纹,昂首,双目圆大,视向画面右上方,露一排白色牙齿,两侧有两颗尖牙,前肢并立,尾倒竖,一片褐色云朵托起虎与人。封底下部有一行小字,说明封面绘图的内容是张道陵骑虎。

2006年重印版更换了封面图案,上半部分为绘画,约占四分之三,底色青灰,四位神仙前后各二,皆站姿。左前张道陵,右前哪吒,左后杨戬,右后王灵官。张道陵头戴黑色方形双层冠,面青,黑眉倒竖,二目圆睁,侧向右方而视,半圆形黑色络腮胡子,唇亦黑色。上衣蓝灰色,下袍墨绿色,右臂举起,手竖起持鞭,左手持圈竖于胸前。哪吒眼细长,向左侧视,含笑,光头,上穿红肚兜,下着粉色莲花裙,莲花裙外罩黄黑纹相间的虎皮短裙,腰束墨绿丝绦。墨绿色混天绫绕双臂飞动,右手于胸前持铃状神火罩,罩口向下,左手持红缨火尖枪,枪头向下。杨戬戴飞凤帽,墨绿色铠甲外斜披淡鹅黄色战袍,腰系红带,面左,长目,眉间纵生一目,面容清俊,右手持三角形物品于胸前,左臂弯曲,左手竖持红缨枪,枪头向上。王灵官戴小冠,红色半圆形络腮胡子,红眉倒竖,眉间纵生一目,双眼圆睁,外穿墨绿色铠甲,内有红袍,右手竖持鞭于胸前,左臂曲于右臂之上,左手虚握竖起,拳心向外,食指上指,指上有青烟升起。封底有说明,图像来自中国南部一所道观所藏18世纪晚期绘画卷轴,描述张道陵及护法神,彭马田摄影。

张道陵、哪吒、杨戬、王灵官,仅看封面上的这几位人物,让人无论如何也不会把书和《庄子》联系到一起,最多只能想到这是一本与道教有关的书。

二、内文插图

内文共三十四幅插图,其中《清溪放棹》一幅两用,见于扉页和第二十一页。三十三种插图分置于每章正文之前,其中二十二幅出自清末至民国年间山水画家王念慈的手笔。王念慈,名屺,字务敏,号邓尉山民。江苏吴县人。民国年间,画作曾多次被编成画谱出版。彭马田主译本所选皆水墨山水画,大多表现人物于自然之中,或拄杖看山,或骑马行驿,或放舟于清溪之上,或对谈于松林之下,颇有闲逸放旷、萧散自然之趣,画上均有行楷题识。

有六幅插图混杂了道教和佛教思想①,依次是《轮回面目》《威灵显赫》《赏善司罚恶司》《东岳大帝》《城隍土地》《灵霄宝殿》,画面都是一些人物。这六幅插图均出自《玉历宝钞》②,一种民间劝善书,广泛流行于清代和民国时期。

另外五幅插图与佛教有关。一幅上文下图,文字自左向右,竖排,曰:"说法度生四十九年,涅槃于穆王壬申二月十五日,住世七十九年。须菩提生时,府库尽空,父卜云:既善且吉,故曰空生,亦名善现,又称吉祥尊者。十大弟子中解空第一。迦叶华言饮光,以身有金光得名。"③下图乃三位兵将,一人在左上角,双手合十,头后有光圈,两人在下,右边一人手持长伞,左边一人右手操蛇。图左栏线外有一行字"金刚般若波罗蜜经"④,当是出自某种《金刚般

---

① Martin Palmer et al., *The Book of Chuang-tzu*, p.116, p.132, p.176, p.209, p.243, p.274.

②《玉历宝钞》,又名《玉历至宝钞》《玉历钞传》《慈恩玉历》等,关于此书的刊刻流行情况,可参段玉明《〈玉历至宝钞〉究系谁家之善书?》,《宗教学研究》2004 年第 2 期。

③ "叶"字下有双行小字"音室"。

④ Martin Palmer et al., *The Book of Chuang-tzu*, p.235.

若波罗蜜经》。四幅出自某种《大悲咒》图解,依次是观世音菩萨的各种显相《娑婆诃》《苏嚧苏嚧》《娑啰娑啰》《唵悉殿都》[1]。每幅插图都是一幅人物像,左侧书有一行说明文字。

三、图像表达的哲思

插图是译者通过视觉艺术表达对《庄子》的理解和诠释,蕴含着丰富的信息。从封面及内文插图中,可以看到什么呢? 通常插图会解释文本的内容,彭氏译本中,插图明显具有解释性质的只有一幅,是《秋水》前的插图,汪洋水波占据画面大部分空间,右下角画一小亭,亭中一人朝水侧坐。另外,《马蹄》篇前的插图是一人骑马独行,与《马蹄》主旨无关,译者大概有意要以图释文,但解释得相当机械。

整体上看,插图可分成两大类:一类是表达清旷悠远之境的山水画,另一类则与宗教信仰相关。与这两类相对应,我们至少看到了译者眼中的两个《庄子》:一个是表达逍遥思想的《庄子》,另一个则是兼容并包佛道和民间信仰的《庄子》。

所选二十二幅王念慈的山水画,无一不指向逍遥。那些清疏淡远的山水画谱,在中国人眼中,看到的是出尘隐逸之思、自然萧散之趣。西方人即使领略不到这点,但内容接近、主题鲜明、风格统一的多幅绘画,还是很容易让读者感受到人与自然的相亲相融,人在山水之间心灵放松、悠闲自得的精神状态。这些画与《庄子》的"逍遥游"思想,确实是很贴近的。当然,也只是贴近而已。因为细究起来,《庄子》逍遥游的空间并非可见的自然山水,并非有

---

① Martin Palmer et al., *The Book of Chuang-tzu*, p.75, p.155, p.260, p.295.

草舍云烟、松荫古木、清溪小舟、瀑布流泉、飞莺大雁的人间,而是无何有之乡、广莫之野,《庄子》之真人是游于六合之外的,那是一个广大虚空之境,同时,又有别于道教的仙境。《庄子》的"逍遥游"是超越凡尘之种种追求,无功、无名、无己,以游于渺茫广大之域,那是一种消融了时空、泯灭了自我意识的超越性体验。然而,无何有之乡、广莫之野,《庄子》"逍遥游"的空间和时间都如此混茫,不可感知,无法转化为视觉形象。"空"无法表现,但逍遥之意可以表现。逍遥在中国的文化系统中,便是清虚旷远之境。于是,译者便选择表现逍遥于山水之间的画作来表达《庄子》超越尘世之逍遥。

　　《庄子》文本包含丰富的思想,有不同的声音,插图所述说的只是《庄子》之一端。《庄子》之丰富,《庄子》之荒诞,《庄子》之恣肆,本为绘画所难以表现,在此书的插图中也没有体现。插图集中展示的是流连于山水之间的散淡之怀、清远之美。很可能,这极具中国艺术特征的画面便是译者眼中的自由。或者说,译者在中国绘画中发现了他在《庄子》中领悟到的自由之境。

　　画家用笔所造之境与《庄子》文字所写之境,虽不无契合,但图与文毕竟是两种艺术形式,必然有某种程度上的背离。二十二幅山水画传递的悠远清旷之思,有将《庄子》类型化、狭隘化的倾向。即便如此,它们仍然不失其积极意义。读者可以不知不觉中受到艺术的感染,领会到一种精神的舒展、宁和,甚至还有可能获得类似宗教修为的精神体验。

　　那十一幅与宗教相关的插图则有另外一番认识价值。表面上看混杂不一,与《庄子》思想风马牛不相及,颇有荒诞之感,深入体察则发现,荒诞之中包含着对中国文化特质的一种观察和理解,而且这种观察与理解竟然与中国文化的特征有着出奇的一致性。

兼容性和多元性是中国文化的特质之一，某些中国人可以同时信仰不同的宗教，这点让西方学者深感困惑。英国金斯顿大学（Kingston University）思想史系主任克拉克（J. J. Clarke, 1937—）在《西方之道：西方对道家思想的转换》一书中对此有详尽的论述 [1]。对西方学者而言，在理解和解释道家思想时，他们面临的问题是如何把道家与儒家、佛教清楚地区分开来。在他们看来，每位中国人都头戴儒冠，身着道袍，脚穿佛履 [2]。彭马田《庄子》译本的个别插图本身也表现出佛道混杂的文化形态。比如《达生》篇前的插图 [3]，出自《大悲咒》图解，图左侧竖书一行文字"此是诸佛树叶落声"，右侧书"苏嚧苏嚧四十五"，几片树叶飘落于画面上方，中间画的是一个地道的中国面孔，葛巾长袍，头微仰，背后有道教神仙图中常见的光圈，面左，髭须，左臂伸出，左手呈佛手姿，脚踏莲花。

主译者彭马田是一位基督教徒，毕业于剑桥大学，学习神学与宗教学，是国际宗教、教育和文化咨询机构（ICOREC）理事，世界宗教与环境保护联盟（ARC）秘书长，这个联盟为英国女王的丈夫菲利普亲王发起，与世界七十个国家、一百五十多个宗教团体进行合作。1994 年开始，他在中国工作，卓有成效。彭马田还为 BBC 撰稿。2007 年 10 月，他在 BBC 国际新闻信息频道做了为期一周的关于中国的节目。彭马田修习汉语多年，除翻译《庄子》外，还

---

[1] J. J. Clarke, *The Tao of the West: Western Transformations of Taoist Thought*, London and New York: Routledge, 2000.

[2] J. J. Clarke, *The Tao of the West*, pp.22-27.

[3] Martin Palmer et al., *The Book of Chuang-tzu*, p.155.

翻译出版了《道德经》①《观音：中国慈悲女神的神话与启示》②《道家要素》等书③。

彭马田与中国宗教界来往密切。2011年10月，在湖南衡阳南岳衡山举办的国际道教论坛主论坛上，彭马田与许嘉璐分别代表东、西方，做了一场主题为"道教文化与现代文明"对话。2012年5月，在第二届尼山世界文明论坛举办的高端学术对话活动中，他与组委会副主席刘长乐以"不同的信仰，相同的指向——人类文明的新航标在哪里"为题进行了对谈。2014年4月，他还来到中国，与中国道教协会的负责人会谈。

这样一位文化背景的学者，很容易从宗教的角度去理解《庄子》，他为《庄子》所选的十一幅与宗教信仰有关的插图，表现出西方学者对中国文化特色的一种理解，很有代表性④。虽然于《庄子》并非确解，但对我们了解西方是如何认识中国文化的，从而更好地认识自身文化的特质，不失为一种有益的参照。

① Martin Palmer et al., *Tao Te Ching*, Rockport: Element Books; Shaftesbury: Element Inc., 1993. Martin Palmer, *I Ching: The Shamanic Oracle of Change*, New York: Thorsons, 1995.

② Martin Palmer et al., *KuanYin: Myths and Revelations of the Chinese Goddess of Compassion*, New York: Thorsons, 1995.

③ Martin Palmer et al., *The Elements of Taoism*, Rockport: Element Books, Shaftesbury: Element Inc., 1997.

④ 这和《庄子》本身的特点有关系。在中国，《庄子》亦被奉为道教经典，庄子的思想与佛教有相通之处。这是另外一个话题，学界多有论述，兹略。

附表：彭马田《庄子》英文全译本的篇名、英译及插图

《庄子》篇名及英译	篇前插图款识（原无标点，标点为笔者所加）	备注
逍遥游 Wandering Where You Will	《听莺图》，南田草衣画柳，有一种潇散出尘之致，真不易到。钤印：屺印	南田：指清初画家恽寿平（1633—1690），号南田
齐物论 Working Everything Out Evenly	纳纳溪桥逗晚风，水邨山阁往来通。马蹄踏遍红尘路，画里初逢避俗翁。抚元人叶楚材小册，王务敏。钤印：王屺	叶楚材：元代画家叶梓素，字楚材，生卒年不详
养生主 The Nurturing of Life	碧浪湖边夜放舟，断芦飒飒带寒流。雁行故作相思字，写得云天尔许愁。春夜剪灯，略得湖天清旷之趣。钤印：念慈	
人间世 Out and About in the World	《梁武帝访道图》，缩临宋人古本于歙浦风雨怀人之馆，癸亥秋九月王念慈记。钤印：王屺	
德充符 Signs of Real Virtue	《松阴消暑》，曾见西庼有此本，漫临大意。钤印：敏制	
大宗师 The Great and Original Teacher	无题字，只有落款"务敏"二字。钤印：念慈	画面：长松之下，两人坐于石上，对面有山，中间空白，似水流
应帝王 Dealing with Emperors and Kings	《山寺钟声出暮烟》，取意李范之间，略变其貌。钤印：屺印	李范：指北宋画家李成（919—967）和范宽（生卒年不详）
骈拇 Webbed Toes	疏林簇簇饱秋霜，坏塔亭亭耸夕阳。野水平桥人独立，闲看鸦阵入微茫。钤印：念慈	
马蹄 Horse's Hooves	马头黄叶又秋风，癸亥仲春雨窗仿宋人笔意。钤印：念慈	

续表

《庄子》篇名 及英译	篇前插图款识 （原无标点，标点为笔者所加）	备注
胠箧 Broken Suitcases	娑婆诃，八十四，此是观世音菩萨解意根分别一切诸法	出自《大悲咒》，无住，不执着
在宥 Leaving the World Open	清溪曲曲抱山斜，山下云亭小隐家。车马不通人境寂，疏林落日自交加。偶见张南华本，漫临大意。钤印：念慈	张南华：清代画家张鹏翀（1688—1745），号南华山人
天地 Heaven and Earth	《清谿放棹》，曾见云溪外史本，神韵天然，真不易到。钤印：念慈	扉页亦用此画；云溪外史：指清代画家恽寿平，号云溪外史
天道 Heaven's Tao	《策杖寻吟》，耕烟得廉州之笔，渔山得廉州之墨，异曲同工，未易轩轾。务敏庐主。钤印：屺	耕烟：指清初画家王翚（1632—1717）；廉州：指清初画家王鉴（1598—1677）；渔山：指清初书画家吴历（1632—1718）
天运 Does Heaven Move?	《轮回面目》，宣统己酉春日，王翰生绘 为人容易作人难，再要为人恐更难，欲生福地无难处，只与心同却不难。	出自《玉历宝钞》
刻意 Rigid and Arrogant	《叠岭横云》，范华原气象雄阔，尺幅中有拔地参天之势，俯视馀子，盖不啻众峰罗列矣。务敏作于邓尉万峰草堂。钤印：务敏	范华原：即范宽，陕西华原人
缮性 The Deceived and Ignorant Ones	府县境主 威灵显赫	出自《玉历宝钞》

续表

《庄子》篇名及英译	篇前插图款识（原无标点，标点为笔者所加）	备注
秋水 Season of Autumn Floods	扫地焚香闭阁眠，簟纹如水帐如烟。客来睡起浑无事，卷起西窗浪接天。此东坡翁诗，赵千里及赵松雪皆作图，恨未得见，漫写诗意，不敢效古人也。钤印：王屺	此诗为苏轼（1037—1101）的《南堂五首·其五》。赵千里（1127—1162）：南宋画家；赵松雪（1254—1322）：即赵孟頫，号松雪道人，元代书画家
至乐 Perfect Happiness	山腰倚石最伶俜，矮作阑干曲作屏。选得云根坐吹笛，新声分与万家听。偶师仇实父本。钤印：念慈	仇实父（1498?—1552）：即仇英，字实父，明代画家
达生 Grasping the Purpose of Life	苏嚧苏嚧　四十五，此是诸佛树叶落声	出自《大悲咒》。苏嚧：甘露
山木 The Huge Tree	独立长松之下，望遥山瀑布悬流喷薄，顿觉清凉之气涮涤肺腑，真不知人间有烦热也，写此不禁神往。念慈　钤印：屺印	
田子方 Tien Tzu Fang	赏善司　罚恶司	出自《玉历宝钞》
知北游 The Shores of the Dark Waters	疏林杂烟影，巨壑生风漪。钓鱼不可得，姑作钓鱼师。雨窗点笔，略得杳光清润之致。钤印：念慈	
庚桑楚 Keng Sang Chu	鸡声茅店月，人迹板桥霜。张梦晋画，世不多，曾见一小册如此，背拟大意。钤印：屺印	张梦晋：明代画家张灵，字梦晋，生卒年不详
徐无鬼 Hsu Wu Kuei	东岳大帝，赏善罚恶，昭彰恶善	出自《玉历宝钞》
则阳 Travelling to Chu	苍松落落带沧湾，秋在丹枫夕照间。料得诗翁劳应接，耳中流水眼中山。钤印：王屺	

《庄子》篇名 及英译	篇前插图款识 （原无标点，标点为笔者所加）	备注
外物 Affected from Outside	《金刚般若波罗蜜经》，说法度生四十九年，涅槃于穆王壬申二月十五日，住世七十九年。须菩提生时，府库尽空，父卜云：既善且吉，故曰空生，亦名善现，又称吉祥尊者。十大弟子中解空第一。迦叶（音室）华言饮光，以身有金光得名。	
寓言 Supposed Words	第二章　玉历之图像　城隍　土地	出自《玉历宝钞》
让王 Abdication	抚孤松而盘桓　癸亥清龢念慈仿宋人笔 钤印：王屺	
盗跖 Robber Chih	娑啰娑啰　四十三　此是五浊恶世也	出自《大悲咒》
说剑 The Lover of Swords	灵霄宝殿	
渔父 The Old Fisherman	放鹤人归雪满舟　癸亥暮春之初春雨连宵，写此破寐　钤印：吴县王屺	
列御寇 Lieh Yu Kou	红柿园林秋色好，绿荷池馆晚凉生　先夫子廉夫先生本，对临大意　王念慈　钤印：念慈	廉夫：指清末民初画家陆廉夫（1851—1920）
天下 Governing the World	唵悉殿都　八十一　此是观世音菩萨解鼻龥诸香开五轮指	

小 结

　　蕾妮·卡罗尔·韦斯的绘本、冯家福和简·英格利希的选译本、彭马田主译的全译本、梅维恒的全译本等书,运用不同类型的图像,包括新创制的插画、摄影、中国古代的绘画、西方版画,从不同角度映射出《庄子》与我们赖以生存的世界之间的关联。新创制的绘本富有童稚之趣,摄影更多地把我们引向自然界,古代的绘画传达出特殊的历史信息和东方文化信息,西方版画增加了神秘和诡怪气息,作为副文本的图像是创制者对《庄子》的别样诠释,打开了新的思想空间。它们令读者徜徉忘返,寻获平静的力量和思考的乐趣。

附录一　文学《庄子》在 19 世纪英语世界的建构

　　《庄子》在英语世界的传播与接受,学界对此已有介绍与研究,大多偏重思想,至于欧美学界对《庄子》文学特性的论析,则论者很少①,还有很多问题有待进一步探讨。从 19 世纪到 20 世纪,俄、英、美、法、德等国家均出版了以外文写作的中国文学概论、文学史或作品选,颇有影响。文学经典依赖文学史的书写、选本、译本及评论得以确立。《庄子》的文学特性在何时受到关注,其间经历了怎样的变化? 这里仅以 19 世纪英语世界的中国文学论著、文学作品选、译本序及单篇论文为考察对象,探讨文学《庄子》的动态建构过程。

---

① 徐来《英译〈庄子〉研究》第四章"《庄子》作为文学著作的译介",主要介绍了翟理斯、华兹生、赖明、柳无忌《中国文学史》及宇文所安《中国文学选集》对《庄子》的评介。姜莉《〈庄子〉英译:审美意象的译者接受研究》一书研究了《庄子》"意象思维"和审美意象的英译。戴俊霞《诸子散文在英语世界的译介与传播》第六章"英语世界里的《庄子》"第四节《庄子》文学风格的跨语际书写",简单介绍了几种译本对《庄子》文学成就的评介及《庄子》修辞格的翻译。戴俊霞、阮玉慧《〈庄子〉文学的跨文化研究》(光明日报出版社,2020 年)侧重对英译的介绍。

一、"文学"词义的收缩及"中国文学"论著

在讨论问题之前,有必要简单梳理"文学"及与之对应的英文 literature 两个概念内涵的历时性变化。中文的"文学",先秦时期泛指文献、学问、文化,直至魏晋南北朝时期,"文学"一词的含义才比较接近现代的意指。英文 literature 与汉语的"文学"类似,也经历了一个词义收缩的过程。Literature 最初也是文献、学问之义,源自拉丁语 litteraturae,《牛津文学术语词典》释曰:"19 世纪以来,全部书面或印刷作品的广义文学,已经被基于想象、创造或艺术价值评判标准的更精确的定义所替代,通常与作品缺乏事实的或实用的参考有关。甚至学术关注更限定于诗歌、戏剧和小说。"① 艾布拉姆斯《文学术语词典》(中英对照)的解释与此略有不同:"'文学'有时也适用于(在接近其拉丁语原意的意义上)所有文字作品,无论其种类或质量。""自 18 世纪以来,文学,等同于法语中的 *belles lettres*('美文'),一直常被用来指代虚构的和想象的著作:诗歌,散文体小说和戏剧。"②

何谓文学? 从文体角度看,指的是诗歌、小说和戏剧。从文学的特质角度而言,是虚构和想象的作品。从宽泛的意义上说,凡文字写成的著作,不论具体内容的学科属性,只要在某些特定方面表

---

① Chris Baldick, *Oxford Dictionary of Literary Terms*, Oxford: Oxford University Press, 4th edition, 2015, p.204.
②(美)M. H. 艾布拉姆斯、杰弗里·高尔特·哈珀姆著,吴松江、路雁等编译《文学术语词典》(第 10 版),北京大学出版社,2014 年,第 199 页。

现突出,即可称为文学①。

　　19 世纪欧美出版了多部介绍中国文学的专章或专著,从它们对 literature 一词的运用,可证上述解说符合客观实际。书中列专章者比较多,有代表性的如英国马礼逊(Robert Morrison,1782—1834)的《中国杂记》②、德庇时的《中国人:中华帝国及其居民概述》③,美国卫三畏(Samuel Wells Williams,1812—1884)的《中国总论》④、丁韪良(William Martin,1827—1916)的《中国人:他们的教育、哲学与文学》⑤,英国傅兰雅(John Fryer,1839—1928)的《中国与中国人》⑥。

　　专论如苏谋事(James Summers,1828—1891)的《中国语

---

① 方维规《西方"文学"概念考略及订误》,《读书》2014 年第 5 期。黄卓越《19 世纪汉学撰述中的 literature:一个概念措用的历史》,《清华大学学报(哲学社会科学版)》2019 年第 1 期,文中指出:西方传统的 literature 一词与 20 世纪前中文世界所使用的"文"及其近似语,都包含泛文本与泛文学的含义。中西在 20 世纪之前均不存在专指诗歌、散文、小说、戏剧,并偏向于想象性、虚构性的"文学"总称。

② Robert Morrison, *Chinese Miscellany*, London: S. McDowall, 1825.

③ John Francis Davis, *The Chinese: A General Description of the Empire of China and Its Inhabitants*, London: Charles Knight and Company, 1836.

④ Samuel W. Williams, *The Middle Kingdom: A Survey of the Geography, Government, Literature, Social Life, Arts and History of the Chinese Empire and Its Inhabitants*, New York, London: Wiley and Putnam, 1848. 此书 1883 年出版了修订版,调整、补充了一些内容。

⑤ William Martin, *The Chinese: Their Education, Philosophy, and Letters*, New York: Harper & Brothers, 1881.

⑥ John Fryer, *China and the Chinese: A Text-Book Comprising the Religions and Philosophies, the Language and Literature, the History and Geography of China, Arranged for Two Courses of Study*, Shanghai: Kelly&Walsh, 1897. 此书为教材,分三部分:哲学与宗教、语言与文学、历史与地理。

言与文学讲稿》①、伟烈亚力（Alexander Wylie，1815—1887）的
《中国文学纪略》②、道格拉斯（Robert Kennaway Douglas，1838—
1913）的《中国的语言与文学》③、麦利和（R. S. Maclay，1824—
1907）的《中国古典文学》④、露密士（A. W. Loomis，1816—
1891）的《孔子和中国经典：中国文学读本》⑤、秀耀春（F. Huberty
James，1851—1897）的《中国文学》⑥ 等。

　　这些论著所用的 literature，只有伟烈亚力的《中国文学纪略》
纯粹指文献，其他大多兼备"文献"与"文学"二义。有时作者会加
一个形容词以表示文学的性质，如卫三畏《中国总论》的第十二章
是"Polite Literature of the Chinese"（中国雅文学）⑦。苏谋事也用
"polite literature"指称四库的集部 ⑧，用"light literature"指称四

---

① James Summers, *Lecture on the Chinese Language and Literature*, London: John W. Parker & Son, 1853.

② Alexander Wylie, *Notes on Chinese Literature: With Introductory Remarks on the Progressive Advancement of the Art, and a List of Translations from the Chinese into Various European Languages*, Shanghae: American Presbyterian Mission Press, London: Trübner & Co., 1867. 又译《汉籍解题》。

③ Robert Kennaway Douglas, *The Language and Literature of China*, London: Trübner & Co., 1875.

④ R. S. Maclay, "The Classical Literature of the Chinese", *The Chinese Recorder*, Vol.9, No. (1-2, 1878): 49-62.

⑤ A. W. Loomis, *Confucius and the Chinese Classics: Or, Readings in Chinese Literature*, San Francisco: A. Roman, Agent, Publisher, Boston: Lee and Shepard, 1882.

⑥ F. Huberty James, *Chinese Literature, Read Before the China Branch of the Royal Asiatic Society*, Shanghai: At the "Shanghai Mercury" office, 1898.

⑦ Samuel W. Williams, *The Middle Kingdom*, p.674.

⑧ James Summers, *Lecture on the Chinese Language and Literature*, p.34.

库子部的小说家,包括历史浪漫小说、民间故事、传奇等①。究其原因,当与汉学家的译述目的有关。他们想向西方全面介绍中国的历史、地理、语言、思想、宗教、教育、政体、学术、文化、风俗等情况,文学、文献及文化于汉学家而言实是三位一体的。

二、四库分类与西方文类相结合的框架

　　面对数量庞大的中国古代文献,大多数汉学家运用经、史、子、集这种知识分类框架加以介绍,这与《四库全书》的官学地位及影响有关,汉学家多在论著中明确说明依从四库分类。同时,在其中国文学叙述中,西方文体分类法也随处可见。马礼逊、卫三畏和秀耀春三人的论著比较典型。马礼逊《中国杂记》的"中国文学"(Chinese Literature)分为十一类:1. 中国经典,2. 中国历史,3. 历史小说,4. 戏剧,5. 诗歌,6. 杂文,7. 地理或地方志,8. 医学著作,9. 天文学著作,10. 散文,11. 三教著作(仅重点介绍了四书五经)②,所述均很简略。马礼逊整体上以四库分类的经、史、子、集为主,间杂西方的文类:小说、戏剧、诗歌和散文。地理、医学、天文学及三教儒释道在《四库全书总目》中属于子部,马礼逊将它们单列,突出了其知识类别。

　　卫三畏的《中国总论》第十一章"中国古典文学"开篇即指出《四库全书总目》是对中国文献进行全面考察的最好向导,为中国最优秀的书籍提供了完整而简明的题解,对外国人尤其有用。这部分包括:1. 钦定目录作为中国文学索引,2. 五经,3. 四书,

① James Summers, *Lecture on the Chinese Language and Literature*, p.34.

② Robert Morrison, *Chinese Miscellany*, pp.34-37.

4.《康熙字典》①。第十二章"中国雅文学"包括:1. 中国修饰性文学(Chinese Ornamental Literature)的特点,2. 中国历史著作,3. 历史小说,4. 马端临的《文献通考》,5. 哲学著作:朱熹论太极,6. 军事、法律与农业著作,7.《康熙圣谕》,8. 艺术、科学类著作与百科全书,9. 中国小说的特点及举例,10. 诗歌:李太白的故事,11. 现代歌曲与即兴诗作,12. 戏剧文学:喜剧,13.《补瓷匠》:一个滑稽戏,14. 论中国文学的不足与局限,15. 中国谚语集 ②。卫三畏自云:"《四库全书总目》的子部是学术的或专业的著述,包括十四个分支:哲学、兵、法、农、医、数学、方术、文艺作品、文集、杂家、百科全书、小说、佛教和理性主义者著述。"③ 他所说的理性主义者指的是道家。也就是说,第 5、6、7、8、9 类均属于子部。第 10、11、12 类则大体对应了四库的集部。历史小说、诗歌、戏剧等,则是西方的文体分类。

秀耀春三次来中国,前后居住十余年,曾任教于京师大学堂。其《中国文学》一书由七部分组成:中国文学、纯文学(Belles-lettres)、小说、寓言和故事、警句、报纸、总述。"中国文学"部分也明确提到《四库全书总目》,介绍了儒家的四书五经。"总述"将中国文学置于世界文学的视野中,谈论当如何认识其价值。指出早期的经典奠定了后来各种文学的基础。不同的朝代有不同的文学分支。汉代是历史和哲学研究,唐代是优雅的散文和韵文,宋代是哲学,元代是戏剧,明代编纂了巨型的百科全书,清代体现出研究的热情与独立的批评 ④。从其框架及 "总述" 中能够看出,秀耀春将文献、学术

---

① Samuel W. Williams, *The Middle Kingdom*, pp.626-673.

② Samuel W. Williams, *The Middle Kingdom*, pp.674-723.

③ Samuel W. Williams, *The Middle Kingdom*, p.682.

④ F. Huberty James, *Chinese Literature*, p.44.

思想和狭义的文学三者熔为一炉,统一在 literature 一词之下。

三、隐没于知识分类和文类叙述的文学《庄子》

在以四库分类法为整体框架,辅以西方文体分类的叙述结构中,《庄子》的文学特征隐而不显。伟烈亚力的《中国文学纪略》是纯粹的目录学著作,完全依照《四库全书总目》编译,仅在选择的书目上有所增删,个别小类的顺序有所调整,此书的《庄子》解题是完全文献学意义上的 [①]。道格拉斯和苏谋事的书没有提及《庄子》。有的中国文学论著虽然谈及《庄子》,但并没有关注《庄子》的文学特征。比如,德庇时翻译的是《庄子休鼓盆成大道》[②],这篇白话短篇小说见于明代冯梦龙编的《警世通言》第二卷,后又被抱瓮老人选入《今古奇观》第二十卷。它只是借《庄子·至乐》所书庄子妻死他鼓盆而歌一事衍义而成的小说,意在嘲讽忠贞之不可信,与庄子其人及其思想实不相干。露密士的《孔子和中国经典:中国文学读本》论及《庄子》,只是简单地说庄子的学说教人避世、晦藏 [③]。傅兰雅的《中国与中国人》论到老庄,所述较详。介绍了庄子的学说与著述,还摘录了三个在他看来有特点的文段:至人(《齐

---

① 伟烈亚力《中国文学纪略》第 174 页,解题云:"在公元前 4 世纪,道家的另一位著名人物是庄周,他留下了十卷书,最初题名'庄子'。早期有许多评注,最好的是公元 4 世纪向秀注,但还没有全部完成,向秀就去世了。郭象拿到了向秀的手稿,稍做修改,补充完成了它,据为己有,这就是行世的《庄子注》。742 年,《庄子》被命名为《南华真经》。1741 年,徐廷槐的评注《南华简钞》问世。这个版本自云是摘录,包含了第一部分的全部文本,但后半部分有删节,有些部分被完全省略。"

② John Francis Davis, *The Chinese*, p.231.

③ A. W. Loomis, *Confucius and the Chinese Classics*, pp.281-282.

物论》"至人神矣"几句）、庄子和惠子的濠梁之辩和庄子将死①。但是，这些都被置于"哲学与宗教"部分，没在"语言与文学"题下。

　　在我们熟悉的文学史叙述中，《庄子》的寓言备受推崇。但在经、史、子、集的知识分类及诗歌、戏剧、小说和散文的西方文类叙述框架中，没有学者重视这点。秀耀春的书专设"寓言和故事"类，可是并没有选用《庄子》之文。他在"警句"（Epigrammatic Sentences）部分摘录了《庄子》的一句话："一个试图逃离自己影子的人。"② 此句出自《渔父》，原文是："人有畏影恶迹而去之走者，举足愈数而迹愈多，走愈疾而影不离身，自以为尚迟，疾走不休，绝力而死。不知处阴以休影，处静以息迹，愚亦甚矣！"③ 原文叙事生动，细节逼真，而且有议论。秀耀春只引首句，让人感觉有点儿莫名其妙，引述之后只加了一句解说："在西方，这种人可能在更早的时候就已经存在了。"④ 这句孤零零的引文完全无法体现《庄子》的文学特性。

　　奇特的想象是《庄子》突出的文学特征。道格拉斯非常重视想象力。他谈道："因为中国汉字和句法的特点，中国作家的想象力受到了极大的影响。"⑤ "在中国文学的各个分支中，那些最依赖于想象力的文学作品，往往是最不引人注意的；那些只有简单的事实叙述，或哲学家和科学家的论证之作反而更加优秀。"⑥ 此书论及

---

① 此书出版于1897年，《庄子》及选文部分在第62—63页，所选文段大概取自翟理斯出版于1884年的《古文选珍》，详见下文。

② F. Huberty James, *Chinese Literature*, p.38.

③［清］郭庆藩《庄子集释》下册，第1026页。

④ F. Huberty James, *Chinese Literature*, p.38.

⑤ Robert Kennaway Douglas, *The Language and Literature of China*, p.62.

⑥ Robert Kennaway Douglas, *The Language and Literature of China*, p.93.

道家文学(Taouist Literature),不过遗憾的是,他只讨论了老子的《道德经》①,没有片言提及富于想象的《庄子》,颇为遗憾。

在众多的中国文学叙述中,《庄子》的文学特征是非常模糊的,没有引起汉学家的足够重视。西方文体分类重视小说、戏剧和诗歌,像德庇时《中国人》的第十七章专论纯文学,包括戏剧、诗歌、小说等文学体裁。他的看法很有代表性,曰:"我们可以毫不犹豫地说,由戏剧、诗歌和罗曼司或长篇虚构小说构成的美文,已经获得我们极高的评价。"② "中国的长篇小说和传奇小说具有特殊的价值,因为它们提供了关于中国人的行为、风俗和感情等方面的知识。"③ 看重叙事文学,忽视散文作品,这样的观念很普遍。在这样的文化氛围中,《庄子》的文学特性长期隐而不显。

四、译本序和《古文选珍》对辩说的重视

19世纪有三个《庄子》全译本,译者分别是巴尔福、翟理斯和理雅各,三个译本前均有长篇《前言》。《古文选珍》是翟理斯编译的中国古代散文选本 ④。与中国文学概述类论著不同,译本序面对的研究对象只有《庄子》,不需要借助某种框架去进行分类描述。《古文选珍》面对的是特定的文体类型,因此,在译本序和古文选本中,译者和编者都摆脱了四库分类和西方文类的叙述框架,对《庄子》的文学特性做了深入的发掘和阐释。

---

① Robert Kennaway Douglas, *The Language and Literature of China*, pp.93-95.
② John Francis Davis, *The Chinese*, p.258.
③ John Francis Davis, *The Chinese*, p.268.
④ Herbert A. Giles, *Gems of Chinese Literature*, London: Bernard Quaritch, Shanghai: Kelly&Walsh, 1884.

巴尔福在长达三十二页的《附论》中,对《庄子》的文学特征做了充满文学色彩的论说:"庄子,他的作品长期隐藏在中国文学的尘埃和骸骨之中,是一座神秘雄辩的不朽纪念碑。在那里,在一连串的意象和光辉的隐喻中,我们发现被解放的灵魂在神灵的伪装下被表现出来。他晦涩的风格与其华丽的修辞形成奇怪的对比,它们在他暗黑的语录中反复出现,犹如夏季的闪电穿过云雷,而那些充斥其作品的嘲讽的俏皮话,则为大部分由隐喻和寓言典故构成的对话增添了不少的趣味。"① "少量摘录将足以说明这位圣人著述杰出的犀利之美和恣纵的独创性。"② 他还大段引述、评析了《齐物论》中的段落 ③。比如,在引述"有始也者"至"有未始有夫未始有无也者"一段后,巴尔福论曰:"除了这些难以捉摸的精微之语外,唯一有趣的是,它们传达了一种对物质非永恒的强烈信念,我们在《庄子》的书页上发现了一些非常尖锐和辛辣的谚语和警句式的言说。"④ 巴尔福还指出庄子思考自身生命及宇宙生命的神秘

---

① Frederic Henry Balfour, *The Divine Classic of Nan-Hua*, p.21.

② Frederic Henry Balfour, *The Divine Classic of Nan-Hua*, p.22.

③ "古之人,其知有所至矣。恶乎至? 有以为未始有物者,至矣,尽矣,不可以加矣。其次以为有物矣,而未始有封也。其次以为有封焉,而未始有是非也。是非之彰也,道之所以亏也。道之所以亏,爱之所以成。"(Frederic Henry Balfour, *The Divine Classic of Nan-Hua*, p.xxii. [清]郭庆藩《庄子集释》上册,第 80 页)"梦饮酒者,旦而哭泣;梦哭泣者,旦而田猎。"(Frederic Henry Balfour, *The Divine Classic of Nan-Hua*, p.xxiii. [清]郭庆藩《庄子集释》上册,第 110 页)"罔两问景曰:'曩子行,今子止;曩子坐,今子起;何其无特操与?' 景曰:'吾有待而然邪? 吾所待又有待而然者邪? 吾待蛇蚹蜩翼邪?'"(Frederic Henry Balfour, *The Divine Classic of Nan-Hua*, p.xxiv. [清]郭庆藩《庄子集释》上册,第 116—117 页)

④ Frederic Henry Balfour, *The Divine Classic of Nan-Hua*, p.23.

性,感到自身受制于无法定义的力量 ①。

巴尔福首先盛赞《庄子》的"神秘雄辩",即他将长于论辩视为其最突出的特征。其次,他指出了《庄子》文章的诸多特点:意象多、隐喻出色、风格晦涩、修辞华丽、对话中多有隐喻和寓言、具有杰出的犀利之美、不受任何拘束、富于创造性、说理精微、有警句等。巴尔福的表述中,洋溢着对《庄子》发自肺腑的赞叹之情。同时,其论述也的确把握住了《庄子》独具的文学之美,尤其是对《庄子》说理方式的关注和概括非常精到,《庄子》光芒四射的文学魅力在其笔下得到彰显。当然,这得益于他对全书的翻译。与中国文学概述类论著中那些浮光掠影式的评论相比,巴尔福的评析无疑是跨越式的,从文学研究的角度看,他开启了真正意义上英语世界对文学《庄子》的建构。

翟理斯编译的《古文选珍》,多方面地展示了《庄子》独有的文学特征。封面是用篆书题写的书名,封底有用行书题写的序,书法秀逸 ②。19 世纪的汉学家以译介中国古代戏剧和小说者居多 ③,一方面,在清代,小说是最发达繁盛的文类,传统的诗文远不如小说影响大,另一方面,小说叙写人情世态,是了解中国人的行为方式、

---

① 引述了《齐物论》"若有真宰,而特不得其眹。可行己信,而不见其形,有情而无形"及"其有真君存焉"(Frederic Henry Balfour, *The Divine Classic of Nan-Hua*, p.xxiv.[清]郭庆藩《庄子集释》上册,第 61 页)。

② 原文无标点,标点为笔者所加。兹录全文,曰:"余习中华语,因得纵观其古今。考籍于今,盖十有六载矣。今不揣固陋,采古文数篇,译之英文,以便本国士人诵习。观斯集者,应亦恍然中国文教之振兴,辞章之懿铄,迥非吾国往日之文身断发,茹毛饮血者所能仿佛其万一也。是为序。岁在癸未春日翟理斯辉山氏笺。"

③ 伟烈亚力的《中国文学纪略》是依《四库全书总目》所作的目录学著作,在子部的小说家类目中补充了十四部小说,包括《三国演义》《西游记》《金瓶梅》《水浒传》《红楼梦》《玉娇梨》等。

文化习俗及道德观念的一扇窗口。翟理斯对这种现象有过论析。他撰有一本《中国速写》①,汇集了其报刊文章,内容广泛涉及中国社会生活的各个方面。书中论述"文学"的部分谈到,很少有学生将其阅读扩展到小说之外的中国文学作品②。中国拥有大量、有价值的文学作品,其中可能埋藏着最纯净、最宁静的光芒。迄今为止,提供给世界的翻译主要限于戏剧和小说③。

　　在这种情形下,《古文选珍》显得尤其可贵。此书按照中国历史朝代进行划分,选译了从公元前550年至公元1650年众多作品。周秦时代(前550—前200)依次节译了孔子、左丘明、列子、《穀梁传》、杨朱、庄子、屈平、宋玉、《檀弓》《战国策》、孟子、荀子、李斯等计十三个人物或书籍的篇章。翟理斯概述这一时代的文学,曰:"这个时期的文本,其风格是粗糙且粗犷的(rude and rugged),然而却充满富有活力的表达和无与伦比的戏剧力量。"④在众多的文本中,翟理斯特别提到了几个。他说:"《左传》如同《伊利亚特》和《奥德赛》,将事件描述得栩栩如生,如在目前。在诗歌方面,《诗经》之外,有美丽而又非常晦涩的《楚辞》,主要出于屈平之手,在辞藻的丰富性方面他可与希腊诗人品达相比。哲学方面,庄子和列子具有精微的思辨,毫无疑问会在同时代的希腊学派中掌控一场听证会。"⑤翟理斯所选文本颇具代表性。《左传》是叙事类,屈原是诗人,《庄子》则是说理性论文。翟理斯将早期中国文

---

① Herbert A. Giles, *Chinese Sketches*, London: Trübner & Co., Shanghai: Kelly & Co., 1876.

② Herbert A. Giles, *Chinese Sketches*, p.23.

③ Herbert A. Giles, *Chinese Sketches*, p.25.

④ Herbert A. Giles, *Gems of Chinese Literature*, p.vii.

⑤ Herbert A. Giles, *Gems of Chinese Literature*, p.vii.

学分成叙事、诗歌与论说文三大类,而非四库分类的经、史、子、集,也不是西方文类的诗歌、戏剧和小说,他彻底走出了 19 世纪早中期汉学家的叙述框架。他看重文本的风格和表达的力量,比之前对中国文学的论述要专精得多。

《庄子》受到特别的重视,是周秦部分被选译文段最多者,与四库分类法下多述儒家四书五经有着明显的区别。选篇前有简要评述:"庄子,一位最具独创性的思想家,中华民族很可能为他自豪。然而,他的作品被视为异端而被禁止,很少有人读,这可能更多是因为文本极其晦涩,而不是因为它们受到儒家的禁止。关于庄子的生平所知甚少,可以从给出的摘录中略知一二。他通常被认为是老子学说的主要拥护者。"①

翟理斯给所选文段加了十二个小标题,没有注明出处。第一个是"生、死及不朽"。这个标题下选了四个文段,分别出自:1.《大宗师》的"(子祀、子舆、子犁、子来)四人相与语曰"至"成然寐,蘧然觉"。选本开头省去四个人名,以"四人"开始。2.《齐物论》的"予恶乎知说生之非惑邪"至"万世之后而一遇大圣,知其解者,是旦暮遇之也"。3.《至乐》的"庄子之楚,见空髑髅"至"虽南面王乐,不能过也"。4.《知北游》:"生也死之徒,死也生之始,孰知其纪! 人之生,气之聚也。聚则为生,散则为死。若死生为徒,吾又何患! 故万物一也,是其所美者为神奇,其所恶者为臭腐;臭腐复化为神奇,神奇复化为臭腐。故曰'通天下一气耳。'圣人故贵一。"②

其他十一个标题的内容是:"老子之死",出自《养生主》,从"老聃死,秦失吊之"至"指穷于为薪,火传也,不知其尽也"。"庄

---

① Herbert A. Giles, *Gems of Chinese Literature*, p.19.
② [清]郭庆藩《庄子集释》中册,第 730 页。

子妻子之死",出自《至乐》,从"庄子妻死,惠子吊之"至"自以为不通乎命,故止也"。"庄子临终",出自《列御寇》,从"庄子将死"至"不亦悲乎"。"尧欲让王",出自《逍遥游》,从"尧让天下于许由"至"尸祝不越樽俎而代之矣"。"推理",是庄子与惠子的濠梁之辩,出自《秋水》。"独立",是庄子钓于濮水,不受楚王之聘,出自《秋水》。"至人",出自《齐物论》,从"至人神矣"至"而况利害之端乎",郭象注本到此为止,但翟理斯的选本又加了两句,意为至人可行于水下,毫无困难;能触火而不伤。这两句的原文是"至人潜行不窒,蹈火不热",出自《达生》。可见翟理斯在节选文段的基础上,还做了简单的编辑。"醉酒",从"夫醉者之坠车,虽疾不死"至"由此道也",出自《达生》。"射箭",出自《田子方》,从"列御寇为伯昏无人射"至"御寇伏地,汗流至踵"。原文后面还有:"伯昏无人曰:'夫至人者,上窥青天,下潜黄泉,挥斥八极,神气不变。今汝怵然有恂目之志,尔于中也殆矣夫!'"[①]翟理斯删去了这几句点明主旨的话,将这则寓言变成了一个纯粹表现匪夷所思情节的惊险故事。"因果关系",内容是罔两问景,出自《齐物论》。"梦与真",选文是庄周梦蝶,出自《齐物论》。

　　翟理斯选译的文段并没有依从《庄子》原文的次序,究竟为何做如此排列,也很难看出逻辑,但置于首位者,应当是他认为最重要的。相较于其他主题,"生、死及不朽"得到凸显,还选了四个文段。而且,接下来的三个小标题内容也都与死亡有关。这种选编的思路,可能与翟理斯深厚的宗教修养有关。在整个第一部分周秦时代的选篇中,不仅《庄子》,其他选篇生死主题所占比重也都很大。如选录了《礼记·檀弓》七个文段,《檀弓》本身讨论的主题

---

① [清]郭庆藩《庄子集释》中册,第 722 页。

就是丧葬礼仪,所选七段自然均与死亡、丧葬有关。再如《战国策》本以著录纵横家的说辞为主,而翟理斯所选仅一段,是《楚策四》"有献不死药于荆王者"。《左传》叙事详赡,此书所选三段,一是鲁庄公十年(前 684)齐鲁长勺之战;二是鲁僖公二十一年(前 639)鲁大旱,公欲焚巫尪;三是鲁襄公二十五年(前 548),齐庄公死,晏子不为之赴死。三段中有两段与生死有关。

　　翟理斯节选《庄子》文段并加主题,突出了《庄子》内容的丰富性,但他将生死主题置首,也容易给读者造成误解,似乎《庄子》最看重生死问题,但生死只是《庄子》讨论的话题之一,远不能展示其思想的博大。而且,《庄子》汪洋恣肆的文章风格,需要节选一定篇幅的文段才能展现出来,短小的片段无法让读者窥知其行文之恣肆。不得不说,翟理斯的选文存在明显的缺憾。不过,瑕不掩瑜,《古文选珍》一改之前文献与文学混杂的叙述框架,通过全新的叙事、诗歌和说理的文类三分法,突出了《庄子》的主题。与巴尔福相同,他也注重论辩和寓言,此外选择了大量的文段,使《庄子》在周秦时代的古文中卓然特立,这无疑深化、推进了文学《庄子》的建构。

　　翟理斯还在 1889 年出版了《庄子》英文全译本,在《前言》中介绍了庄子其人其书、他所参考的六种中国古代注本、道家学派的发展,对《庄子》的文学特性只有三言两语。比如 :"庄子文学和辩论的技巧如此高超,以至于当时最优秀的学者都无法反驳他对儒家和墨家破坏性的批评。"[1]"老子的理想主义抓住了庄子诗意的灵魂。""《庄子》以其绝妙的文学美占据重要地位。"[2]"译者在正文

---

[1] Herbert Allen Giles, *Chuang Tzu*, p.vi.

[2] Herbert Allen Giles, *Chuang Tzu*, p.ix.

之外加了一些注释,以使任何人都能理解庄子隐喻的主旨以及那些精微而模糊的辩论。"①尽管所论甚少,但也颇为精当,能看出翟理斯对《庄子》文学特质的推崇。

在巴尔福和翟理斯之后,理雅各出版了第三个全译本。正文前有《序》和《前言》。《序》主要说明他的翻译工作,他所用的七种中国古代注疏本。《前言》讨论、介绍了多项内容,包括《老子》《庄子》文本的真伪、"道"的意义、道家的主要观点以及司马迁对他们的评论等,但没有专门论述《庄子》的文章风格。在《庄子》正文前,理雅各还为三十三篇逐一作了题解,其中个别地方论及《庄子》的文风。《逍遥游》题解曰:"(神人)'乘云气''御风而行''以游无穷',对得道者所具有的力量,《道德经》中最富于想象力和隐喻性的表达,与我们作者的语言相比都太温和了。我在这里之所以提醒大家注意,是因为他经常使用同样的夸张风格。"②《寓言》题解曰:"寓言,字面翻译是寄寓之言(lodged words),思想从其所处的环境、叙述或描述中获得意义或特征。庄子希望描述其写作风格:时而隐喻,时而大量引用,并始终由其道家观点所塑造。最后是卮言。字面意思是杯子,或高脚杯,言辞。言辞,与杯中经常得到供应的水一样普通,但也由道家原则所塑造。来自属于天的元素混合于人的身体之中并指引其行为。"③理雅各对《庄子》的文学特性所论虽然不多,但他指出了《庄子》的三种重要言说方式,也抓住了关键,是对《庄子》文学特征又一个深刻的认知。

---

① Herbert Allen Giles, *Chuang Tzu*, p.xvi.

② James Legge, *The Writings of Chuang Tzu (Part I)*, p.128.

③ James Legge, *The Writings of Chuang Tzu (Part I)*, p.156.

五、嘎伯冷兹对语言形式的细读

德国莱比锡大学东亚语言教授嘎伯冷兹(Georg Von Der Gabelentz,1840—1893),有两篇论文被译成英语,发表在《中国评论》上。一篇是《庄子的风格》①,文下注:摘录、译自嘎伯冷兹1888年在莱比锡出版的《〈庄子〉的文字对中国语法的贡献》②。另一篇是《〈盗跖〉:〈庄子〉中的一个讽刺篇章》③。《庄子的风格》从语言形式角度进行研究,重视句子的节奏和骈偶。嘎伯冷兹特别提出:"庄子风格的独特之处在于其运用修辞的地方和方式。""应当参考庄子对某些形式的偏爱,句子的结构及其组合。庄子措辞的魅力在很大程度上在于其优美的、自然形成的表达形式。节奏与骈偶在《庄子》中得到完美的运用。简单的节奏,尤其是四音节,优先出现在叙事性或描述性的演说中。复合节奏,主要依赖于骈偶,在作品的论证部分。"④ 文章选取《天地》从开篇"天地虽大"至"渺乎其清也"一段,按节奏将它们划分为十个部分。在这十段文字中,嘎伯冷兹发现了五种不同的节奏,他认为"每种节奏都不过是一种独立思维链的自然外衣"⑤。对这些文段,他给出原文,未

---

① Georg Von Der Gabelentz, "The Style of Chuang-Tsi", *The China Review*, Vol.17, No.5(1889): 292-297.

② Georg Von Der Gabelentz, *Beitraege zur Chinesischen Grammatik Die Sprache des Chuang-tsi*, Leipzig: S. Hirzel, 1888, p.292.

③ Georg Von Der Gabelentz, "Robber Tschik, A Satirical Chapter from Tschuang-Tsi", *The China Review, or Notes & Queries on the Far East*, Vol.18, No.6(1890): 365-373.

④ Georg Von Der Gabelentz, "The Style of Chuang-Tsi", p.292.

⑤ Georg Von Der Gabelentz, "The Style of Chuang-Tsi", p.292.

加标点,断句的地方用空格表示。逐字标注了拼音,做了翻译。之后,嘎伯冷兹论曰:"上述文本在节奏形式方面尤其丰富,尽管其中大部分是引语。当然,其晦涩与陈旧的表达形式也同样归因于此。我们应当注意到,作者是怎样巧妙而细腻地使这些表达多样化的。这是一部修辞散文的杰作。"① 嘎伯冷兹还指出:"当作者编造的故事发生在不久之前时,其风格又是多么地不同,例如对孔子进行恶意讽刺的《盗跖》篇。先是给出一个简短的介绍,很快,当加以描述时就变成了四音节的节奏。戏剧性的人物出场,节奏再次介入并消失。孔子的语言比粗野的对手文雅得多,然而对方最终用一个长篇大论将他击败。于是引入一个寓意性的人物,用一种更高雅的风格自然地言说。庄子风格的力量主要表现在其讽刺性的辩论中,在这方面,他对后世作品风格的影响远大于其他。庄子也很善于运用顶真(chain-linked climax in diction),如'知道者必达于理,达于理者必明于权,明于权者不以物害己'。"② 嘎伯冷兹对《庄子》节奏、修辞在表现人物、表达思想方面的论析非常精微,这些一百多年前的论断,至今仍然令人赞叹。

　　嘎伯冷兹还指出庄子很喜欢文辞游戏,举了几个例子。如:"无为为之之谓天""唯止能止众止""故知止其所不知至矣""所不知者,皆性分之外也,故止于所知之内而至也,弗知乃知乎,知乃不知乎,孰知不知之知""不形之形,形之不形,形有所止,智有所行"③ 等。文章最后论说《庄子》中解释术语的现象。举了四个例子:"吾所谓无情者,言人之不以好恶内伤其身""古之所谓得志

---

① Georg Von Der Gabelentz, "The Style of Chuang-Tsi", p.297.

② Georg Von Der Gabelentz, "The Style of Chuang-Tsi", p.297.

③ Georg Von Der Gabelentz, "The Style of Chuang-Tsi", p.297.

者,非轩冕之谓也,谓其无以益其乐而已矣""吾所谓臧者,非所谓
仁义之谓也,臧于其德而已矣""忘乎物忘乎天,其名为忘己"①。
对文辞游戏和术语解释这两方面的特点,文章只有注音、翻译,没
有更多的分析。不过,从其选择的例句中,我们能知晓嘎伯冷兹对
《庄子》语言的理解。文辞游戏,更多指的是运用相矛盾的语言表
达观点。"无为"与"为"是矛盾的。止即静止,静止不动反而能发
挥作用,令万物静止。"知"与"不知"、"形"与"不形",均是矛盾
的,但在《庄子》的表述中,常常运用否定一个词的方式去解释它,
将对立的双方统一起来。嘎伯冷兹的这一研究深入到《庄子》的
语言逻辑层面,非常独到且精准。

在《〈盗跖〉:〈庄子〉中的一个讽刺篇章》这篇论文中,嘎伯冷
兹反对翟理斯将其认定为伪作的意见,他指出:"对于这种讽刺文
学的价值,人们的意见可能会有不同。对我而言,它在汉语史上的
重要性是无可争辩的。"②"《盗跖》故意再现他那个时代的常用语
言,最多删去其中的污秽之处。"嘎伯冷兹对《盗跖》的文学讽刺
价值给予了充分肯定。他也加了一些注释,其注释突出的特征是
关注语言表达方式。比如,《盗跖》原文:"孔子谓柳下季曰:'夫为
人父者,必能诏其子;为人兄者,必能教其弟。若父不能诏其子,兄
不能教其弟,则无贵父子兄弟之亲矣。今先生,世之才士也,弟为
盗跖,为天下害,而弗能教也,丘窃为先生羞之。丘请为先生往说
之。'"③ 嘎伯冷兹注曰:"这篇演讲,就其迂腐的权威口吻而言,是
一幅很好的讽刺画。下面这句话再次出自孔子之口。没有证据表

---

① Georg Von Der Gabelentz, "The Style of Chuang-Tsi", pp.297-298.
② Georg Von Der Gabelentz, "Robber Tschik, A Satirical Chapter from Tschuang-
　Tsi", p.366.
③ [清]郭庆藩《庄子集释》下册,第 984 页。

明他真的使用过这个短语。那个谦卑的'窃',我把它翻译为'as to
myself'(至于我自己),其实并不属于孔子喜爱的用语,但在这个
关系中有特别滑稽的一面。"① 嘎伯冷兹不是简单地翻译字词,而是
更深一层地分析《盗跖》作者运用语言的风格,看出作者故意模仿
孔子的言论,将其置于一种可笑境地。

再如,原文:"子之罪大极重,疾走归! 不然,我将以子肝
益昼餔之膳。"② 此句下注释:"(盗跖对孔子的)态度特别粗鲁,
但(对孔子的)称呼却特别礼貌,这显示出大师的艺术。这些词
'大''极''重'是重复的,但却准确地表达了说话者的情绪。词
语'i a yik'代替'i a wei'则赋予意义以含蓄的讽刺意味。"③ 嘎伯
冷兹此文没有写出汉字,标拼音处不能确知指代何字,据其《庄子
的风格》一文为《庄子》原文所注拼音,可知 i 指的是"以"。不过,
这并不影响我们的理解,他是在剖析作者选词造句的用意。

最后举一例。《盗跖》原文:"子以甘辞说子路而使从之,使子
路去其危冠,解其长剑,而受教于子,天下皆曰孔丘能止暴禁非。
其卒之也,子路欲杀卫君而事不成,身菹于卫东门之上,是子教之
不至也。"④ 嘎伯冷兹注释曰:"让我们来观察一下,讲话的匆忙和
激烈是如何用简短而不连贯的句子表达出来的,以及结束语是如
何用'也'结束的,好像你根本不可能反驳似的。"⑤ 人物在不同的

---

① *The China Review, or Notes & Queries on the Far East*, Vol.18, No.6(1890): 368.

② [清]郭庆藩《庄子集释》下册,第 985 页。

③ *The China Review, or Notes & Queries on the Far East*, Vol.18, No.6(1890):
369.

④ [清]郭庆藩《庄子集释》下册,第 989—990 页。

⑤ *The China Review, or Notes & Queries on the Far East*, Vol.18, No.6(1890):
373.

情境和情绪下,说话的句子会有长短的区别,"也"这个判断词表达的是一种不容置疑的态度。嘎伯冷兹的分析真的非常精彩,能予人深刻的启迪。

嘎伯冷兹的代表作是《汉语语法》[1],深厚的语言学修养使得他在阅读《庄子》时持有独特的视角,对《庄子》的语体风格能够体察入微。其注释不只是解说字词的字面意义,更多是在分析字里行间的修辞深意。这种语言层面的文本细读,极大地深化了对文学《庄子》的认知。

结　语

19 世纪英语世界文学《庄子》的建构,经历了由隐至显的过程。简言之,在 19 世纪早中期,《庄子》的文学特性并没有受到重视。这主要有几方面的原因,一是文学观念尚未建立。狭义的"文学"与"文献"还没有完全区分,literature 兼具"文献"与"文学"二义。二是英美汉学家在介绍中国文学时,在特定的以四库经、史、子、集这一知识分类为整体框架内,《庄子》因其子部的属性,自然被划归于文学之外。三是《庄子》是散文文体,在西方更重视诗歌、戏剧和小说的文体分类观念中,再加上当时叙事类通俗文学流行,也使得《庄子》的文学特性难以被发现。四是对《庄子》的译介较晚,远远落后于儒家经典和小说。在多种因素的共同作用下,直到 19 世纪 80 年代,《庄子》才突破重重蔽障,进入文学译介和研究的视野。

巴尔福、翟理斯和嘎伯冷兹三位汉学家从不同角度,对《庄

---

① Georg Von Der Gabelentz, *Chinesische Grammatik*, Leipzig: T. O. Weigel, 1881.

子》文学特性所做的阐述,对此后英语世界文学《庄子》的建构产
生了深远的影响。像翟理斯对《庄子》主题的发掘,就影响了华兹
生《早期中国文学》一书对《庄子》的论析,巴尔福和翟理斯对《庄
子》论辩艺术的推崇、嘎伯冷兹指出的《庄子》喜欢文辞游戏,在宇
文所安编译的《中国文学选集:开端至 1911》中也能看到延续和深
化,他专设"早期文学散文:言辞的乐趣"一节,编选了《庄子》中
的《说剑》和《齐物论》两篇全文及《天运》"北门成问于黄帝"论
乐一大段文字。葛瑞汉和瑞丽在嘎伯冷兹开辟的语言形式论析方
面也有所推进。葛瑞汉《〈庄子〉内篇》一书的《前言》,有专节讨论
《庄子》的寓言、重言和卮言这三种言说方式,也重视《庄子》内篇
中的诗和韵文。瑞丽发表了《〈庄子〉的诗与辩》①。这里仅举几例,
实际远不止此。19 世纪晚期几位汉学家在建构文学的《庄子》方
面有筚路蓝缕之功,功不可没。

---

① Lisa Raphals, "Poetry and Argument in the *Zhuangzi* ", *Journal of Chinese Religious*, Vol.22, No.1(1994): 103-116.

附录二　英语姓名译名表

A

Akatsuka, Kiyoshi 赤塚忠

Allinson, Robert E. 爱莲心

Ames, Roger T. 安乐哲

B

Balfour, Frederic Henry 巴尔福

Berkson, Mark 马克·伯格森

Billeter, Jean François 毕来德

Birch, Cyril 白之

Bodde, Derk 卜德

Bol, Peter 包弼德

Bloom, Irene 华蔼仁

Boltz, William G. 鲍则岳

Brooks, E. Bruce 白牧之

Bruya, Brian 柏啸虎

Bryce, Derek 德里克·布赖斯

Buber, Martin 马丁·布伯

Bullock, Michael 布迈恪

Byng, L. Cranmer 克莱默·宾

C

Cady, Lyman V. 夔德义

Callahan, William A. 威廉·卡拉汉

Chai, Ch'u 翟楚

Chai, Winberg 翟文伯

Chan, Wing-Tsit 陈荣捷

Chand, Hansen 陈汉生

Chen, Shi-Hsiang 陈世骧

Chinn, Ewing Y. 齐尤因

Ch'u, Ta-kao 初大告

Clarke, J. J. 克拉克

Cleary, Thomas 托马斯·克利里

Cline, Erin M. 柯爱莲

Cook, Scott 顾史考

Correa, Nina 尼娜·科雷亚

Cooper, J. C. 库珀

Coyle, Daniel 丹尼尔·科伊尔

Crandell, Michael M. 迈克尔·克兰德尔

Creel, H. G. 顾立雅

Csikszentmihalyi, Mihaly 米哈里·契克森米哈赖

Cua, Antonio S. 柯雄文

D

Davis, John Francis 德庇时

Lundberg, Brian 布莱恩·伦德伯格

Lusthaus, Dan 悦家丹

Lynn, Richard John 林理彰

M

Mair, Victor H. 梅维恒

Makeham, John 梅约翰

Maspero, Henri 马伯乐

McNaughton, William 威廉·麦克诺顿

Merton, Thomas 托马斯·莫顿

Minford, John 闵福德

Möller, Hans-Georg 汉斯-格奥尔格·梅勒

N

Neville, Robert Cummings 南乐山

Nienhauser Jr., William H. 倪豪士

O

Oshima, Harold H. 哈罗德·欧西玛

Owen, Stephen 宇文所安

P

Page, Alex 亚力克斯·佩奇

Palmer, Martin 彭马田

Parker, Edward Harper 庄延龄

Parkes, Graham 格雷厄姆·帕克斯

Pas, Julian F. 包如廉

Peterson, Willard 裴德生

Peerenboom, Randell 裴文睿

Powers, Martin 包华石

R

Rand, Christopher C. 克里斯托弗·兰德

Raphals, Lisa 瑞丽

Rapp, Jennifer R. 珍妮·拉普

Roth, H. D. 罗浩

S

Saso, Michael 苏海涵

Schwitzgebel, Eric 埃里克·施威茨格贝尔

Seaton, J. P. 西顿

Sellmann, James D. 詹姆斯·塞尔曼

Sills, Joyce 乔伊斯·西尔斯

Skaja, Henry G. 亨利·斯卡加

Skogemann, Pia 皮亚·思高根曼

Smith, D. Howard 霍华德·史密斯

Smith Jr., Kidder 苏德恺

Snyder, Gary 加里·斯奈德

Sommer, Deborah 德博拉·萨默

Soothill, William Edward 苏慧廉

Suzuki, Daisetz Teitaro 铃木大拙

T

Thompson, Krill Ole 克里尔·汤普森

Towler, Solala 索拉拉·陶勒

W

Waley, Arthur 阿瑟·韦利

Waltham, Clae 克力·沃尔瑟姆

Wang, You-Ru 王又如

Ware, James R. 魏鲁男

Watson, Burton 华兹生

Weiss, Renée Karol 蕾妮·卡罗尔·
韦斯

West, Stephen H. 奚如谷

Weyer, Robert Van de 罗伯特·万·
德·韦耶

Wiege, Léon 戴遂良

Wilson, Epiphanius 埃皮法纽斯·
威尔逊

Wong, David B. 黄百锐

Wu, Kuang-Ming 吴光明

Wyman, Mary 玛丽·怀曼

Y

Yang, Gladys 戴乃迭

Yearley, Lee H. 李耶理

Yu, Pauline 余宝琳

Yukawa, Hideki 汤川秀树

Z

Ziporyn, Brook A. 任博克

参考文献

一、中文典籍

[宋]褚伯秀撰,张京华点校《庄子义海纂微》,华东师范大学出版社,2014年。

[清]郭庆藩撰,王孝鱼点校《庄子集释》,中华书局,2012年。

哈佛燕京学社引得编纂处编纂《庄子引得》,上海古籍出版社,1986年。

[明]焦竑《庄子翼》,台北广文书局,1970年。

[宋]林希逸著,周启成校注《庄子鬳斋口义》,中华书局,1997年。

[清]林云铭撰,张京华点校《庄子因》,华东师范大学出版社,2011年。

[清]刘宝楠撰,高流水点校《论语正义》,中华书局,1990年。

[南朝宋]刘义庆著,[南朝梁]刘孝标注,余嘉锡笺疏《世说新语笺疏》(修订本),上海古籍出版社,1993年。

[唐]陆德明撰,黄焯汇校,黄延祖重辑《经典释文汇校·庄子音义》,中华书局,2006年。

[清]陆树芝撰,张京华点校《庄子雪》,华东师范大学出版社,2011年。

[明]陆西星撰,蒋门马点校《南华真经副墨》,中华书局,2010年。

［南宋］罗勉道撰，李波点校《南华真经循本》，中华书局，2016年。

［宋］吕惠卿撰，汤君集校《庄子义集校》，中华书局，2009年。

［清］王夫之著，王孝鱼点校《庄子解》，中华书局，1964年。

［清］王先谦《庄子集解》，中华书局，1987年。

［清］宣颖撰，曹础基校点《南华经解》，广东人民出版社，2008年。

杨伯峻《列子集释》，中华书局，1979年。

［宋］朱熹《楚辞集注》，上海古籍出版社，2001年。

二、中文论著

安平秋、（美）安乐哲《北美汉学家辞典》，人民文学出版社，2001年。

安蕴贞《西方庄学研究》，中国社会科学出版社，2012年。

曹础基《庄子浅注》，中华书局，2007年。

陈橙《文选编译与经典重构——宇文所安的〈诺顿中国文选〉研究》，上海外语教育出版社，2012年。

陈鼓应《庄子今注今译》（最新修订版），商务印书馆，2016年。

崔大华《庄学研究》，人民出版社，1992年。

戴俊霞《诸子散文在英语世界的译介与传播》，安徽大学出版社，2013年。

邓联合《"逍遥游"释论》，北京大学出版社，2010年。

丁四新等《英语世界的早期中国哲学研究》，浙江大学出版社，2017年。

方勇《庄子学史》，人民出版社，2008年。

方勇《庄子纂要》，学苑出版社，2012年。

方维规《海外汉学与中国文论·欧洲卷》，北京师范大学出版社，2019年。

冯友兰《中国哲学史新编》(修订本),人民出版社,1984 年。

葛桂录《中国古典文学的英国之旅——英国三大汉学家年谱：翟理斯、韦利、霍克思》,大象出版社,2017 年。

顾钧、陶欣尤《20 世纪中国古代文化经典在美国的传播编年》,大象出版社,2017 年。

胡适著,吴浩主编《胡适英文中国思想史授课纲要遗稿(整理本)》,外语教学与研究出版社,2019 年。

黄卓越《海外汉学与中国文论·英美卷》,北京师范大学出版社,2018 年。

姜莉《〈庄子〉英译：审美意象的译者接受研究》,北京师范大学出版社,2014 年。

郎擎霄《庄子学案》,上海三联书店,2014 年。

李学军主编《英语姓名译名手册》(第 5 版),商务印书馆,2018 年。

李真《20 世纪中国古代文化经典在英国的传播编年》,大象出版社,2017 年。

林顺夫《透过梦之窗口：中国古典文学与文艺理论论丛》,台湾"清华大学"出版社,2009 年。

刘杰《葛瑞汉对道家典籍的英译与研究》,学苑出版社,2022 年。

刘亚猛《西方修辞学史》,外语教学与研究出版社,2008 年。

刘笑敢《庄子哲学及其演变》(修订版),中国人民大学出版社,2010 年。

钱穆《庄子纂笺》,九州出版社,2011 年。

孙轶旻《近代上海英文出版与中国古典文学的跨文化传播(1867—1941)》,上海古籍出版社,2014 年。

王泉《英语世界的庄子主体形象构建研究》,中国社会科学出版社,2017 年。

王叔岷《庄子校诠》,中华书局,2007年。

吴光明《庄子》,台北东大图书公司,1988年。

徐来《英译〈庄子〉研究》,复旦大学出版社,2008年。

杨柳桥《庄子译诂》,上海古籍出版社,1991年。

叶蓓卿《庄子逍遥义演变研究》,学苑出版社,2011年。

殷晓燕《西方视野下的中国文学经典研究:以宇文所安为例》,四川
　　大学出版社,2014年。

俞森林《道经英译史》,上海三联书店,2020年。

岳曼曼《宇文所安的中国文学英译研究》,中国社会科学出版社,
　　2020年。

张东华《王念慈山水画宝》,浙江人民美术出版社,2014年。

张恒寿《庄子新探》,湖北人民出版社,1983年。

哲学研究编辑部编《庄子哲学讨论集》,中华书局,1962年。

中国社会科学院近代史研究所翻译室编《近代来华外国人名辞
　　典》,中国社会科学出版社,1981年。

钟泰《庄子发微》,上海古籍出版社,1988年。

朱谦之《中国思想对于欧洲文化之影响》,山西人民出版社,
　　2014年。

三、中文译著

(美)爱莲心著,周炽成译《向往心灵转化的庄子:内篇分析》,江苏
　　人民出版社,2004年。

(美)M. H.艾布拉姆斯、杰弗里·高尔特·哈珀姆著,吴松江、路雁
　　等编译《文学术语词典》(第10版),北京大学出版社,2014年。

(美)安乐哲等主编,N. J. Girardot、James Miller、刘笑敢编,陈霞、
　　陈杰、岳齐琼、何立芳译《道教与生态——宇宙景观的内在之

道》,江苏教育出版社,2008年。

(英)J. L. 奥斯汀著,(美)J. Q. 厄姆森、(美)玛丽娜·斯比萨编,杨玉成、赵京超译《如何以言行事——1955年哈佛大学威廉·詹姆斯讲座》,商务印书馆,2012年。

(古希腊)柏拉图著,郭斌和、张竹明译《理想国》,商务印书馆,2018年。

(美)包华石著,王金凤译《图像与社会》,浙江人民美术出版社,2023年。

(美)本杰明·史华兹著,程钢译,刘东校《古代中国的思想世界》,江苏人民出版社,2004年。

(瑞士)毕来德著,宋刚译《庄子四讲》,台北联经出版公司,2011年。

(美)陈汉生著,周云之等译《中国古代的语言和逻辑》,社会科学文献出版社,1998年。

(美)陈汉生著,周景松、谢尔逊等译,张丰乾校译《中国思想的道家之论:一种哲学解释》,江苏人民出版社,2020年。

(美)陈荣捷编著,杨儒宾、吴有能、朱荣贵、万先法译,黄俊杰校阅《中国哲学文献选编》,北京联合出版公司,2018年。

(英)葛瑞汉著,张海晏译《论道者:中国古代哲学论辩》,中国社会科学出版社,2003年。

(美)汉斯-格奥尔格·梅勒、(美)德安博著,郭鼎玮译《游心之路:〈庄子〉与现代西方哲学》,北京联合出版公司,2019年。

(美)吉瑞德著,段怀清、周俐玲译《朝觐东方:理雅各评传》,广西师范大学出版社,2011年。

(美)姜新艳主编《英语世界中的中国哲学》,中国人民大学出版社,2009年。

林语堂著,黄嘉德译《老子的智慧》,湖南文艺出版社,2016年。

柳无忌著,倪庆饩译《中国文学新论》,中国人民大学出版社,
　　1993年。

(英)鲁惟一主编,李学勤等译《中国古代典籍导读》,辽宁教育出版
　　社,1997年。

(美)罗浩著,邢文主编《原道:〈内业〉与道家神秘主义的基础》,学
　　苑出版社,2009年。

(法)马伯乐著,肖菁译《古代中国》,北京理工大学出版社,2020年。

(英)马丁·帕尔默、(英)伊丽莎白·布罗伊利英译,(英)杰
　　伊·拉姆齐、(英)马丁·帕尔默编选,王相峰汉译《道法自然》
　　(英汉双语),中国对外翻译出版有限公司,2014年。

(法)马礼逊著,韩凌编译《中国杂记:中国的文字、文学与中欧文
　　化交流史》,旅游教育出版社,2018年。

(美)梅维恒主编,马小悟、张治、刘文楠译《哥伦比亚中国文学史》,
　　新星出版社,2016年。

(美)米哈里·契克森米哈赖著,张定绮译《心流:最优体验心理
　　学》,中信出版社,2017年。

(法)索安著,吕鹏志、陈平等译《西方道教研究编年史》,中华书局,
　　2002年。

(古希腊)亚里斯多德著,罗念生译《修辞学》,生活·读书·新知三
　　联书店,1991年。

(美)约翰·塞尔著,李步楼译《心灵、语言和社会:实在世界中的
　　哲学》,上海译文出版社,2001年。

(英)翟理斯著,刘帅译《中国文学史》,首都师范大学出版社,
　　2017年。

(英)翟理斯著,刘燕译《中国文脉》,华文出版社,2020年。

四、中文期刊、报纸论文

包兆会《〈庄子〉中的神秘主义》,《古代文学理论研究》(第二十辑),华东师范大学出版社,2002 年。

包兆会《二十世纪〈庄子〉研究的回顾与反思》,《文艺理论研究》2003 年第 2 期。

包兆会《英语世界庄学研究回顾与反思》,《文艺理论研究》2004 年第 1 期。

(瑞士)毕来德《关于西方庄学的几点反思》,方勇主编《诸子学刊》第三辑,上海古籍出版社,2010 年。

(德)卜松山撰,赵妙根译《时代精神的玩偶——对西方接受道家思想的评述》,《哲学研究》1998 年第 7 期。

(美)戴梅可撰,梁燕华译《何为要事:庄子与葛瑞汉》,《商丘师范学院学报》2016 年第 1 期。

蔡慧清《德克·卜德与中国文化》,《湖南社会科学》2006 年第 2 期。

邓联合《"逍遥游"与自由》,《中国哲学史》2009 年第 2 期。

邓联合、徐强《英美汉学界中〈庄子〉之"浑沌"涵义四解》,《福建论坛》(人文社会科学版)2014 年第 8 期。

方克涛《英美学界对于中国经典诠释传统之研究:回顾与展望》,见黄俊杰《中国经典诠释传统(一):通论篇》,华东师范大学出版社,2008 年。

方维规《西方"文学"概念考略及订误》,《读书》2014 年第 5 期。

顾钧《费正清早年的求学之路》,《中华读书报》2017 年 3 月 1 日。

胡安江《中国文学海外传播效果评估研究——以美国汉学家华兹生的中国文学英译为例》,《上海翻译》2023 年第 2 期。

黄卓越《19 世纪汉学撰述中的 literature:一个概念措用的历史》,

《清华大学学报》（哲学社会科学版）2019 年第 1 期。

姜莉《〈齐物论〉英译之"名"与"实"——兼谈典籍英译中译者的任务》,《南昌大学学报》（人文社会科学版）2009 年第 3 期。

姜莉《经典诠释：重构还是解构？——评葛瑞汉的〈庄子〉英译本》,《比较文学与世界文学》2012 年第 2 期。

姜莉《对西方庄学"怀疑论"的反思与辩释》,《国际汉学》2016 年第 3 期。

姜莉《近年来〈庄子〉研究英文期刊成果述评》,《国际汉学》2018 年第 4 期。

姜莉《孔丽维的〈庄子〉译释思考：语境重构与宗教之维》,《上海翻译》2018 年第 6 期。

李晨阳《北美学界对中国哲学的分析和比较研究》,《南京大学学报》（哲学社会科学版）2006 年第 2 期。

刘碧林《百年〈庄子〉英译的四个阶段》,《中华读书报》2021 年 10 月 2 日。

刘妍《梅维恒及其英译〈庄子〉研究》,《当代外语研究》2011 年第 9 期。

刘毅青《共通经验中的新主体性如何可能——评毕来德〈庄子四讲〉》,《文艺研究》2014 年第 7 期。

刘玉宇《对两种思想史研究的考察——史华慈与葛瑞汉先秦思想史研究比较》,《现代哲学》2004 年第 3 期。

孟庆波、高旭《西方汉学中的〈淮南子〉翻译与研究》,《国际汉学》2018 年第 3 期。

（美）弥尔敦撰,李绍昆译《庄子研究》,《华中师院学报》1983 年第 3 期。

彭富春《说游戏说》,《哲学研究》2003 年第 2 期。

彭姗姗《瞻之在前，忽焉在后：英语世界中作为哲学家的庄子》，《中国哲学史》2005 年第 3 期。

任继愈《庄子探源——从唯物主义的"庄周"到唯心主义的"后期庄学"》，《哲学研究》1961 年第 2 期。

沈大力《欧洲一代文宗伊拉斯谟》，《光明日报》2020 年 5 月 14 日。

沈清松《中国哲学文本的诠释与英译》，刘笑敢主编《中国哲学与文化》第 2 辑，广西师范大学出版社，2007 年。

汪榕培《〈庄子〉十译本选评》，《外语与外语教学》1995 年第 4 期。

汪榕培《契合之路——庄子和〈庄子〉的英译本（上）》，《外语与外语教学》1997 年第 5 期。

汪榕培《契合之路——庄子和〈庄子〉的英译本（下）》，《外语与外语教学》1997 年第 6 期。

吴思远《美国汉学家白芝》，《中华读书报》2020 年 2 月 19 日。

贤·霍希曼《庄子与伽达默尔：忘己与体道》，《安徽师范大学学报》（人文社会科学版）2002 年第 5 期。

谢扬举《逍遥与自由——以西方概念阐释中国哲学的个案分件》，《哲学研究》2004 年第 2 期。

徐强《汉学界在中国经典解读中的"见"与"未见"——以爱莲心的〈庄子〉研究为例》，《大连理工大学学报》2012 年第 3 期。

徐强《〈庄子〉解读的另一种可能——史华慈对〈庄子〉思想的阐释》，《长沙理工大学学报》（社会科学版）2013 年第 4 期。

徐强《西方汉学界对〈庄子〉"自我"观念的研究管窥》，《文化月刊》2014 年第 5 期。

徐强《西方汉学界关于庄子哲学之神秘主义性质的论辩》，《商丘师范学院学报》2019 年第 1 期。

余树苹《〈齐物论〉两种英译之比较——一点解释学思考》，《现代哲学》2003 年第 3 期。

于雪棠《英美学者〈庄子〉文本研究简述》,《中国社会科学报》
　　2016 年 7 月 19 日。

于雪棠《企鹅书屋〈庄子〉英译本的封面、插图及篇名》,《中国社会
　　科学院研究生院学报》2016 年第 6 期。

于雪棠《英语世界〈庄子〉"厄言"研究述评》,《中国社会科学报》
　　2019 年 4 月 9 日。

于雪棠《20 世纪英语世界对庄子"游"的多维阐释》,《北方论丛》
　　2020 年第 5 期。

于雪棠《〈逍遥游〉英译若干问题述论》,《社会科学辑刊》2021 年
　　第 4 期。

于雪棠《20 世纪〈庄子〉英文选译本述介》,方勇主编《诸子学刊》
　　第二十六辑,上海古籍出版社,2023 年。

于雪棠《从〈齐物论〉篇题英译看其多重意蕴》,《国际汉学》2023
　　年第 4 期。

于雪棠《文学〈庄子〉在 19 世纪英语世界的建构》,《山西大学学
　　报》(哲学社会科学版)2024 年第 1 期。

于雪棠《〈庄子〉篇题英译的儒道两家视角及相关问题》,《中国文
　　化研究》2024 年第 3 期。

于雪棠《20 世纪英语世界〈庄子〉主题阐发的范式转换》,《清华大
　　学学报》(哲学社会科学版)2024 年第 5 期。

曾梦龙《华裔绘本家杨志成,一个特殊历史情境下诞生的人》,《新
　　京报》2019 年 12 月 28 日。

张绪强《文化传播使者罗郁正》,《中华读书报》2015 年 10 月 28 日。

周炽成《比较怀疑论研究:庄子和皮浪主义者塞克斯都斯》,《社会
　　科学战线》2001 年第 2 期。

周炽成《国外庄学研究管窥》,《学术研究》2001 年第 7 期。

周炽成《从汉语看中国哲学的独特性：以美籍学者陈汉生的研究为中心》,《华南师范大学学报》(社会科学版)2016 年第 5 期。

朱舒然《声声何以入耳：基于自然语言处理的〈庄子〉英译海外接受研究》,《中国翻译》2023 年第 5 期。

五、中文学位论文

范鹏华《托马斯·克利里的道经英译研究》,博士学位论文,西南交通大学,2021 年。

郭晨《〈庄子〉内篇寓言故事在英语世界的翻译与阐释——以"庄周梦蝶"、"庖丁解牛"为中心》,博士学位论文,北京外国语大学,2015 年。

何颖《英语世界的〈庄子〉研究》,博士学位论文,四川大学,2010 年。

刘妍《文化与语言的跨界之旅：〈庄子〉英译研究》,博士学位论文,上海交通大学,2012 年。

六、英文论著和译著

Allinson, Robert E. *Chuang-Tzu for Spiritual Transformation: An Analysis of the Inner Chapters*, Albany: State University of New York Press, 1989.

Ames, Roger T. *Wandering at Ease in the Zhuangzi*, Albany: State University of New York Press, 1998.

Balfour, Frederic Henry. *The Divine Classic Of Nan-Hua: Being The Works Of Chuang Tsze, Taoist Philosopher*, Shanghai & Hongkong: Kelly & Walsh, Yokohama: Kelly & Co, London: Trübner & Co., 1881.

Birch, Cyril. *Anthology of Chinese Literature: From Early Times to the Fourteenth Century*, New York: Grove Press, Inc., 1965.

Birch, Cyril. *Studies in Chinese Literature Genres*, Berkeley, Los Angeles, London: University of California Press, 1974.

Buber, Martin. Page, Alex (trans.). *Chinese Tales: Zhuangzi, Sayings and Parables, and Chinese Ghost and Love Stories*, with an introduction by Irene Eber, New Jersey and London: Humanities Press International, Inc., 1991.

Chad, Hanson. *A Daoist Theory of Chinese Thought: A Philosophical Interpretation*, New York: Oxford University Press, 1992.

Chai, Ch'u and Chai, Winberg. *A Treasury of Chinese Literature: A New Prose Anthology, Including Fiction and Drama*, New York: Appleton-Century, 1965.

Chan, Wing-Tsit. *A Source Book in Chinese Philosophy*, Princeton: Princeton University Press, 1963.

Ch'en, Shou-Yi. *Chinese Literature: A Historical Introduction*, New York: The Ronald Press Company, 1961.

Clarke, J. J. *The Dao of the West: Western Transformations of Taoist Thought*, London: Routledge, 2000.

Cleary, Thomas. *The Essential Tao: An Initiation into the Heart of Taoism Through the Authentic Tao Te Ching and the Inner Teachings of Chuang Tzu*, New York: Harper San Francisco, 1993.

Cleary, Thomas. *The Taoist Classics (Volume One)*, Boston: Shambhala Publications, Inc., 2003.

Cook, Scott. *Hiding the World in the World: Uneven Discourses on the Zhuangzi*, Albany: State University of New York, 2003.

Cooper, J. C. *Taoism: The Way of the Mystic*, Wellingborough: The Aquarian Press, 1972; revised edition, 1990.

Davis, John Francis. *The Chinese: A General Description of the Empire of China and Its Inhabitants*, London: Charles Knight and Company, 1836.

De Bary, W. Theodore and Bloom, Irene. *Sources of Chinese Tradition, From Earliest Times to 1600*, 2nd edition, Volume 1, New York: Columbia University Press, 1999.

Douglas, Robert K. *The Language and Literature of China*, London: Trübner & Co., 1875.

Csikszentmihalyi, Mihaly. *Flow: The Psychology of Optimal Experience*, New York: Harper & Row, 1990.

Feng, Gia-fu and English, Jane. *Chuang Tsu: Inner Chapters*, Photography by Jane English, Calligraphy by Gia-fu Feng, New York: Vintage Books, 1st edition, 1974; Mount Shasta: Earth Heart, 2nd edition, 1997; Portland: Amber Lotus Publishing, 3rd edition, 2000; Portland: Amber Lotus Publishing, 4th edition, 2008; Carlsbad: Hay House Inc., 5th edition, 2014.

Feng, Yuan-chun and Yang, Hsien-yi. Yang, Gladys(trans.). *A short History of Classical Chinese Literature*, Peking: Foreign Language Press, 1958.

Fryer, John. *China and the Chinese: A Text-Book Comprising the Religions and Philosophies, the Language and Literature, the History and Geography of China, Arranged for Two Courses of Study*, Shanghai: Kelly & Walsh, 1897.

Fung, Yu-Lan. *Chuang-tzŭ: A New Selected Translation with an*

Exposition of the Philosophy of Kuo Hsiang, New York: Paragon Books, 2nd edition, 1964.

Fung, Yu-Lan. *Chuang-Tzu: A New Selected Translation with an Exposition of the Philosophy of Kuo Hsiang*, Beijing: Foreign Language Press, 3rd edition, 1989.

Fung, Yu-Lan. *A Short History of Chinese Philosophy*, edited by Derk Bodde, New York, London, Toronto, Sydney: The Free Press, 1976.

Giles, Herbert A. *Chinese Sketches*, London: Trübner&Co., Shanghai: Kelly & Co., 1876.

Giles, Herbert A. *Gems of Chinese Literature*, London: Bernard Quaritch; Shanghai: Kelly & Walsh, 1884.

Giles, Herbert A. *Chuang Tzu: Mystic, Moralist, and Social Reformer*, London: Bernard Quaritch, 1889.

Giles, Herbert A. *A History of Chinese Literature*, New York: D. Appleton and Company, 1901.

Giles, Herbert A. *Chuang Tzu: Taoist Philosopher and Chinese Mystic*, London: George Allen and Unwin, 1926.

Giles, Lionel. *Musings of a Chinese Mystic: Selections from the Philosophy of Chuang Tzu*, London: John Murray, 1906.

Graham, A. C. *Chuang-tzŭ: Textual Notes to a Partial Translation*, London: SOAS, 1982.

Graham, A. C. *Chuang-Tzŭ: The Seven Inner Chapters and Other Writings: from the Book Chuang-tzŭ*, London: George Allen & Unwin, 1989.

Graham, A. C. *Disputers of the Tao: Philosophical Argument in Ancient China*, Chicago and La Salle: Open Court Press, 1989.

Graham, A. C. *Studies in Chinese Philosophy and Philosophical Literature*, Albany: State University of New York Press, 1990.

Graham, A. C. *Chuang-Tzǔ, the Inner Chapters*, Indianapolis & Cambridge: Hackett Publishing Company, Inc., 2001.

Hamill, Sam and Seaton, J. P. *The Essential Chuang Tzu*, Boston & London: Shambhala, 1998.

Herman, Jonathan R. *I and Tao: Martin Buber's Encounter with Chuang tzu*, Albany: State University of New York Press, 1996.

Hightower, James Robert. *Topics In Chinese Literature*, revised Edition, Harvard-Yenching Institute Studies Vollum Ⅲ, Cambridge: Harvard University Press, 1966.

Hinton, David. *Chuang Tzu: The Inner Chapters*, New York: Counterpoint, 1997.

Hughes, E. R. *Chinese Philosophy in Classical Times*, London: Everyman's Library, 1966.

Ivanhoe, Philip J. and Kjellberg, Paul. *Essays on Skepticism, Relativism, and Ethics in the Zhuangzi*, Albany: State University of New York Press, 1996.

James, F. Huberty. *Chinese Literature, Read before the China Branch of the Royal Asiatic Society*, Shanghai: At the "Shanghai Mercury" office, 1898.

Joseph, John Minford and Lau, S. M. *An Anthology of Translations: Classical Chinese Literature (Volume I: From Antiquity to the Tang Dynasty)* , New York: Columbia University Press, 2000.

Kaltenmark, Max. *Lao Tzu and Taoism*, Stanford: Stanford University Press, 1969.

Kaltenmark, Odile. Geoghegany, Anne-Marie(trans.). *Chinese Literature*, New York: Walker and Company, 1964.

Kohn, Livia. *Early Chinese Mysticism: Philosophy and Soteriology in the Taoist Tradition*, Princeton: Princeton University Press, 1992.

Kohn, Livia. *Zhuangzi: Text and Context*, St. Petersburg: Three Pines Press, 2014.

Legge, James. *The Texts of Taoism: The Writings of Chuang Tzu*, New York: Dover Publications, Inc., 1962.

Lévy, André. Nienhauser Jr., William H. (trans.) . *Chinese Literature, Ancient and Classical,* Bloomington: Indiana University Press, 2000.

Lewis, Mark Edward. *Writing and Authority in Early China*, Albany: State University of New York Press, 1999.

Lin, Yutang. *The Wisdom of China and India*, New York: The Modern Library, 1942.

林语堂编译《老子的智慧 The Wisdom of Laotse》,外语教学与研究出版社,2009 年。

Liu, Wu-Chi. *A Introduction to Chinese Literature*, Blooming and London: Indiana University Press, 1966.

Liu, Xiaogan. Savage, William E. (trans.). *Classifying the Zhuangzi Chapters*, Ann Arbor: University of Michigan Press, 1994.

Loewe, Michael. *Early Chinese Texts: A Bibliographical Guide*, Berkeley: Society for the Study of Early China, Institute of East Asian Studies, University of California, 1993.

Lynn, Richard John. *The Classic of the Way and Virtue: A New*

Translation of the Tao-te Ching of Laozi as Interpreted by Wang Bi, New York: Columbia University Press, 1999.

Lynn, Richard John. *Zhuangzi: A New Translation of the Sayings of Master Zhuang as Interpreted by Guo Xiang*, New York: Columbia University Press, 2022.

Mair, Victor H. *Experimental Essays on "Zhuangzi"*, Honolulu: University of Hawai'i Press, 1983.

Mair, Victor H. *The Columbia Anthology of Traditional Chinese Literature*, New York: Columbia University Press, 1994.

Mair, Victor H. *Wandering on the Way: Early Taoist Tales and Parables of Chuang Tzu*, Honolulu: University of Hawai'i Press, 1998.

Mair, Victor H. *The Shorter Columbia Anthology of Traditional Chinese Literature*, New York: Columbia University Press, 2000.

Mair, Victor H. *The Columbia History of Chinese Literature*, New York: Columbia University Press, 2001.

Martin, William. *The Chinese: Their Education, Philosophy, and Letters*, New York: Harper & Brothers, 1881.

Maspero, Henri. Kierman, Frank(trans.), *Taoism and Chinese Religion*, Amherst: University of Massachusetts Press, 1981.

Merton, Thomas. *The Way of Chuang Tzu*, New York: Abbey of Gethsemani, 1965; New York: New Directions, 1969; Boston & Lodon: Shambhala, Inc.,2004.

McNaughton, William. *Chinese Literature: An Anthology from the Earliest Times to the Present Day*, New York: Asian Literature Program of the Asia Society, 1974.

Loomis, A. W. *Confucius and the Chinese Classics: Or Readings in*

Chinese Literature, San Francisco: A. Roman, Agent, Publisher, Boston: Lee and Shepard, 1882.

Morrison, Robert. *Chinese Miscellany*, London: S. McDowall, 1825.

Nienhauser Jr., William H. *The Indiana Companion to Traditional Chinese Literature* Vol.1, Bloomington: Indiana University Press, 1986.

Owen, Stephen. *An Anthology of Chinese Literature: Beginnings to 1911*, New York & London: W.W. Norton & Company, 1996.

Palmer, Martin. *The Elements of Taoism*, Rockport: Element Books, Shaftesbury: Element Inc., 1997.

Palmer, Martin and Breuilly, Elizabeth, Chang, Wai Ming, Ramsay, Jay. *The Book of Chuang-tzu*, London: Penguin/Arkana.1996; London, New York, Toronto, Ontario, Ireland, New Delhi, New Zealand, Rosebank, Johannesburg: Penguin Group, 2006.

Palmer, Martin. *The Tao of Nature*, London: Penguin Books, 1996, 2010.

Parker, Edward Harper. *Studies in Chinese Religions*, London: Chapman and Hall, Ltd., 1910.

Rosemont, Jr. Henry. *Chinese Texts and Philosophical Context: Essay Dedicated to Angus C. Graham*, La Salle: Open Court Press, 1991.

Smith, D. Howard. *The Wisdom of the Taoists*, New York: New Directions, 1980.

Smith, Kidder. *Chuang Tzu, Rationality, Interpretation: Essays from the 1991 New England Symposium on Chinese Thought*, Brunswick: Breckinridge Public Affairs Center, Asian Studies Program, Bowdoin College, 1991.

Soothill, William Edward. *The Three Religions of China: Lectures Delivered at Oxford,* London, New York, Toronto: Hodder and Stoughton, 1913.

Summers, James. *Lecture on the Chinese Language and Literature,* London: John W. Parker & Son, 1853.

Towler, Solala. *The Inner Chapter: The Classic Taoist Text,* London: Watkins Publishing, 2010.

Waley, Arthur. *Three Ways of Thought in Ancient China,* Stanford: Stanford University Press, 1982; originally published by London: George Allen & Uwin Ltd., 1939.

Wang, You-Ru. *Linguistic Strategies in Daoist Zhuangzi and Chan Buddhism: The other Way of Speaking,* London: Routledge, 2003.

Ware, James R. *The Sayings of Chuang Chou,* New York: The New American Library of World Literature, 1963.

Watson, Burton. *Early Chinese Literature,* New York and London: Columbia University Press, 1962.

Watson, Burton. *Chuang Tzu: Basic Writings,* New York: Columbia University Press, 1964.

Watson, Burton. *The Complete Works of Chuang Tzu,* New York: Columbia University Press, 1968.

Weiss, Renée Karol. *To Win a Race: (on a theme from Chuang-tzu),* pictures by Joyce Sills, New York: The Macmillan Company, 1966.

Weiss, Renée Karol. *The Bird from the Sea,* New York: Thomas Y. Crowell Company, 1970.

Welch, Holmes. *Taoism: The Parting of the Way,* Boston: Beacon, 1957.

Weyer, Robert Van de. *Chuang Tzu*, London, Sydney, Auckland: Hodder and Stoughton Ltd., 1998.

Wieger, Leo. Lucas, Charles(ed.). *Taoism: The Philosophy of China*, Burbank: Ohara Publications, Incorporated, 1976.

Wieger, Léon. Bryce, Derek(trans.). *Wisdom of the Daoist Master: The Works of Laozi (LaoTzu), Liezi (Lieh Tzu), Zhuangzi(Chuang Tzu)*, Felinfach: Llanerch Enterprises, 1984.

Wieger, Leon. Bryce, Derek(ed.). *Philosophy and Religion in China*, Felinfach: Llanerch Enterprises, 1988.

Williams, Samuel W. *The Middle Kingdom: A Survey of the Geography, Government, Literature, Social Life, Arts and History of the Chinese Empire and Its Inhabitants*, New York, London: Wiley and Putnam, 1848.

Wilson, Carol Ann. *Still Point of the Turning World: The Life of Gia-fu Feng*, Portland: Amber Lotus Publishing, 2009.

Wilson, Epiphanius. *Chinese Literature: Comprising the Analects of Confucius, the Shi-King, the Sayings of Mencius, the Sorrows of Han, and the Travels of Fa-Hien*, New York and London: Colonial Press, 1900.

Wu, Kuang-ming. *Chuang Tzu: World Philosopher at Play*, New York: The Crossroad Publishing Company & Scholars Press, 1982.

Wu, Kuang-ming. *The Butterfly as Companion: Meditations on the First Three Chapters of Chuang-tzu*, New York: Crossroads Publications, 1990.

Wylie, Alexander. *Notes on Chinese Literature: With Introductory Remarks on the Progressive Advancement of the Art, and a*

List of Translations from the Chinese into Various European Languages, Shanghae: American Presbyterian Mission Press, London: Trübner & Co., 1867.

Yu, Pauline, Bol, Peter, Owen, Stephen, and Peterson, Willard. *Ways With Words: Writing about Reading Texts from Early China*, Berkley, Los Angeles, London: University of California Press, 2000.

Ziporyn, Brook. *Zhuangzi: The Essential Writings with Selections from Traditional Commentaries*, Indianapolis: Hackett Publishing Company Inc., 2009.

七、英文论文

Allinson, Robert E. "A Logical Reconstruction of the Butterfly Dream: The Case for Internal Textual Transformation", *Journal of Chinese Philosophy*, Vol.15, No.3(1988): 319-339.

Allinson, Robert E. "On the Question of Relativism in the *Chuang-tzu*", *Philosophy East & West*, Vol.39, No.1(1989): 13-26.

Billeter, Jean François. Elvin, Mark(trans.). "Seven Dialogues from the *Zhuangzi*", *East Asian History*, No.9(1995): 23-46.

Billeter, Jean François. Elvin, Mark(trans.). "Stopping, Seeing and Language: An Interpretation of Zhuangzi's Qi wulun", *East Asian History*, No.15/16(1998): 1-32.

Boltz, William G. "The Structure and Interpretation of *Chuang tzǔ*: Two Notes on *Hsiao yao yu*", *Bulletin of the School of Oriental and African Studies*, Vol. 43, No. 3 (1980): 532-543.

Brooks, E. Bruce. "The Present State and Future Prospects of Pre-Han Text Studies", *Sino-Platonic Papers*, No.46(1994): 1-74.

Cady, Lyman V. "An Introduction to Chinese Philosophy", *The Annals of the American Academy of Political and Social Science*, Vol. 152, China (1930): 30-38.

Chad, Hanson. "Ancient Chinese Theories of Language", *Journal of Chinese Philosophy*, Vol.2, No.3(1975): 245-283.

Chang, Chung-yuan. "Tao: A New Way of Thinking", *Journal of Chinese Philosophy*, Vol.1, No. 2(1974): 137-152.

Chien, Edward T. "The Conception of Language and the Use of Paradox in Buddhism and Taoism", *Journal of Chinese Philosophy*, Vol.11, No.4(1984): 375-399.

Chin, Ewing Y. "Zhuangzi and Relativistic Skepticism", *Asian Philosophy*, Vol.7, No.3(1997): 207-220.

Chin, Ewing Y. "The Natural Equality of All Things", *Journal of Chinese Philosophy*, Vol.25, No. 4(1998): 471-482.

Cook, Scott. "Zhuang Zi and His Carving of the Confucian Ox", *Philosophy East & West*, Vol.47, No.4(1997): 521-553.

Creel, H. G. "What Is Taoism?", *Journal of the American Oriental Society*, Vol. 76, No. 3 (1956): 139-152.

Fried, Daniel. "A Never-Stable Word: Zhuangzi's 'Zhiyan' 卮 言 and 'Tipping-Vessel' Irrigation", *Early China*, Vol.31(2007): 145-170.

Fox, Alan. "Reflex and Reflectivity: Wuwei in the *Zhuangzi*", *Asian Philosophy*, Vol. 6, No.1(1996): 59-72.

Fu, Charles Wei-Hsun. "Creative Hermeneutics Taoist Metaphysics and Heidegger", *Journal of Chinese Philosophy*, Vol.3, No.2 (1976): 115-143.

Fu, Charles Wei-Hsun. "The Trans-onto-theo-logical Foundations of Language in Heidegger and Taoism", *Journal of Chinese Philosophy*, Vol.5, No.3(1978): 301-333.

Gabelentz, Georg Von Der. "The Style of Chuang-Tsi", *The China Review*, Vol.17, No.5(1889): 292-297.

Gabelentz, Georg Von Der. "Robber Tschik, A Satirical Chapter from *Tschuang-Tsi*", *The China Review, or Notes & Queries on the Far East*, Vol.18, No.6(1890): 365-373.

Gaskins, Robert W. "The Transformation of Things: A Reanalysis of Chuang Tzus Butterfly Dream", *Journal of Chinese Philosophy*, Vol.24, No.1(1997): 107-122.

Goodman, Russell B. "Skepticism and Realism in the *Chuang Tzu*", *Philosophy East & West*, Vol. 35, No. 3 (1985): 231-237.

Graham, A. C. "'Being' in Western Philosophy Compared with *shih/fei* (是非)and *yu/wu* (有无) in Chinese Philosophy", *Asia Minor*, Vol.7, No.1/2(1959): 79-112.

Graham, A. C. "Chuang-tzu's Essay on Seeing Things as Equal", *History of Religions,* Vol. 9, No.2/3 (1969-1970): 137-159.

Graham, A. C. "How Much of *Chuang Tzu* did Chuang Tzu Write?", *Journal of the American Academy of Religion Thematic Studies*, Vol.47, No.3, Suppl.(1980): 459-501; in *Studies Chinese Philosophy and Philosophical Literature*, edited by A. C. Graham, Albany: State University of New York Press, 1990, pp. 283-321.

Graham, A. C. "Two Notes on the Translation of Taoist Classics", in *Interpreting Culture Through Translation: A Festschrift for D.*

C. *Lau*. edited by Roger T. Ames, Chan Sin-Wai and Mau-Sang Ng., Hong Kong: The Chinese University Press, 1991, pp.119-144.

Graham Parkes. "The Wandering Dance: Chuang Tzu and Zarathustra", *Philosophy East & West*, Vol. 33, No. 3 (1983): 235-250.

Goodman, Russel. "Style, Dialectic, and the Aim of Philosophy in Wittgenstein and the Taoists", *Journal of Chinese Philosophy*, Vol. 3, No.2(1976): 145-157.

Hara, Wing-han. "Between Individuality and Universality: An Explication of Chuang-Tzu's Theses of *Chien-Tu* and *Ch'i-Wu*", *Journal of Chinese Philosophy*, Vol. 20, No.1(1993): 87-99.

Ivanhoe, Philip J. "Zhuangzi on Skepticism, Skill, and the Ineffable Dao", *Journal of the American Academy of Religion*, Vol.61, No.4 (1993): 639-654.

Klein, Esther. "Were there Inner Chapters in the Warring States? —A New Examination of Evidence about the *Zhuangzi*", *T'oung Pao*, Vol.96, No.4/5(2010): 299-369.

Kirkwood, William G. "Revealing the Mind of the Sage: The Narrative Rhetoric of the *Chuang Tzu*", *Rhetoric Society Quarterly*, Vol.22, No.3(1992): 6-19.

Knaul, Livia. "Lost *Chuang-Tzu* Passages", *Journal of Chinese Religions*, Vol.10, No.1(1982): 53-79.

Kohn, Livia. "Eternal Life in Taoist Mysticism", *Journal of the American Oriental Society*, Vol.110, No.4 (1990): 622-640.

Kupperman, J. Joel. "Not in So Many Words: Chuang Tzu's

Strategies of Communication", *Philosophy East & West*, Vol.39, No.3(1989): 311-317.

Liu, James J.Y. "The Study of Chinese Literature in the West: Recent Developments, Current Trends, Future Prospects", *The Journal of Asian Studie*s, Vol. 35, No. 1 (1975): 21-30.

Mair, Victor. "Wandering in and through the *Chuang-tzu*", *Journal of Chinese Religions*, Vol.11, No.1(1983): 106-117.

Mair, Victor. "Introduction and Notes for a Complete Translation of the *Chuang Tzu*", *Sino-Platonic Papers*, No.48(1994): i-xxxiv, 1-110.

Maclay, R. S. "The Classical Literature of the Chinese", *The Chinese Recorder*, vol.9, No. 1/2(1878): 49-62.

Möller, Hans-Georg. "Zhuangzi's 'Dream of the Butterfly': A Daoist Interpretation", *Philosophy East & West*, Vol. 49, No. 4 (1999): 439-450.

Pas, Julian F. "Chuang Tzu's Essays on 'Free Flight into Transcendence' and 'Responsive Rulership'", *Journal of Chinese Philosophy*, Vol.8, No.4(1981): 479-496.

Rand, Christopher C. "*Chuang Tzu*: Text and Substance", *Journal of Chinese Religions*, Vol.11, No. 1(1983): 5-58.

Raphals, Lisa. "Skeptical Strategies in the *Zhuangzi* and *Theaetetus*", *Philosophy East & West*, Vol.44, No.3 (1994): 501-526.

Raphals, Lisa. "Poetry and Argument in the *Zhuangzi*", *Journal of Chinese Religions*, Vol.22, No.1(1994): 103-116.

Rapp, Jennifer R. "A Poetics of Comparison: Euripides, Zhuangzi, and the Human Poise of Imaginative Construction", *Journal of the American Academy of Religion*, Vol.78, No.1(2010): 163-201.

Roth, Harold D. "Text and Edition in Early Chinese Philosophical Literature", *The Journal of the American Oriental Society*, Vol.113, No.2(1993): 214-227.

Skogemann, P. "Chuang Tzu and the Butterfly Dream", *Journal of Analytical Psychology*, Vol.31, No.1(1986): 75-90.

Suzuki, Daisetz Teitaro. "A Brief History of Early Chinese Philosophy", *The Monist*, Vol. 17, No. 3 (1907): 415-450.

Wu, Kuang-ming. "Dream in Nietasche and Chuang Tzu", *Journal of Chinese Philosophy*, Vol.13, No.4(1986): 371-378.

Wu, Kuang-ming. "Non-world-making in Chuang Tzu", *Journal of Chinese Philosophy*, Vol.18, No.1(1991): 37-50.

Wu, Kuang-ming. "Goblet Words, Dwelling Words, Opalescent Words—Philosophical Methodology of Chuang Tzu", *Journal of Chinese Philosophy*, Vol.15, No.1(1988): 1-8.

Yearley, Lee H. "Taoist Wandering and the Adventure of Religious Ethics", *Harvard Divinity Bulletin*, Vol.24, No.2(1995): 11-15.

Yearley, Lee H. "Daoist Presentation and Persuasion: Wandering among Zhuangzi's Kinds of Language", *Journal of Religious Ethics*, Vol.33, No.3(2005): 503-535.

Wyman, Mary. "Chinese Mysticism and Wordsworth", *Journal of the History of Ideas*, Vol. 10, No. 4 (1949): 517-538.

八、英文学位论文

Chin, Ping Wong. *A Study of the Chuang-Tzu: Text, Authorship and Philosophy*, The University of Wisconsin-Madison, Ph. D. Dissertation, 1978.

Crowe, Paul Benjamin Michael. *The Role of Health in the Ethics of Chuang-tzu*, University of Calgary (Canada), M.A. Dissertation, 1992.

Deosaransingh, Raj kumar. *Spiritual Transformation in the "Chuang Tzu"*, California Institute of Integral Studies, M.A. Dissertation, 1986.

Deosaransingh, Raj kumar. *Heidegger, Chuang Tzu, and Authentic Being-toward-death*, Pacifica Graduate Institute, Ph.D. Dissertation, 1996.

Fleming, Jesse Charles. *Chuang Tsu and the Problem of Personal Identity: A Study of Identity and Interrelatedness*, University of Hawai'i at Manoa, Ph.D. Dissertation, 1988.

Gross, Louis Philippe. *Fight from the Shadow: On Liberation in the Chuang-Tzu*, University of Hawai'i at Manoa, M.A. Dissertation, 1992.

Gross, Louis Philippe. *The Tao of Photography: The "Chuang-tzu", Conscious Camerawork, and Unconstricted Awareness*, University of Hawai'i at Manoa, Ph.D. Dissertation, 1996.

Hagiwara, Takao. *The Notion of Order in R. W. Emerson and Chuang Tzu*, The University of British Columbia (Canada), M.A. Dissertation, 1979.

Heitz, Marty Henry. *Distant Origins: Inscriptions of Life in Early Heidegger and the "Zhuangzi"*, University of Hawai'i at Manoa, Ph.D. Dissertation, 1999.

Herman, Jonathan Roy. *The Text of "Chuang Tzu" and the Problem of Interpretation: A Critical Study of Martin Buber's Translation and Commentary*, Harvard University, Ph.D. Dissertation, 1992.

Hoffert, Brian Howard. *Chuang Tzu: The Evolution of a Taoist Classic*, Harvard University, Ph.D. Dissertation, 2001.

Hood, R.F. *The Relationship between Man and Nature in the Taoist Philosophy of Chuang Tzu*, University of Wales (United Kingdom), M.A. Dissertation, 1981.

Kjellberg, Paul. *Zhuangzi and Skepticism*, Stanford University, Ph.D. Dissertation, 1993.

Lau, Lawrence P. C. *The Concept of Tao in Lao Tzu and Chuang Tzu, ca200-600B.C.*, University of Alberta (Canada), M.A. Dissertation, 1972.

McGrath, Martha Dawn. *Emotions in the "Zhuangzi"*, Memorial University of Newfoundland (Canada), M.A. Dissertation, 1996.

Millner, Michael James. *Roaming Freely inside the Cage: Social Concern in Zhuangzi and Early Chinese Thought*, University of California, Berkeley, Ph.D. Dissertation, 2000.

Peng, Nan-yu. *Nature, Man and How Man Should Relate to Nature: A Comparative Study of Herman Melville's, Lao-tzu's, and Chuang-tzu's Views*, University of Montana, M.A. Dissertation, 1984.

Santee, Robert George. *Chuang Tzu: A Philosophy of Death*, University of Hawai'i at Manoa, Ph.D. Dissertation, 1977.

Shang, Ge-Ling. *The Religiosity of Zhuangzi and Nietzsche: Human Liberation as Affirmation of Life*, Temple University, Ph.D. Dissertation, 1999.

Sieh, Su-Choan. *The Unity of Heaven and Man in the "Chuang Tzu"*, Temple University, Ph.D. Dissertation, 1975.

Wang, Youru. *Deconstruction, Liminology and Pragmatics of Language in the Zhuangzi and in Chan Buddhism*, Temple University, Ph.D. Dissertation, 1999.

Yu, Shiyi. *Reading the "Chuang-tzu" in the T'ang Dynasty: The Commentary of Ch'eng Hsuan-ying* (fl.631-652), University of Colorado at Boulder, Ph.D. Dissertation, 1998.

Zhou, Chicheng. *A Comparative Study of Skepticism: Chuang Tzu and Sextus Empiricus*, University of Alberta (Canada), M.A. Dissertation, 1997.

九、网络资源及数据库

https://hkjo.lib.hku.hk/exhibits/show/hkjo/home

https://link.springer.com/

https://onlinelibrary.wiley.com/

https://plato.stanford.edu/entries/

https://search.proquest.com/

https://terebess.hu/english/

https://www. archive.org/

https://www.cambridge.org/core/membership/ssec

https://www.cnki.net/

https://www.eastasianhistory.org/

https://www.forgottenbooks.com/en

https://www.hanxuejia.net/

https://www.jstor.org/

https://www.sinologystudy.com/
https://www.sino-platonic.org/
https://www.taylorfrancis.com
https://www.zgbk.com

后 记

这本小书从选题到完成,历经十一年,终于要面世了,总要说点什么。

2011 年 10 月,我携同刚上小学一年级的孩子离开北京,到美国俄克拉荷马大学孔子学院工作。大约半年后,萌生了梳理英语世界《庄子》研究的想法,于是开始搜集资料,琢磨问题。2013 年 5 月,申报的国家社会科学基金一般项目"20 世纪《庄子》在英语世界的传播"幸运地获得立项。2013 年 8 月转到美国威廉玛丽大学孔子学院工作,2014 年 7 月回国。在美国工作的三年时间里,搜集了大量英文资料,满载而归。除了扫描、下载的电子版论著和装在行李箱中的书籍,还海运了三大箱,它们成为完成课题的重要保障。

在美国期间,我承担了多门课的教学工作,最后一年有三门是英文讲授,这对我而言是很大的挑战,备课占用了绝大部分精力。所以,立项后的一年多时间里,都没能开始写作。回国前后诸事忙乱,直到 2014 年 10 月才稍得喘息,试着将酝酿已久的想法写出来,年底完成了第一篇论文初稿,是本书第十三章第四节"彭马田主译本的封面和插图"。适逢北京师范大学文学院古代文学研究所举办先秦两汉散文学术研讨会,小组讨论时,拙文引起了大家的兴趣,普遍反映新奇有趣。这是一个良好的开端,给了我信心。

课题立项之初,有很多问题想要着手研究,然而,真正做起来,才深切地感受到这是一个浩大的工程。要把握英文论著提出了什么观点,对于并非外语专业的我来说已经很不容易,要进一步探求观点背后的学术渊源和中西学术交流等问题,就更加艰难。我不停地补课,深入阅读古希腊哲学、西方现代哲学及文艺理论名著,以期对英语世界的《庄子》研究能有比较深入的探讨。研究进展得非常缓慢,走了很多弯路,2019 年 5 月,终于结项。项目虽然结了,但是还有很多想法没能写出来,已经写出的部分也还需要完善,于是进入修改、补充阶段。2020 年又申请了新的研究项目,于是在探索新项目与深化旧课题之间不时转换,写写停停,停停写写。2023 年寒冬,终于完成了全部书稿。

非常感谢全国哲学社会科学工作办公室给予的研究机会,感谢匿名评审专家提出了中肯的意见。书中大多数章节曾以单篇论文的形式发表,特别感谢刊发拙文的《中国社会科学报》和诸多学术期刊。特别感谢北京师范大学文学院的支持,资助了部分出版经费。感谢中华书局接纳拙著,给予出版机会。本书涉及大量英文论著,校改十分辛苦。感谢责任编辑余瑾老师专业、细致的工作,使本书质量得到很大的提升。还要感谢我的妹妹于雪桐,她从事大学英语教学工作。我经常烦扰她,向她请教翻译上的问题。感谢北京师范大学图书馆,我需要的绝大部分英文论文都能在图书馆购买的英文论文数据库中找到。最后,感谢互联网,为查找资料及一些作者信息提供了极大的便利。

海外汉学研究需要中西两方面的学养,我深知自己的认识还相当粗浅,错误和遗憾在所难免,恳请专家不吝赐教。

初稿于 2024 年 2 月 26 日

修改于 2024 年 11 月 18 日